Uni-Taschenbücher 1336

Eine Arbeitsgemeinschaft der Verlage

Wilhelm Fink Verlag München
Gustav Fischer Verlag Jena und Stuttgart
Francke Verlag Tübingen und Basel
Paul Haupt Verlag Bern · Stuttgart · Wien
Hüthig Verlagsgemeinschaft
Decker & Müller GmbH Heidelberg
Leske Verlag + Budrich GmbH Opladen
J. C. B. Mohr (Paul Siebeck) Tübingen
Quelle & Meyer Heidelberg · Wiesbaden
Ernst Reinhardt Verlag München und Basel
F. K. Schattauer Verlag Stuttgart · New York
Ferdinand Schöningh Verlag Paderborn · München · Wien · Zürich
Eugen Ulmer Verlag Stuttgart
Vandenhoeck & Ruprecht in Göttingen und Zürich

Wilfried Joest

Dogmatik

Band 1:
Die Wirklichkeit Gottes

4., durchgesehene Auflage

Vandenhoeck & Ruprecht in Göttingen

W. JOEST, 1914 geboren, 1948 Habilitation für das Fach Systematische Theologie, 1948–1953 Univ.-Dozent in Heidelberg, 1953–1956 Professor für Systematische Theologie an der Augustana-Hochschule Neuendettelsau, 1956–1981 o. Professor für Systematische Theologie an der Universität Erlangen-Nürnberg.

Veröffentlichungen: Gesetz und Freiheit, Das Problem des tertius usus legis bei Luther und die neutestamentliche Parainese, Göttingen 1951, 4. A. 1968; Ontologie der Person bei Luther, Göttingen 1967; Fundamentaltheologie, Theologische Grundlagen- und Methodenprobleme (Theol. Wissenschaft Bd. 11), Stuttgart 1974, 2. A. 1981; Gott will zum Menschen kommen, Ges. Aufsätze, Göttingen 1977; dazu versch. Aufsätze und Lexikonartikel.
1955–1976 Schriftleiter und weiterhin Mitherausgeber der Zeitschrift Kerygma und Dogma.

Die Deutsche Bibliothek – CIP-Einheitsaufnahme

Joest, Wilfried:
Dogmatik / Wilfried Joest. – Göttingen: Vandenhoeck und Ruprecht
Bd. 1. Die Wirklichkeit Gottes. – 4., durchges. Aufl. – 1995
    (UTB für Wissenschaft: Uni-Taschenbücher; 1336: Theologie)
    ISBN 3-8252-1336-6 (UTB)
    ISBN 3-525-03259-5 (Vandenhoeck & Ruprecht)
NE: UTB für Wissenschaft / Uni-Taschenbücher

Das Werk einschließlich aller seiner Teile ist urheberrechtlich geschützt. Jede Verwertung außerhalb der engen Grenzen des Urheberrechtsgesetzes ist ohne Zustimmung des Verlages unzulässig und strafbar.
Das gilt insbesondere für Vervielfältigungen, Übersetzungen, Mikroverfilmungen und die Einspeicherung und Verarbeitung in elektronischen Systemen.

4., durchgesehene Auflage 1995
© 1984 Vandenhoeck & Ruprecht in Göttingen
Printed in Germany
Einbandgestaltung: A. Krugmann, Stuttgart
Schrift: 9/10p Times auf der Linotron 300 System 4
Satz: Gulde-Druck GmbH, Tübingen
Druck und Bindearbeit: Hubert & Co., Göttingen
ISBN 3-8252-1336-6 **(UTB-Bestellnummer)**

Vorwort

Die Dogmatik, deren erster Band hier vorgelegt wird, ist aus meiner Vorlesungstätigkeit erwachsen. Sie ist zunächst als Lehrbuch für Studenten gedacht, will aber nicht nur ein im Examen abrufbares dogmatisches Grundwissen vermitteln, sondern auch zum eigenen Durchdenken und Verstehen der christlichen Glaubensaussagen helfen. Darin kann sie vielleicht auch Lesern außerhalb des Kreises der Studierenden einen Dienst tun.
In ihrer Gesamtdisposition weicht diese Dogmatik vom Gewohnten etwas ab. Dazu darf ich auf § 5 verweisen, in dem dies dargelegt und begründet wird. Sollte das Buch nicht zu unhandlich werden, so mußte der Stoff auf zwei Bände verteilt werden. Der zweite Band ist in Arbeit, und ich hoffe, daß er diesem ersten in Bälde folgen kann. Dem Inhaltsverzeichnis ist eine Übersicht über die geplante Disposition des zweiten Bandes beigefügt.
Die Behandlung der Einzelthemen ist jeweils so gegliedert, daß eine Darstellung der kirchlichen Lehrüberlieferung und ein Überblick über die moderne Diskussion des betr. Themas voransteht. Diese Überblicke mußten freilich, um den Gesamtumfang begrenzt zu halten, in der Auswahl und Darstellung der zu besprechenden Positionen sehr knapp gehalten werden; die heutige Diskussion im anthropologischen und psychologischen Problemfeld wird erst im zweiten Band, dem nach der Gesamtdisposition diese Themen vorbehalten sind, eingehender zur Sprache kommen. Auf die referierenden Abschnitte, die vor allem der Wissensvermittlung dienen sollen, folgt zu jedem Thema eine Interpretation, die zu kritischem Mit- und Nachdenken anregen will. In ihrer Gesamtheit stellen diese Interpretationen mein eigenes Verständnis der christlichen Glaubensaussagen zur Diskussion. Über Ansatz und Richtlinien dieses Verständnisses gibt der einleitende Teil „Grund- und Anfangsfragen der Dogmatik" Rechenschaft. Am Ende jedes Paragraphen wurden einige Literaturangaben zusammengestellt. Ich habe mich auch dabei auf eine kleine Auswahl beschränkt in dem Gedanken, daß umfangreiche Verzeichnisse den Studenten eher entmutigen als zu eigener Lektüre anregen würden. Lexikonartikel sowie die Abschnitte anderer Dogmatiken zum betr. Thema wurden in diese Literaturangaben nicht aufgenommen; dies kann der Leser anhand der Stichwörter bzw. Inhaltsverzeichnisse solcher Werke ja leicht selbst auffinden.

Man kann fragen, ob neben den vorhandenen Lehr- und Studienbüchern zur Dogmatik für ein weiteres derartiges Buch noch Raum und Bedarf ist. Wenn ich mich dennoch zum Schreiben entschlossen habe, so geschah dies auf vielfache Bitte von Studenten und in dem Gedanken, daß es kein Schade ist, wenn dieselbe Aufgabe von mehreren je auf ihre Weise bearbeitet wird, sodaß ihre Arbeiten sich ergänzen und miteinander verglichen werden können. Ich gestehe aber gern, daß auch der eigene Wunsch, über die Ergebnisse einer langen Beschäftigung mit den Themen und Problemen christlicher Dogmatik mir selbst und andern Rechenschaft zu geben, dabei bestimmend war.

Fragen ökumenischer Theologie habe ich nicht so eingehend behandelt, wie dies vielleicht erwartet wird. Ich konnte mich hier zurückhalten im Blick auf die kürzlich erschienene Ökumenische Dogmatik von *Edmund Schlink,* die Frucht einer überragenden ökumenischen Erfahrung und Lebensarbeit. Auf dieses Werk des vor wenigen Monaten heimgegangenen Lehrers und Kollegen möchte ich nachdrücklich hinweisen.

Herzlich danke ich dem Verleger für seine Bereitschaft, die Herausgabe dieses Buches zu übernehmen, und auch für beratende Anteilnahme an seiner Gestaltung. Herr wiss. Assistent Rainer Oechslen hat die Mühe des Mitlesens der Korrektur übernommen, auch ihm sei herzlich gedankt.

Buckenhof, im August 1984   Wilfried Joest

Inhalt

Vorwort 5

Verzeichnis der Abkürzungen 12

Grund- und Anfangsfragen der Dogmatik 13

§ 1. *Die Frage nach dem Gegenstand* 14
    1. Gott in Christus 14
    2. Gotteserkenntnis nur in Christus? 20
    2.1. Die Frage der Schöpfungsoffenbarung 21
    2.2. Die Frage der Religionen 28

§ 2. *Die Frage der Begründbarkeit* 34
    1. Das Begründungsproblem 34
    2. Theologische Begründungsmodelle 37
    3. Möglichkeit und Grenze der Begründung dogmatischer Aussagen 43

§ 3. *Die Frage nach den Normen* 49
    1. Anzeige und theologiegeschichtliche Entwicklung des Normenproblems 49
    2. Das biblische Zeugnis 57
    2.1. Wort Gottes und Heilige Schrift 57
    2.2. Vielfalt und Einheit der Schrift 62
    2.3. Altes und Neues Testament 68
    2.4. Bedeutung und Grenze historisch-kritischer Bibelforschung 76
    3. Die kirchlichen Bekenntnisse 81
    4. Zusammenfassung 87

§ 4. *Die Frage der Vermittlung* 90
    1. Das Problem 90
    2. Lösungsmodelle 92
    3. Kritische Überlegungen 98

§ 5. *Fragen der Darstellungsgliederung* 106

Erster Teil: Die Wirklichkeit Gottes 113

I. KAPITEL: DER VON JESUS CHRISTUS BEZEUGTE GOTT – DER VATER 113

Vorbesinnung... 113

§ 6. Die Gotteslehre der kirchlichen Lehrüberlieferung und ihre moderne Infragestellung 123
1. Die Lehrüberlieferung 123
1.1. Die Gewißheit um die Existenz Gottes............ 124
   Exkurs zu den Gottesbeweisen 124
1.2. Wesen und Eigenschaften Gottes................. 127
1.3. Das Schöpfungswerk Gottes.................... 130
1.4. Das Vorsehungswirken Gottes 131
2. Infragestellung des überlieferten Gottesgedankens...... 133
2.1. Evidenzverlust 133
2.2. Emanzipatorische Religionskritik 136
2.3. Der Schöpfergott unter Anklage 138

§ 7. Gott der Vater 143
1. Der Grund der Erkenntnis Gottes 143
2. Die Ermöglichung des Redens von Gott......... 144
3. Das Sein Gottes 151
4. Wie ist Gott?.............................. 157
5. Der Vater-Name Gottes 162

§ 8. Gott der Schöpfer, der Allmächtige.................. 165
1. Der Grund des Bekenntnisses zu Gott dem Schöpfer ... 165
2. Gott der Schöpfer „des Himmels und der Erde" 169
3. „Im Anfang" schuf Gott – creatio continua und creatio originans 174
4. Gott „der Allmächtige" 178

II. KAPITEL: DER IN JESUS CHRISTUS GEGENWÄRTIGE GOTT – DER SOHN.................................... 186

Vorbesinnung... 186
Exkurs zur historischen Frage nach Jesus 194

§ 9. Die Christologie in der kirchlichen Lehrüberlieferung und ihre Problematik 202
1. Christologische Ansätze im Neuen Testament 203
2. Das christologische Dogma................... 205
3. Die Christologie der altprotestantischen Dogmatik..... 208
3.1. Die Lehre de persona Christi 209
3.2. Die Lehre de statu Christi duplice................ 212
3.3. Die Lehre de munere Christi triplice 213

	4.	Fragen zum christologischen Dogma 214
	5.	Christologische Entwürfe in der neueren Theologie 220

§ 10. Die Gegenwart Gottes in dem Menschen Jesus 226
    1. Jesus der Mensch vor Gott 226
    1.1. Jesus – wirklicher Mensch........................ 227
    1.2. Jesus – der wahre Mensch........................ 228
    2. Gott in Jesus mit dem Menschen 231
        Exkurs zum Verständnis der Wunder Jesu 236
    3. Der Ursprung Jesu in Gott 238

§ 11. Das Kreuz Jesu Christi 242
    1. Grundelemente der Deutung des Kreuzes im
       Neuen Testament............................... 243
    2. Die Satisfaktionslehre 244
    3. Deutungen des Kreuzesgeschehens in der neueren
       Theologie..................................... 246
    4. Versuch einer Interpretation...................... 252
    4.1. Der Weg der Liebe Gottes durch das Gericht.......... 252
    4.2. Der Weg des Gekreuzigten mit uns 257

§ 12. Jesus Christus der Auferstandene 260
    1. Zu den Osterberichten des Neuen Testaments 261
    2. Zur Diskussion in der neueren Theologie 263
    3. Die Bedeutung des Ostergeschehens................. 266
    3.1. Jesus Christus, der Gegenwärtige................... 266
    3.2. Jesus Christus, der Bürge der Zukunft 268
    3.3. Jesus Christus, der erhöhte Herr 269
    4. Das Ereignis der Auferweckung Jesu 272

III. KAPITEL: GOTT WIRKEND IN SEINEM GESCHÖPF – DER HEILIGE GEIST....................... 274
Vorbesinnung.. 274

§ 13: Das Wirken des Heiligen Geistes 282
    1. Das Wirken des Geistes im Erfahrungsraum der Glaubens-
       geschichte Israels 283
    1.1. Der Geist, die Leben wirkende Schöpferkraft 283
    1.2. Besondere Geistbegabungen und Geisteswirkungen – die
        Charismatiker in Israel 284
    1.3. Der Geist in der prophetischen Gerichts- und Heilsansage .. 286
    2. Das Wirken des Heiligen Geistes in Jesus Christus und seiner
       Gemeinde 289
    2.1. Der Heilige Geist in Jesus Christus selbst 289
    2.2. Sammlung und Sendung der Christusgemeinde durch den
        Heiligen Geist................................ 291

2.3.	Das Wirken des Heiligen Geistes in den Gliedern der Gemeinde	294
2.4.	Der eine Geist und die Vielfalt der Geistesgaben	299
3.	Der Geist des Schöpfers und Erlösers	302

§ 14. *Die Wirklichkeit Gottes des Heiligen Geistes* 306
1. Der Heilige Geist im Verhältnis zu Gott dem Vater und dem Sohn 307
2. Der Heilige Geist im Verhältnis zu dem Selbst des Menschen 312

IV. KAPITEL: § 15: DER DREIEINIGE GOTT 317
1. Entstehung und Gestalt des trinitarischen Dogmas 319
1.1. Der Weg zur Trinitätslehre 319
1.2. Die trinitarische Grundaussage 321
1.3. Die trinitarischen Distinktionen 323
2. Zur älteren und neueren Geschichte der Trinitätslehre 326
3. Das Bekenntnis zu dem dreieinigen Gott 332

Inhalt des zweiten Bandes

Zweiter Teil: Die Wirklichkeit des Menschen im Urteil Gottes

V. Kapitel: Der Mensch unter Gottes Anspruch und Widerspruch

§ 16. Die Anthropologie in der kirchlichen Lehrüberlieferung.
Aspekte ihrer modernen Infragestellung
§ 17. Der Mensch im Licht des Schöpferwillens Gottes
§ 18. Die Sünde des Menschen
§ 19. Die Frage nach dem Wirklichkeitsgrund der Sünde

VI. Kapitel: Der Freigesprochene Gottes

§ 20. Gnade und Rechtfertigung in der kirchlichen Lehrüberlieferung.
Heutige Anfragen an die reformatorische Rechtfertigungslehre
§ 21. Die Rechtfertigung des Sünders
§ 22. Leben im Glauben

VII. Kapitel: § 23: Gesetz und Evangelium

Dritter Teil: Die Verwirklichung der Menschheit Gottes

VIII. Kapitel: Die in Jesus Christus lebende Gemeinde

§ 24. Überlieferte Gestalten und neuere Abwandlungen des Kirchenverständnisses
§ 25. Geistliche Realität und institutionelle Ordnung der Kirche
§ 26. Die Taufe
§ 27. Das Abendmahl
§ 28. Weg und Dienst der Kirche in der Welt

IX. Kapitel: Die in Jesus Christus begründete Hoffnung

§ 29. Eschatologie als Thema der kirchlichen Lehrüberlieferung.
Ihre Umformungen in der neueren Theologie
§ 30. Gottes Reich – die Zukunft seiner Schöpfung
§ 31. Leben bei Gott, die Zukunft der Sterbenden

X. Kapitel: § 32: „Von ihm, durch ihn und zu ihm sind alle Dinge" – Gottes Gnadenwahl

Verzeichnis der Abkürzungen

Sammelwerke, Zeitschriften, Schriften- und Buchreihen

RE	Reallexikon für prot. Theologie und Kirche
ZThK	Zeitschrift für Theologie und Kirche
EvTh	Evangelische Theologie
KuD	Kerygma und Dogma
ZsyTh	Zeitschrift für systematische Theologie
NZsyTh	Neue Zeitschrift für systematische Theologie
ThSt	Theologische Studien
ThExNF	Theologische Existenz heute, Neue Folge
TB	Theologische Bücherei (Buchreihe)
TT	Themen der Theologie (Buchreihe)

Sonstige Abkürzungen bei Quellen- und Literaturangaben

Bei Angaben zu Thomas von Aquino: STh I/I = Summa Theologica, erster Teil des ersten Hauptteils

Bei Angaben zu Luther: WA = Weimarer Ausgabe der Werke Luthers

Bei Angaben zu K. Barth: KD = Kirchliche Dogmatik

Bei Angaben zu R. Bultmann: GuV = die mehrbändige Aufsatzsammlung „Glauben und Verstehen"

Bei Angaben zu G. Ebeling: WuG = die mehrbändige Aufsatzsammlung „Wort und Glaube"

CA = Confessio Augustana
FC = Formula Concordiae

Grund- und Anfangsfragen der Dogmatik

Dogmatik im Zusammenhang christlicher Theologie befaßt sich mit dem Gehalt des christlichen Glaubens. Sie ist der Versuch, diesen Gehalt umfassend und in seinen inneren Zusammenhängen darzustellen. Dies kann zunächst zur Frage nach ihrem Gegenstand gesagt werden. Im Folgenden wird diese vorläufige, sehr allgemein formulierte Gegenstandsangabe in wesentlicher Hinsicht zu vertiefen und zu präzisieren sein.

Die Bezeichnung der entfaltenden Darstellung der christlichen Glaubensgehalte als „Dogmatik" ist verhältnismäßig jung. Sie bürgerte sich seit der zweiten Hälfte des 17. Jh. ein im Zusammenhang mit der allmählichen Aufgliederung des Ganzen der Theologie in verschiedene „Disziplinen". In früheren Zeiten sprach man schlechthin von „theologia" oder „sacra doctrina". Was wir heute Dogmatik nennen, war darin mit Schriftauslegung, Ethik und z. T. auch mit „Anwendung" in homiletisch-katechetischer Abzielung noch vereint.

Als „Grund- und Anfangsfragen der Dogmatik" sind vor ihrer inhaltlichen Entfaltung die diese Entfaltung bestimmenden Voraussetzungen und Richtlinien zu bedenken. Es wird sich zeigen, daß dies nicht geschehen kann, ohne daß damit bereits Grundaussagen christlichen Glaubens selbst zur Sprache kommen. Darum sprechen wir hier nicht von „Vorfragen", sondern von „Grund- und Anfangsfragen".

Oft wird dieser Fragenbereich auch als „Prolegomena" oder „Theologische Prinzipienlehre" bezeichnet. Neuerdings wurde dafür auch von evangelischen Theologen der Begriff „Fundamentaltheologie" aufgenommen[1], der dem Sprachgebrauch katholischer Theologie entstammt. Dort wird er allerdings herkömmlich in dem speziellen Sinn einer Vorbereitung der sich auf Offenbarung berufenden christlichen Glaubensaussagen durch den Nachweis einer ihn der Vernunft angelegten Gotteserkenntnis verstanden. In diesem Sinn wird ihn evangelische Dogmatik nicht von vornherein übernehmen können. Denn ob ein solcher Nachweis erbracht werden kann, ist innerhalb der evangelischen Theologie keine unbestrittene Voraussetzung, vielmehr selbst bereits ein „fundamentaltheologisch" zu diskutierendes Problem.

---

[1] So m. W. zuerst von G. Ebeling in seinem Aufsatz „Erwägungen zu einer evangelischen Fundamentaltheologie", ZThK 1970, S. 479 ff.

Solche Grund- und Anfangsfragen sollen in diesem Buch nur in verhältnismäßig gedrängter Fassung behandelt werden[2]. Zu erörtern sind die Fragen nach dem Gegenstand der Dogmatik, nach der Begründbarkeit ihrer Aussagen, nach den von ihr zu beachtenden Normen und nach der Aufgabe gegenwartsgemäßer Vermittlung der Glaubensüberlieferung. Daran wird sich eine kurze Rechenschaft über den Weg anschließen, den ich in der Gliederung der inhaltlichen Entfaltung einzuschlagen gedenke.

§ 1. Die Frage nach dem Gegenstand

1. Gott in Christus

Wovon hat christliche Dogmatik zu reden? Von dem Gehalt des christlichen Glaubens, so war vorläufig gesagt worden in einer Formulierung, die so allgemein ist, daß niemand ihr widersprechen wird. Aber diese Angabe, deren Sinn keineswegs eindeutig ist, muß jetzt näher bestimmt werden, und man wird dabei sehr bald in das Feld von Auseinandersetzungen geraten.
Darstellung der Gehalte des christlichen Glaubens, das könnte so verstanden werden: Es wird vom Standort eines Beobachters aus *über* diesen Glauben geredet. Die in der bzw. den christlichen Kirchen vertretenen Glaubensvorstellungen werden als religionsgeschichtliches Phänomen registriert und analysiert. Dabei könnte ganz dahingestellt bleiben, ob und wieweit diesen Vorstellungen ein Wahrheitsgehalt zukommt. Die Dogmatik, so verstanden, hätte sie zu *beschreiben*, nicht zu *vertreten*.
Aber in diesem Sinn eines quasi-neutralen Redens *über* den Glauben hat sich christliche Dogmatik in aller Regel nicht verstanden, sondern als eine Bemühung, in der christlicher Glaube *selbst* sich über seinen Gehalt Rechenschaft gibt. Das bedeutet dann aber, daß in der Dogmatik dieser Gehalt vertreten und verantwortet wird; daß jedenfalls die Frage gestellt wird, in welchem Verständnis und welcher Auslegung seiner überlieferten Formulierungen er zu vertreten und zu verantworten ist. Diese Frage mag von Theologen verschiedener

---

[2] Zur Ergänzung darf ich auf meine „Fundamentaltheologie" (Theol. Wissensch. Bd. 11, 3. Aufl. 1988) verweisen. Dort findet sich eine eingehendere Darstellung der fundamentaltheologischen Probleme, ihrer Behandlung in der älteren und ihrer Diskussion in der neueren Theologie.

Richtungen in sehr verschiedener Weise beantwortet werden. Aber sie muß gestellt werden. Denn eine Dogmatik, die christliche Glaubensgehalte unter Ausklammerung der Wahrheitsfrage lediglich referieren würde, wäre funktionslos für die Frage der Kirche nach dem rechten Gehalt der ihr aufgetragenen Verkündigung, und letztlich auch uninteressant für den dem Glauben ferner stehenden Zeitgenossen. Denn auch dieser hat einen Anspruch darauf, zu erfahren, was Christen als Wahrheit ihres Glaubens behaupten und vertreten.

Wird die Aufgabe der Dogmatik so verstanden, dann heißt das aber: Ihr Gegenstand ist nicht der Glaube als menschliches Verhalten in sich selbst betrachtet, sondern das, worauf dieser Glaube sich *richtet*, woran sich zu halten und worauf sich zu verlassen ihn als Glauben ausmacht; die Wahrheit dessen also, was ihm *Grund* gibt. Darin ist allerdings vorausgesetzt, daß christlicher Glaube nicht ein Gestimmtsein ist, dessen Grund wir in uns selbst finden oder auch dahingestellt sein lassen, sondern gerade dies: Sicheinlassen und Sichverlassen auf die Zusage eines Gegenüber, die solches Sichverlassen fordert und begründet. Die Wahrheit des Glaubens, um deren Vertretung es in der Dogmatik gehen soll, hängt an der Wahrheit dieses Gegenüber. Geben wir ihm den Namen, mit dem es von jeher benannt wurde, so heißt das: Die Wahrheit des Glaubens hängt an der Wahrheit Gottes. Glaube, christlich verstanden, ist Sichverlassen auf Gott in dem, was er zusagt. Dann ist also der eigentliche Gegenstand der Dogmatik, gerade weil es in ihr um den Gehalt des Glaubens geht, Gott selbst in seiner Zusage.

Damit geraten wir allerdings in das Feld dessen, was heute selbst in der Theologie nicht unumstritten ist. Was heißt „Gott"? Ist Gott als ein übermenschliches und überweltliches Gegenüber, das offenbar „personhaft" vorgestellt wird (er gibt eine Zusage, auf die man sich verlassen soll), unter heutigen Voraussetzungen noch denkbar? Es gibt nicht nur Philosophen, sondern auch manche Theologen, die das bestreiten und sich bemühen, christliche Theologie so zu formulieren, wie sie „nach dem Tode Gottes" möglich bleibt. Streng genommen könnte dann der Gehalt des Glaubens, den die Dogmatik zu explizieren hat, in der Tat nur in einer Möglichkeit gesehen werden, die Menschen in sich selbst finden können; etwa in einer bestimmten Einstellung der Welt und der eigenen Existenz gegenüber, oder in einer bestimmten ethischen Grundhaltung. Aber so gewiß christlicher Glaube solche Einstellung und Grundhaltung implizieren wird – der Glaubende trägt sich in ihr nicht selbst. Er lebt, gerade in der Einstellung zu Welt und Selbst und in der Lebenspraxis, zu der er sich gerufen weiß, von einer

Zusage, die er sich nicht selbst und die auch die Welterfahrung ihm nicht zu geben vermag. Mit dem „Tode Gottes" (nicht mit dem Tod der oder jener Vorstellung von „Gott") wäre auch der Glaube tot; er hätte das Gegenüber seines Vertrauens und damit seinen Grund verloren. Das kann hier vorerst nur voraussetzungsweise gesagt werden. Es wird in der eingehenden Entfaltung dessen, worum es in christlichem Glauben geht, zu begründen sein. Zunächst aber ist zu klären, inwiefern hier von einer Zusage gesprochen wird, in der Gott so begegnet, daß er dem Glauben Grund gibt; wo und in welcher Gestalt diese Zusage begegnet; woraufhin wir also überhaupt von Gott reden und das heißt zugleich: wodurch wir unsere Vorstellung von dem, was oder wer dieser Gott ist, bestimmt sein lassen.

Christlicher Glaube hat seinen Namen von Jesus Christus. Als Glaube an Gott ist er jedenfalls entscheidend (ob ausschließlich, darüber wird noch zu reden sein) darauf gerichtet, daß und wie Gott in der Person und Geschichte des Menschen Jesus erkennbar wurde. Indem wir voraussetzen, daß Glaube das Sichverlassen auf die Zusage eines Gegenüber ist, setzen wir eine bestimmte Gestalt dieser Zusage voraus: Darin, wie Jesus durch sein Tun, Reden und Leiden die Wirklichkeit Gottes unter den Menschen bekundet und vertreten hat, hat Gott selbst sich aufgeschlossen als der, der er in Wahrheit ist. Gott „an sich" wäre ungreifbar, „jenseitig"; durch Jesus hat er sich uns vergegenwärtigt als jenes Gegenüber, das die Zusage gibt, die den Glauben begründet. Darum wird Jesus der Christus und an hervorgehobener Stelle im Neuen Testament „das Wort" Gottes genannt. Das heißt dann auch für die Dogmatik, die den Gehalt des Glaubens zu entfalten hat: Redet sie von Gott, so läßt sie das, was sie damit meint, von diesem Wort her bestimmt sein, in dem sich Gott selbst für uns ausgesprochen hat. Die Gegenstandsangabe ist also zu präzisieren: „Gegenstand" der Dogmatik ist Gott so, wie er sich in Jesus Christus bekundet hat und damit alles, was diese Bekundung für Verstehen und Praxis unseren Lebens als Menschen in der Welt in sich schließt.

In der theologischen Tradition wird die Gottesbekundung in Jesus Christus herkömmlich mit dem formalen Begriff Offenbarung bezeichnet. Man mag ihn beibehalten, insofern er die Unterscheidung dieses Bekundungsgeschehens von dem, was Menschen von sich her und schon immer wissen oder durch ihr Welterforschen erreichen können, zum Ausdruck bringt: Etwas wird uns eröffnet, was wir uns nicht selbst sagen konnten. Es muß aber klargestellt werden, daß das nicht in erster Linie ein *Wissen* ist, das unser „natürliches", mit menschlichen Erkenntnismitteln erreichbares Wissen übersteigt und in dem uns auf „übernatürlichem" Weg transzendente Sachverhalte zur Kenntnis gegeben wären. Der Offenbarungsbegriff hat in der Theologiegeschichte nicht selten diese intellektualistische Färbung einer übernatürlichen Mitteilung von Lehre *über* Gott und göttliche Dinge angenommen. Orientieren wir das Verständnis der Selbstbekundung Gottes an ihrer biblischen Bezeugung (daß und warum die dogmatische Besinnung hier ihre grundlegende Norm hat, wird in § 3 eingehend zu erörtern sein), so ist festzustellen: Ein dem Terminus „Offenbarung" entsprechender abstrakter Allgemeinbegriff für das Kundwerden Gottes findet sich dort nicht; und an der Weise, wie dort von diesem Geschehen geredet wird, wird deutlich, daß im Schwerpunkt etwas anderes gemeint ist als eine Verlängerung unseres Wissens „über"... in Richtung auf Gott. In gedrängter Vorwegnahme kann gesagt werden: Das Kundwerden Gottes ist nach seiner biblischen Bezeugung eine *Geschichte*, die Gott mit Menschen eingeht, in der er mit ihnen zusammenkommt. Jesus Christus ist der Träger dieser Geschichte. Mit der Zielrichtung auf ihn hin hat Gott sie mit Israel begonnen; in ihm hat er sie zu dem Ziel gebracht, in dem alles, was Mensch heißt, an ihr teilhaben soll. Das „Wort", durch das Gott in dieser Geschichte sich mitteilt, ist in seinem alles, was es in sich schließt, tragenden Grundgehalt die Zusage seiner *Gegenwart*, seines „Dabeiseins" – nicht nur Mitteilung *über* Gott und Göttliches, sondern *Selbst*mitteilung. Die Zusage, die den Glauben begründet, lautet: Ich bin mit euch – ihr sollt mit mir zusammen sein. So ergeht dieses Wort im Alten Testament an Israel: „Ich bin Jahweh, dein Gott – ihr sollt mein Volk sein". So gibt es sich in Jesus, der im Neuen Testament (Mt 1,23) geradezu der „Immanu-El" (Gott mit uns) genannt werden kann, die Persongestalt, in der das nun allen Menschen gilt: Ich bin für euch und mit euch – ihr sollt mit mir zusammen sein. Offenbarung ist, von ihrer biblischen Bezeugung her verstanden, *Gemeinschaftseröffnung*: Gott *kommt* zu Menschen, überläßt sie nicht sich selbst, läßt sie nicht mit sich und der Welt allein bleiben.

Vielleicht darf man sagen, daß es letztlich dies ist, was einen glaubenden Menschen von seinem Bruder, dem der Glaube noch fremd oder fremd geworden ist, unterscheidet: nicht, daß er ein vollständiges Wissen über Gott hat (erst recht nicht, daß er irgendwie ein „besserer" Mensch wäre), sondern daß er von der in Jesus gegebenen Zusage her dieses Dabeisein Gottes erfährt und daß darum die Geschichte seines Lebens in der Welt und mit den Menschen zugleich zu einer Geschichte mit Gott wird. Ja im Christen selbst – auch er ist nicht in unangefochtener Kontinuität ein Glaubender – wird der Schritt aus der Anfechtung zur Erneuerung seines Glaubens immer wieder darin geschehen, daß die Gottesgegenwart, die ihm verdunkelt war, sich aufs neue zuspricht. Freilich wird die Erfahrung dieser Gegenwart Gottes aus dem, *wie* er sie in Jesus kundgetan hat, dann auch ein Wissen um Wesen, Wollen und Tun dieses Gottes in sich schließen. Das ist aber von anderer Art als das Wissen von den Eigenschaften objektivierbarer Weltgegenstände.

Inwiefern besagt aber diese Verweisung der dogmatischen Besinnung auf die in dem Menschen Jesus *geschehene* Geschichte etwas anderes als den Verweis auf *vergangene* Geschichte? Inwiefern ist hier von wirklicher *Gegenwart* die Rede?
Das Wort der Selbstzusage Gottes ist in der Person und Geschichte Jesu endgültig gesprochen. Das heißt aber: So wie Gott in ihm seine Gegenwart bei den Menschen festgemacht hat, *bleibt* er gegenwärtig. Ja in Jesus *selbst* bleibt er gegenwärtig – auch eine Anfangsbesinnung darauf, was das Offenbarungsgeschehen nach seiner biblischen Grundbezeugung besagt, kann (wie sehr es noch späterer Klärung bedarf, was das bedeutet) nicht daran vorbeisehen, daß dort Jesus der Gekreuzigte nicht als Vergangener, sondern als der auferstandene und gegenwärtige Christus die Persongestalt der den Glauben begründenden Gotteszusage ist. Offenbarung als die *Geschichte*, in der in ihm Gott mit den Menschen zusammenkommt, hat also auch eine je präsentische Dimension, sie bleibt im *Geschehen;* nicht als ob neue und noch andere Worte Gottes zu erwarten wären, die über seine Gegenwart in Jesus Christus hinausführen könnten, sondern sofern Menschen in diese Gegenwart eingeholt werden, sofern also das endgültig gesprochene Wort auch sie erreicht.
In diesem Zusammenhang muß, bevor wir nochmals auf die besondere Aufgabe der Dogmatik zurückkommen, von dem Verkündigungsauftrag der Kirche gesprochen werden. Alle spezielle Problematik, die sich mit dem Begriff der Kirche als Institution und eines institutionalisierten Amtes der Kirche verbindet, kann dabei vorerst beiseite bleiben. Aber was immer zu dieser Problematik zu sagen sein wird – dies jedenfalls ist in der biblischen Bezeugung des Offenbarungsgeschehens elementar eingeschlossen, daß die in Jesus geschehene Gemeinschaftseröffnung, indem sie Menschen in das Zusammensein mit Gott hineinruft, diese Menschen auch untereinander verbindet: Kirche als Gemeinschaft der Glaubenden. Daß Gottes Selbstzusage im Geschehen bleibt und durch die Zeiten hindurch Menschen zu sich einholt, bedeutet auch, daß sie in die Gemeinschaft der Glaubenden eingeholt werden. Das geschieht so, daß diese Gemeinschaft selbst durch das Weitergeben der Zusage, von der ihr Glaube lebt, zu dem

Mund wird, durch den diese Gotteszusage wiederum Menschen erreicht. Das in Jesus Christus gesprochene Wort Gottes nimmt das Wort derer, in denen es Glauben erweckt hat, in den Dienst seiner Selbstfortsetzung, in der es Gegenwart bleibt und immer wieder Gegenwart wird. Diese Indienstnahme ist mit dem Verkündigungsauftrag der Kirche gemeint. Er schließt die zum öffentlichen Predigtamt Berufenen ein, ist aber nicht auf sie beschränkt; jedes Glied der Glaubensgemeinschaft kann an ihm teilhaben.
Erst in diesem Zusammenhang kann die besondere Funktion verstanden werden, in der die Glauben begründende Selbstzusage Gottes nun auch zum Gegenstand der Dogmatik wird. Dogmatik ist ja nicht unmittelbar zum Glauben rufende Verkündigung. Sie ist *Reflexion* auf den Inhalt dessen, was zu verkündigen ist, weil es geglaubt werden darf. Aber diese Reflexion geschieht nicht um ihrer selbst willen, sondern – das ist ihr „Praxisbezug" – um der Verkündigung willen. Denn soll diese der Selbstfortsetzung jenes Wortes dienen, durch das Gott in seine in Jesus Christus festgemachte Gegenwart ruft, so muß sie dabei bleiben, diesem Wort zu *entsprechen*. Daß sie in dieser Entsprechung bleibt, ist nicht selbstverständlich – sowohl durch Verharren in verhärteten Traditionen wie durch Anpassungen an jeweils „Modernes" kann es dazu kommen, daß im Wort der Kirche das Selbstwort Gottes verdeckt und entstellt wird. Darum ist es unerläßlich, daß die Praxis der Glaubensverkündigung begleitet wird von der Besinnung auf die Gestalt der Gottesbekundung, in der sie ihren Grund und aus der sie ihren Auftrag und rechtmäßigen Inhalt hat. Diese Besinnung soll in der Dogmatik vollzogen werden; nicht in ihr als schulmäßig-theologischer Disziplin allein – in gewissem Maße kann jeder Christ an ihr teilnehmen –, aber in ihr doch in exemplarischer und gedanklich geordneter Weise.

Mit dieser funktionalen Beziehung auf die kirchliche Verkündigung soll nicht ausgeschlossen sein, daß Dogmatik auch der persönlichen Besinnung von Christen auf ihren Glauben dienen kann. Ebensowenig ist ausgeschlossen, daß sie die Funktion einer Rechenschaft über den christlichen Glauben „nach außen", zu der umgebenden Welt und Gesellschaft hin, wahrzunehmen hat. Recht verstanden, wird sie aber gerade auch darin dem Verkündigungsauftrag der Kirche dienen, der ja nicht nur innerkirchlicher Erbauung, sondern ebenso sehr den dem Glauben Fernstehenden gilt.

Insofern kann man die Dogmatik – wie die Theologie überhaupt – eine „Funktion der Kirche" nennen. Daß das nach evangelischem Verständnis nicht heißen kann: eine Funktion der Kirchenleitung im

Sinne einer Weisungsgebundenheit an die Lehrgewalt eines bestimmten Amtes, wird an späterer Stelle noch zu erörtern sein. Es soll damit aber allerdings gesagt sein: Die Dogmatik fragt nach ihrem Gegenstand unter der *Voraussetzung* des kirchlichen Verkündigungsauftrags und im Interesse an dessen seinem Grund entsprechender Ausrichtung. Das heißt notwendig auch: Sie ist der christlichen Glaubensgemeinschaft verbunden in der Voraussetzung, daß deren Glauben und Auftrag, zum Glauben zu rufen, nicht Illusion, sondern in der Selbstzusage Gottes in Jesus Christus tatsächlich begründet *ist*.

Da man Glauben und Handeln nicht trennen kann und die Glaubensverkündigung darum immer Handlungsanweisung in sich schließt, ist auch in der Besinnung auf den rechten Inhalt der Verkündigung Dogmatik von theologischer Ethik nicht zu isolieren. Daß beide „Disziplinen" heute literarisch und in theologischen Lehrveranstaltungen gesondert behandelt werden, ist nicht grundsätzlich, sondern nur arbeitsökonomisch zu begründen[1].

2. *Gotteserkenntnis nur in Christus?*

Was bis dahin zu Gegenstand und Funktion der Dogmatik gesagt wurde, ist so, wie es hier gesagt wurde, in der heutigen Theologie nicht unumstritten. Darin stimmt man gewiß überein, daß christliche Rede von Gott wesentlich von Jesus her bestimmt ist. *Inwiefern* in Jesus Gott kund wurde und was das für das Verhältnis der *Person* des Menschen Jesus zu Gott selbst bedeutet, darin gehen die Interpretationen weit auseinander. Das hier vertretene Verständnis Jesu als der Persongestalt der Gegenwartszusage Gottes hat sich im Feld der theologischen Diskussion mit andern Entwürfen auseinanderzusetzen. Das kann erst im Zuge inhaltlicher Entfaltung der Dogmatik geschehen.

Umstritten ist aber schon die Frage, ob Dogmatik sich *nur* auf Gottes Selbstbekundung in Jesus Christus zu beziehen hat, ob dies in einem *exklusiven* Sinn ihr Gegenstand sein soll. Wußte und redete man von Gott nicht schon vor der besonderen Gestalt seiner Bekundung in Jesus Christus, weiß und redet man von ihm nicht auch dort, wo er

---

[1] Es gibt allerdings auch moderne Entwürfe theologischer Ethik, die nicht von besonderen offenbarungstheologisch-dogmatischen Voraussetzungen, sondern von allgemeiner Wirklichkeitserfahrung und den in ihr wirksamen Schöpfungsstrukturen ausgehen. Zu nennen wäre hier etwa K. Løgstrup, Die ethische Forderung (dtsch. 1959), W. Trillhaas, Ethik (3. Aufl. 1970), T. Rendtorff, Ethik I (1980) u. II (1981).

nicht in dieser besonderen Gestalt gesehen und bekannt wird? Kann die Dogmatik solches Wissen um Gott ignorieren? Müßte sie es nicht in ihren Gegenstandsbereich mit aufnehmen, das besondere Kundwerden Gottes in Jesus Christus zu ihm in Beziehung setzen? Mit dieser Frage hat schon die einleitende Besinnung auf den Gegenstand der Dogmatik sich auseinanderzusetzen.

2.1. Die Frage der Schöpfungsoffenbarung

Der Gedanke, daß ein Wissen des Menschen um die Wirklichkeit Gottes seiner besonderen Offenbarung in Jesus Christus tatsächlich allgemein vorgegeben ist, hat eine alte Tradition in der Theologie. Was da gemeint ist, kann etwa so umschrieben werden: Durch die Werke der Schöpfung ist der Mensch auf Gott als ihren Urheber hingewiesen; er kann wissen, *daß* ein Gott ist. Durch die Stimme seines Gewissens ist er auf seine sittliche Verantwortung vor diesem Gott hingewiesen; er kann wenigstens in elementaren Umrissen wissen, daß und was Gott *gebietet*. Er kann damit auch vom *Wesen* dieses Gottes etwas wissen: von seiner Allmacht, Weisheit, Güte und Heiligkeit. Gottes Heilsratschluß und Heilswerk, das den Menschen aus seiner Gefangenschaft in der Sünde erlöst und zum ewigen Leben führt, ist jenem allgemeinen Wissen verschlossen; damit auch Gottes Menschwerdung und sein inneres Wesensgeheimnis als der Dreieinige. Dies ist es, was allein durch die besondere Offenbarung in Jesus Christus kundwerden konnte. Christliche Theologie hat nicht versäumt hinzuzufügen: Auch soweit ein Wissen um Gott dem Menschen allgemein möglich ist, wird es durch Sünde faktisch vielfach verstellt, verdrängt und pervertiert. Dann aber im Grunde „wider besseres Wissen"; auch der Sünder bleibt auf das, was das Wort „Gott" bedeutet und was er von Gott wissen kann, ansprechbar und dabei behaftbar. Gott begegnet ihm in seiner Heilsoffenbarung nicht als eine völlig fremde Wirklichkeit ohne Beziehung zu seinem bisherigen Bewußtsein.

Die Lehre von einer zweifachen Quelle der Gotteserkenntnis in dem hier umschriebenen Sinn findet sich nach altkirchlichen Ansätzen schulmäßig ausgeprägt in der scholastischen Theologie des Mittelalters. Hier wird unterschieden zwischen dem der *Vernunft* erschließbaren Wissen von Gott (Thomas Aqu. bezeichnet es als „praeambula fidei") und der Heilsoffenbarung, die auf die Autorität des Offenbarungswortes hin *geglaubt* wird. Durch das römisch-katholische Lehramt wurde im Vaticanum I diese Lehre einer der Vernunft „mit Gewißheit" möglichen Gotteserkenntnis ausdrücklich bestätigt und zum Dogma erhoben.

Auch die Reformatoren rechneten mit einem allgemeinen Wissen von Gott. Sie sahen darin allerdings eher ein Berührtsein im Gewissen als das Ergebnis rationaler Vernunftschlüsse – über den Umgang der ratio mit dieser Gottesberührung urteilten sie kritisch. Das gilt besonders für Luther.

Die altprotestantische Orthodoxie nahm in ihrer späteren Phase das Schema der zweifachen Erkenntnisquelle in etwas veränderter Terminologie wieder auf, wenn sie unterschied: Gott gibt sich zu erkennen durch die *revelatio generalis* in den Werken der Schöpfung (per lumen externum) wie auch in der Stimme des Gewissens (per lumen internum); in seinem Heilswillen aber allein durch die *revelatio specialis* in Christus, vermittelt durch die Heilige Schrift.

Auch neuere evangelische Theologen griffen vielfach und in verschiedenen Varianten auf diese Tradition zurück. So etwa diejenigen Theologen des 19. und beginnenden 20. Jh., die von einem im Wesen des Menschen grundgelegten „religiösen Apriori" ausgehen wollten, um die speziell christlichen Glaubensgehalte darauf zu beziehen. So in engerem Anschluß an die zweifache Offenbarungslehre der altprotestantischen Theologie Paul *Althaus*, wenn er „Uroffenbarung" und Christusoffenbarung unterscheidet und zugleich aufeinander bezieht. Dabei versteht er „Uroffenbarung" als eine nicht nur am Anfang geschehene, sondern je immer den Menschen berührende Bekundung der Wirklichkeit Gottes; er sieht sie in der Schöpfung als Natur, aber vor allem auch in den Bewegungen der Geschichte wirksam, durch die uns Gott als der Herr der Geschichte zu Einsatz und Hingabe beruft. Ähnlich andere lutherische Theologen aus der Zeit zwischen den beiden Weltkriegen. Aber auch der Reformierte Emil *Brunner* vertrat gegen Karl Barth nachdrücklich die Vorgabe einer allgemeinen Offenbarung, auf die die Heilsoffenbarung in Christus zu beziehen sei; bei ihm war dabei mehr das persönliche Bewußtsein sittlicher Verantwortung als die Beanspruchung durch die Mächte der Geschichte im Blickfeld.

Zurückhaltender wird die Frage einer der Christusoffenbarung sich vorgebenden Berührung durch die Wirklichkeit Gottes von Rud. *Bultmann* und Theologen, die seiner Konzeption nahestehen, behandelt. Von einer allgemeinen Offenbarung und Erkenntnis Gottes wird hier nicht gesprochen; wohl aber von der *Frage* nach Gott, die in der Frage des Menschen nach dem „Eigentlich"-werden seiner Existenz verborgen ist (Bultmann), oder von dem Anspruch des darin freilich noch *verborgenen* Gottes, durch den der Mensch in den Anforderungen der Wirklichkeit an seinen verantwortlichen Umgang mit ihr getroffen wird (Friedr. Gogarten, Gerh. Ebeling).

Bleibt in diesen Konzeptionen der Begriff der Offenbarung dem von Jesus Christus her begegnenden Wort Gottes vorbehalten, so wird er von Paul *Tillich* und Wolfh. *Pannenberg*, freilich in einem vorläufigen Sinn, erneut auch für den Ursprung vor- und außerchristlichen Wissens um Gott in Anspruch genommen. Beiden Theologen geht es dabei vornehmlich um die Klärung des Verhältnisses des christlichen Glaubens zur Welt der Religionen. Dem wird eine besondere Besinnung zuzuwenden sein, die wir an dieser Stelle noch zurückstellen.

Ein Thema mit sehr mannigfaltigen Variationen, dessen Cantus firmus aber doch darin zu erkennen ist, daß die Christusoffenbarung nicht exklusiv, sondern in Beziehung auf eine ihr schon vorgegebene Gottesbekundung zum Gegenstand der Dogmatik wird. Darin ist das Interesse wirksam, christologisch bestimmte Offenbarungstheologie nicht als eine autoritäre Behauptung erscheinen zu lassen, die abrupt und beziehungslos in das menschliche Wirklichkeits- und Selbstbewußtsein einbricht. Dem Christlich-Besonderen sollen im Menschlich-Allgemeinen diejenigen Voraussetzungen aufgewiesen werden, auf die es sinnvoll bezogen werden, an die die christliche Verkündigung also „anknüpfen" kann. Das gilt besonders für die Abwandlungen dieses Themas in der neueren Zeit. Exegetisch konnte man sich dabei etwa auf Röm 1,19 ff. berufen, wo von einem Offenbarsein Gottes in den Werken der Schöpfung gesprochen wird; auch auf Röm 2,14, wenn dort damit gerechnet wird, daß der Israel im Gesetz geoffenbarte Gotteswille auch im Gewissen der Heiden eingeschrieben ist.

In der neueren Theologie hat vor allem Karl *Barth* und die durch ihn bestimmte theologische Richtung der Behauptung einer allgemeinen Offenbarung und Gotteserkenntnis entschieden widersprochen. Hier wird in der Tat eine *exklusiv* christozentrische Offenbarungstheologie vertreten: In der konkreten Person und Geschichte Jesu Christi hat Gott sich selbst offenbart, hier ganz und hier allein. In allen aus anderen Quellen geschöpften, mehr oder weniger allgemeinen (heute keineswegs mehr allgemeinen) Gottesgedanken projiziert der Mensch seine eigenen Wunschbilder und Ideale; sie werden von der Selbstbekundung Gottes in Jesus Christus gerade kritisch getroffen. Christliche Dogmatik hat darum keineswegs an solche allgemeinen Gottesgedanken „anzuknüpfen" und sie auf eine angeblich von der Christusoffenbarung zu unterscheidende, ihr schon vorweg erkennbare „Schöpfungsoffenbarung" zurückzuführen. Sie hat vielmehr in dem biblisch bezeugten Wort, das Gott in Jesus Christus gesprochen hat (Barth versteht in Einheit mit dem Neuen auch das Alte Testament als Christuszeugnis), ihren einzigen legitimen Gegenstand. Jede Anknüpfungsstrategie, die von dieser Linie abweicht, kann nach Barth nur dazu führen, daß die menschlichen Gottesvorstellungen, auf die die Christusoffenbarung dann bezogen wird, verfälschend auf deren Verständnis und Auslegung übergreifen.

Daß wir in der Frage der Erkenntnis Gottes in solcher Ausschließlichkeit an sein in Jesus Christus gesprochenes Wort gewiesen sind, ist für Barth zutiefst in der Gottheit Gottes begründet. Weil Gott der *Herr* ist, kann er grundsätzlich nicht zu den Erkenntnisgegenständen gehören, über die der Mensch aus seiner Welt- und Selbsterfahrung sich selbst Bescheid geben könnte. *Wird* Gott erkannt, so geschieht dies allein aus seiner eigenen freien Entscheidung und Tat, in der *er* sich zum Menschen hin eröffnet. Diese Tat heißt Jesus Christus. Und es ist wiederum seine Tat, das Wirken seines Geistes, durch das im Menschen das Erkennen seiner Gegenwart in Christus Ereignis wird. Barth versteht diese strenge Konzentration des Offenbarungsthemas auf Gottes Selbsteröffnung in Christus und das ihr Glauben schaffende Wirken des Geistes als die folgerichtige Anwendung der reformatorischen Erkenntnis der allein aus Gnade dem Sünder sich schenkenden Gottes*gemeinschaft* auf die Frage der Gottes*erkenntnis:* Weder die Rechtfertigung des Menschen durch Gott noch auch nur sein Erkennen Gottes ist bedingt durch solches, was in ihm selbst vorgegeben ist.

Barth hat sich mit dieser exklusiv christozentrischen Offenbarungstheologie in der Tat den Vorwurf zugezogen, hier erscheine die Christusbotschaft als Behauptung, die beziehungslos in menschliche Erfahrung hineindiktiert werde. Religiöse Erfahrung und Gewissenseinsicht außerhalb der Mauern der Kirche werde durch das radikale Verdikt, eigenmächtige und illusionäre Ideologie zu sein, unter das sie hier gestellt werde, autoritär vergewaltigt. Wieweit in solchen Vorwürfen Barths Theologie richtig verstanden und zu Recht getroffen wird, kann hier zunächst dahingestellt bleiben. Zu prüfen ist die sachliche Frage, ob sich eine von dem Offenbarwerden Gottes in Jesus Christus zu unterscheidende Schöpfungsoffenbarung und ein in ihr begründetes allgemeines Wissen um Gott tatsächlich behaupten läßt. Dazu muß zunächst gesagt werden, daß eine wirklich *allgemeine* Überzeugung von der Wirklichkeit Gottes heute jedenfalls nicht mehr gegeben ist. Gewiß, es mag auch so etwas wie eine Gottesleugnung „wider besseres Wissen" geben. Aber die Behauptung, jeder Mensch, dem heute der Gottesgedanke als Illusion erscheint, verdränge damit etwas, worum im Grunde auch er weiß, wäre doch auch ein autoritäres Befinden über das Gewissen solcher Menschen, das die Theologie besser unterlassen wird. Der Gottesgedanke ist nicht mehr ein selbstverständlicher Gedanke der Vernunft. Konnte er das für die Vernunft früherer Zeiten sein, so war das zumindest mitbegründet in der geschichtlichen Mächtigkeit religiöser Überlieferung, die das Denken bestimmte. Und soweit er tatsächlich durch rationale Deduktionen begründet wurde (Gottesbeweise), geschah das unter der Vorstellung, in einer metaphysischen prima causa den Erklärungsgrund für den empirischen Weltbestand zu finden – ein Verfahren, das für kritisches Denken unter modernen philosophischen Voraussetzungen (auch wenn man die „Gottesbeweise" als Signale gewisser Grundfragen werten möchte) jedenfalls seine rationale Stringenz verloren hat. Zudem: Könnte streng genommen ein solches Rückschlußverfahren von dem empirischen Weltbestand auf „Gott" als prima causa zu mehr führen als zu einem X absolutum mit *unbestimmtem* Gesicht? Und wenn es faktisch zu mehr geführt hat – zu einem Gottesgedanken mit positiven oder sogar christlichen Zügen –, geschah das nicht eben unter dem geschichtlichen Einfluß christlicher Überlieferung und Kultur?

Nun wird die Möglichkeit eines allgemeinen Wissens um Gott in der neueren Theologie freilich weniger auf rationale Gottesbeweise begründet (auch katholische Theologie ist da – trotz Vaticanum I – weithin zurückhaltender geworden). Man verweist eher auf existentielle Erfahrungen, die mehr der emotionalen als der rationalen Sphäre angehören: Gottesbekundung im Erleben der Natur, in der bewegenden und beanspruchenden Macht geschichtlicher Erfahrungen, im Wissen des Gewissens um sittliche Verantwortung. Daß Natur und Geschichte auch heute eine mächtige Sprache reden können, durch die Menschen in positive wie negative Grenzerfahrungen geführt werden, ist nicht zu bestreiten. Zu fragen ist aber: welche Mächte sind es, die sich hier bekunden? Verweisen solche Erfahrungen eindeutig auf eine Gotteswirklichkeit, auf die ein von Jesus Christus bestimmtes Reden von Gott sich beziehen könnte? Zweideutig ist die Sprache des Naturgeschehens. Es kann erheben und beglücken, durch die Gaben der Natur wird Leben erhalten und gestärkt – aber durch dieselbe Natur wird Leben auch katastrophal und für menschliches Begreifen sinnlos vernichtet. Muß ich Gottes Wort nicht schon anderswoher und dort eindeutig vernommen haben, um dann auch aus den Werken der Schöpfung eine andere Stimme zu hören als die jenes X absolutum mit blindem Gesicht? Zweideutig ist erst recht die Sprache der Geschichte. *Gottes* Ruf in den großen geschichtlichen Bewegungen, die Menschen zur Hingabe ihres Lebens beanspruchen? Welchen Gottes Ruf? Ist es nicht oft eher die Faszination durch sehr menschliche Mächte und Leidenschaften, die hier wirksam wird? Wer die deutsche Geschichte der letzten Generationen erlebt hat, kann das nicht übersehen. Und ebenso wenig kann das Gewissen als die Instanz gesehen werden, in der eindeutig die Stimme Gottes im Menschen spricht. Dazu haben wir zu viel zu wissen bekommen von der Formbarkeit der Gewissensbindungen durch die persönlichen, sozialen und kulturellen Einflüsse, unter denen ein Mensch aufwächst, und von der daraus resultierenden Relativität der Inhalte solcher Gewissensbindungen. Wir werden also jedenfalls nicht in dem Sinn von Schöpfungsoffenbarung reden können, als ob von ihr her eine „natürliche Gotteserkenntnis" offenstünde: ein allgemein-menschliches Wissen um Gott, das seiner Selbsteröffnung in Jesus Christus vorgegeben wäre als Basis, auf der sie, indem sie vertiefend weiterführt, zugleich bestätigend aufbauen könnte. Ein solches Verhältnis zweier Erkenntnisquellen ist ja auch in Röm 1,19ff. nicht angesprochen. Paulus spricht dort von einem Offenbarsein Gottes in seinen Werken, das als solches gerade nicht erkannt, sondern in die Anbetung geschöpflicher Gestalten und Mächte verkehrt wird. Die Christusbotschaft wird hier nicht aufbauend an einen vorgegebenen Erkenntnisstand angeknüpft, sondern in eine von sich her gegenüber Gott verschlossene Menschheit hineingesprochen.

Wenn wir darauf verzichten, die theologische Auslegung der Selbstzusage Gottes in Jesus Christus an ein vorgegebenes allgemeines *Wissen* um Gott anzuschließen, so wird damit nun aber nicht behauptet, daß in Christus ein Gott zum Menschen gekommen wäre, gegenüber dem Mensch und Welt zuvor in einem schlechthin beziehungslosen Abseits existiert hätten (gleich dem „fremden" Gott Marcions, der erlösend in eine Welt kommt, die nicht seine, sondern eines finstern Demiurgen Schöpfung ist). Gerade in der Geschichte seiner Selbsteröffnung, die in Israel anhebt und in Jesus Christus zu ihrem Ziel kommt, bekundet sich Gott ja auch als der Schöpfer, der zu seinem Eigentum kommt, das schon immer aus seinem Wirken und unter dem Anspruch seines Willens lebt (*das* sagt Röm 1,19ff. allerdings). Aber er kommt in das Eigentum, das ihm entfremdet war (Joh 1,10f.). Gott der Schöpfer und die Welt als seine Schöpfung kann als Thema christlicher Theologie nicht ausfallen; und in diesem Zusammenhang könnte durchaus auch eine (mit „natürlicher Theologie" nicht zu verwechselnde)

„Theologie der Natur" zu entfalten sein. In der gegenwärtigen Theologie sind bemerkenswerte Ansätze zu einer solchen Neuaufnahme des Schöpfungsthemas zu beobachten[2]. Aber was christliche Theologie zu diesem Thema zu sagen hat, wird von der geschichtlichen Selbstbekundung des Schöpfers her und nicht aus Prämissen eines allgemeinen Gotteswissens zu begründen sein.

Auch dies soll nicht behauptet werden, daß es ein Berührtwerden von Menschen durch Gottes Wirklichkeit da, wo er nicht oder noch nicht als der in Christus Gegenwärtige erkannt wird, überhaupt nicht geben *könne*. Wir sind als Christen weder genötigt noch berechtigt, uns das Urteil anzumaßen, daß *alle* religiöse Erfahrung extra muros ecclesiae nichts anderes sein könne als eigenmächtiges Gebilde menschlicher Ideologie. Insbesondere sind wir nicht zu dem Urteil befugt, daß es extra muros ecclesiae keinerlei Wissen und Tun von Gutem geben könne, das dem wahren, in Christus offenbaren Gotteswillen entspricht. (Vor solcher Behauptung werden wir in der Tat durch Röm 2,14 und andere biblische Aussagen gewarnt. Auch Barth hat derlei nicht behauptet – er konnte vor allem in den späteren Teilen der Kirchlichen Dogmatik (KD) durchaus auch von „wahren Worten außerhalb der Kirche" sprechen).

Reden wir, wenn wir solche Möglichkeit nicht bestreiten, von einer Potenz des *Menschen*, sich auch ohne Jesus Christus positiv zu Gott in Beziehung zu setzen? Es geht vielmehr darum, dem in Christus offenbaren *Gott* die Möglichkeit zuzuerkennen, daß er solche Berührung durch seine Wirklichkeit, solches Geschehen von Gutem, das seinem Willen entspricht, auch dort wirken kann, wo er in seiner Christusgegenwart noch nicht erkannt ist. Gerade weil er sich in Christus erzeigt als der Schöpfer, der zu dem kommt, was schon immer sein Eigentum ist und unter seinem Wirken steht, kann ihm solche Möglichkeit nicht abgesprochen werden. *Gott* kann wohl in seiner Geschichte mit Menschen, wenn er sie zum Glauben an sein Wort in Christus führt, „anknüpfen" an solches, was er schon zuvor in ihnen gewirkt hat.

---

[2] Zu verweisen ist besonders auf Chr. Link, Die Welt als Gleichnis. Studien zum Problem der natürlichen Theologie (1976); ferner auf die theologische Auseinandersetzung mit dem Ökologie-Problem in den Arbeiten von G. Altner.
Zur grundsätzlichen Problematik der natürlichen Theologie ferner: E. Jüngel, Das Dilemma der natürlichen Theologie und die Wahrheit ihres Problems, in: Ders., Entsprechungen: Gott – Wahrheit – Mensch (1980), S. 158–177, und weitere demselben Themenbereich geltende Abhandlungen in dieser Aufsatzsammlung.

Aber das besagt nicht, daß ein solches Vorwissen von Gott als allgemeine Gegebenheit menschlichen Bewußtseins bereitstünde und von der Theologie in systematisierbarer Form zu erheben wäre, so daß *sie* methodisch davon ausgehen und daran anknüpfen könnte. Denn davon abgesehen, daß es nicht nur religiöse Erfahrungen gibt, sondern in der heutigen Welt eben auch deren Ausbleiben – wenn wir nicht bestreiten, daß in solchen Erfahrungen der Gott, der in Jesus Christus sein Wort gesprochen hat, in Menschen ihrem Hören und Glauben dieses Wortes voraus am Werk sein kann, so ist andererseits nicht zu übersehen, daß menschliche Religiosität sich auch Gottesbilder macht, die an dem in Christus offenbaren Gott vorbeigehen und denen dieser Gott widerspricht. Auch aus wirklicher Berührung durch ihn kann am Hören seines Wortes vorbei ein selbstgemachtes Gottesbild werden. Gottes Selbsteröffnung in Jesus Christus bleibt das *Kriterium*, an dem sich entscheidet, was wo auch immer in religiöser Erfahrung und Tun von Gutem aus dem Wirken *dieses* Gottes kommt und dann auch in den Glauben an sein in Christus gesprochenes Wort wird eingehen können, und was an dieser Schwelle abgewiesen wird.

Dann aber ist in der Tat seine Glauben begründende Selbstzusage in Jesus Christus *der* Gegenstand der Dogmatik, in dessen Licht sie von allem zu reden hat, was in ihr überhaupt zum Thema wird. Sie wird in *diesem* Licht (nicht ihm zuvor und aus anderer Quelle) dann auch von allem zu reden haben: Schöpfung, Gewissen, Gottes Verhältnis zu Natur und Geschichte, was in den Theorien der zweifachen Offenbarung zum eigenständigen Thema wurde. Sie wird darin, daß und wie sie, ausgehend vom Christuswort, diese Themen aufnimmt, zu bewähren haben, daß dieses Wort sich nicht beziehungslos in menschliche Wirklichkeits- und Selbsterfahrung hereinspricht.

2.2. Die Frage der Religionen

In diesem Zusammenhang bedarf die Frage nach dem Verhältnis des christlichen Glaubens zu den konkreten nichtchristlichen Religionen einer gesonderten Überlegung. Nicht zuletzt die Tatsache, daß bei allen Völkern, wenn auch in größter Unterschiedlichkeit der Vorstellungen und Kultformen, Religion zu finden ist, galt ja als Indiz eines allgemeinen Wissens um die Wirklichkeit Gottes. In der älteren Theologie wurden die nichtchristlichen Kulte freilich als Perversionsgestalten dieses Wissens beurteilt: „falsae religiones", denen gegenüber die Kirche die „religio vera" zu vertreten hat. Im Gefolge des Toleranzgedankens der Aufklärung setzte sich eine positivere Beurteilung durch. Nach dem Vorgang *Schleiermachers* verstand man in der Theologie des 19. Jh. weithin die konkreten Religionen als unterschiedliche Stufen in der geschichtlichen Entfaltung des im Wesen des Menschen angelegten Gottesbewußtseins. Man interpretierte das Christentum als dessen reifste Gestalt und konnte dann andern Religionen den Status von Vorstufen mit relativem Wahrheitsgehalt zuerkennen. Das bedeutete allerdings auch, daß für das Verständnis des Christlich-Besonderen das Verständnis der ihm nach dieser Auffassung mit andern Religionsformen gemeinsamen Basis im Allgemeinen des religiösen Bewußtseins kategorial bestimmend wurde. Grundlage der Dogmatik wurde die religionsphilosophische Erhellung dieser Basis; in ihr war zu erheben, was Religion überhaupt bedeutet, und in diesen Rahmen war das Christliche als Höchstgestalt von Religion einzuordnen.

Karl *Barths* Kampf gegen die Behauptung einer allgemeinen Gotteserkenntnis implizierte folgerichtig den Bruch mit dieser Zuordnung des Christlichen zum Religiösen überhaupt. Christlicher Glaube ist nach seiner Auffassung nicht die Höchstform von Religion, die mit andern Religionen in der Kontinuität einer Entfaltung aus gemeinsamer Basis zu sehen wäre. Als der Gehorsam des Hörens auf das Wort, in dem Gott selbst sich bekundet, steht er vielmehr zu aller Religion in Gegensatz; und als solcher Gehorsam des Hörens ist er keine seelische Möglichkeit des Menschen, sondern die Möglichkeit des Wirkens Gottes im Menschen. Die Religion ihrerseits *ist* eine Möglichkeit des Menschen; aber sie ist, in welcher Gestalt auch immer, sein Unternehmen, sich aus sich selbst zu Gott ins Verhältnis zu setzen, ihn sich verfügbar zu machen. Indem er sie als dieses Unternehmen versteht, kann Barth Religion geradezu mit Unglauben gleichsetzen. Man darf nicht übersehen, daß er damit auch und vielleicht sogar in erster Linie „christlichen" Religionsbetrieb im Auge hat, vor allem die Selbstverständlichkeit, mit der ein bürgerliches Christentum Gott als Garanten seiner Fortschrittsideologie und seiner kulturellen, nationalen und sonstigen Ideale vereinnahmte. Aber konkrete außerchristliche Religionen (zu denen Barth sich im übrigen wenig äußert) waren in seiner Beurteilung von Religion überhaupt sicher eingeschlossen.

Auch hier konnte der Widerspruch nicht ausbleiben, zumal in einer Zeit, in der die globale Verflechtung der menschlichen Verhältnisse und Geschicke viel eher den Dialog von Christen mit Menschen anderer Religion als ihre Distanzierung zu fordern scheint. Muß die Barthsche These nicht zur Verweigerung und Verhinderung dieses Dialogs führen? Muß sie nicht (und dies sicher gegen Barths eigene Intention) als unerhörte christliche Anmaßung erscheinen?

Namhafte Theologen sind dieser Diastase von christlichem Glauben und Religion entgegengetreten: Ist es nicht Willkür, diesen Glauben sonstigen Phänomenen religiösen Verhaltens als etwas völlig Andersartiges entgegenstellen zu wollen? Auch er ist doch eine Äußerung gelebter Religion. Kann dann aber behauptet werden, er allein sei in Offenbarung Gottes begründet, alle Religion sonst aber nichts als Menschengemächte?

Zu nennen sind hier in erster Linie Paul *Tillich* und Wolfhart *Pannenberg*. Beide haben erneut Konzeptionen des Verhältnisses vor- bzw. außerchristlicher Religion zu christlichem Glauben entwickelt, in denen in der Differenz zugleich Kontinuität behauptet wird. Als Träger dieser Kontinuität wird hier, im Unterschied zu der Schleiermacher folgenden Theologie das vorigen Jh., weniger die Entwicklung des menschlich-religiösen Bewußtseins als vielmehr eine fortschreitende Geschichte des Sich-Offenbarens Gottes angesprochen. Dabei wird festgehalten, daß Jesus Christus das Ziel dieser Geschichte ist. Er ist nach Tillich im Duktus der „universalen" Offenbarung Gottes die „letztgültige" Offenbarung; in ihm ist – so Pannenberg – Gott *ganz* offenbar geworden. Aber das Offenbarungsgeschehen wird nicht punktuell auf Christus beschränkt gedacht. Die Weise, wie Gott sich manifestiert, hat nach Tillich mannigfache seiner letztgültigen Offenbarung vorlaufende Gestalten und Medien. Alle Religion geht aus solchen Manifestationen hervor. Sie erfährt insofern in der letztgültigen Offenbarung Bestätigung und gegenüber der Tendenz, mit der Verabsolutierung vorläufiger Medien sich in sich selbst abzuschließen, zugleich ihre Kritik. Noch ausgeprägter versteht Pannenberg das Offenbarungsgeschehen als auf Jesus Christus hinführende Geschichte der Gottesbekundung, die nicht nur und erst im alttestamentlichen Glauben Israels, sondern auch in den Religionen der „Völker" (deren Vorstellungen ja auf die Glaubensgeschichte Israels eingewirkt haben) wirksam ist. In der *gesamten* Religionsgeschichte der Menschheit ist – gewiß mit und unter menschlichen Verkennungen und Verhärtungen – der auf sein volles Offenbarwerden in Christus zugehende Gott am Wirken; und im Kontext und als Telos dieser Geschichte, nicht isoliert von ihr, ist seine Offenbarung in Christus zu verstehen.

Innerhalb der neueren katholischen Theologie hat Karl *Rahner* das Problem der Religionen aufgegriffen unter der besonderen Fragestellung, ob christliche Theologie genötigt ist zu behaupten, kein Mensch, der sich nicht zum christlichen Glauben bekennt, könnte zum ewigen Heil gelangen. Rahner hält eine solche Behauptung nicht für gerechtfertigt. Gewiß kann es Heil für den Menschen nur geben aus der göttlichen Gnade, die in ihrer eigentlichen Gestalt in Christus offenbart ist. Wem die Gnade in ihrer Christusgestalt *begegnet* ist, der kann in *bewußter* Abkehr von dieser Gestalt kein Heil finden. Das heißt aber nicht, daß alle, die in andern Religionen und außerhalb dieser Begegnung leben, der Verwerfung überantwortet sind. Auch vorchristliche Religion – so Rahner – kann zu der einer bestimmten geschichtlichen Stufe entsprechenden Gestalt werden, durch deren Medium die Wirklichkeit Gottes und das Angebot seiner Gnade begegnet. Ihre eigentliche Gestalt in Christus bleibt da gleichsam noch anonym, verhüllt. Allerdings sind in den Religionen immer auch Elemente der Entstellung und Verkehrung dieser Gottesbegegnung wirksam. Der Mensch, der in ihnen lebt, kann solcher Verkehrung verfallen; er kann aber auch von dem anonymen Gnadenanruf sich ergreifen lassen. Rahner spricht in diesem Zusammenhang sogar von „anonymem Christentum", so gewiß Gnade, wo und wie verhüllt immer sie begegnet, letztlich keine andere sein kann als die Gnade, die in Christus leibhaftig geworden ist[3].

Zu diesem Fragenbereich kann hier zunächst wiederholt werden, was schon gesagt wurde: *Gott* ist die Möglichkeit nicht abzusprechen, auch in Menschen, die das Wort seiner Selbstzusage in Jesus Christus nicht gehört haben, Berührungen durch seine Wirklichkeit zu wirken. Hält man das fest, dann wird man auch sagen dürfen: Es *kann* religiöse Erfahrung im Vorfeld und Umfeld christlichen Glaubens geben, die von dem Christuswort nicht abgestoßen wird, sondern in ihm ihren wahren Grund erfährt. Als generelle These, alles, was in außerchristlicher Religiosität erfahren wird, *könne* nichts anderes sein als eigenmächtiges Menschengebilde und insofern antichristlich, sollte das Urteil Barths nicht nachgesprochen werden. Auch der Dialog von Christen mit Menschen anderer Religion muß dann nicht von vornherein dadurch blockiert sein, daß der Christ dem Partner erklärt: Was du einzubringen hast, kann nur Einbildung und Trug sein, der mir nichts zu sagen hat. Es könnte sogar sein, daß dieser Partner uns zu der bei uns verfestigten Gestalt von „Christentum" Kritisches zu sagen hat. Und sicher steht nicht uns das Urteil zu, wer und wer nicht zum Heil gelangen kann.

Man sollte hier wohl noch einen Schritt weiter gehen. Was immer in der konkreten Gestalt der Religionen von Menschen erdichtet und praktiziert wird – *daß* überhaupt der Drang zur Religionsbildung durch die Menschheit hindurch wirksam ist, sollte dies als ein nur

---

[3] Vgl. K. Rahner, Das Christentum und die nichtchristlichen Religionen (1961), und Ders., Weltgeschichte und Heilsgeschichte (1962), beides in: Schriften zur Theologie V.

anthropologisches, vom Menschen selbst produziertes Phänomen zu verstehen sein? Könnte es nicht gerade im Licht der Selbstzusage Gottes in Jesus Christus von daher verstanden werden, daß dieser Gott sich in der Tat als der Schöpfer offenbart, der in sein „Eigentum" kommt, das durch ihn sein Leben hat und schon immer unter seinem Anspruch steht, das darum von ihm her „gefragt" bleibt und gerade nicht in einer beruhigten, quasi-neutralen Gott-losigkeit dahinleben kann – nicht so, als ob es Gott wirklich los wäre und nichts mit ihm zu tun hätte? Religion, nicht so sehr im Sinne einer vom Menschen her auf den wahren Gott zielenden Frage, aber als Symptom eines In-Frage-Gestelltseins durch ihn, als Signal einer „Unruhe", in die der Mensch von Gott her gestellt bleibt.

Man kann einwenden, es gäbe heute doch durchaus auch eine in sich beruhigte Gottlosigkeit, die Abwesenheit jeder religiösen Bewegung. Das ist nicht zu bestreiten, und nochmals: Wer sich zu solcher Gottlosigkeit bekennt, dem kann nicht unterstellt werden, er tue dies subjektiv gegen ein heimliches besseres Wissen. Andererseits: Wird nicht die Selbstverständlichkeit, mit der vor einiger Zeit angenommen werden konnte, die Menschheit gehe nun einem total „religionslosen Zeitalter" entgegen, durch die teilweise sehr bizarren religiösen oder religionsartigen Bewegungen, die inzwischen aufgebrochen sind, in Frage gestellt?

Aber mit alledem ist nicht gesagt, daß wir nun umgekehrt verallgemeinern könnten: Alle Religion ist als solche auf dem Weg zur Erkenntnis des in Christus geoffenbarten Gottes, enthält je auf ihre Weise schon ein Element solcher Erkenntnis und geht insofern aus einer Geschichte fortschreitenden Sichoffenbarens Gottes hervor. Religionsgeschichte kann nicht mit Offenbarungsgeschichte gleichgesetzt werden (die Glaubensgeschichte Israels und ihr besonderer Zusammenhang mit Jesus Christus bleibt hier zunächst außer Betracht und späterer Besinnung vorbehalten). Denn ganz abgesehen von der Frage, ob man die vielfältigen Erscheinungen der Religionsgeschichte überhaupt in einem zielgerichteten Zusammenhang sehen kann: Verstehen wir „Offenbarung" als die in Jesus Christus geschehene Selbstzusage und Gemeinschaftseröffnung Gottes, als das „Kommen" Gottes zum Menschen, so kann *dieses* Geschehen nicht quantifiziert und in Abstufungen auf alles, was Religion heißt, ausgeweitet werden. Jenes In-Frage-Gestelltsein des Menschen durch Gott, als dessen Symptom man den Drang zur Religionsbildung verstehen könnte, ist dies, diese Gemeinschaftseröffnung, eben noch nicht. Und *ihr* „Medium" ist der eine Jesus für alle Men-

schen. Das werden Christen auch im Dialog mit Menschen anderer Religion nicht verschweigen können.
Und ferner: Wenn nicht bestritten werden soll, daß in religiösen Erfahrungen auch da, wo Gott in Christus noch nicht erkannt wird, Berührung durch diesen Gott wirksam sein kann, so sind solche Erfahrungen nicht gleichzusetzen mit dem Ganzen einer bestimmten Religion, innerhalb derer sie sich ereignen mögen, so als ob diese als solche eine auf die Christusoffenbarung hin offene Vorgestalt offenbarter Gotteserkenntnis wäre. Auch kann keineswegs in allem, was als religiöse Erfahrung erlebt und verstanden wird, eine solche Berührung vorausgesetzt werden. Kommt ein Mensch, der zuvor im Bereich einer andern Religion gelebt hat, zum Glauben an Gottes Gegenwart in Jesus Christus, dann wird sich konkret, und für ihn persönlich, entscheiden, ob und was von den religiösen Erfahrungen, von denen er herkommt, in diese Gegenwart eingehen kann und was nicht. Nochmals: Gottes Selbstzusage in Christus bleibt das Kriterium für alles, was in Wahrheit aus dem Wirken dieses Gottes kommt und seinem Willen entspricht.
Für die Frage nach dem Gegenstand der Dogmatik bedeutet das: Sie kann versuchen, im Licht dessen, wie Gott sich in Christus bekundet hat, das Phänomen von Religiosität und Religionen zu verstehen. Sie kann aber nicht von Religion im allgemeinen her und im Rahmen sonstiger Religionsgestalten Christus verstehen wollen. Das Thema Religion ist nicht die Basis der Dogmatik, nicht ihr umfassender Gegenstandsbereich, in dessen kategorialen Vorgaben dann das Christlich-Besondere als engerer Gegenstand zu behandeln wäre. Ihr eigener Gegenstand, durch den alles, was ihr überhaupt zum Thema werden kann, bestimmt wird, ist die geschichtliche Selbstbekundung Gottes in Jesus Christus.

Literatur

Zu Theologie im allgemeinen:
K. BARTH, Einführung in die evangelische Theologie (2. Aufl. 1963) – W. PANNENBERG, Was ist eine dogmatische Aussage? (1962), in: DERS., Grundfragen systematischer Theologie (3. Aufl. 1979), S. 159–180 – F. MILDENBERGER, Theorie der Theologie (1972) – G. EBELING, Studium der Theologie. Eine enzyklopädische Orientierung, UTB 446 (1974) – Chr. FREY, Dogmatik (Studienbücher Theologie: System. Theologie, 1977). – W. KÜNG, Theologie im Aufbruch (1987).

Zu Offenbarung und dem Problem natürlicher Theologie:
E. BRUNNER, Natur und Gnade (1934) und die Gegenschrift K. BARTHS, Nein! Antwort an E. Brunner (1934), beides jetzt in: Theol. Bücherei 34 (1966) – R. BULTMANN, Die Frage der natürlichen Offenbarung (1941), in: GuV II, S. 79–104 – DERS., Anknüpfung und Widerspruch (1946), in: GuV II, S. 117–132 – K. BARTH, Das christliche Verständnis der Offenbarung, ThEx NF 12 (1948) – W. PANNENBERG, Heilsgeschehen und Geschichte (1959), in: Grundfragen syst. Theologie I, S. 22–78 – DERS., Dogmatische Thesen zur Lehre von der Offenbarung (1961), in: Offenbarung als Geschichte, Hg. W. Pannenberg, KuD Beiheft 1 (5. Aufl. 1982) – G. EBELING, Elementare Besinnung auf verantwortliches Reden von Gott (1959), in: WuG I, S. 349–371 – DERS., Existenz zwischen Gott und Gott (1965), in: WuG II, S. 257–286 – P. TILLICH, Die Bedeutung der Religionsgeschichte für den systematischen Theologen (1966), in: Werk und Wirken P. Tillichs, Hg. Ev. Verlagswerk Stuttgart, S. 187–203 – H. FRIES, Fundamentaltheologie (1985). Dazu die in Anm. 2 und 3 genannten Werke von Chr. Link, E. Jüngel und K. Rahner. – E. HERMS, Offenbarung und Glaube (1992).

§ 2 Die Frage der Begründbarkeit

1. Das Begründungsproblem

Wir hatten gesagt: Gegenstand der Dogmatik ist Gott so, wie er sich durch seine Selbstzusage in Jesus Christus zum Grund des Glaubens gegeben hat, und damit alles, was diese Gottesbekundung für das Verstehen und die Praxis unseres Lebens in der Welt bedeutet. In ihrer Besinnung darauf ist die dogmatische Arbeit bezogen auf den Verkündigungsauftrag der Kirche; sie soll dazu dienen, daß dieser in rechter, seinem Grund entsprechender Weise ausgerichtet werden kann. Das heißt aber: Sie geschieht in der Voraussetzung, daß der Glaube, der durch die Verkündigung bezeugt und zu dem durch sie gerufen werden soll, nicht Illusion ist, sondern in der Selbstzusage Gottes in Jesus Christus wirklich den Grund hat, der ihn fordert und trägt; und sie ist in dieser Voraussetzung mit der christlichen Glaubensgemeinschaft geeint. Eingeschlossen ist darin aber auch die Voraussetzung, daß diese Gotteszusage nicht nur einer partikularen Gruppe, sondern *allen* Menschen gilt, denn die Verkündigung soll ja alle, die sie erreichen kann, zum Glauben rufen.

Fragen wir nun, wie die Dogmatik ihre Aussagen *begründen* kann, so ist die nächstliegende Antwort: Sie wird sich bemühen aufzuweisen, inwiefern solche Aussagen in einem einsichtigen Entfaltungszusammenhang stehen mit dem, was die dem Theologen mit der christlichen

Glaubensgemeinschaft gemeinsame Voraussetzung ist: mit Gottes in Jesus Christus geschehener Selbstbekundung. (Daß und warum dieser Aufweis nur in der Orientierung an dem biblischen Gottes- und Christuszeugnis geschehen kann, darüber wird im folgenden § zu reden sein). Innerhalb der Glaubensgemeinschaft selbst kann solche Begründung aufgrund der gemeinsamen Voraussetzung jedenfalls Gehör beanspruchen.

Es bleibt dann aber zu fragen, ob die Dogmatik diese Voraussetzung selbst rechtfertigen kann mit Argumenten, die auch denkende Menschen außerhalb der Glaubensgemeinschaft überzeugen können.

Die Überzeugung, in Jesus habe sich Gott selbst endgültig und für alle Menschen gültig offenbart, wird heute vielen als ein Vorurteil erscheinen, mit dem eine bestimmte Gruppe von Menschen, in der Regel unter dem Einfluß ihrer besonderen Herkunft und Erziehung, unkritisch der Autorität einer dogmatischen Tradition verhaftet bleibt. Seit der Aufklärung wurde der Bindung an dogmatische Tradition eine kritische Vernunft entgegengesetzt, die Behauptungen nur annimmt, sofern sie jedem, der an dieser Vernunft teilhat, d. h. jedem gründlich denkenden Menschen einleuchtend gemacht werden können. Die beiden großen romantischen Reaktionen gegen das Aufklärungsdenken, im Anfang des vorigen Jahrhunderts und dann noch einmal (und übrigens mit fatalen politischen Nebenerscheinungen) in der ersten Hälfte dieses Jahrhunderts, haben dieses Prinzip einer Rationalität, die dogmatische Behauptungen kritisch hinterfragt, nicht auf Dauer aus dem Feld schlagen können. Es wurde in der philosophischen Entwicklung der letzten Jahrzehnte erneut und verstärkt geltend gemacht[1].

Zur Diskussion steht damit auch der Charakter der Dogmatik – und mit ihr der Theologie überhaupt – als Wissenschaft. Unter den Voraussetzungen eines aus jenem Programm kritischer Vernunft entwickelten Wissenschaftsverständnisses wird er zum Problem. Nach diesem Verständnis verlangt man von einer Wissenschaft, die (im Unterschied zu bloßen Äußerungen privaten Dafürhaltens) solches aussagen will, was allgemein einsehbar ist, eine durchgängige Begründung ihrer Behauptungen. Das kann dann heißen: Sie sollte nur solches behaupten, wofür aus grundsätzlich jedermann zugängli-

---

[1] So vor allem durch Philosophen der logisch-analytischen Richtung; in Deutschland mit besonderem Nachdruck durch den von Hans Albert vertretenen „Kritischen Rationalismus".

cher Erfahrung (was nicht bedeuten muß: nur aus Daten der Sinneswahrnehmung) argumentiert werden kann.

Dabei wird man heute jedenfalls nicht mehr fordern, daß solches Begründen von Einsichten schlechthin von *jeder* Voraussetzung frei sein müsse (selbst eine Begründung durch Verweis auf unmittelbare Sinneserfahrung wäre dies nicht). Im Sinn dieses kritischen Wissenschaftsverständnisses wird die Forderung, Behauptungen zu begründen, aber einschließen, daß es möglich sein muß, die in der Argumentation implizierten Voraussetzungen zu rechtfertigen. Das könnte etwa geschehen durch den Aufweis, daß es sich bei ihnen um solches handelt, was jeder schon immer voraussetzt und voraussetzen *muß*, um überhaupt sinnvoll über Tatbestände reden und argumentieren zu können. Soweit mit Vorannahmen gearbeitet wird, für die ein allgemeiner Unumgänglichkeitsnachweis dieser Art nicht erbracht werden kann, wird man sie nur als *Hypothesen* akzeptieren. Als solche beanspruchen sie keine unbedingte Geltung, sondern nur Plausibilität als mögliche Erklärung bestimmter Tatbestände; und dies nur vorbehaltlich ihrer Ersetzung durch bessere Hypothesen, wenn Faktoren auftreten sollten, zu deren Erklärung sie nicht mehr genügen[2].

Das Postulat eines solchen Begründungsverfahrens bezog sich freilich zunächst vornehmlich auf Tatsachenfeststellungen nach naturwissenschaftlichem Modell. Eine an diesem Modell orientierte positivistische Wissenschaftstheorie konnte dabei durchaus einräumen, daß es „weltanschauliche" Anliegen und Fragen des Menschen gibt, auf die man keine in dieser Weise begründbaren Antworten geben kann. Aber über diese sind nach dieser Theorie dann eben überhaupt keine Aussagen zu machen, die allgemeine Gültigkeit beanspruchen; sie bleiben Sache der privaten Intuition und Entscheidung jedes Einzelnen. Diese positivistische Ausklammerung existentieller und vor allem ethischer Lebensfragen aus dem Bereich allgemeiner und verbindlicher Verständigung wurde allerdings von neueren wissenschaftstheoretischen Konzeptionen, besonders von der „Kritischen Theorie", scharf kritisiert. Aber gerade für eine verbindliche Diskussion solcher Themen wird da dann erst recht allgemein einsehbare, autoritätsfreie Begründung gefordert.

Wie verhält sich zu dem Postulat eines solchen Begründungsverfahrens die Überzeugung, in der Person und Geschichte des Menschen

---

[2] Der „Kritische Rationalismus" will überhaupt nur Voraussetzungen gelten lassen, die als Hypothese auf Bewährung bzw. künftige Korrektur hin eingeführt werden. Vgl. hierzu H. Albert, Traktat über kritische Vernunft (2. Aufl. 1969), und zur Auseinandersetzung mit ihm G. Ebeling, Kritischer Rationalismus? Zu H. Alberts „Traktat über kritische Vernunft", ZThK 1973, Beiheft 3.

Jesus habe Gott selbst sich endgültig und für alle Menschen erschlossen? Wenn christliche Dogmatik dies im Begründen ihrer einzelnen Aussagen voraussetzt – kann sie diese Voraussetzung so rechtfertigen, daß, was von ihr her gesagt und begründet wird, nun auch für jeden Denkwilligen und Denkfähigen als begründet erscheint?
Um eine Voraussetzung, für die sich zeigen ließe, daß jedermann sie machen muß und immer schon macht, um überhaupt sich denkend und argumentierend mit der Welt auseinandersetzen zu können, handelt es sich hier ja offenbar nicht. Könnte die Dogmatik sie dann rechtfertigen wollen im Sinn einer Hypothese, die wir annehmen, weil (aber dann auch nur, sofern und solange) die aus ihr zu entfaltenden Aussagen sich zum Verstehen der Wirklichkeit des Menschen in der Welt, zur Beantwortung unabweisbarer menschlicher Grundfragen als besonders geeignet erweisen?
Aber *sollen* wir diese Voraussetzung überhaupt rechtfertigen wollen?

2. Theologische Begründungsmodelle

Die Begründungsproblematik mußte die Theologie beschäftigen, so gewiß sie sich schon immer mit der Frage des Verhältnisses von Glauben und Vernunft und folgeweise dann auch mit der spezielleren Frage ihres eigenen Verhältnisses zu Wissenschaft auseinanderzusetzen hatte. Theologische Begründungsmodelle wurden und werden entwickelt, um dieser Problematik zu begegnen. Sie können hier nur in Auswahl und starker Verkürzung dargestellt werden. Wir begegnen dabei Positionen, die z. T. bereits im Zusammenhang der Frage allgemeiner Gotteserkenntnis (§ 1, 2) zu erörtern waren, nun aber unter dem besonderen Aspekt des in solchen Positionen wirksamen Interesses, den Glauben für vernünftiges Denken nicht unbegründet erscheinen zu lassen.
Man kann schon in der scholastischen Theologie des Mittelalters den Ansatz eines solchen Begründungsmodells finden. Denn ihre Vorordnung einer aus Vernunftschlüssen möglichen Erkenntnis der Existenz Gottes vor die Offenbarung seines Heilswerkes hatte ja zumindest auch die Funktion, zunächst der Rede von Gott überhaupt eine grundsätzlich für jedermann einsehbare Begründung zu geben. Freilich war damit der Glaube an die besondere Offenbarung in Christus noch nicht mitbegründet. Aber der Gehorsam einer in sich selbst schon auf die Wirklichkeit Gottes verwiesenen Vernunft gegen die Autorität seiner weiterführenden Offenbarung war für jene Zeit noch nicht das

Problem, als das er sich gegenüber dem radikalisierten Vernunftverständnis der Aufklärung darstellt.

Neuzeitliche katholische Fundamentaltheologie versucht diesem Problem teilweise so zu begegnen, daß sie in dem Verwiesensein der Vernunft auf die Wirklichkeit Gottes bereits eine fragende Bereitschaft impliziert sieht, von diesem Gott ein über ihre eigenen Erkenntnismöglichkeiten hinausführendes Wort zu empfangen[3]. Das hieße dann: Diese besondere Offenbarung ist zwar ihrem *Inhalt* nach nicht vernünftig erschließbar, aber *daß* sie geschieht und Glauben beansprucht, ist gewissermaßen vernünftig *erwartbar*.

Auch das Verfahren *Schleiermachers*, und in seinem Gefolge eines breiten Sektors der Theologie des 19. Jh., christlichen Glauben von dem dem Menschen als solchen eigenen religiösen Bewußtsein her zu interpretieren, kann als ein solches Begründungsmodell verstanden werden. Denn daß dem Menschen unabdingbar Gottesbewußtsein eingestiftet ist, wird hier durch eine philosophische Analyse der Grundstruktur seines geistigen Lebens begründet. Man kann darin bei aller Verschiedenheit der Denkmittel noch eine gewisse Parallele sehen zu dem Unternehmen der älteren Tradition, den Gottesgedanken durch schlußfolgernde Vernunft zu sichern. Unter dem Druck des Aufklärungsprotestes gegen den Autoritätsglauben kann nun allerdings das Christlich-Besondere nicht mehr als Offenbarung, der man unhinterfragt zu glauben hat, von dem vernünftig begründbaren Gotteswissen unterschieden und ihm hinzugefügt werden. Auch der Anschluß an Jesus muß nun in den vom Allgemeinen des religiösen Bewußtseins ausgehenden Begründungszusammenhang eingefügt werden. Das geschieht etwa bei Schleiermacher so, daß zunächst das menschlich-religiöse Bewußtsein selbst nicht als zeitlos-fertige Gegebenheit verstanden wird. Sein Gehalt entfaltet sich geschichtlich, und zwar so, daß neue Stadien dieser Entfaltung jeweils durch den belebenden Impuls religiös genialer Einzelpersönlichkeiten eingeleitet werden. In ihrer Reihe ist Jesus zu sehen. Der Anschluß an ihn erscheint dann nicht als heteronome Beugung unter eine „übernatürliche" Offenbarung, sondern als ein Vorgang, der durchaus im Rahmen der allgemeinen Struktur einer in dieser Weise geschichtlich verstandenen religiösen Vernunft gesehen und gerechtfertigt werden kann. Dies um so mehr, als man im religionsgeschichtlichen Vergleich die durch Jesus bestimmte Religiosität als reifste Entfaltungs-

---

[3] Einen bedeutenden Entwurf dieser Art hat Karl Rahner vorgelegt in seinem Werk „Hörer des Wortes" (erstmals 1941, in neuer Bearbeitung von Joh. Bapt. Metz 2. Aufl. 1969).

gestalt des religiösen Bewußtseins überhaupt meinte aufweisen zu können.
Die Stringenz dieses Aufweises geriet freilich unter der Wirkung eines relativierenden Historismus ins Wanken: Warum Jesus für alle und für immer? Kann religiöses Bewußtsein nicht auch über diese geschichtliche Gestalt hinauswachsen; kann es nicht in andern Kulturbereichen als dem unsern zu andern Gestalten sich entfalten, ohne daß wir berechtigt wären zu behaupten, diese seien der christlichen unterlegen? Am Ende des 19. Jh. wird die „Absolutheit des Christentums" zum Problem, und für Ernst *Troeltsch* schließlich zu einer nicht mehr begründbaren Behauptung.
Dazu kommt, seit der Mitte des vorigen Jahrhunderts allmählich sich verstärkend, eine Religionskritik, durch die dieses „neuprotestantische" Begründungsmodell schon an seiner Basis in Frage gestellt wird. Für sie ist religiöses Bewußtsein nicht unabdingbar in der Vernunft des Menschen mitgesetzt, sondern eine Illusion, aus der mündig werdende Vernunft sich gerade befreien muß, soll der Mensch endlich wahrhaft zu sich selbst, zur Verwirklichung seines Wesens kommen.
Karl *Barth* konnte in Konsequenz seiner Ablehnung aller „natürlichen Theologie" auch dem Unternehmen, christliche Glaubensaussagen durch eine auf menschliche Vernunft und Erfahrung rekurrierende Begründung zu rechtfertigen, nur eine grundsätzliche Absage erteilen. Für ihn ist das zutiefst in der besonderen „Sache" begründet, um die es hier geht. Ist Gott wirklich Gott, so *kann* seine Selbstoffenbarung nur das keiner menschlichen Nachprüfung fähige und bedürftige, sich in seiner Wahrheit souverän selbst begründende Wort sein. Und darum *kann* der Glaube, der Gott in Christus erkennt, nicht durch Argumente vergewissert, sondern allein durch die Selbstbegründungsmacht dieses Wortes getragen werden. Angesichts des Brüchigwerdens einer einst selbstverständlichen Religiosität und der sie stützenden Gedankengänge konnte Barths Position, für ihn ganz und gar theologisch-sachlich begründet, auch als der faktischen Situation entsprechend einleuchten.
Sie hat in der evangelischen Theologie zumindest des europäischen Kontinents zunächst auch weitgehend das Feld beherrscht. Seit 1950 wurde aber die von Barth abgewiesene Begründungsfrage in verschiedenen Varianten wieder aufgenommen. Gemeinsam ist dabei die Intention, einen „Offenbarungspositivismus" abzuwehren, der jede Beziehung der Christusbotschaft zu Vernunft und Erfahrung abbricht. Im übrigen werden da recht verschiedene Wege gegangen.
Gerhard *Ebeling* bringt in seinen fundamentaltheologischen Überle-

gungen die Frage der „Verifikation" des Glaubens in einer eigenartigen Wendung zur Sprache. Es geht ihm dabei nicht um Verifizieren im Sinn eines theoretischen Wahrheitsbeweises für die Wirklichkeit Gottes und des in Christus gesprochenen Wortes seiner Offenbarung. Darin, daß dieses Wort sich unableitbar in menschliche Welt- und Selbsterfahrung hereinspricht, besteht zwischen der Schule Barths und der Theologie der existentialen Interpretation, der man Ebeling weitgehend zurechnen darf, Übereinstimmung. Wohl aber kann nach Ebeling gesagt werden, daß im Glauben an dieses Wort unser Umgang mit der Wirklichkeit, in der wir zu leben und zu handeln haben, und damit auch diese Wirklichkeit selbst (durch unser Verhalten zu ihr gestalten wir sie ja) *praktisch* „verifiziert", d. h. in einem existentiellen Sinn wahrgemacht wird. Darin geschieht dann auch Bewahrheitung des Offenbarungswortes selbst. Es bewahrheitet sich und den Glauben, der ihm gilt, am Gewissen des Menschen, indem es sich als das im Umgang mit der ethischen Daseinsproblematik gewißmachende Wort bewährt. Man könnte hier von einer praktischen Rechtfertigung der Glaubensvoraussetzung durch ihre Bewährung an menschlicher Wirklichkeits- und Selbsterfahrung sprechen. Die Theologie kann diese Rechtfertigung nicht auf der Ebene der Theorie vorwegnehmen. Sie kann aber auf sie hinweisen, indem sie das Offenbarungswort so auslegt, daß seine Beziehung auf menschliche Welt- und Selbsterfahrung und auf die in solcher Erfahrung aufbrechende Frage des Gewissens durchgängig deutlich wird.

Paul *Tillich* sucht die Beziehung der Offenbarung zu Vernunft und Erfahrung auf einem Weg zu erhellen, der stärker mit theoretisch-ontologischen Denkmitteln arbeitet. Er nimmt auf eigenartige Weise das Bemühen wieder auf, den Gottesgedanken als einen notwendigen Gedanken der Vernunft zu erweisen. Dabei geht er von einem weitgespannten Vernunftbegriff aus, in dem er „technische Vernunft" (rationale Analyse innerweltlicher Einzelgrößen in ihren Kausalzusammenhängen und dadurch ermöglichtes zweckrationales Handeln) und „ontologische Vernunft" unterscheidet. Unter ontologischer Vernunft versteht er das Bedenken der Struktur und des Sinnes von Wirklichkeit im Ganzen und damit letztgültiger Lebens- und Verhaltensziele. Der Tendenz des technischen Zeitalters, ontologische durch technische Vernunft zu verdrängen, muß widerstanden werden. Ist auf der Ebene technischer Vernunft – als Faktor, auf den eine rationale Ursachenanalyse geführt würde – der Gottesgedanke nicht zu erreichen, so sieht sich die Frage ontologischer Vernunft nach dem Ganzen der Wirklichkeit auf ihn verwiesen. Sie kann das „Seiende", sowohl die

Weltwirklichkeit wie den erkennend-gestaltenden Umgang des Menschen mit ihr, sinnvoll nur verstehen von einem „Grund des Seins" her, in dem es seinen Ursprung hat und aus dem es im Sein und Wirkenkönnen erhalten wird. Freilich entzieht sich dieser Grund des Seins – T. kann dafür auch sagen „das Sein-selbst" – jeder gegenständlichen Erfassung und Beschreibung. Auch ist noch keine Brücke geschlagen zu der Erwartung seiner konkreten Offenbarung in einem innerweltlichen Medium. Aber T. sieht nun in der Vernunft selbst „Aporien" aufbrechen, in denen ihre einzelnen Elemente immer wieder in rational nicht lösbare Entzweiungen geraten, sich gegeneinander verabsolutieren. Er analysiert solche Aporien durch die verschiedensten Bereiche des Denkens und der Lebenspraxis bis hin zur politischen Praxis. An ihnen wird Vernunft, indem sie auf den Seinsgrund verwiesen bleibt, zugleich einer Entfremdung der konkreten Existenz des Menschen von dem Grund seines Seins gewahr, die nur von diesem selbst her überwunden werden könnte. Bis dahin sind das philosophische Gedankengänge. Der Theologe T. sagt nun: Die Entfremdung *wird* überwunden durch Gottes Selbstverbindung mit der entfremdeten Existenz in dem Menschen Jesus. In ihm ist der *Grund* unseres Seins *inmitten* der ihm entfremdeten Existenz letztgültig offenbar geworden und ermöglicht den Anfang eines neuen, seinem Grund verbundenen Seins. Tillich beabsichtigt damit nicht, einen Vernunftbeweis für die *Tatsache* der Offenbarung Gottes in Jesus Christus zu führen. Wohl aber soll mit dem Gedanken des Seinsgrundes selbst die *Frage* nach einer Überwindung der Entfremdung von ihm als eine nicht nur mögliche, sondern notwendige Frage der Vernunft aufgewiesen werden. Die Christusoffenbarung gibt Antwort auf diese Frage. Insofern ist der Glaube, der sich auf sie richtet, keine Willkürentscheidung, die beziehungslos querstünde zu dem, was die Vernunft bewegt.

Mit besonderem Nachdruck hat Wolfhart *Pannenberg* die Begründungsfrage aufgenommen. Er rückt sie stärker als Tillich auch in den Zusammenhang der Frage, inwiefern Theologie sich als Wissenschaft ausweisen kann. Barths grundsätzliche Verweigerung jeder Begründung des Glaubens erscheint ihm als subjektivistische Willkür. Soll Theologie die Aussagen des Glaubens denkend verantworten, so darf sie der Verifikationsforderung, die an jede Wissenschaft zu stellen ist, nicht ausweichen. Sie hat ihre Aussagen „an der erfahrenen Wirklichkeit von Mensch und Welt zu bewähren"[4]. Es geht auch P. zunächst

---

[4] W. Pannenberg, Wissenschaftstheorie und Theologie (1973), S. 302.

um eine einsehbare Begründung des Redens von der Wirklichkeit Gottes. Er geht aus von dem anthropologischen Phänomen des „Transzendierens": der Mensch das Wesen, das nicht im unmittelbar Gegebenen des Augenblicks aufgehen kann, sondern über alles Einzelne und jeweils Präsente hinausfragen muß nach einer Sinn- und Zielbestimmung des Ganzen und damit auch seines eigenen Daseins. Darin ist aber die Frage nach Gott mitgesetzt. Denn ohne die Annahme einer „alles bestimmenden Wirklichkeit", in der der Weltprozeß seinen Grund hat und durch die er seine Zielbestimmung empfängt, würde auch jene Frage nach dem Ganzen sinnlos werden. Ja es könnte Welt und Geschichte überhaupt nicht als ein „Ganzes" gedacht werden; es bliebe nur die unendliche Abfolge eines ziellosen Nacheinander von Einzelnem[5].

Damit ist ähnlich wie bei Tillich zunächst der Gottesgedanke begründet, noch nicht die Behauptung der Offenbarung Gottes in Jesus Christus. Aber Pannenberg vertritt – und in diesem Punkt geht er über Tillich hinaus – die These, daß die geschichtlichen Taterweise Gottes, vor allem und alle vorhergehenden Manifestationen überbietend die Geschichte Jesu und seine Auferweckung von den Toten, für den unvoreingenommen Denkenden als Offenbarung der alles bestimmenden Wirklichkeit erkennbar sein können. Hat Gott sich an Jesus erwiesen als der Gott, der die Toten auferweckt, so ist damit ja der Frage des Menschen nach der Zielbestimmung des Ganzen und in ihm seines eigenen Daseins proleptisch die endgültige Antwort gegeben. Ob ein Mensch auf diese als solche erkennbare Offenbarung sein existentielles Vertrauen setzt, ist eine andere Frage – persönlicher Glaube kann auch nach P. nicht herbeiargumentiert werden. Kommt es aber zu solchem Glauben, dann nicht in blinder Folgsamkeit gegen eine uneinsichtige Behauptung, sondern mit einer Begründung, die der Glaubende auch als Denkender einsehen kann.

Dabei ist P. sich bewußt, daß die Theologie diese die Annahme der Wirklichkeit Gottes und seiner Offenbarung in Jesus begründenden Gedankengänge nicht im Sinne einer empirisch kontrollierbaren Tatbestandsfeststellung geltend machen kann. Weder Gott selbst noch irgendein Geschehen *als* Tat Gottes ist in dieser direkten Weise feststellbar. Jene Annahme wird – mag der Glaubende (und auch der Theologe als Glaubender) ihrer innerlich gewiß sein – im Rahmen des

---

[5] Pannenberg hat daneben auch eine Begründung des Gottesgedankens von der menschlichen Freiheitserfahrung her vorgelegt, vgl. seine Schrift „Gottesgedanke und menschliche Freiheit" (1972).

wissenschaftlich-theologischen Begründungsverfahrens den formalen Status der Hypothese behalten, die künftiger Bewährungsprobe ausgesetzt bleibt, den Tatbeweis ihrer Wahrheit wird erst Gottes weltvollendendes, eschatologisches Handeln erbringen. Als Hypothese aber ist sie zu rechtfertigen durch den Nachweis, daß sie sich an der Sinnfrage des Menschen gerade auch inmitten heutiger Wirklichkeitserfahrung in ihrer erschließenden Kraft bewährt und sich darin andern philosophischen oder religiösen Angeboten als überlegen erweist. Diesen Erweis hat nach Pannenberg die Theologie als Wissenschaft zu erbringen und in diesem Sinn die Aussagen des Glaubens für vernünftiges Denken zu begründen.

3. Möglichkeit und Grenze der Begründung dogmatischer Aussagen

Das Begründungsproblem hat seinen Ort nicht im Zusammenhang der Frage, wie Menschen persönlich zum Glauben kommen. Es ist nicht das Problem praktischer Verkündigung und Seelsorge. Sie wird zum Glauben ermutigen nicht durch gedankliche Argumentationen dafür, daß es vernünftigem Denken gemäß ist, die Wirklichkeit Gottes und seiner Offenbarung in Jesus Christus anzunehmen, sondern durch den unmittelbaren Zuspruch der Gotteszusage, die in Jesus gegeben ist. Wer zum Glauben gekommen ist, ist es so, daß ihm – durch wen und auf welchem Weg auch immer – dieser Zuspruch begegnet ist und ihn erfaßt, gleichsam zum Glauben „angesteckt" hat. Das ist ein lebensgeschichtlicher Vorgang, nicht das Ergebnis eines theoretischen Verifikationsverfahrens.

Daß dem so ist, wird auch ein Theologe, der sich um die Begründbarkeit der Aussagen christlicher Dogmatik bemüht, kaum bestreiten wollen. In Frage kann bei diesem Bemühen nur stehen, ob und wie die *Theologie* als wissenschaftliches Nachdenken über den Glauben ihm, eben dem nach-denkend, was in praxi lebensgeschichtlich entsteht, seine Begründbarkeit auch im Kontext vernünftigen Denkens aufweisen kann. Wer dafür eintritt, daß wissenschaftliche Theologie diese Aufgabe zu übernehmen hat, wird vielleicht dafür geltend machen, daß auf diesem Wege jedenfalls die Gegenbehauptung, christlicher Glaube wie überhaupt Glaube an Gott sei eine vernunft*widrige* Haltung, widerlegt werden könne und müsse.

Es ist zu fragen, wie weit ein solches Begründungsverfahren tragen kann und wo seine Grenze liegt. Daß Dogmatik als reflektierende Rechenschaft über den christlichen Glauben ihre Aussagen nicht einfach behauptungsweise aneinanderzureihen, sondern zu begründen hat, wie sie zu solchen Aussagen kommt, ist selbstverständlich. Sie wird dies tun, indem sie Rechenschaft darüber gibt, inwiefern der Grund des Glaubens, Gottes Selbstzusage in Jesus Christus, bestimmte Aussagen fordert, trägt und rechtfertigt und andere ausschließt. Sie wird sich dabei von der biblischen Grundbezeugung des Geschehens und Gehaltes dieser Gotteszusage ebenso leiten lassen wie von der Überlegung, wie das biblisch Bezeugte auf die Fragen heutiger Daseinsverhältnisse zu beziehen ist. Sie wird auch den inneren Zusammenhang der von jenem Grund des Glaubens her zu begründenden Aussagen untereinander zu verdeutlichen haben.

Aber der Anspruch theologischer Begründungsmodelle der Art, wie sie im vorigen Abschnitt besprochen wurden, beschränkt sich ja nicht auf ein solches gleichsam „glaubensimmanentes", von dem *vorausgesetzten* Grund des Glaubens her argumentierendes Begründungsverfahren. Er zielt jedenfalls in einigen dieser Modelle auch auf eine begründende Rechtfertigung eben dessen, was in solchem immanenten Begründungsverfahren vorausgesetzt wird; auf begründende Rechtfertigung zumindest des Gottesgedankens überhaupt, eventuell auch der Annahme einer definitiven Gottesbekundung in Jesus. Und „Begründen" müßte da dann doch heißen, daß die dazu eingesetzten Argumente grundsätzlich jedem Denkfähigen, nicht nur und erst dem Glaubenden, müßten einleuchten können.

Aber sind die Überlegungen, die von den verschiedenen Begründungsmodellen in dieser Absicht eingesetzt werden, wirklich *allgemein* einsichtig zu machen? Wir hatten schon im Zusammenhang der Frage der Schöpfungsoffenbarung festzustellen, daß eine allgemeine Überzeugung von der Wirklichkeit Gottes heute jedenfalls faktisch nicht mehr gegeben ist. Die Frage stellt sich dann so: Wird man einem Gesprächspartner, der diese Überzeugung nicht mehr teilt, vorausgesetzt, daß er denkfähig und überhaupt willig ist, auf Argumente zu hören, nachweisen können, daß seine Skepsis in der Gottesfrage auf mangelnder Schärfe und Konsequenz seines *Denkens* beruht? Ich glaube nicht, daß ein solcher Nachweis erbracht werden kann. Die als solche sicher nicht zu bestreitenden Erfahrungselemente, von denen aus z. B. Tillich zu der Annahme des „Seinsgrundes" und zur Analyse der von ihm her zu heilenden „Aporien der Vernunft", Pannenberg zum Gedanken Gottes als der „alles bestimmenden Wirklichkeit" kommen, müssen nicht *denknotwendig* gerade dahin führen. Solche Gedankengänge können dem als überzeugend erscheinen, der schon lebensgeschichtlich für den Gottesgedanken aufnahmebereit ist. Ein anderer könnte angesichts der „Aporien der Vernunft" zu dem Ergebnis kommen, sie seien eben als solche durchzustehen oder der Arbeit menschlicher Vernunft selbst zur Überwindung aufgegeben; oder angesichts der transzendierenden Frage nach dem Sinn des Ganzen, dem Menschen selbst sei es aufgegeben, seiner Geschichte und damit der Welt, in der er lebt, den Sinn zu geben, nach dem er fragt – ohne daß durch *Argumente* entschieden werden kann, daß diese Antworten ungenügend sind. (Ob sie befriedigend sind, ist eine andere Frage – aber kann Denken hier überhaupt zu befriedigenden Antworten kommen?)

Aber auch da, wo in der heutigen Gesellschaft aus bestimmten Motiven ein Gottesgedanke noch festgehalten wird, bleibt zu fragen, ob Gottes Selbstaussage in der Person und Geschichte *Jesu* als Bestätigung gerade dieses Gottesgedankens und seiner Motive in Anspruch genommen werden kann. Vor allem aber: *daß* überhaupt gerade in der Person und Geschichte dieses einen Menschen diejenige Selbstaussage Gottes begegnet, die das Kriterium alles wahren Denkens und Redens von Gott ist – mit welchen gedanklichen Argumenten soll dem, dem dies eine zu absolute Behauptung zu sein scheint, ihre Wahrheit begründet werden? Wie soll der relativierende Hinweis auf die Offenbarungsbehauptungen anderer Religionen widerlegt werden? Eine Sicht der Religionsgeschichte, die in Jesus die Erfüllung, Überbietung und zugleich Kritik aller ihrer vorhergehenden Erscheinungen erkennt – wird sie nicht wiederum nur dem überzeugend erscheinen, der diese Sicht entwirft, indem er selbst schon aus christlicher Perspektive in die Religionsgeschichte hineinblickt?

Der Vorschlag, die Theologie als Wissenschaft solle die Aussage, Gott habe sich in Jesus ganz und endgültig offenbart, nicht als absolute Behauptung aufstellen, sondern im wissenschaftstheoretischen Status einer Hypothese geltend machen, kann hier m. E. auch nicht weiterführen. Denn daß dies keine willkürliche, sondern eine sinnvolle Hypothese ist, hätte die Theologie ja dann zu bewähren durch den Nachweis, daß diese Offenbarungsannahme in ihrer Kraft zur Sinnerschließung gerade auch angesichts heutiger Wirklichkeitserfahrung und ihrer Probleme andern Sinnangeboten überlegen ist – jedenfalls bis jetzt; ob sie sich auch in Zukunft und endgültig als überlegen bewähren wird, das müßte wie bei jeder Hypothese dahingestellt bleiben. Dazu wäre erstens noch einmal zu fragen, ob ein solcher Nachweis den überzeugen muß, der aus einer andern, nicht-christlich oder nicht-religiös bestimmten Grundhaltung heraus mit seiner Wirklichkeitserfahrung umgeht. Zweitens und vor allem aber: Kann die Dogmatik formal als Hypothese deklarieren wollen und damit unter den Vorbehalt und die Ungewißheit künftiger Bewährung gestellt sein lassen, was für den Glauben (den die Dogmatik doch nach-denkend zu vertreten hat) gerade nicht Hypothese, sondern nur der Grund seines *gewissen* Vertrauens sein kann?

Man muß hier klar sehen. Der Glaube, der seine gewisse Zuversicht darauf setzt, daß ihm in der Selbstzusage Gottes in Jesus Christus der Grund gegeben ist, der ihn trägt, bleibt der Möglichkeit ausgesetzt, daß diese Zuversicht durch die Skepsis anderer und durch eigenen Zweifel angefochten werden und unter Illusionsverdacht geraten kann, ohne daß dieser Verdacht durch theoretische Argumente, die den Skeptiker überzeugen müßten und den eigenen Zweifel überwinden könnten, zu entkräften ist. Weder daß in dem Menschen Jesus Gott selbst sein Glauben begründendes Wort gesprochen hat, noch daß überhaupt Gott im Gegenüber zu Mensch und Welt Wirklichkeit ist, kann auf diese Weise sichergestellt werden. Die Zuversicht des Glaubens impliziert ein Betroffensein durch Wahrheit, die nicht gedanklich vergewissert werden kann. Der Skeptiker kann darin eine Willkürentscheidung des glaubenden Menschen sehen (man sagt dann „Dezisionismus") – der Glaubende selbst wird sie viel eher als die Entscheidung Gottes erfahren, ihn an sein Wort zu binden und aus dieser Bindung nicht zu entlassen. Es kann dann auch nicht die Aufgabe der Theologie und speziell der Dogmatik qua Wissenschaft sein, gewissermaßen im reflektierenden Nachhinein der Zuversicht des Glaubens zu seinem Grund nun doch eine theoretische Begründung zu geben. Auch sie kann nur davon *ausgehen*, daß dieser Grund in Wahrheit gegeben ist, und unter dieser *Voraussetzung* begründen, was sie dann auch ihrerseits begründend zu sagen haben wird. In diesem Punkt hat Barth m. E. klarer gesehen als manche seiner Kritiker. Es ist nicht zu leugnen, daß die Dogmatik, indem sie von dieser Voraussetzung ausgeht, die Grenze dessen, was nach einem heute weithin vorherrschenden Wissenschaftsbegriff „Wissenschaft" heißt, überschreitet und überschreiten muß. Aber es ist gerade auch um der Klarheit der Diskussion mit außertheologischem Denken willen besser (und insofern auch „wissenschaftlicher"), wenn sie diese ihre Situation deutlich macht, als wenn sie sie durch Argumentationen verhüllen würde, die allgemeine Evidenz schließlich doch nur sich selbst und andern vortäuschen könnten[6].

---

[6] Vgl. Eberhard Jüngel, Das Dilemma der natürlichen Theologie und die Wahrheit ihres Problems, Entsprechungen S. 174: „Man wird ja um die nüchterne Feststellung nicht herumkommen, daß die vielfältigen Versuche natürlicher Theologie, die *Notwendigkeit* Gottes unabhängig vom Glauben zu erweisen, immer mehr in die paradoxe Lage geraten, dafür zwar leicht den

Dabei soll in dieser Situation nicht eine bedauerliche Notlage gesehen werden, in die die Dogmatik erst und nur durch die heute gegebene geistige Lage geraten wäre. Es ist vielmehr die der „Sache" des Glaubens *angemessene* Situation, daß sie eine gedankliche Begründung aus allgemein vorgegebenen Prämissen für ihr Ausgehen von dem Geschehen, in dem Gott sich selbst zum Grund des Glaubens gibt, nicht zu leisten hat. Um das zu begründen – gewissermaßen zu begründen, warum es unangemessen ist, den Glauben begründen zu wollen –, muß freilich vorgegriffen werden auf Einsichten, die ihrerseits nur aus der geschichtlichen Selbstbekundung Gottes zu begründen sind und eingehend erst in der inhaltlichen Entfaltung der Dogmatik dargelegt werden können. In solchem Vorgriff aber darf gesagt werden: *Wenn Gott wirklich Gott ist* – nicht die mythologische Chiffre für eine Welt und Mensch selbst inhaerierende Möglichkeit oder Tiefendimension, sondern der Herr, Schöpfer und Erlöser von Mensch und Welt – wie sollten wir nicht ganz auf *seine* Schöpfermacht angewiesen sein, uns seiner und der Wahrheit seines Wortes gewiß zu machen? Und ferner: Wenn es Gottes ihm *entfremdetes* Eigentum ist, das er in seiner Selbstzusage „heimsucht" – wie sollten da allgemeine Voraussetzungen vorgegeben sein, dieses Geschehen, das die Entfremdung erst überwindet, damit aber auch diesen Gott als den, der er in Wahrheit ist, dem von ihm selbst gewirkten Glauben vorweg zu erfassen? Gerade nach ihrer biblischen Bezeugung hat doch die Geschichte, in der Gott sich selbst zusagt, keineswegs den Charakter einer „Anknüpfung" an allgemeine Vorüberzeugungen, von denen her für sie eine Offenheit und Erwartungshaltung bestünde. Sie geschieht in Jesus wie auch schon in der Glaubensgeschichte Israels vielmehr so, daß Gott sich und seine Wahrheit hereinruft zu dem von sich selbst her ihm abgekehrten Menschen. Und selbst wenn es nicht so wäre, wenn der Mensch in ungebrochenem Einklang mit seinem Schöpfer lebte – dann wäre er wohl um Gott gewiß in einer Gewißheit, die keine Skepsis anfechten kann. Aber *diese* Gewißheit käme nicht aus Gedankengängen, die zu der Annahme Gottes hinführen, sondern aus der Unmittelbarkeit des Lebens aus der Gnade Gottes und in seiner Gemeinschaft. Sie käme auch dann aus der *Selbst*bezeugung Gottes.

Einiges ist hinzuzufügen, um die hier vertretene Position in der Be-

---

Beifall der verunsicherten Glaubenden zu erhalten, nicht aber die Zustimmung der sich im Denken vom Glauben suspendierenden Denker gewinnen zu können, die doch am ehesten den Argumenten sola ratione zugänglich sein sollten."

gründungsfrage gegen Mißverständnisse zu sichern. Zunächst: Wenn wir feststellen, daß die Dogmatik den Grund des Glaubens in der Selbstzusage Gottes in Jesus Christus nur voraussetzen kann, ohne die Berechtigung dieser Voraussetzung rational begründen zu können, so heißt das natürlich nicht, dem Atheismus zuzugestehen, daß er die vernunft*gemäßere* Einstellung in der Gottesfrage wäre. Die Annahme der Nichtwirklichkeit Gottes kann ja ebensowenig rational begründet werden. Und wer sagen würde, dann sei eben Skepsis in dieser Frage die allein vernunftgemäße Haltung, dem wäre zuzugeben: Rationale Argumentation führt hier in der Tat über ein non liquet nicht hinaus. Es wäre aber auch die Gegenfrage zu stellen: Lebt nicht jede menschliche Daseinsorientierung und Lebenspraxis, die nicht überhaupt darauf verzichtet, nach Sinn zu fragen und sich auf Ziele auszurichten, von wie immer gearteten Grundüberzeugungen, von denen begründende Reflexionen ausgehen, ohne ihnen schon vorherzugehen? Ist es wirklich vernunftgemäß, zu behaupten, der Mensch könne sein Leben allein aus dem rational Verifizierbaren bestreiten?

Und zweitens: Der Verzicht der Dogmatik auf eine Begründung ihrer Voraussetzung von allgemeinen Prämissen menschlicher Vernunft und Erfahrung her darf nicht so verstanden werden, als habe das, was sie von dem vorausgesetzten Grund des Glaubens her zu sagen hat, zu menschlicher Welt- und Selbsterfahrung schlechthin keine Beziehung. In dem Glauben, der sich auf die Gotteszusage in Jesus Christus einläßt, wird ja die Tragkraft dieser Zusage zur Erfahrung werden. Und diese Erfahrung des Glaubens wird sich auch in den Fragen der Welt- und Selbsterfahrung, die Christen mit Nichtchristen gemeinsam sind, bewähren als Möglichkeit, sie zu verstehen und als Hilfe, sie durchzustehen. Sie wird zur „Erfahrung mit der Erfahrung" – nämlich mit der, die wir als Christen mit andern Menschen teilen. Für die Dogmatik besagt das, daß ihr (und erst recht der theologischen Ethik) durchaus die Aufgabe zukommt, zwar nicht die Zuversicht zu dem Grund des Glaubens von allgemeiner Erfahrung her zu *begründen*, aber die Glaubensaussagen, die sie von diesem Grund her zu entfalten hat, auf solche Erfahrung zu *beziehen*. Hier bleibt Barths prinzipielle Verweigerung jeder Bezugnahme auf Erfahrung unbefriedigend (faktisch hat doch auch er sie in der Entfaltung seiner KD nicht durchweg unterlassen). Und Ebelings Gedanke einer Bewahrheitung des Glauben begründenden Wortes durch die Erfahrung seiner im Umgang mit der Wirklichkeit gewißmachenden Kraft könnte aufgenommen werden; vorausgesetzt daß das als die *im* Glauben erfahrene *Selbst*bewahrheitung dieses Wortes und nicht als eine gegenüber Skepsis von außen und Anfechtung von innen apologetisch „handhabbare" Bewahrheitung verstanden wird. Auch Gedankengänge wie die von Tillich und Pannenberg, die als Versuche, christlichen Glauben von Elementen allgemeiner Erfahrung her zu begründen oder doch nahezulegen, unbefriedigend bleiben, können in umgekehrter Zielrichtung, nämlich als Angebote, die Fragen von Welt- und Selbsterfahrung von der Glauben begründenden Gotteszusage her zu *verstehen* und in ihrem Licht zu interpretieren, durchaus zu beachten sein[7].

Literatur

G. EBELING, Theologie und Wirklichkeit (1956), in: WuG I, S. 193–202 – P. TILLICH, Systematische Theologie Bd. I (deutsch 2. Aufl. 1956), bes. der erste Teil „Vernunft und Offenbarung" – H. GOLLWITZER und W. WEISCHEDEL, Denken und Glauben. Ein Streitgespräch (2. Aufl. 1965) – G. STAMMLER, Erkenntnis und Evangelium (1969) – K. RAHNER, Hörer des Wortes. Neu bearb. von J. B. Metz (2. Aufl. 1969) – H. ALBERT, Traktat über kritische Vernunft (2. Aufl. 1969) – G. SAUTER (Hg.), Theologie als Wissenschaft, TB 43 (1971 – Sammlung von Beiträgen verschiedener Autoren des 20. Jh.) – W. PANNENBERG, Wissenschaftstheorie und Theologie (1973) – J. WERBICK (kath.), Theologie als Theorie? Zur Diskussion um die Wissenschaftlichkeit der Theologie, KuD 24 (1978), S. 204–228 – J. TRACK, Die Begründung theologischer Aussagen, in: Zugang zur Theologie, Hg. F. Mildenberger u. J. Track (1979), S. 102 ff.

§ 3. Die Frage nach den Normen

1. Anzeige und theologiegeschichtliche Entwicklung des Normenproblems

Ein philosophischer Gottesgedanke der Vergangenheit kann in jeweiliger Gegenwart, sofern er überhaupt noch relevant erscheint, den Verhältnissen dieser Gegenwart entsprechend weiterentwickelt und über das hinaus, wie er am geschichtlichen Ort seines Ur-

---

[7] E. Jüngel, a.a.O., S. 175: „Es ist ein Unterschied, ob man meint, aufgrund der Welt- und Selbsterfahrungen die Erfahrbarkeit Gottes erweisen zu können, oder aber umgekehrt, aufgrund der Offenbarung Gottes die menschlichen Welt- und Selbsterfahrungen in einem *neuen* Licht verstehbar werden zu lassen."

sprungs gedacht war, auch kritisch modifiziert werden. Kein menschliches Denken ist unüberholbar.

Aber in der christlichen Verkündigung geht es nicht einfach darum, einen menschlichen Gottesgedanken aufzunehmen und eventuell kritisch weiterzuentwickeln. Nach ihrem eigenen Selbstverständnis soll und will sie dem dienen, daß das Wort, mit dem Gott selbst in der Person und Geschichte Jesu sich den Menschen zugesagt hat, weiter vernehmbar wird. *Dieses* Wort ist unüberholbar; in seiner Weitersage durch menschliche Worte will es eben dieses Wort bleiben. Gewiß kann auch hier das Weitersagen nicht einfach in einem Rezitieren von Formulierungen der Vergangenheit bestehen. Gottes Selbstzusage will den Menschen in die konkreten persönlichen und geschichtlichen Situationen hinein begegnen, in denen sie leben, und muß darum in veränderte Situationen hinein auch auf neue Weise ausgelegt werden. Darauf wird in § 4 zur Frage der Vermittlung genauer einzugehen sein. Aber obwohl oder vielmehr gerade weil die Weitersage ihre Gestalt wandeln muß, stellt sich hier die Frage nach der *Norm*, an der sie sich ausrichten kann, um bei aller Neuauslegung in der Entsprechung zu jenem Wort zu bleiben, das nicht weiterentwickelt werden, sondern als es selbst durch die Zeiten hindurch zu Wort kommen will. Diese Frage stellt sich für die Verkündigung und ebenso für die Dogmatik. Denn die Dogmatik soll ja der Verkündigung dienen durch die Besinnung darauf, wie christlicher Glaube in einer jeweiligen Gegenwart, aber zugleich in Entsprechung zu seinem Grund in der geschichtlichen Selbstbekundung Gottes zu vertreten ist.

Man könnte sagen: Die Norm ist die Größe selbst, der hier entsprochen werden soll – eben Gottes in der Person und Geschichte Jesu Christi gesprochenes Wort. Die Verkündigung soll „christusgemäß" sein; die Dogmatik soll dieses Kriterium der Christusgemäßheit erhellen und die Entfaltung der Glaubensaussagen an ihm ausrichten. Als Angabe der „Mitte", auf die alles, was hier zur normierenden Ausrichtung dienen kann, zu beziehen ist, ist das richtig. Aber die Person und Geschichte Jesu Christi begegnet uns ja nicht unmittelbar, sondern durch geschichtliche Vermittlung: eben schon immer durch menschliche Weitersage des in ihm gesprochenen Wortes Gottes. So stellt sich die Frage nach orientierenden Normen nun in bezug auf diese menschlich-geschichtliche Vermittlung: Wo sind in ihrem Bereich Instanzen wirksam, die die Entsprechung der Glaubensaussage zu ihrem Grund in *vorbildlicher* Weise repräsentieren?

Für die frühe Kirche ist diese Frage spätestens durch die große Zerreißprobe, in die sie im 2. Jh. durch die gnostischen und andere

Gruppenbildungen geriet, unabweisbar geworden. Sie begegnete dieser Krise durch die ausdrückliche Rückfrage nach dem *apostolischen* Ursprung ihrer Existenz und Verkündigung: Es galt, in der Nachfolge und bei der Lehre der ersten Verkündiger, der von Christus selbst eingesetzten Apostel zu bleiben. So stellte man dem Alten Testament, das von Anfang an auch den Christen als Heilige Schrift galt, den *Kanon des Neuen Testamentes* als schriftliche Sammlung der ältesten, apostolischen Christusverkündigung zur Seite. Daneben bildete die Kirche in ihren *Glaubensbekenntnissen*, die in Gestalt des sog. apostolischen und des nizaenischen Credo bis heute ihren Ort im christlichen Gottesdienst haben, Richtlinien für das rechte Verständnis des biblisch bezeugten Glaubens. Sie wurden ergänzt und präzisiert durch die von allgemeinen Konzilien zur Klärung bestimmter Glaubensfragen formulierten *Dogmen*. In Streitfragen über die Auslegung dieser schriftlichen Normen galt die Weisung, der Lehre der *Bischöfe* zu folgen in der Voraussetzung, daß ihnen als den Trägern des apostolischen Amtes auch in besonderer Weise das Charisma unverfälschter Auslegung der apostolischen Lehre gegeben sei (gestützt wurde das durch die Vorstellung, durch die „Kette der Handauflegungen" gehe das Amt jedes Bischofs auf das der ersten, durch die Apostel eingesetzten Amtsträger und damit auf diese selbst zurück). Die Heilige Schrift, das kirchliche, d. h. von der autorisierten Vertretung der Gesamtkirche rezipierte Bekenntnis und Dogma, und eben diese autorisierte Vertretung selbst, das kirchliche Amt – das wurden die normierenden Instanzen, in denen man die Kontinuität der christlichen Verkündigung und ihre Übereinstimmung mit ihrem Ursprung in Gottes Offenbarung verbürgt sah.

Aber an der Frage, wie diese Normen in sich und in ihrem gegenseitigen Verhältnis zu verstehen und zu handhaben sind, entstand auf dem geschichtlichen Weg der Kirche ein ganzes Knäuel von Problemen. In grober Sichtung – eine differenzierte Darstellung der geschichtlichen Entwicklung der Normenproblematik ist hier nicht möglich – sind zwei sachlich verschiedene und auch in weitem zeitlichen Abstand aufgetretene Problemkomplexe zu unterscheiden.

Der erste betrifft Fragen des Verhältnisses der Normen zueinander, die zum Teil schon früh aufgetreten sind und schließlich dazu mitwirkten, daß sich christliche Konfessionskirchen voneinander differenziert haben. Seit dem frühen Mittelalter treten West- und Ostkirche auseinander in der Frage, wer in letztentscheidender Instanz das *kirchliche Lehramt* repräsentiert. In der Westkirche wurde das der Bischof von Rom als Nachfolger des „Apostelfürsten" Petrus. Die einzelnen Bischöfe haben am Lehramt teil, *sofern* sie in Übereinstimmung mit dem päpstlichen Lehramt stehen, das Konzil des Gesamtepiskopats, sofern seine Lehrbeschlüsse das päpstliche Placet erhalten[1]. Der katholische Osten hat dieser monarchischen Zuspitzung der Lehrgewalt von Anfang an und bis heute widersprochen; für ihn bleibt das ökumenische Konzil des Gesamtepiskopats die oberste, allein zur Proklamation von Dogmen befugte Lehrautorität.

Im 16. Jh. traten sodann katholische Tradition und reformatorische Bewegung auseinander in der Frage, wie sich die Autorität der *Heiligen Schrift* zu der des kirchlichen Lehramts und der von ihm in Geltung gesetzten Dogmen und Überlieferungen verhält. Die Geltung der Schrift als Grundnorm war auch zuvor grundsätzlich anerkannt. Aber durch das oberste Lehramt wurde auch ein Zuwachs von Traditionslehren gedeckt und verbindlich gemacht, die nicht aus der Schrift zu begründen waren, und im übrigen galt der Grundsatz, daß allein ihm in Fragen des rechten Verständnisses der Schrift die Vollmacht der Entscheidung zukomme. Für die reformatorische Bewegung zerbrach dieser Grundsatz an dem geschichtlichen Vorgang, daß in ihr aus dem Hören auf das Wort der Schrift ein neues Verständnis des Evangeliums erwuchs, dem das kirchliche Lehramt sich damals versagte. Aus dieser Erfahrung formulierte sie ihr exklusives „Schriftprinzip": *Sola* scriptura – allein die Heilige Schrift ist oberste Richtschnur. Dem Lehramt ist zu folgen, *sofern* es schriftgemäß lehrt, nicht *weil* ihm die Entscheidung darüber zukäme, was schriftgemäß ist. „Papst und Konzilien" können irren und haben oft geirrt. Grundsätzlich ist mit dieser Relativierung des Lehramts auch eine Relativierung der Autorität des kirchlichen Dogmas auf die der Schrift hin gegeben. Katholischer Lehr- und Kulttradition, für die keine biblische Begründung zu erbringen war, wurde die Verbindlichkeit bestritten.

Das Konzil von Trient stellte dem reformatorischen Sola scriptura nunmehr die ausdrückliche Lehre einer zweifachen Quelle apostolischer Offenbarung entgegen: Neben der Schrift sind die auf mündliche Unterweisung der Apostel zurückgehenden Traditionen mit gleichem Gehorsam aufzunehmen[2].

---

[1] Die Bindung der konziliaren an die päpstliche Lehrgewalt, im Westen längst praktiziert, aber nicht immer unumstritten, wurde definitiv 1870 durch das Vaticanum I zum Dogma erhoben.

[2] Unterstellt wurde dabei zunächst, daß alle nicht unmittelbar aus der Schrift belegbaren Traditionslehren, die in der Kirche dogmatische Geltung erlangt hatten, tatsächlich auf mündliche Unterweisung der Apostel zurückgehen. In der neueren katholischen Theologie wurde diese Vorstellung, der das

Der Bestreitung des lehramtlichen Auslegungsprivilegs stellte das Konzil dessen Bekräftigung entgegen: Niemand soll wagen, die Schrift gegen die Autorität der Kirche auszulegen. In der Kontroverse mit den Protestanten wurde zur Begründung dieses Grundsatzes auf die Vielfalt und teilweise Vieldeutigkeit biblischer Aussagen hingewiesen: Wer soll über das rechte Verständnis entscheiden, wenn nicht eine Instanz da ist, der dazu von Gott die Vollmacht verliehen ist? Es wurde darauf hingewiesen, daß es die Kirche in ihrem Lehramt war, die den biblischen Kanon *als* Kanon deklariert und definiert hat: Wer sollte also die Instanz sein, der die Entscheidung über sein rechtes Verständnis zukommt, wenn nicht eben die Kirche in ihrem Lehramt? Man muß dies vor Augen haben, um die Zuspitzung zu verstehen, in der nun die altprotestantische Theologie ihre Lehre von der Schrift formulierte. Sie stellte der *Einordnung* der Schrift in die Kirche, die in den katholischen Argumenten zum Ausdruck kam, ihre *Heraushebung* aus allem menschlich-kirchlichen Überlieferungsprozeß entgegen. Die Lehre von der Inspiration der Schrift, an sich in der Tradition schon vorgegeben, wurde bis in die äußersten Konsequenzen ausgebaut: Der Ursprung der Schrift ist göttlich – menschlich nur insofern, als die biblischen Autoren einem sich auf jedes Wort erstreckenden Diktat des Heiligen Geistes als Schreiber dienten; nicht sie, sondern Gott selbst ist der eigentliche Autor der Heiligen Schrift. Sie ist, weil solch göttlichen Ursprungs, das in jeder Hinsicht ihrer Aussagen irrtums- und widerspruchsfreie Wort Gottes und also das sichere, keiner menschlichen Ergänzung bedürftige Fundament kirchlicher Lehre. Dem Verweis auf Dunkelheiten, die den „Laien" von dem Auslegungsprivileg eines besonderen Amtes abhängig machen, mußte nun widersprochen werden: Der Schrift eignet eindeutige Klarheit (perspicuitas); sie selbst legt sich aus (seipsam interpretandi facultas), indem alles in ihr, was für sich genommen dunkel erscheinen kann, von ihren hellen Aussagen her ein für jeden Christen verstehbares Licht empfängt. Ihre Autorität bedarf keiner kirchlichen Beglaubigung; sie beglaubigt sich selbst durch das Zeugnis des Heiligen Geistes, das dem für alle verstehbaren Wort in den Herzen Glauben wirkt.

In ein zweites, völlig neues Stadium geriet die Normenproblematik

---

nachweislich späte Auftreten mancher solcher Lehren entgegensteht, modifiziert. Nach dem Vorgang von J. A. Möhler (1796–1838) rechnet man mit einem allmählich und organisch sich entfaltenden Glaubensbewußtsein der Kirche, in dem auch zu späterer Zeit Erkenntnisse ans Licht treten können, die im apostolischen Grundzeugnis zwar keimhaft angelegt, aber noch nicht explizit ausgesprochen waren.

seit dem 18. Jh. mit dem Aufkommen *historischer Kritik* und ihrer Anwendung auf die biblischen Schriften. Da stand nun nicht mehr das Verhältnis der Autorität der Schrift zu andern kirchlichen Autoritäten, sondern die Schriftautorität selbst in Frage. Historische Forschung hinterfragt den vorgegebenen Bibeltext auf die geschichtlichen Umstände seiner Entstehung, auf die besondere Eigenart und Motivation seiner menschlichen Autoren, auf die Zeitbedingtheit ihrer Vorstellungen und schließlich auch auf die „historische" Zuverlässigkeit dessen, was sie berichten – und dies alles nach Kriterien und Methoden, wie sie auch sonst im Zuge kritischer Distanzierung von vorgegebener Autorität auf überkommene Texte und Überlieferungen angewandt wurden. Dieses Unternehmen bedeutete schon im Prinzip eine Aufhebung des absoluten Sonderstatus gegenüber allem Menschenwort, das der Heiligen Schrift durch die Verbalinspirationslehre zuerkannt worden war. Die Ergebnisse, zu denen solche Hinterfragung gelangte, schienen denn auch zunehmend einer Demontage aller Positionen des altprotestantischen Locus de Sacra scriptura gleichzukommen. Absolute Irrtumslosigkeit? Am Maßstab fortschreitender Geschichts- und Naturwissenschaft erschienen nun zahlreiche biologische, historische, chronologische und sonstige Angaben der Bibel als zeitgebundene Irrtümer. Apostolischer Ursprung? Der Kanon zeigte sich nun als das Ergebnis eines zeitlich sehr langgestreckten und in sich sehr differenzierten Traditionsprozesses, in dessen schriftliche Endgestalt die Arbeit der verschiedensten Autoren, Redaktoren usw. eingegangen war. Eindeutige Klarheit? Der auf den historischen Ort und die durch ihn bedingte Aussageabsicht des jeweiligen Einzeltextes gerichtete Blick entdeckte Differenzen und Widersprüche nicht nur in sachlichen Angaben, sondern auch in der theologischen Aussage der Schriften und Traditionsstränge, die zu der kanonischen Sammlung zusammengewachsen waren. Damit schien auch das Prinzip, daß die Schrift sich selbst auslege, in Frage gestellt. Der Grundsatz, daß ein Autor aus dem Zusammenhang seines eigenen Werkes zu verstehen ist, bedeutete jetzt nicht mehr: Das Einzelne aus dem Ganzen der Schrift als dem einheitlichen Werk des göttlichen Geistes verstehen, der sich selbst nicht widersprechen kann, sondern: das Einzelne aus dem Gesamt der Aussagen des jeweiligen Autors bzw. der jeweiligen Traditionsschicht und auf dem Hintergrund der jeweiligen geschichtlichen Bedingungen verstehen. Da konnten dann durchaus auch Widersprüche gesehen werden.

Diese Entwicklung betraf gerade die aus der Reformation hervorgegangenen Kirchen und ihre Theologie mit besonderer Schärfe – historisch-kritische Bibelforschung ist ja zunächst im wesentlichen ein protestantisches Unternehmen gewesen, erst im 20. Jh. hat auch katholische Theologie sich nachhaltig auf ihre Probleme eingelassen. Sie traf die protestantische Theologie als Verunsicherung gerade in dem, was sie von ihrem Ursprung her als die *einzige* Norm christlicher Verkündigung und Lehre erfaßt hatte. Was wurde nun aus der Autorität dieser Norm, aus ihrer Kraft, in allen Auseinandersetzungen über Glauben und Lehre *eindeutige* Entscheidungen zu begründen? Die bewegte Geschichte der Auseinandersetzung um die Kanonsproblematik, die durch das Aufkommen der historischen Kritik in der protestantischen Theologie in Gang und bis heute nicht zur Ruhe gekommen ist, kann hier nicht im einzelnen verfolgt werden; Positionen, die in der heutigen Diskussion dieser Problematik besonders aktuell und kontrovers sind, werden in der Auseinandersetzung mit ihr zur Sprache kommen. Bevor wir in diese eintreten, sind die elementaren *Fragestellungen* zu kennzeichnen, denen sich eine Besinnung auf die normative Bedeutung der Heiligen Schrift unter den Bedingungen der heute gegebenen Problemlage zuwenden muß.

1. Nachdem der geschichtliche Werdeprozeß der biblischen Schriften vor Augen und ihre normierende Autorität jedenfalls nicht mehr im Sinn der orthodoxen Inspirationsvorstellung zu begründen ist, stellt sich die Frage: *Wie ist die kanonische Geltung gerade dieser Schriften überhaupt zu begründen?* Was unterscheidet sie nun noch grundsätzlich von anderer und weiterer christlicher Überlieferung? Inwiefern steht das Menschenwort gerade dieser Schriften dem anderer christlicher Zeugnisse gegenüber in einer besonderen Verbindung mit *Gottes* Wort? *Kann* (und soll) dafür überhaupt eine formelle Begründung erbracht werden?

In diesem Zusammenhang ist auch der historische reformatorisch-tridentinische Gegensatz in der Frage von Schrift und Tradition neu zu bedenken: Kann die Schrift noch in derselben Stringenz, wie das in der Reformation geschah, von Tradition abgehoben und ihr gegenübergestellt werden? Sie selbst repräsentiert doch auch schon Tradition.

2. Nachdem sichtbar geworden ist, wie vielstimmig diese in einem komplizierten Entstehungsprozeß zusammengewachsene biblische Tradition bereits in sich selbst ist, stellt sich die weitere Frage: *Inwiefern kann nun noch von einer Einheit der Schrift geredet werden?* Kann angesichts der doch auch theologischen Unterschiedlichkeit biblischer Aussagen überhaupt noch *die* Schrift, *das* biblische Zeugnis zur Entscheidung in strittigen Fragen des Glaubens und der Lehre angerufen werden? Oder muß nun vielmehr der Theologe entscheiden, *wo* in

dieser vielfältig redenden Bibel er das maßgebliche Zeugnis vernimmt, das dann u. U. auch kritisch gegen anderes Biblische geltend zu machen wäre? Muß er also versuchen, „den (eigentlichen) Kanon im (formalen) Kanon" zu bestimmen? Aber angesichts des bedrohlichen Subjektivismus der Theologen, dem die Kirche da ausgeliefert sein könnte, kann dann sogar die Frage auftauchen, ob es da nicht doch besser wäre, zu dem Auslegungsvorrecht des kirchlichen Amtes zurückzukehren. (Nur: welches Amt sollte das sein – wenn man nicht eine Rückkehr unter die Autorität des Papstes ins Auge fassen will?)

3. In besonderer Zuspitzung, und darum auch einer besonderen Besinnung bedürftig, stellt sich die Frage nach der Einheit der Schrift als Frage nach dem *Unterschied und Zusammenhang der beiden Testamente*. Historische Forschung macht gerade hier vor allem den Unterschied klar; sie liest das Alte Testament nicht von vornherein im Lichte des Neuen, sondern befragt es auf die unmittelbare Aussageabsicht seiner Texte und Autoren im „Lokalkolorit" ihrer eigenen Zeit und Umgebung. Das Alte Testament erscheint als ein Dokument altorientalischer, vorchristlicher Religionsgeschichte. Wie kann dann noch seine Zusammengehörigkeit mit dem Christuszeugnis des Neuen Testaments im Kanon der christlichen Kirche verstanden und begründet werden?

4. Wir fragen in alledem nach der Bedeutung der Bibel als „Kanon", als Richtschnur kirchlicher Verkündigung und dogmatischer Besinnung und suchen damit einschlußweise auch eine Stellungnahme zu der ererbten katholisch-reformatorischen Differenz in der Normenfrage zu gewinnen; wir können diese Frage aber heute nur angehen unter der gleichsam erschwerenden Bedingung, daß wir zugleich mit der historisch-kritischen Bibelforschung und ihren (gewiß oft problematischen und nie abgeschlossenen) Ergebnissen konfrontiert sind. Das gibt aber dann auch Anlaß zu der grundsätzlichen Frage, wie diese Forschung zu beurteilen ist, inwiefern sie eine Bedeutung haben kann für das *theologische* Verständnis der Schrift und für den Umgang mit dem Bibeltext als *Predigt*text, und wo die Grenzen dieser Bedeutung liegen.

5. Schließlich wird dann aber auch zu fragen sein, welche Bedeutung den *kirchlichen Bekenntnissen* für das Verständnis des biblischen Zeugnisses zukommt. Denn sie beanspruchen ja ihrerseits Wegweisung zu diesem Verständnis zu sein. Das gilt auch von den Bekenntnissen der aus der Reformation entstandenen Kirchen, wenngleich in etwas anderem Sinn als von der Dogmenbildung in deren katholischem Verständnis. Fragen wir heute nach dem rechten Verständnis

der Schrift, dann werden wir an dem Anspruch der überlieferten Bekenntnisse, hier Wegweisung zu geben, nicht einfach vorbeisehen können; wir stellen diese Frage ja nicht ab ovo und als ob wir solches Verständnis überhaupt erst erzeugen müßten. Es fragt sich dann aber, wie der Anspruch der Bekenntnisse auf Beachtung mit der reformatorischen *Überordnung* der Schrift über alle kirchliche Lehr- und Auslegungsautorität in Einklang zu bringen ist.

2. Das biblische Zeugnis

2.1. Wort Gottes und Heilige Schrift

Wie immer es um die Entstehung und Eigenart der Schriftensammlung bestellt sein mag, die wir Bibel nennen, und was immer gegen bestimmte dogmatische Theorien darüber, etwa gegen die Verbalinspirationslehre, einzuwenden sein mag – von der christlichen Glaubensgemeinschaft, aus deren Leben und Geschichte unser eigenes, heutiges Christsein sich ja nicht herauslösen kann, ist uns diese Bibel in die Hand gegeben als die „*Heilige* Schrift". Die öffentliche Verkündigung der Glaubensgemeinschaft geschieht in aller Regel als Predigt über Texte dieser Schrift; wer als Christ leben will, wird angewiesen, mit dieser Schrift zu leben, sie immer wieder zu lesen und zu bedenken. Die biblische Schriftensammlung wird damit offenbar in einem besonderen, gerade ihr zukommenden Zusammenhang mit dem Geschehen der Selbstbekundung Gottes in Jesus Christus gesehen. Das geht bis dahin, daß auch sie selbst in der Sprache kirchlicher Frömmigkeit als „das Wort Gottes" bezeichnet werden kann. Darin spricht jedenfalls eine besondere Erfahrung der Glaubensgemeinschaft mit der *Wirksamkeit* dieser Schrift. Die dogmatische Besinnung kann aus dieser Erfahrung nicht heraustreten wollen, sollte vielmehr versuchen, sie zu verstehen und von ihr her die Fragen zu klären, zu denen die Problemanzeige geführt hatte.

Wir setzen ein mit der Frage nach dem Verhältnis von Bibel und Wort Gottes. Ist es richtig, und in welchem Sinn ist es richtig, sie so zu bezeichnen?

Im biblischen Zeugnis selbst wird *Jesus Christus* in hervorgehobener Weise „Das Wort Gottes" genannt (Joh 1,1ff.; Offb 19,13). Er ist dies nicht als Bringer bloßer authentischer Belehrung *über* Gott, sondern als das Person, „Fleisch" gewordene Wort der *Selbstzusage* Gottes. Wenn im Neuen Testament dann auch von der *Verkündigung* der

Christuszeugen gesagt werden kann: durch sie geschieht das Wort Gottes (1.Thess 2,13), so darum, weil Gott durch das Wort der menschlichen Zeugen sein eigenes, in Christus gesprochenes Wort weiter zuspricht.

Das Wort Gottes ist also gerade nach der Schrift primär nicht Schrift, sondern Geschehen zwischen Gott und Mensch: das Geschehen, daß Gott selbst sich Menschen zuspricht, ihnen gegenwärtig wird. Man kann dann zunächst sagen: Die Bibel als Buch ist der vielfältige schriftliche Niederschlag der Bezeugung solchen Geschehens durch Menschen, denen es widerfahren ist. Wenn wir die Besinnung zunächst auf das Neue Testament richten – dem Alten Testament und seinem Zusammenhang mit den Neuen wird noch eine besondere Überlegung zuzuwenden sein – heißt das: Das Neue Testament ist schriftlicher Niederschlag der Christusverkündigung, wie sie in der Anfangszeit der Christenheit geschah. Aber darf nicht für alles menschliche Christuszeugnis, auch für Predigt und seelsorgerlichen Zuspruch heute, geglaubt werden, daß Gott es zum Werkzeug machen kann und will, durch das er selbst sich Menschen zuspricht? Zu fragen ist also: Was *unterscheidet* jenes im Neuen Testament zur Schrift gewordene von allem andern und weiteren menschlichen Zeugnis? Lassen sich Kriterien angeben, die die Sonderstellung gerade dieser im Neuen Testament zusammengefaßten schriftlichen Zeugnisse, ihre Auszeichnung als „Heilige Schrift" und Richtschnur (Kanon), an der alle weitere Verkündigung auszurichten ist, begründen?

Konservative Theologie hat, auch wo sie nicht mehr an der Verbalinspiration im Sinn der altprotestantischen Lehre festhielt, dieses Kriterium oft in einer besonderen, quasi amtlichen Qualifikation der neutestamentlichen Autoren gesucht: Hier haben wir die Schriften der *Apostel*, der von Jesus Christus selbst erwählten und zur Verkündigung ausgesandten Zeugen seiner Auferstehung (Matthäus, Johannes, Paulus, Petrus), oder doch solcher Männer, die nach alter Überlieferung unmittelbare Begleiter und Schüler von Aposteln waren (Markus, Lukas). Das apostolische Amt und Charisma derer, durch deren Verkündigung die Kirche entstand, begründet die Autorität ihrer Schriften gegenüber aller weiteren Verkündigung der Kirche. Nun ist es zwar für die Bedeutung des Neuen Testamentes entscheidend, daß uns in ihm der *Gehalt* der „kirchengründenden Predigt" (Martin Kähler) der ersten Christuszeugen begegnet, daß es also in einem inhaltlichen Sinn „apostolisches" Grundzeugnis ist oder doch enthält. Aber die These seiner apostolischen Herkunft im formalen Sinn der Verfasserschaft ist nicht haltbar. An den Schriften des Neuen

Testamentes so, wie sie uns vorliegen und um 200 zum Kanon gesammelt wurden, besonders an den Evangelien, haben zu viele Einzeltraditionen, Redaktoren usw. mitgewirkt, als daß sie en bloc auf einen bestimmten Personenkreis von Jesus selbst berufener Apostel und deren unmittelbarer Schüler zurückgeführt werden könnten. Der Begriff des „Apostels" selbst ist nach dem Neuen Testament nicht eindeutig zu definieren und auf einen solchen Personenkreis festzulegen. Für einige neutestamentliche Schriften, die unter dem Namen von Jesusjüngern überliefert sind, ist mit guten Gründen ein anderer, späterer Ursprung zu vermuten[3].

Das Kriterium apostolischer Verfasserschaft eignet sich also nicht zur Rechtfertigung der kanonischen Geltung des Neuen Testamentes in seinem Gesamtbestand (der Versuch solcher Rechtfertigung hat oft zu unglücklicher konservativer Apologetik in der Diskussion von Verfasserschaftsfragen geführt). Es eignet sich aber ebensowenig zu einer Reduktion des neutestamentlichen Bestandes auf solches, was, weil wirklich von Aposteln verfaßt, nun als das allein Kanonische gelten sollte. Das würde eine Amputation bedeuten, die der geistlichen Erfahrung der Kirche mit diesen Schriften widerspricht – will man ihr etwa das Johannesevangelium deshalb entziehen, weil es nach aller Wahrscheinlichkeit nicht von dem Zebedaiden geschrieben ist? –, und die zudem auch historisch nicht überall klar und definitiv begründet werden könnte.

In der neueren Theologie wird denn auf das Kriterium apostolischer Verfasserschaft im *personellen* Sinn auch weithin verzichtet. Anstatt dessen kann dann, unabhängig von der Frage der als Verfasser beteiligten Personen, auf die *zeitliche* Priorität der neutestamentlichen Schriften vor weiterem christlichen Schrifttum hingewiesen werden: In ihnen haben wir den schriftlichen Niederschlag des ältesten, Jesus und dem Geschehen um ihn zeitlich noch unmittelbar nahestehenden und darum die Erinnerung an dieses Geschehen noch zuverlässig bewahrenden Christuszeugnisses. Darin haben wir ein seine kanonische Bedeutung begründendes Kriterium.

Dieses Kriterium wird, neben dem der inneren Selbstbezeugungsmacht des neutestamentlichen Evangeliums, u.a. von Paul Althaus und Werner Georg Kümmel geltend gemacht.

---

[3] Das gilt z.B. vom Johannesevangelium und von den Petrusbriefen. Mit Sicherheit können nur die echten Paulusbriefe auf einen Mann zurückgeführt werden, der sich selbst als Apostel Jesu Christi verstanden und bezeichnet hat.

Es ist richtig, daß die neutestamentliche Schriftensammlung im großen und ganzen die früheste Christusverkündigung repräsentiert. Das ist auch nicht belanglos. Die Christusverkündigung meint ja nicht eine zeitlose Idee, für die „Christus" nur eine personifizierende Chiffre wäre, sondern den Jesus, der zu bestimmter Zeit als Mensch unter Menschen lebte und eine bestimmte Geschichte hatte – *ihn* in dieser seiner Geschichte als das Selbstwort Gottes. Der Rückbezug auf diese Geschichte ist der christlichen Verkündigung, wenn sie in der Nachsage des in Jesus Christus gesprochenen Wortes Gottes bleiben soll, unaufgebbar. Darum ist es wesentlich, daß durch das Neue Testament die Bekundung dieser Geschichte in alle späteren Zeiten der Kirche hineingehalten bleibt.

Aber daß wir hier das älteste Zeugnis haben, ist doch nur im groben und mit unscharfer Begrenzung zutreffend. Mögen im Neuen Testament Elemente von Augenzeugenerinnerung an Jesus enthalten sein, so kann man keineswegs von ihm als ganzem sagen: Hier berichten Augenzeugen oder doch solche, die noch in unmittelbarem Kontakt mit ihnen waren, und *insofern* haben wir hier das maßgebende, weil in einem „historischen" Sinn genaueste Zeugnis. Genauigkeit der Berichterstattung in diesem Sinn darf man in diesen Schriften nicht erwarten, überall spricht in ihnen der Glaube an Jesus als den auferstandenen Herrn, aus ihm heraus wird auch seine irdische Geschichte verstanden und gedeutet. Das gilt von den älteren Bestandteilen der Evangelientradition schon ebenso wie von späteren Schriften, die längst nicht mehr der ersten Zeugengeneration angehören, z. T. erst im 2. Jh. entstanden sind. Dennoch wurden sie in die neutestamentliche Sammlung aufgenommen, dagegen blieb anderes, z. T. ebenso altes frühchristliches Schrifttum ausgeschlossen. Wollte man das Kriterium der zeitlichen Nähe zu Jesus in einem historisch genauen Sinn anwenden, so könnte es den kanonischen Vorrang des Neuen Testamentes in seinem Gesamtbestand also ebensowenig begründen wie das der apostolischen Verfasserschaft. Oder man müßte diejenigen Elemente, für die sich etwa nachweisen ließe, daß sie wirklich der ersten Generation angehören und auch im historischen Sinn am genauesten berichten, als das eigentlich Kanonische herausheben und alles Spätere im Neuen Testament dagegen abwerten. Aber auch das wäre eine unmögliche und zudem gar nicht genau durchführbare Amputation.

Ein *formales* Kriterium, das die kanonische Geltung dieser von der alten Kirche als Neues Testament zusammengestellten Schriften exakt begründen würde, ist uns also nicht zur Hand; damit auch kein Krite-

rium, nach dem wir diese Geltung heute bestimmten Bestandteilen des Neuen Testaments absprechen könnten, etwa weil sich historischer Erkenntnis zeigt, daß die Kirche damals mit der Meinung, sie entsprächen diesem Kriterium, im Irrtum war. Soweit man damals meinte, im Neuen Testament Apostelschriften zu haben, ist das ja tatsächlich weithin der Fall. Aber die kanonische Sammlung kam nicht allein unter diesem quasi-historischen Gesichtspunkt apostolischer Verfasserschaft zustande. Entscheidend war vielmehr ein *wirkungsgeschichtlicher* Faktor, zu dem die Verfasserschaftsfrage erst hinzutrat. Die Schriften, die ins Neue Testament Eingang fanden, waren zuvor schon für die gottesdienstliche Lesung im Gebrauch der Gemeinden und als solche für ihr Leben bedeutsam und wirksam geworden. Als kanonisch rezipiert wurde, was sich als gottesdienstliche Vorleseschrift durchgesetzt und bewährt hatte. (Das gilt übrigens auch für das als Christuszeugnis verstandene Alte Testament.) Eine geistliche Erfahrung mit diesen Schriften ging also dem kirchlichen Akt ihrer Kanonisierung voraus. Die Erfahrung, daß durch ihr Zeugnis Christus gegenwärtig und Glaube geweckt, gestärkt, aus Verflachung und Abwegen zu ihm als seinem Grund zurückgerufen wird, hat auch danach die Geschichte der Kirche und die persönliche Geschichte von Christen mit der Bibel immer wieder bestimmt. Entscheidend ist diese Erfahrung im Ursprung der reformatorischen Bewegung wirksam geworden.
Die Frage, warum das Neue Testament maßgebliche Bedeutung für die Kirche hat, kann letztlich nicht nach historisch-formalen Kriterien, sondern nur aus dieser geistlichen Erfahrung beantwortet werden. Was die Geltung der Schrift begründet, ist das Geschehen ihrer Wirksamkeit. In der Erfahrung dieser Wirksamkeit darf dann gesagt werden: Der Gott, der in Christus gesprochen hat, nahm und nimmt dieses menschliche Christuszeugnis der ersten Zeit in Dienst dafür, sein eigenes Wort der Kirche durch alle späteren Zeiten hindurch so zu vergegenwärtigen, daß *ihr* Wort an *sein* Wort gebunden bleibt und so selbst zur Weitersage seines Wortes in Dienst genommen werden kann. Insofern gehört diese Schrift in der Tat in hervorgehobener Weise mit dem Geschehen des Wortes Gottes zusammen. Und weil im Geschehen des Wortes Gottes Christus selbst gegenwärtig wird, kann sie auch als das Werkzeug verstanden werden, durch das Christus die Kirche an sich bindet, mit ihr zusammen und ihr zugleich auch als ihr Herr gegenüber bleibt, sie in einer lebendigen Geschichte der Begegnung mit ihm selbst erhält.
Die Definition und Abgrenzung des neutestamentlichen Kanons war

eine Maßnahme der Kirche. Aber das Geschehen, in dem seine Schriften „kanonisch", nämlich eben als jenes besondere Werkzeug wirksam wurden und sind, ist Handeln Gottes an der Kirche. Dieses Geschehen begründet sich selbst, indem Gott es durch die Schrift geschehen läßt und uns in die Erwartung ruft, daß er es weiter durch sie geschehen lassen wird. Als solches kann es von der Kirche nur wahr- und angenommen werden; als solches Wahr- und Annehmen will die Kanonsdefinition, die sie (übrigens nicht in einer einmaligen amtlichen Entscheidung, sondern in einer längeren Entwicklung) vollzog, verstanden werden.

Im Blick auf die historische katholisch-reformatorische Kontroverse über Schrift und Tradition bedeutet das Ergebnis dieser Überlegungen, daß eine formale Unterscheidung von Schrift und Tradition im Sinne des Altprotestantismus in der Tat nicht behauptet werden kann. Auch das Neue Testament ist ja aus kirchlicher Tradition der ältesten Zeit erwachsen, mündliche Überlieferung geht ihm voraus. Das besagt aber keine Rechtfertigung des Arguments, da die *Kirche* diese ihre älteste Tradition als kanonische Schrift deklariert habe, könne sie ihr in derselben Vollmacht auch weitere, in der Schrift nicht enthaltene Elemente ihrer Überlieferung als Offenbarungswahrheiten zur Seite stellen. Wir haben die kirchliche Definition des Kanons ja nicht als Vollmachtsakt der Kirche verstanden, mit dem *sie* seine Geltung in Kraft gesetzt hätte; sie hat vielmehr wahrgenommen und anerkannt, was *Gott* durch das Werkzeug dieser Schriften in ihr wirkte und wirkt. Dann ist sie an das Wirken Gottes durch dieses Werkzeug aber auch gebunden. Ist es als menschliches Zeugnis der Niederschlag ältester christlicher Tradition, so wird es kraft dessen, wozu Gott es in Dienst nimmt, zur *maßgebenden* Tradition, an der – nun wirklich sola scriptura – alles weitere Überliefern der Kirche zu messen und zu orientieren ist.

2.2. Vielfalt und Einheit der Schrift

Wenn wir die Geltung des Neuen Testamentes als das für alle weitere Verkündigung maßgebende Christuszeugnis darin begründet sehen, daß und wie Gott es an der Kirche zur Vergegenwärtigung seines in Christus gesprochenen Wortes wirksam werden ließ und läßt, so ist das ein Glaubensurteil. Auf eine Sicherung dieses Urteils durch objektiv feststellbare Kriterien, die die Schriften des Neuen Testamentes – abgesehen davon, daß wir in ihnen aufs ganze gesehen Zeugnisse aus

der ersten Zeit der Christenheit haben – von allen andern, z. T. ebenso alten unterscheiden würden, haben wir verzichtet. Heißt das nun, daß wir unterschiedslos in *allen* Bestandteilen und Aussagen, die in dem von der Kirche definierten neutestamentlichen Kanon enthalten sind, solches maßgebende Christuszeugnis erkennen können bzw. zu erwarten haben? Sind die Grenzen des definierten Kanons mit allem, was sie inhaltlich in sich schließen, für deckungsgleich zu halten mit der Schrift, so wie sie als jenes besondere Werkzeug des Redens Gottes selbst im Leben der Gemeinden wirkt und sich bewährt?
Diese Grenzen waren schon im Vorgang der Kanonsbildung bekanntlich nicht unumstritten.

Gewiß erscheint in diesem Vorgang der Großteil der neutestamentlichen Schriften: die vier Evangelien, die Paulusbriefe, der erste Johannes- und der erste Petrusbrief, auch die Apostelgeschichte als von vornherein und überall in der Kirche rezipiert – diese Schriften hatten sich in der Tat kraft eigenen Gewichtes allgemein durchgesetzt. Daneben standen aber einige Schriften, deren Kanonizität längere Zeit hindurch umstritten blieb und in verschiedenen Kirchengebieten verschieden beurteilt wurde. Zur Randzone dieser sog. Antilegomena gehörten neben Hebräer-, Jakobus-, Judas-, 2. und 3. Johannes-, 2. Petrusbrief und der Johannesapokalypse auch einige Schriften gleichen Alters, die im Gegensatz zu den eben genannten bei der endgültigen Festsetzung des Kanons ausgeschlossen blieben. Die Auseinandersetzungen über die Zugehörigkeit der Antilegomena waren bestimmt durch den Zweifel an ihrer apostolischen Herkunft, bei manchen von ihnen wurde wohl auch gegenüber den allgemein anerkannten Hauptschriften ein Abstand des Inhaltes und Gewichts empfunden. Durch das Mittelalter hindurch blieb freilich die kanonische Geltung der 27 Schriften, auf die man sich in jenen Auseinandersetzungen schließlich geeinigt hatte, unbestritten.

Für Luther stellte sich die Frage nach Unterschieden dieser Geltung erneut, und hier nun von seinem aus dem Neuen Testament selbst gewonnenen Verständnis des Evangeliums her bewußt unter theologischem Gesichtspunkt. Er verstand die Geltung des biblischen Zeugnisses von dem Inhalt her, in dem es seine Kraft gegen die Mißstände in Lehre und Leben der Kirche jener Zeit durchgesetzt hatte: Kanonisch ist es, weil und sofern es „Christum treibet", und Christum treiben heißt für ihn: die Rechtfertigung des Sünders allein durch Gottes Tat in Jesus Christus predigen.

In einigen neutestamentlichen Schriften – sie decken sich im wesentlichen mit den Antilegomena der alten Kirche – konnte Luther solche Christuspredigt nicht oder doch nicht in widerspruchsfreier Übereinstimmung mit der Christusbotschaft als Rechtfertigungsbotschaft erkennen, wie er sie durch Paulus und die Evangelien bezeugt fand. Er nahm diese Schriften in seine Bibelübersetzung auf, bezeichnete sie aber durch seine Vorreden als den eigentlichen Hauptschriften des Neuen Testamentes nicht gleichwertig und stellte sie ans Ende. Es ist wohl damit im Zusammenhang zu sehen, daß die lutherischen Bekenntnisschriften sich zwar allenthalben auf die Schrift berufen, aber im Unterschied zu einigen reformierten Bekenntnissen auf eine formelle Angabe des traditionellen Bestandes der kanonischen Bücher verzichten. Die altlutherischen Dogmatiker unterschieden eine Zeitlang, der Abstufung Luthers entsprechend, zwischen protokanonischen und deuterokanonischen Schriften des Neuen Testaments. Die spätere lutherische Orthodoxie gab diese Unterscheidung auf, sie machte göttliche Inspiration und kanonische Autorität für alle Bestandteile der Schrift wieder gleichmäßig geltend.

Viel eingreifender, als das etwa im Blickfeld Luthers liegen konnte, wurde dann aber die einheitliche Geltung des Kanons durch die Entwicklung der historisch-kritischen Bibelforschung in Frage gestellt. Ihr zeigen sich innerhalb des Neuen Testamentes eine Fülle auch theologischer Differenzen. Sie betreffen nun nicht mehr nur das Verhältnis einiger am Rande stehender Schriften zum übrigen Corpus. Auch innerhalb der Hauptschriften, zwischen den verschiedenen Evangelien, zwischen der Theologie des Paulus und der des Matthäus oder Lukas, von Jakobus ganz zu schweigen, werden solche Differenzen aufgewiesen. Sicher ist dabei z. T. konstruierende Übertreibung im Spiel, aber doch auch soviel begründbare Beobachtung, das man von einer Einheit des Neuen Testamentes im Sinne einer logisch konsistenten theologischen *Lehreinheit* jedenfalls nicht sprechen kann.

Die Erkenntnis der theologischen Vielfalt des formalen Kanons ruft die Frage nach dem „Kanon im Kanon" hervor. Ernst *Käsemann* hat diese Frage prägnant gestellt mit seiner These: Der formale Kanon begründet nicht die Einheit der Kirche, sondern die Vielheit der Konfessionen[4]. Nicht nur die reformatorische, auch die katholische und manche andere Position findet in dieser neutestamentlichen Vielfalt biblische Belege, auf die sie sich berufen kann. Die Einheit der Kirche, so Käsemann, begründet allein das Evangelium, mit Luther verstanden als die Christusverkündigung in ihrer Aktualisierung ad hominem als die Zusage der Rechtfertigung des Gottlosen. Wer darin

---

[4] So besonders in seiner Abhandlung „Begründet der neutestamentliche Kanon die Einheit der Kirche?", Ev. Th. 1951/52 S. 13 ff.; wieder abgedruckt in: E. Käsemann, Exegetische Versuche und Besinnungen (1964), Bd. I S. 214 ff.

das Wort Gottes gehört hat, kann nun aber nicht schlechthin alles, was sich sonst im Neuen Testament findet, ebenso als Wort Gottes verstehen (er könnte es vielfach nur um den Preis harmonisierender Umdeutung, die mit exegetischer Aufrichtigkeit nicht vereinbar ist). Er ist zu theologischer Entscheidung genötigt: *für* das Evangelium als den eigentlichen Kanon *gegen* manches andere im formalen Kanon auch Enthaltene; Kritik der Schrift durch die Schrift selbst, nämlich durch das Evangelium, das in ihrer Mitte spricht.

Käsemann formulierte damit eine Auffassung, die in der heutigen Diskussion der Kanonsfrage unter evangelischen Exegeten und Dogmatikern breite Zustimmung findet. Unter ihren Bestreitern ist in erster Linie Karl *Barth* zu nennen. Man kann Barth nicht einfach einen formalen Biblizismus unterstellen; auch für ihn ist die Schrift darum Wort Gottes, weil sie Christuszeugnis ist, als das „geschriebene Wort" dieses Zeugnisses dem „offenbarten Wort", Christus selbst, nachgeordnet. Nicht an sich, sondern um der Autorität Christi willen kommt auch ihr Autorität zu. Barth wendet sich aber entschieden gegen den Versuch, innerhalb der Schrift zwischen eigentlichem Christuszeugnis bzw. Evangelium und anderem, was von diesem her theologisch zu kritisieren ist, unterscheiden zu wollen. Die *ganze* Schrift (auch das Alte Testament, worüber noch zu reden sein wird) ist, so sieht es Barth, als das von Gott der Kirche gegebene, ihrer eigenen Verkündigung vorangehende Christuszeugnis zu hören; sie hat Autorität nicht *sofern*, sondern *weil* sie „Christum treibet". Das Suchen nach einem Kanon im Kanon würde bedeuten, daß sich der auswählende Theologe gerade der *konkreten* Bindung an die Autorität der Schrift und damit dem Hören dessen, was ihr Zeugnis ihm über sein bisheriges Christus- und Evangeliumsverständnis hinaus weiterführend und u. U. kritisch zu sagen hat, entzieht. In dem, was er als Kanon im Kanon zu finden und anderem Schriftzeugnis kritisch entgegenstellen zu sollen meint – und sei es die in dieser Weise isolierte paulinische Rechtfertigungslehre –, würde das „System" des Theologen sich der Führung durch das lebendige Christuszeugnis der Schrift entziehen; er würde hereinreden, statt sich anreden zu lassen.

Eine Stellungnahme zu der strittigen Frage, für die hier Käsemann und Barth als prominente Vertreter gegensätzlicher Auffassungen angeführt wurden, muß von folgendem ausgehen, was m. E. *nicht* strittig sein kann:

In der Tat will das Neue Testament, fragen wir nach seiner maßgebenden Bedeutung für die christliche Glaubensgemeinschaft, als das Zeugnis von Jesus Christus verstanden sein. Die Botschaft von Jesus

Christus, dem Heil der Menschen ist seine „Mitte", und alles, was uns in ihm überhaupt maßgebend werden kann, wird es in Beziehung zu dieser Mitte.

In der Tat aber zeigt dieses Neue Testament, in seinem Gesamtbestand vernommen, eine Vielfalt und Unterschiedlichkeit theologischer Aussageweisen und übrigens auch ethischer Weisungen, die nicht in ein widerspruchsfrei geschlossenes Lehrsystem verrechnet werden kann.

Und in der Tat kann es nicht erlaubt sein, diesem Tatbestand dadurch auszuweichen, daß Aussagen, deren genuiner Sinn mit guten Gründen erkennbar zu andern Aussagen in Spannung steht, durch Umdeutung „dogmatisch passend" gemacht werden. Die Unterschiede müssen ehrlich wahrgenommen, der Vielfalt der Stimmen muß standgehalten werden.

Die eigentlich strittige Frage ist dann: Nötigt uns die unaufgebbare Voraussetzung, daß dieses Buch als *Christuszeugnis* gehört und verstanden sein will, angesichts der theologischen Differenzen, die in ihm zu Tage treten, zu kritischen Unterscheidungen – zu theologischer Kritik der Schrift von ihrer Mitte her? Oder nötigt uns umgekehrt die Tatsache, daß uns Gottes in Christus gesprochenes Wort nicht anders als durch das Medium dieses konkreten *Buches* begegnet, zur Unterlassung solcher Kritik und gegenüber dem, was uns in ihm dem Christuszeugnis abgelegen oder sogar widersprechend erscheint, vielmehr zur Kritik unseres bisherigen Schrift- und Christusverständnisses?

Dazu muß man sich zunächst vor Augen halten, daß das Neue Testament kein dogmatisches Lehrbuch, sondern der schriftliche Niederschlag eines lebendigen, zu verschiedenen Zeiten an verschiedene Adressaten gerichteten Verkündigungsgeschehens ist. Die Vielfalt, in der da geredet wird, muß jedenfalls auch und zunächst von daher verstanden werden. Die eine Botschaft wird da ausgerichtet an Gemeinden, die in verschiedener Umwelt, in verschiedenen konkreten Situationen leben, deren Glaube unterschiedlichen Anfechtungen ausgesetzt ist und darum in unterschiedlicher Weise bewährt sein will. Auch die Denkvoraussetzungen, die Sprachwelt gleichsam, von der diese Gemeinden herkunftsmäßig bestimmt sind, ist verschieden. „Christum treiben" kann da nicht bedeuten, daß lediglich und überall eine gleichförmige Christologie und Rechtfertigungs*lehre* zum Ausdruck kommt. Es geht vielmehr um das *Geschehen*, daß – etwas zugespitzt ausgedrückt – Menschen von den verschiedenen „Orten" her, an denen sie sich befinden, „Christo zu-getrieben" werden, besser: daß ihnen Christus je in ihren Ort hinein zugesprochen wird. Geht es dabei immer um den Ruf oder Rückruf in das Leben von der radikalen Zusage Gottes, die uns in Christus gegeben ist – um das Leben in dem, was Paulus als die Rechtfertigung des Sünders allein aus Gnade bezeichnet hat –, so kann das, was dieser Ruf jeweils an konkreten Konsequenzen in sich schließt, von der besonderen Situation der zu Rufenden her verschieden sein. Geht es in der Lebensweisung, die mit diesem Ruf zusammengehört, immer um das eine Gebot der Liebe, so kann diese Liebe in verschiedener Weise konkret zu bewähren sein. Und dann will ja diese schriftgewordene Christusverkündigung, so wie sie zu ihren unmittelbaren Hörern auf vielfältige Weise geredet hat, im Weg der Kirche immer neu zum Text lebendiger Verkündigung werden, Gemeinden und Menschen durch die Zeiten hindurch in ihre wiederum sehr verschiedenen geschichtlichen und persönlichen Situationen hinein anreden. Gerade auch dafür wird ihre Vielfalt fruchtbar werden.

Wird dies bedacht, so sollten wir uns vor dem Versuch einer *formalen* Ausgrenzung des „Kanons im Kanon" in der Tat warnen lassen; vor einer Grenzziehung also, die, indem sie bestimmt, was zu dem eigentlich maßgebenden Bestand des Neuen Testamentes gehört, zugleich negativ festlegen möchte, was definitiv nicht zu ihm gehören kann. Wer aus dem Neuen Testament das Evangelium von Jesus Christus gehört hat, wird in demselben Neuen Testament manches finden, was ihm ohne Beziehung zu diesem Evangelium oder sogar ihm widersprechend erscheint. Aber vor der ausschließenden Kritik sollte der Vorbehalt stehen: Was mir nichtssagend oder mit dem, wie ich dieses Evangelium gehört habe, nicht zu vereinbaren erscheint, könnte für andere Zeiten und Menschen dennoch von diesem selben Evangelium her sprechend gewesen sein oder sprechend werden.

Aber der Verzicht auf eine solche negative *Grenzziehung* kann nicht bedeuten, daß es der Theologie verboten wäre, herauszustellen, was sie als die *Mitte* des neutestamentlichen Zeugnisses versteht, und in diesem *positiven* Sinn einen „Kanon im Kanon" (zwar nicht formal abund auszugrenzen, aber) inhaltlich zu kennzeichnen. Keine Theologie wird bei der bloßen Behauptung stehen bleiben können, dieses Buch *sei* eben so, wie es ist, das von Gott der Kirche gegebene exemplarische Christuszeugnis und wir hätten darum auch überall in ihm Christuszeugnis zu erwarten, ohne hermeneutische Entscheidung, wo und wie in dieser Vielfalt die Einheit stiftende Mitte zu sehen ist. Jede Theologie wird sich darüber auszusprechen haben, wie sie, gewiß im Hören auf das biblische Wort und nicht anderswoher, diese seine Mitte als Christuszeugnis verstanden hat; was das also eigentlich und inhaltlich heißt: „Christum treiben". Und sie wird dann versuchen zu verstehen, inwiefern die vielfältigen und mannigfach divergierenden neutestamentlichen Aussagen mit dieser als solche erkannten Mitte in einem inneren Zusammenhang stehen.

Auch K. Barth, der in seinen prinzipiellen Überlegungen zur Kanonsfrage ein solches Verfahren zu verbieten scheint, ist faktisch in der Entfaltung seiner Kirchlichen Dogmatik nicht anders verfahren – auch er hat sehr entschiedene hermeneutische Akzente gesetzt.

Es wird dann durchaus damit zu rechnen sein, daß der Theologe manches im Neuen Testament als formalem Kanon mit Enthaltene auch *nicht* in diesem Zusammenhang verstehen, es damit, wie er es in seiner Mitte als Christuszeugnis verstanden hat, nicht vereinbaren kann. Das wird er dann, bei allem Vorbehalt möglicher Schranken seines eigenen bisherigen Verständnisses, auch nicht predigen und nicht als Element theologischer Lehre vertreten können. Es kann auch nicht postuliert werden, alles im Neuen Testament Enthaltene *müsse* darum, weil es in ihm enthalten ist, ein Element des von Gott der Kirche gegebenen exemplarischen Christuszeugnisses sein. Haben wir die kirchliche Definition des Umfangs und der Grenzen des Kanons als Antwort auf Gottes Erwählen dieser Schriften zum Werkzeug seines Wirkens an der Kirche verstanden, so ist sie als *menschliche* Maßnahme nicht einfach formal gleichzusetzen mit diesem Erwählen und Wirken *Gottes*. Auch wenn wir auf eine definitive Ausgrenzung verzichten – es kann im Neuen Testament auch solches geben, wodurch dieses Wirken nicht geschieht und was also auch nicht gepredigt werden kann, weil das nur in wirklichem Widerspruch zu dem geschehen könnte, was uns durch das Christuszeugnis desselben Neuen Testamentes zu predigen aufgetragen ist.

2.3. Altes und Neues Testament

Wir haben die Frage nach der Einheit in der biblischen Vielfalt bis dahin nur im Blick auf das Neue Testament verhandelt. Sie stellt sich aber in besonderer Zuspitzung nun auch im Blick auf das Verhältnis des Alten zum Neuen Testament, auch für das Alte Testament in sich selbst, das ja als Dokument einer mehr als tausendjährigen Glaubensgeschichte noch viel weniger auf ein theologisches System gebracht werden kann als der neutestamentliche Kanon. Nun gilt es aber mit diesem zusammen der Kirche als „Heilige Schrift". Ja das Alte Testament war in der ersten Zeit die einzige „Schrift" auch der christlichen Gemeinde. Sie las es als Prophetie, die auf den kommenden Christus hinweist, als „Schriftbeweis" für Jesus als den Christus Gottes. Im Neuen Testament selbst ist dieser Schriftbeweis aus dem Alten Testament vielfach präsent.

Abgesehen von der Bestreitung durch Marcion und die Gnosis, worüber hier nicht im Detail berichtet werden soll, ist es bei diesem Verständnis beider Testamente als der einen Heiligen Schrift und damit bei dem Verständnis des Alten Testaments als prophetisches Christuszeugnis in der Kirche bis in die neuere Zeit hinein geblieben. Daß in ihm, wörtlich genommen, manches befremdlich und mit einem durch Christus bestimmten Glauben nicht ohne weiteres vereinbar erscheint, wurde gesehen; aber diesem Problem begegnete man weithin durch allegorische Auslegung: Man nahm solche Aussagen eben nicht wörtlich, sondern verstand das, was sie eigentlich bedeuten wollen, in einem hinter dem natürlichen Wortlaut verborgenen „geistlichen" Sinn, in dem man die Beziehung auf Christus erkannte. Auch Gestalten und Ereignisse, von denen das Alte Testament berichtet, konnten dann „typologisch" so verstanden werden, daß sie nicht nur sich selbst in ihrer menschlichen Damaligkeit bedeuten, sondern gleichnishaft Künftiges, Christus voraus abbilden. Nur in der Kult- und Zeremonialordnung des Alten Testaments sah man schon immer ein speziell Israel gegebenes Gesetz, das in Christus abgelöst und aufgehoben ist.

Zu einer nachhaltigen Infragestellung der kanonischen Geltung des Alten Testaments kam es erst im Gefolge der Entwicklung historisch-kritischer Exegese. Allegorische und typologische Deutung wird durch sie grundsätzlich ausgeschlossen; zu erfragen ist, was der menschliche Verfasser des jeweiligen Textes an seinem eigenen geschichtlichen Ort unter seinen Worten verstand und mit ihnen sagen wollte. Das Alte Testament ist zu lesen als Dokument der Religionsgeschichte *seiner* Zeit, nicht als verschlüsselte Vorausprojektion einer künftigen Zeit. Dabei treten nun die Unterschiede der Glaubensvorstellungen und -aussagen, ihre Wandlungen schon innerhalb des Alten Testaments selbst und erst recht zum Neuen Testament hin, deutlicher in den Vordergrund als das Verbindende. Vor allem wird vieles, was bisher als unmittelbare Weissagung auf Christus verstanden wurde, dieser Deutung entzogen. Die Frage entsteht, ob und inwiefern das *so* gelesene Alte Testament überhaupt noch maßgebende Bedeutung für christlichen Glauben und Kirche haben kann.

Diese Frage wurde von so namhaften Theologen des 19. Jh. wie

Friedr. *Schleiermacher* und Adolf *von Harnack* entschlossen verneint. Sie sahen im Alten Testament das Dokument einer Religiosität, die in dem, was Jesus brachte, endgültig überschritten und in ihren Schranken überwunden ist. Zum historischen Verständnis des Neuen Testaments bleibt es dem Gelehrten unentbehrlich, eine normative Bedeutung für die christliche Gemeinde und Theologie kann es nicht mehr haben. Schleiermacher wollte das Alte Testament insgesamt in die Apokryphen, Harnack überhaupt aus dem christlichen Kanon verwiesen sehen. So schroff wird dieses Urteil kaum mehr nachgesprochen; aber manche Theologen sehen im Alten Testament auch heute im ganzen das Dokument einer vor- und insofern nichtchristlichen Religion, selbst wenn sie in ihm Elemente erkennen, die in ein christliches Glaubensverständnis eingehen und Christen unmittelbar ansprechen können.

In polarem Gegensatz zu dieser Beurteilung wird von Karl *Barth* die Einheit *beider* Testamente als das maßgebende Zeugnis der einen Selbstoffenbarung Gottes gerade im Unterschied zu aller menschlichen Religion behauptet. Ist Jesus Christus das eine Wort dieser Offenbarung, so ist mit dem apostolischen Zeugnis des Neuen auch das prophetische des Alten Testaments als Christuszeugnis zu verstehen. Das Alte Testament bezeugt Christus als den *Kommenden* im Modus der Erwartung, das Neue Testament bezeugt ihn als den *Gekommenen* im Modus der Erinnerung, die zugleich Gewißheit seiner bleibenden Gegenwart ist. Darin allein liegt in Barths Sicht der Unterschied der Testamente.

Ohne eine christologische *Einheit* zu behaupten, nehmen Vertreter der alttestamentlichen und neutestamentlichen Exegese gegenwärtig wieder stärker die Frage nach einem spezifischen *Zusammenhang* beider Testamente auf[5]. Ihre Fragestellung zielt nicht auf die Erstellung eines die geschichtlichen Differenzen verdeckenden gesamtbiblischen Lehrsystems, wohl aber auf die Erhellung eines offenbarungsgeschichtlichen Zusammenhangs. Das Alte Testament wird da nicht mehr schlechthin als Dokument einer vorchristlichen und als solche unter Absehen von christlich-theologischer Perspektive zu erforschenden Religion genommen. Es wird befragt als das Zeugnis einer

---

[5] Zu nennen sind hier nach dem Vorgang von Gerhard von Rad u. a. Hans Walter Wolff und Walther Zimmerli. Nachdem alt- und neutestamentliche Wissenschaft lange Zeit ganz getrennte Wege gegangen waren, kann heute sogar die Wiedergewinnung einer gesamtbiblischen Theologie angestrebt werden, so von dem Alttestamentler Hartmut Gese und dem Neutestamentler Peter Stuhlmacher.

Glaubensgeschichte, der in Christus ihr Ziel gegeben ist. Gottes Offenbaren selbst hat und ist Geschichte, nicht nur punktuell im Christusgeschehen selbst, sondern auch in diesem Weg, den Gott mit Israel auf sein Kommen in Christus hin gegangen ist. Deutlicher als das die Barthsche Formulierung: Das Alte Testament bezeugt Christus selbst als den Kommenden, freizugeben scheint, kann dann auch das Vorläufige, das „Unterwegs" auf diesem Weg, die Unterschiedlichkeit alttestamentlicher Glaubenserkenntnisse in sich und ihre Grenzen gegenüber neutestamentlichem Glauben zur Geltung kommen. Gott führt diesen Glauben durch Verheißung und durch vorläufige Erfüllungen und deren Untergang in Gerichtskatastrophen hindurch unter je neue, größere Verheißung auf eine Zukunft zu, deren Einlösung im Alten Testament noch aussteht. So, als diese auf Zukunft hin offene Erwartungsgeschichte, nicht im Sinne direkter Vorhersage des kommenden Christus, kann das Alte Testament als „Weissagung" auf ihn hin verstanden werden, ohne daß historische Erkenntnisse dessen, was die in ihm redenden Menschen an ihrem jeweiligen geschichtlichen Ort und in seinen Grenzen erkennen konnten und sagen wollten, allegorisch überdeutet werden müssen[6].

Eine systematisch-theologische Besinnung auf das Verhältnis des Alten zu dem Christuszeugnis des Neuen Testaments kann diese Gedanken aufnehmen. Sie wird davon ausgehen, daß Jesus Christus selbst, so wie er uns durch das Neue Testament bezeugt wird, von der Glaubensgeschichte Israels nicht zu trennen ist. Der Gott, dessen Wort und Handeln er authentisch zu vertreten beansprucht, ist kein anderer als der Gott, der zu Israel geredet hat. Jesus beruft sich auf das Wort der Propheten: gegen pharisäisches Gesetzesverständnis stellt er nicht einen bisher noch nie zur Sprache gekommenen Gotteswillen, sondern den wahren Willen des Gottes, der Israel sein Gebot gegeben hat. Eine Theologie, die voraussetzt, daß Jesus – nicht eine Christusidee, sondern konkret Jesus von Nazareth in seiner Person und Geschichte – das Wort Gottes ist, das dem Glauben Grund gibt, kann das Alte Testament nicht in ein irrelevantes Abseits stellen. Sicher kann man es in einer quasi-neutralen Betrachtungsweise auch als das Dokument einer vorchristlichen orientalischen Religion neben anderen ansprechen. Aber unter der soeben nochmals genannten Grund-

---

[6] Im Ansatz und unter den Voraussetzungen heutiger exegetischer Methoden und Einsichten werden damit Motive einer biblischen Theologie wiederaufgenommen, wie sie im vorigen Jh. etwa Johannes von Hofmann und andere vertreten hatten.

voraussetzung christlicher Theologie ist es zugleich als das Dokument einer Geschichte zu sehen, die mit Jesus Christus zusammengehört und *darin* von andern Religionen unterschieden ist – wir haben Jesus nicht anders als in seiner Selbstbeziehung auf diese Geschichte. Hören wir in ihm Gottes Wort an uns, dann werden wir auch sagen: Dieser Gott selbst hat seiner Selbstbekundung in Jesus diese besondere Vorgeschichte seiner Bekundung in Israel gegeben. *Er* ist diesen Weg gegangen.

Das ist ein Glaubensurteil. Aus einer nur historisch-phänomenologischen Analyse der im Alten Testament vorliegenden menschlichen Vorstellungen und Aussagen ergibt es sich nicht, sowenig in solcher Analyse darüber entschieden werden kann, ob der Gott, von dem da geredet wird, überhaupt Realität ist. Aber es ist kein Urteil, das zu dem, was am Alten Testament als Phänomen auch historisch zu beobachten ist, schlechthin ohne Beziehung wäre. Auch der religionsgeschichtliche Beobachter kann wahrnehmen, daß im Alten Testament ein Gott bezeugt wird, dessen Grundwort seine Selbstzusage ist, hier zunächst an dieses Volk: „Ich werde mit euch sein", und dessen Grundwille darauf zielt, daß dieses Volk so leben soll, wie es dem Zusammensein mit ihm entspricht. Er kann an dem prophetischen Selbstverständnis der Geschichte dieses Volkes, wie es im Alten Testament zur Sprache kommt, wahrnehmen, daß die Beanspruchung Israels durch den Gemeinschaftswillen dieses Gottes als eine Geschichte des Konfliktes mit ihm erfahren wurde, die unter seine Gerichte geführt hat. Er kann an eben diesem Selbstverständnis wahrnehmen, daß diese Geschichte dennoch auch als begleitet und weitergeführt durch Verheißungen dieses Gottes erfahren wurde, die seine Gerichte übergreifen, umfassender werden und schließlich eine Zukunft ansagen, die alles übersteigt, was innerhalb der alttestamentlichen Geschichte selbst als Erfüllungen eintritt. Er kann wahrnehmen, daß an einem allerdings schmalen Rand der alttestamentlichen Prophetie die Erwartung aufscheint, Gott selbst werde in dieser Zukunft das „neue Herz" schaffen, das dem Zusammensein mit ihm wirklich entspricht, und an dieser Zukunft werde mit Israel auch die Völkerwelt teilhaben. Er kann also wahrnehmen, daß im alttestamentlichen Glauben – sagen wir vorsichtiger: inmitten der sehr mannigfaltigen Äußerungen dieses Glaubens – in der Tat eine auf Zukunft hin offene Erwartungsgeschichte sichtbar wird. Sehen wir darin nicht nur ein eigenartiges religionsgeschichtliches Phänomen, sondern wirklich Geschichte, die *Gott* mit diesem Volk eingegangen ist, und zwar auf seinen Selbsterweis in *Jesus Christus* hin, so ist das wie gesagt eine

Glaubensdeutung, die das Hören des Wortes Gottes in Christus zur Voraussetzung hat und neben der ohne diese Voraussetzung auch andere Deutungen oder der Verzicht auf jede Deutung stehen könnten. Aber sie ist nicht ohne Beziehung zu dem, was hier auch in einer historischen Analyse der Texte wahrzunehmen ist.

Andererseits ist nicht zu übersehen, daß nicht alles im Alten Testament sich in die Perspektive dieser Erwartungsgeschichte einfügt. Der Glaube, der da spricht, geht nicht in einer bruchlosen, kontinuierlichen Bewegung auf neutestamentlichen Glauben zu. Da wird Früheres durch Späteres nicht nur weitergeführt und vertieft, sondern auch zurückgelassen und bestritten. Manche Äußerungen alttestamentlichen Glaubens und seiner Gottesvorstellung können wir, so gehört wie sie nun einmal an ihrem Ort reden, nicht vereinbaren mit dem, wie Gott sich in Christus erzeigt hat. Manche Gebete alttestamentlicher Frommer könnten wir in ein Gebet im Namen Jesu nicht aufnehmen. Vor theologischer Kritik oder gar moralischer Verurteilung ist auch hier zunächst Zurückhaltung geboten; es kann da solches geben, was wir als Äußerungen eines von Gott selbst auf Christus hin geführten Glaubens darum nicht verstehen, weil wir bei allem Bemühen um historischen Zusammenhang die Situation, die solche Äußerung hervorrief, lebensmäßig nicht mehr nachvollziehen können. Es kann da aber auch solches geben, was zu dem Führen *Gottes* in der Geschichte dieses Glaubens wirklich quersteht – ein falsches Hören und Verstehen dieses Gottes. Wir können auch für das Alte Testament nicht postulieren, es müsse in seinem literarisch vorliegenden Bestand schlechthin deckungsgleich sein mit dem Zeugnis eines Glaubens, der jenem Führen Gottes entspricht. Christliche Theologie wird alttestamentliches Wort, das sie im Zusammenhang mit dem in Christus gegebenen Wort Gottes, als Element einer auf *dieses* Wort hin geführten Erwartungsgeschichte nicht verstehen kann, an seinem Ort stehen lassen dürfen und auch müssen, ohne solchen Zusammenhang durch allegorische Umdeutung künstlich herzustellen. Für sie ist das neutestamentliche Christuszeugnis das Kriterium dafür, wie und wo auch das Alte Testament zu einem von ihr aufzunehmenden Gotteszeugnis wird.

Damit ist die Frage noch nicht beantwortet, inwiefern überhaupt alttestamentliches Gotteszeugnis auch die christliche Glaubensgemeinschaft, der doch in Christus das Ziel, zu dem Gott jene Erwartungsgeschichte hingeführt hat, vor Augen ist, noch *aktuell* betreffen kann. Ist im Ziel der Weg nicht überholt, in der Erfüllung das Vorläufige der Erwartung nicht aufgehoben? In der Diskussion dieser Frage begegnet häufig das Argument, daß auch der Glaube der Christen nicht in statischer Vollendung am Ziel, sondern immer wieder dessen bedürftig ist, einen Weg zu Christus hin, zu ihm zurück geführt zu werden – das Alte Testament als Zeugnis des Weges, den Israel geführt wurde, kann sprechend werden auch für den Weg, den unser Glaube geführt wird.

Das ist sicher zu beachten. Aber Versuche, die Notwendigkeit des alttestamentlichen Wortes für den Glaubensweg des Christen an bestimmten Inhalten aufzuweisen, die nur oder doch besonders eindrücklich durch das Alte Testament begegnen, führen in neue Fragen. Lutherische Theologen wollten z. T. die aktuelle Bedeutung des Alten Testaments an der Dialektik von Gesetz und Evangelium festmachen: Das Evangelium kann nur dem zum befreienden Wort werden, der immer wieder auch durch das richtende Urteil des Gesetzes Gottes getroffen wird; das aber geschieht besonders durch das Alte Testament[7]. Ohne sein Wort könnte das Evangelium als „billige Gnade" mißverstanden werden. Aber die Predigt des Gotteswillens im Munde Jesu kann erst recht als jenes richtende Urteil treffen, Gesetz und Evangelium sind auch im Neuen Testament beieinander. Und die alttestamentliche Forschung weist mit Recht darauf hin, daß im Alten Testament keineswegs nur das Gesetz, das zum Gericht wird, sondern auch, und zwar Gottes Gebieten begründend und umfassend, seine Gnade und sein Gemeinschaftswille zur Sprache kommt. In etwas anderer Zuspitzung wurde ein ähnlich dialektisches Verständnis der aktuellen Funktion des Alten Testaments von Rudolf *Bultmann* vertreten: Das Evangelium ruft uns aus dem Lebenswollen von „welthaftem" Gut heraus. Das Alte Testament kann gerade darin, daß es welthafte Heilserwartung und dann Israels *Scheitern* an solcher Heilserwartung aufweist, indirekt zum Hinweis auf das Christuskerygma werden, zur Einweisung in einen Glauben, der von Gott nicht Weltveränderung erwartet, sondern aus seinem Wort ein neues Selbstverständnis empfängt[8]. Aber Jesus hat nicht nur Vergebung der Sünde zugesprochen, er hat auch Krankheit geheilt zum Zeichen des kommenden Reiches – weist das nicht auf ein Heil hin, das *auch* Weltveränderung bedeutet, nicht nur eine im Innerlichen bleibende Selbstveränderung? Und bezeugt das Alte Testament *nur* das Scheitern der

---

[7] So etwa Regin Prenter, Schöpfung und Erlösung Bd. I (dt. 1958), S. 63 ff.
[8] R. Bultmann, Die Bedeutung des Alten Testaments für den christlichen Glauben, GuV I (5. Aufl. 1964), S. 313 ff.; ders., Weissagung und Erfüllung (1949), GuV II (4. Aufl. 1965), S. 162 ff.

welthaften Hoffnungen Israels – sagen nicht die durch solches Scheitern hindurch weiterführenden Verheißungen eine Zukunft radikaler, freilich alle vorläufigen Heilsgüter Israels übergreifender Weltveränderung an? Sollte darin das Alte Testament nicht eher als Hinweis aktuell werden können, die Ansage solcher das leibhafte Ganze betreffenden Zukunft auch im Neuen Testament nicht zu überhören?
M. E. wird die Theologie besser daran tun, die Möglichkeit, daß das Alte Testament zur aktuellen Anrede auch für den Weg christlichen Glaubens wird, überhaupt nicht in einer bestimmten dogmatischen Theorie darüber, wie und inwiefern das geschehen kann, begründen zu wollen. Diese Möglichkeit begründet sich letztlich selbst eben darin, daß solche Anrede erfahren wird, daß sie aus der Erfahrung der Glaubensgemeinschaft mit Gottes Selbstbezeugung durch die Wirksamkeit des Bibelzeugnisses nicht herausgenommen werden kann. Es geschieht wirklich, daß von Christen auch alttestamentliches Wort als Anruf des Gottes erfahren wird, dessen Wort sie in Christus gehört haben; daß alttestamentliche Zusage ihnen zum Anruf werden kann, der sie an Gottes Selbstzusage in Christus erinnert und neu zu ihr hinweist; daß ihnen auch alttestamentliches Gebot zur Erinnerung an den in Christus offenbaren Gotteswillen werden, alttestamentliches Gebet zum hilfreichen Wort ihres eigenen Betens werden kann. Sicher geschieht das nicht durch jedes alttestamentliche Wort, und auch nicht in allen Zeiten und für jeden einzelnen Christen in gleicher Weise; und es geschieht nicht anders als so, daß uns zugleich das neutestamentliche Christuszeugnis begegnet als das Licht, das diese aus dem Alten Testament begegnenden Weisungen erhellt, und als das Kriterium dafür, was uns von daher zur Weisung werden kann und was nicht. Aber weil solches geschieht, erfahren wurde und erfahren wird, darf gesagt werden: Gott nimmt auch alttestamentliches Wort in sein Wirken durch das neutestamentliche Christuszeugnis mit hinein, läßt es zum begleitenden Christuszeugnis werden. In der Erfahrung solchen Geschehens und in der Erwartung, daß es weiterhin geschehen wird, ist das Zusammensein des Alten mit dem Neuen Testament im Kanon der Kirche in der Tat begründet.
Bedeutet das Aufnehmen solcher Erfahrung mit alttestamentlichem Wort für Predigt und Theologie nun doch die Freigabe einer allegorischen Auslegung, die die alttestamentlichen Texte etwas anderes sagen läßt als was sie selbst sagen wollen? Recht verstanden kann es sich dabei nicht darum handeln, etwas darüber zu behaupten, was die Verfasser jener Texte an ihrem jeweiligen Ort schon so sahen und sagen wollten im Widerspruch zu dem, was sie nach exegetischer

Einsicht tatsächlich sagten. Daß alttestamentliches Wort zum begleitenden Christuszeugnis werden kann, heißt nicht, daß es schon im Verständnis der Menschen, die da redeten, *bewußtes* Christuszeugnis wäre. Auf das befragt, was sie an ihrem Ort sagen konnten und wollten, bleibt das Alte Testament – inmitten von vielem in ihm, was wir da eben auch nicht „einordnen" können – das Zeugnis einer noch offenen Hoffnung zu dem Gott, der *uns* in Jesus Christus den Grund und das Ziel dieser Hoffnung gezeigt hat. Zu Christuszeugnis wird es durch das Geschehen, daß und wie dieser Gott denen, die seine Selbstzusage in Christus hören, auch alttestamentliches Hoffnungswort zum Hinweis auf sie werden läßt. Solchem Hinweis nachzudenken kann christlicher Theologie nicht verwehrt sein, und sie kann dies tun, ohne den Texten selbst etwas zu unterstellen, was in ihnen nicht gesagt ist. Sie sollte sich davor zurückhalten, solchen Hinweis auch alttestamentlichen Texten entnehmen zu wollen, deren Eigenaussage gar nicht in der Richtung einer von Gott auf Jesus Christus hin geführten Hoffnung verstanden werden kann, oder ihn gar jedwedem alttestamentlichen Text entnehmen zu wollen. Das könnte in der Tat nur zu einem Allegorisieren führen, das mit exegetischer Redlichkeit nicht zu vereinbaren ist.

2.4. Bedeutung und Grenze historisch-kritischer Bibelforschung

Problem

Theologische Aussagen über die Bedeutung der Bibel als Heilige Schrift stehen heute unter der Bedingung, daß wir zugleich mit *historisch*-kritischer Forschungsarbeit an den biblischen Texten und deren Ergebnissen konfrontiert sind. Was durch diese Forschung sichtbar wurde, muß jedenfalls zur Kenntnis genommen werden, und unsere theologischen Überlegungen zur Kanonfrage haben dem auch Rechnung getragen. Damit ist noch nichts darüber gesagt, ob und inwiefern historischer Bibelforschung für den Umgang mit der Schrift als Text christlicher Predigt und als Norm christlicher Theologie eine positive Bedeutung zukommt, und wo die Grenzen dieser Bedeutung liegen. Dazu ist hier eine grundsätzliche Besinnung einzufügen, die allerdings nur sehr summarisch sein kann.

Zunächst sind die verschiedenen in dieser Forschung entwickelten Fragestellungen zu vergegenwärtigen. Bei Texten, die wie die biblischen durch lange Zeiten nur handschriftlich und infolgedessen mit vielen Varianten überliefert sind, steht am Anfang die Frage nach der ursprünglichen *Textgestalt*.

Es kann dann nach den ursprünglichen *Entstehungsverhältnissen* der Texte gefragt werden: Wie und in welcher Zeit ist ein Text entstanden? Wer hat hier geschrieben? Liegt überhaupt das einheitliche Werk eines Verfassers vor oder eine Komposition, in der mehrschichtige Überlieferung zu erkennen ist?

Dazu gehört dann auch die Frage nach dem „*Sitz im Leben*" einzelner Überlieferungsstücke, die in die biblischen Bücher eingegangen sind: Zu wem, warum und in welcher besonderen Absicht wurde hier gesprochen? In Beziehung auf welche besonderen Anlässe und Verhältnisse in der Situation der Adressaten?

Es kann gefragt werden nach der Herkunft bestimmter *Begriffe*, die in den biblischen Texten gebraucht werden (etwa „Menschensohn", „Sohn Gottes", „Reich Gottes", „Gottesgerechtigkeit"): Welchen Sinn hatten sie in dem Feld, aus dem sie übernommen wurden, welche veränderte Bedeutung bekommen sie eventuell durch ihre Aufnahme in den Kontext der biblischen Zeugnisse? Entspricht der Sinn, in dem sie später in der dogmatischen Tradition der Kirche verstanden wurden (oder in dem sie in einer „modernen" Theologie verstanden werden) noch dem, den sie ursprünglich im biblischen Kontext haben?

In bezug auf biblische *Ereignisberichte* stellt historisch-kritische Forschung auch die Frage: Hat sich dies tatsächlich so ereignet? Oder etwa in bezug auf die Wiedergabe von Reden: Authentischer Bericht oder freie Gestaltung? Solche Fragen können oft nicht definitiv entschieden werden. Aber für manches biblisch Berichtete kann mit guten Gründen gezeigt werden, daß es nicht eine historisch genaue Wiedergabe von so Geschehenem oder Gesprochenem darstellt, sondern ein vom Glauben der Gemeinde mitgestaltetes „Bild" dessen, wie Gottes Handeln mit Israel oder wie die Verkündigung und Geschichte Jesu in ihrer Bedeutung erfaßt wurden. Die besonderen Probleme, die sich damit für die Frage nach Jesus stellen, werden im Zusammenhang der Christologie zu bedenken sein. Hier geht es zunächst nur um die grundsätzliche Frage, was historisch-kritische Forschung überhaupt für den theologischen Umgang mit der Bibel bedeuten kann.

Wir haben die Bibel als Sammlung menschlicher Glaubenszeugnisse verstanden, durch deren Dienst der Gott, der solchen Glauben wirkte, sein Wort der Kirche weiterhin wirksam, Glauben wirkend und erhaltend, gegenwärtig bleiben läßt. Halten wir fest, daß das durch *menschliche* Zeugnisse geschieht, dann besteht kein Grund, eine Forschungsmethode, die zur Untersuchung und zum Verständnis menschlicher Dokumente der Vergangenheit entwickelt wurde und sich – gewiß innerhalb ihrer spezifischen Grenzen – zur Gewinnung bestimmter Einsichten als fruchtbar erweist, grundsätzlich von der Bibel fernzuhalten. Wollte man das tun, dann müßte man folgerichtig die Anwendung dieser Forschungsmethode auch auf andere Texte aus theologischen Gründen für illegitim oder fruchtlos halten. Oder man müßte ebenso folgerichtig den biblischen Texten die Eigenschaft wirklich menschlicher und als solche solcher Forschung zugänglicher Texte bestreiten. Aber das wäre eine Verkennung des Eingehens der Selbstbekundung Gottes in menschliche Geschichte, die sich schon gegenüber dem wahren Menschsein Jesu selbst, dann aber erst recht gegenüber der Bibel verbietet. Mit der Theorie der Verbalinspiration in ihrer altprotestantischen Fassung läßt sich die Freigabe der Bibel für historisch-kritische Fragestellungen allerdings nicht vereinbaren, wie sich auch das in jener Theorie implizierte Postulat der absoluten Irrtumslosigkeit in jeder Hinsicht mit gut begründeten Einsichten dieser Forschung nicht vereinbaren läßt. Aber warum sollten wir uns jenes dogmatische Postulat hinsichtlich dessen, wie die Bibel beschaffen sein müßte, wenn wirklich Gottes Wort durch sie sprechen soll, nicht korrigieren lassen? Lernen wir sie als menschliches Wort sehen, so ist ihr damit nicht ihre Bedeutung als maßgebendes Christus- und Glaubenszeugnis abgesprochen, wenn sie nämlich *als solches* und nicht als unfehlbare (damit eigentlich unmenschliche) Auskunftstelle über alles, wovon in ihr die Rede ist, befragt wird. Sie bleibt auch durch die menschlichen Bedingtheiten, Eigenheiten und selbst Irrtümer ihrer Autoren hindurch Glaubenszeugnis, durch das der Geist Gottes, der diesen Glauben *gewirkt* hat, weiter Glauben wirkt. Allein darin liegt ihre „kanonische" Bedeutung, und in diesem Sinn kann man im Zusammenhang mit der Bibel auch von „Inspiration" (Geisteswirkung) sprechen.

Historisch-kritische Erforschung der biblischen Texte fragt nach dem Damals des menschlichen Redens und Geschehens, das da sichtbar wird. In der Predigt über diese Texte geht es um das Heute des Wortes Gottes, das uns durch sie begegnet; und die dogmatische Reflexion ist auf dieses Heute des zu predigenden Wortes bezogen. Inwiefern kann die historische Fragestellung mit ihren Ergebnissen für die dogmatische Fragestellung in ihrem Bezug auf die Schrift als „Text" des heute zu predigenden Wortes Gottes fruchtbar werden?

Historische Forschung hat differenzierend die biblische *Vielfalt* sichtbar gemacht. Das ist zumindest indirekt auch für die dogmatische Besinnung bedeutsam, denn die Beobachtung dieser Vielfalt tritt dem Mißverständnis der Bibel als lehrbuchartigem „System" entgegen. Sie kann zu ihrem Verstehen als Zeugnis einer bewegten Glaubens*geschichte* anleiten. Sie nötigt zur Frage nach der Zielrichtung dieser Geschichte, nach der „Mitte", auf die hin diese Vielfalt verstanden sein will.

Historische Forschung erfragt, wie die in der Bibel redenden Menschen selbst ihre Aussagen verstanden, was sie an ihrem geschichtlichen Ort denen, zu denen sie reden, in ihre jeweilige Lebens-, Glaubens- oder Unglaubenssituation hinein sagen wollten. Für dogmatische Besinnung wie für die Predigt, der sie dienen soll, kann das fruchtbar werden, weil es die biblischen Aussagen als Geschehen lebendiger, konkreter Verkündigung verstehen läßt und zu der Frage nötigt, wie solche Aussagen in heutiger Verkündigung auf die Lebensverhältnisse und Anfechtungen heutiger Menschen hin vermittelt werden können (und u. U. auch, wo solcher Vermittelbarkeit Grenzen gezogen sind).

Die Konfrontation mit dem geschichtlich ursprünglichen Sinn der Texte kann uns biblische Aussagen auch „befremdlich" werden lassen, anders als wir sie zu hören gewohnt waren. Aber das kann zu heilsamer Infragestellung werden gegenüber kirchlich-traditionellen Lehrentwicklungen und Denkgewohnheiten, wie andererseits auch gegenüber modernistischen Tendenzen, biblische Begriffe und Aussagen in Richtung ihrer eigenen Vorstellungen und Selbstverständlichkeiten umzudeuten. (Für das erste ist Luthers Neuentdeckung der ursprünglichen Bedeutung von „Gottesgerechtigkeit", für das zweite die gerade in historischer Forschung erkannte eschatologische Bedeutung der biblischen Rede vom „Reich Gottes" ein markantes Beispiel.) So kann historische Arbeit am Bibeltext indirekt dazu dienen, daß der Anruf Gottes durch das genauer gehörte Wort der Schrift der „Vereinnahmung" dieses Wortes zum Beleg gewohnter Vorstellungen oder neu aufkommender Ideologie kritisch entgegentritt.

Sie kann dem dienen, aber sie kann es nicht bewirken. Denn daß durch das biblische Menschenwort wirklich Wort Gottes gehört wird, kann historische Forschung als solche nicht herbeiführen. Sie kann den menschlich-geschichtlichen Aspekt der in der Bibel dokumentierten Glaubensgeschichte analysieren, aber daß *Gottes* Selbstbekundung diese Geschichte wirkte und durch ihre Zeugnisse auch heute spricht, kann sie mit ihren methodischen Mitteln weder beweisen noch bestreiten. Sie kann mit der Feststellung von „Unhistorischem" in den biblischen Berichten auch nicht darüber befinden, wo in der Bibel wir maßgebliches Glaubenszeugnis und also das eigentliche Wort Gottes zu erwarten haben und wo nicht; als ob dies nur durch „objektive"

Berichterstattung und nicht auch durch „gemeindetheologisch" gestaltetes Zeugnis zu erwarten wäre.
Es ist unangemessen, der historisch-kritischen Methode theologische Entscheidungen abzuverlangen oder gar in ihr *die* Methode moderner Theologie zu sehen, die alle anderen Zugänge zu der Bibel ersetzt und direkt zum Predigttext führt. Es ist aber ebenso unangemessen und kein Beweis von Glaubensstärke, dieser Forschung grundsätzlich und auch, wo sie zu begründeten Einsichten führte, mit ängstlichem Vorbehalt zu begegnen, als ob sie damit, daß sie die menschliche Gestalt der Schrift untersucht, das Reden Gottes durch diese Schrift verhindern und den Glauben zerstören könnte.
Historische Forschung geschieht nicht ohne Motivation durch ein so oder so bestimmtes Interesse an dem Gegenstand, dem sie sich zuwendet. Auch wenn sie bemüht ist, Interesse nicht zum Vorurteil werden zu lassen, das Wahrnehmbares nicht wahrhaben will und Wunschbild als Wahrnehmung ausgibt, wird das, woraufhin sie ihren Gegenstand befragt, was im Blickfeld ihrer Wahrnehmung als besonders bedeutsam hervortritt und was als weniger belangvoll zurücktritt, durch solches Interesse bestimmt sein. (Gänzlich interessefreie „Objektivität" dürfte in einer Nachfrage, die sich auf *menschliche* Lebensäußerungen richtet, ein Grenzwert sein, der kaum erreichbar und, da er zugleich gänzliche Gleichgültigkeit bedeuten würde, im Grunde auch nicht erstrebenswert ist.) *Gottes* Selbstbekundung, die den in den biblischen Texten redenden Glauben „provoziert" hat und durch sie zu seinem Wort auch an uns wird, ist mit historischer Methode freilich nicht zu erfassen. Die Frage danach ist aber die Frage der Theologie. Und im Arbeitszusammenhang der Theologie wird historische Bibelforschung nur dann fruchtbar sein, wenn der Forscher, der mit ihren methodischen Mitteln die menschlich-geschichtliche Gestalt und Bedingtheit der biblischen Texte erhellt, damit die Frage nach dem Gotteswort im Menschenwort nicht ersetzen und verdrängen will, sondern sie das leitende Interesse sein läßt, das auch seine Frage nach dem, was hier historisch wahrzunehmen ist, motiviert. Er wird dann nicht in die Gefahr kommen (der die historische Exegese zeitweilig z. T. erlegen ist), über dem bloßen Differenzieren und Auseinanderdividieren der Einzelelemente biblischer Vielfalt die Zusammenhänge einer Glaubensgeschichte, die hier *auch* (auch historisch) wahrzunehmen sind, aus dem Blick zu verlieren. Und er wird nicht in die Gefahr kommen, historische Wahrnehmung zur Konstruktion im Dienst eines andern „weltanschaulichen" Interesses werden zu lassen.

3. Die kirchlichen Bekenntnisse

Aus den bisherigen Überlegungen ergibt sich, daß die Dogmatik an der Bibel nicht so die Norm ihrer eigenen Aussagen hat, daß sie eine einheitliche biblische „Lehre" gewissermaßen nur nachzuschreiben hätte. Angesichts der geschichtlichen und theologischen Unterschiedenheit der biblischen Aussagen muß nach der „Mitte der Schrift" gefragt werden; und es muß danach gefragt werden, inwiefern das Einzelne und Unterschiedliche in seiner Beziehung zu dieser Mitte verstanden oder hier und da vielleicht auch nicht verstanden werden kann. Daß diese „Mitte der Schrift" Jesus Christus heißt und daß Jesus Christus nicht irgend etwas, sondern Evangelium, befreiende Botschaft besagt, ist – so allgemein gesagt – in der Theologie kaum strittig. Aber Jesus Christus und das in ihm beschlossene Evangelium – das bleibt zunächst immer noch eine formale Angabe. Es will ausgelegt sein, was das heißt, wer Jesus ist in seinem Verhältnis zu Gott, zu uns Menschen, wie die mit seinem Namen verbundene Befreiungsbotschaft zu verstehen ist. Da entsteht nun die Unterschiedlichkeit der Auslegungen – das Neue Testament selbst, so gewiß nicht zu verkennen ist, daß Jesus Christus in der Tat seine thematische Mitte ist, enthält bereits Auslegung in unterschiedlichen Akzentsetzungen. In unserer Zeit ist der Pluralismus der Deutungen dessen, wie die zentrale Botschaft des Neuen Testaments zu verstehen ist, groß geworden, bis hin zu sehr subjektiv und individuell bestimmten Auffassungen. Er ist aber nicht erst und nur ein modernes Problem; Streit um das rechte Schrift- und Christusverständnis entstand schon früh in der Geschichte der Christenheit. Er wurde wenn nicht der einzige, so doch ein wesentlich mitbestimmender Anlaß der Bildung *kirchlicher Bekenntnisse*. In ihnen tritt den unterschiedlichen Auslegungen der Theologen ein Konsensus gegenüber, in dem (durch wen und in welcher organisatorischen Form auch immer repräsentiert) die Kirche als ganze redet mit dem Anspruch, Anleitung zum rechten Verständnis der biblischen Botschaft zu geben und Streitfragen im Sinn dieses Verständnisses zu entscheiden.

Was wir hier zunächst allgemein als „kirchliches Bekenntnis" bezeichnen, ist allerdings weder nach der Weise seiner Entstehung noch nach seiner strukturellen Eigenart eine einheitliche Größe. Aus dem frühchristlichen Taufbekenntnis entwickelten sich die dreigliedrigen Glaubensbekenntnisse, die in die gottesdienstliche Liturgie eingegangen sind: das sog. Apostolikum und das Nicaeno-Konstantinopolitanum. Aus den theologischen Auseinandersetzungen der Alten Kirche über das Gottes- und Christusverständnis erwuchsen das

trinitarische und das christologische Dogma. In den katholischen Kirchen wird auch späteren vom kirchlichen Lehramt verkündeten Dogmen bekenntnisartige Verbindlichkeit zuerkannt. Aus der Reformationsbewegung entstanden wiederum Bekenntnisse, in denen das neu gewonnene Verständnis des Evangeliums formuliert wurde, in Aufnahme der altkirchlichen Bekenntnisbildung und zugleich in Abgrenzung gegen spätere Entwicklungen kirchlicher Lehre. Die lutherische Kirche faßte sie zusammen im Konkordienbuch und gab damit ihrer Bekenntnisbildung einen gewissen Abschluß. Die Bekenntnisse des reformierten Protestantismus blieben ohne solche abschließende Zusammenfassung. Hinzu kam in unserem Jh., durch die Auseinandersetzung mit bestimmten politischen Ansprüchen an die Kirche provoziert, aber m. E. von einer diesen konkreten Anlaß übergreifenden Bedeutung, die Theologische Erklärung von Barmen. Auch sie verstand sich als ein Bekenntnis, zu dem in der dort zur Diskussion stehenden Grundfrage evangelische Kirchen lutherischer, reformierter und unierter Prägung gemeinsam geführt wurden (diese Geltung wird der Erklärung von Barmen freilich auf lutherischer Seite z. T. noch bestritten).
Auch strukturell ist dies alles sehr verschieden. Neben gedrängten Zusammenfassungen der „Summa" des christlichen Glaubens (die altkirchlichen Glaubensbekenntnisse; Luthers Kleiner Katechismus) stehen Formeln, die in einer einzelnen umstrittenen Glaubensfrage eine Entscheidung treffen (das trinitarische und christologische Dogma; in gewisser Weise auch die Erklärung von Barmen). Innerhalb des lutherischen Konkordienbuchs finden sich Schriften, die von der reformatorischen Entscheidung in der damals zentral strittigen Frage der Rechtfertigung aus nur in knappen Grundlinien das Ganze des Glaubens zur Sprache bringen (Confessio Augustana; Schmalkaldische Artikel), daneben aber auch umfangreiche Abhandlungen mit differenzierten fachtheologischen Erörterungen (Apologie, Konkordienformel). Gemeinsames formales Merkmal ist nur die Übernahme aller dieser Dokumente in die öffentliche Verantwortung der Kirche.

Im Verständnis der Verbindlichkeit kirchlichen Bekenntnisses und der Begründung dieser Verbindlichkeit besteht zwischen katholischer und evangelischer Theologie ein Unterschied. Ein vielleicht nicht nur äußerlicher Hinweis auf diesen Unterschied liegt schon darin, daß der Begriff „Bekenntnis", den wir hier zunächst global für alle öffentlich-kirchlichen Formulierungen des Glaubenskonsensus eingesetzt haben, besonders in den aus der Reformation hervorgegangenen Kirchen beheimatet ist; auf katholischer Seite spricht man eher von „Dogma". Das weist darauf hin, daß verbindliche Erklärungen über den Glauben der Kirche dort als Festsetzungen des kirchlichen *Lehramtes* verstanden werden. Es ist verkörpert in der als Konzil versammelten Gesamtheit der Bischöfe, die nach römisch-katholischer Auffassung nur im Einvernehmen mit dem Papst verbindliche Lehrentscheidungen treffen können (der Papst kann solche auch „ex sese" treffen). Seine Verbindlichkeit hat das Dogma aus der Vollmacht des Lehramtes, für die ganze Kirche über strittige Glaubensfragen, auch über das rechte Verständnis der Schrift zu entscheiden: Als Dogma gilt, was und weil es von der dazu berufenen amtlichen Instanz als solches erklärt ist. Grundsätzlich ist diese Geltung unbedingt und unwiderruflich; einmal festgestelltes Dogma kann wohl hinsichtlich seiner Formulierungen zeitgemäß interpretiert, nicht aber in seiner inhaltlichen Substanz kritisiert, korrigiert oder gar zurückgenommen werden.

Die evangelischen Bekenntnisse verstehen sich dagegen nicht als autoritative Entscheidungen eines Lehramtes. Wenn die Confessio Augustana ihre Artikel mit den Worten einleitet „ecclesiae apud nos docent", so heißt das: Nicht ein Konsensus bischöflicher Amtsträger (der freilich auch nach katholischem Selbstverständnis den Glauben der gesamten Kirchengemeinschaft formuliert), sondern der Konsensus der Gemeinden selbst, das eigene Bekenntnis ihres Glaubens soll hier zur Sprache kommen. Faktisch waren es dann freilich auch hier weitgehend die Theologen, die diesen Konsensus der Gemeinden formulierten (und bei den subtilen theologischen Erörterungen späterer Bestandteile des Konkordienbuches kann man fragen, wieweit sie wirklich noch überall als Ausdruck des von der Gemeinde gelebten Glaubens verstanden werden können). Aber die formulierenden Theologen gelten hier jedenfalls nicht, sowenig wie ein bischöfliches Lehramt, als diejenige Instanz, deren Autorität die Verbindlichkeit von Bekenntnis begründet. Als verbindlich gilt es, weil und sofern es inhaltlich mit dem Zeugnis der Heiligen Schrift übereinstimmt[9]. Auch die altkirchlichen Bekenntnisse und Dogmen werden übernommen nicht wegen der Autorität der Konzilien, die sie festgesetzt hatten, sondern weil man sie als mit dem Zeugnis der Schrift übereinstimmend befindet. Grundsätzlich ist damit kirchliches Bekenntnis nach evangelischem Verständnis auch nur *bedingt* verbindlich: Es will auf seine Übereinstimmung mit der Schrift geprüft und nur darum und insoweit angenommen werden, als es dieser Prüfung, die der Gemeinde in allen ihren Gliedern offensteht, standhält. Die Reformation wollte also mit ihrer Bekenntnisbildung nicht zu einer Überordnung kirchlicher Lehr-

---

[9] Daß dies der innere Grund der Verbindlichkeit lehramtlicher Festsetzungen ist, wird natürlich auch in der katholischen Auffassung vorausgesetzt. Aber die letzte Entscheidung darüber, was als schriftgemäß zu gelten hat, ist hier eben an das Lehramt gebunden.

festsetzung über die unmittelbare Begegnung mit dem biblischen Zeugnis zurückkehren, durch die das Verständnis der Schrift von neuem an die Kette einer nicht hinterfragbaren Auslegungsvorschrift gelegt würde. Das brachte die altprotestantische Theologie zum Ausdruck, indem sie die Heilige Schrift als *„norma normans"* den Bekenntnissen als *„norma normata"* überordnete.

Vgl. dazu auch die ausdrückliche Feststellung der Konkordienformel (FC): „Solcher Gestalt wird der Unterschied zwischen der heiligen Schrift altes und neues Testaments und allen andern Schriften erhalten und bleibt allein die heilige Schrift der einige Richter, Regel und Richtschnur, nach welcher als dem einigen Probierstein sollen und müssen alle Lehren erkannt und geurteilt werden... Die andern Symbola aber... sind nicht Richter wie die heilige Schrift, sondern allein Zeugnis und Erklärung des Glaubens, wie jederzeit die heilige Schrift in streitigen Artikeln in der Kirche Gottes von den damals Lebenden verstanden und ausgelegt... worden." (FC Epitome, Von dem summarischen Begriff... 7 und 8).

Sollen nach evangelischem Verständnis die Bekenntnisse einerseits an der Schrift geprüft und nur, sofern sie sich an ihr bewähren, angenommen werden, wollen sie aber andererseits auch als Ausdruck und Maßstab rechten Schriftverständnisses gelten, so scheint das in ein Zirkelproblem zu führen. Wie soll es zu einer Prüfung kirchlichen Bekenntnisses am biblischen Zeugnis kommen, wenn umgekehrt das Bekenntnis, die „norma normata", auch wieder als Norm für das rechte Verständnis der Schrift, der „norma normans", gelten soll? Das Problem wäre logisch gelöst, wenn man sagen könnte: Die Prüfung der Bekenntnisse an der Schrift *ist* geschehen, als die Gemeinden, die sie rezipierten, sie als schriftgemäß befunden und eben darum in Geltung gesetzt haben. Alle Folgenden haben sich nun an die Bekenntnisse zu halten, *weil* sie als schriftgemäß befunden wurden, und haben ihr Schriftverständnis an ihnen auszurichten.

In der Tat ist das oft die mehr oder weniger unausgesprochene Haltung eines lutherischen Konfessionalismus gewesen – im reformierten Bereich wird die Bekenntnisbindung im allgemeinen weniger statisch verstanden.

Aber würde mit solcher Auffassung das Recht, im unmittelbaren Hören auf das biblische Zeugnis die „Geister zu unterscheiden" und den Anspruch kirchlicher Lehren und Traditionen an diesem Zeugnis zu messen, das die Reformatoren grundsätzlich der Gemeinde in allen ihren Gliedern zuerkannt hatten, nicht quasi auf jene die Bekenntnisse rezipierende Vätergeneration abdelegiert und das Urteil der Späteren formal an das der Väter gebunden? Wäre damit nicht doch wieder ein Auslegungsprivileg aufgerichtet – wenn nicht das eines kirchlichen Amtes, so nun eben das jener Väter? Ist rechtes Schriftverständnis überhaupt so festlegbar – noch dazu in subtilen theologischen Formulierungen einer bestimmten Begriffssprache –, daß es für alle Folgezeiten gerade in dieser Form verbindlich bleiben kann? Und kann sich nicht Neues im Verstehen der Schrift ereignen, so daß nicht alles, was den formulierenden Theologen und rezipierenden Gemeinden eines früheren Jahrhunderts als schriftgemäß galt, auch in einer späteren Zeit noch als ebenso schriftgemäß erscheint?

Der Zirkel des Hin- und Hergehens zwischen einer norma normans, die die Geltung der norma normata begründet, und einer norma normata, die wiederum das Verständnis der norma normans festlegt, erscheint dann als ausweglos, wenn man das Bekenntnis gewissermaßen als Kommentar zu einem Lehrkodex betrachtet, der ohne diesen Kommentar nicht verstehbar ist, ein für uns stummes Buch bleibt. Aber das entspricht nicht der Erfahrung der Kirche mit der Schrift. Sie hat sich ja als das Werkzeug erwiesen, durch das Gott redet, sein in Christus gesprochenes Wort in die Kirche durch die Zeiten hindurch immer neu und wirksam hineinspricht. Rechnen wir mit *diesem* Geschehen und damit, daß es weiter geschehen will und wird, dann sehen wir in den Bekenntnissen nicht den authentischen Kommentar zu einem ohne diesen Kommentar stumm daliegenden Buch (an dem die Sachgemäßheit des Kommentars paradoxerweise nun gleichwohl wieder beurteilt werden soll). Wir werden dann im Geschehen von Bekenntnis vielmehr den Ausdruck lebendiger Erfahrungen und Entscheidungen sehen, in die die Kirche durch die *redende* Schrift geführt wurde. Das Bekenntnis will nicht als kirchliche *Lehre* verstanden sein, die biblische *Lehre* kommentierend überlagert und damit irgendwie auch ersetzt. Es will verstanden sein als *Antwort*, zu der die Glaubensgemeinschaft an entscheidenden Wegmarken ihrer bisherigen Geschichte durch den *Anruf* des biblischen Christuszeugnisses, vielmehr des durch die Schrift sich selbst bezeugenden Christus herausgefordert wurde. So verstanden wird es gerade zur Anweisung, sich diesen Anruf weiterhin widerfahren zu lassen, in die Geschichte einzutreten, die das Wort Gottes durch die Wirksamkeit des Schriftzeugnisses weiterhin mit der Kirche haben will und wird, so auch neue Erfahrungen mit der Schrift zu machen und sich durch sie u. U. auch zu neuem Bekenntnis herausfordern zu lassen. Das Bekenntnis ersetzt nicht die unmittelbare Begegnung mit der Schrift, es weist auf sie hin und in sie ein.

Was bedeutet das für den Umgang einer heute zu verantwortenden dogmatischen Reflexion mit den kirchlichen Bekenntnissen? Verstehen wir die Aufgabe der Dogmatik nicht als bloße Darstellung der subjektiven Glaubensüberzeugungen eines jeweiligen Theologen, versteht dieser vielmehr seinen eigenen Glauben als Teilhabe an der in Christus gegründeten Glaubensgemeinschaft und die dogmatische Besinnung damit als Dienst an der Verkündigung und dem Glauben dieser Gemeinschaft, dann wird er die Bekenntnisse, mit denen die Glaubensgemeinschaft in ihrer bisherigen Geschichte ihrer Erfahrung mit dem durch die Schrift redenden Wort einen gemeinsamen Ausdruck gegeben hat, nicht als für seine eigene Besinnung unerheblich beiseitestellen können. Er wird dieser Erfahrung nachzudenken haben. Er wird jedenfalls die Auseinandersetzung mit dem Anspruch und Inhalt der Bekenntnisse in seine Besinnung aufzunehmen haben. Das kann aber nicht die Verpflichtung zu unkritischer Reproduktion des gesamten Lehrbestandes kirchlich rezipierter Bekenntnisschriften bedeuten. Es wird zu fragen sein, ob alles in diesem Lehrbestand als Ausdruck solcher Erfahrung der Glaubensgemeinschaft mit dem durch die Schrift begegnenden Wort Gottes verstanden werden kann. Gewiß kommen in den Bekenntnissen Grundentscheidungen zum Ausdruck, zu denen die Kirche in elementaren Fragen und Gefährdungen des Glaubens geführt wurde. In ihnen ist aber auch zeitgebundene theologische Theorie und Reflexion enthalten, mit der solche Grundentscheidungen interpretiert und umgeben wurden. Es ist nicht gesagt, daß diese in der Gegenwart als Interpretation jener Entscheidungen ebenso dienlich und verständlich ist, wie sie es vielleicht einmal sein konnte. Es ist auch nicht gesagt, daß alle Elemente dieser theologischen Reflexion wirklich in einem unabdingbaren inneren Zusammenhang standen mit jenen Entscheidungen. Der Umgang mit den Bekenntnissen verlangt eine Unterscheidung der Grundentscheidungen ihres Glaubens von der Begriffsgestalt ihrer theologischen Reflexion. Solche Unterscheidung ist nur möglich in der eigenen Begegnung und Auseinandersetzung mit dem biblischen Zeugnis, das jene Entscheidungen provozierte. Sie kann uns aus dem, wie dieses Zeugnis im Heute spricht, die Entscheidungen, zu denen es die Väter geführt hat, verstehen und als wirkliche Antwort des Glaubens erkennen lassen. Wir werden dann in ihren Nachvollzug gerufen, werden aber nicht einfach die theologische Begrifflichkeit, in der sie einst formuliert wurden, abzuschreiben, sondern sie von dem heute gehörten Schriftzeugnis her in einer auf die heutige Situation der Kirche bezogenen Sprache zu interpretieren haben. Dabei muß offen bleiben, daß das Hören dieses Zeugnisses in neuen Situationen auch zu neuen Entscheidungen, u. U. auch zu neuem Bekenntnis führen kann und daß an den Entscheidungen der Väter sich auch solches zeigen kann, worin wir ihnen nicht folgen können. Die Kirche ist auch in ihrer Bekenntnisbildung nicht unfehlbar.

4. Zusammenfassung

Zum Thema der die dogmatische Reflexion bestimmenden Normen waren wir geführt worden durch die Frage, wie im geschichtlichen Fortgang kirchlicher Glaubensverkündigung (deren „Sollgehalt" diese Reflexion ja zu bedenken hat) das in Jesus Christus gesprochene Wort Gottes in seiner *Identität* bewahrt bleiben kann; bzw. wie das Wort der Kirche im Weitersagen dieses Wortes erhalten wird. Zu antworten war: durch die Bindung an das biblische Zeugnis. In ihm ist der kirchlichen Verkündigung ihr Grundtext und der Dogmatik die Norm ihrer Besinnung auf den rechten Gehalt der Verkündigung gegeben. Dabei hatten wir das biblische Zeugnis verstanden als Werkzeug, durch das Gott selbst sein in Christus gesprochenes Wort weiterspricht, Christus selbst der Kirche gegenwärtig bleibt. Die Bibel will nicht als formales Lehrbuch göttlicher Wahrheiten abgeschrieben, sondern in ihrer inhaltlichen Perspektive als Christuszeugnis gehört und verstanden sein. Wir stehen dann aber vor der Frage des rechten Erfassens dieser Perspektive und vor der Tatsache, daß in der Weise, wie diese „Mitte der Schrift" verstanden und anderes ihr zugeordnet wird, sehr verschiedene Wege gegangen werden.
Einem uferlosen und subjektiven Pluralismus dieser Wege treten die Bekenntnisse der Kirche gegenüber mit dem Anspruch, Wegweisung zum rechten Schriftverständnis zu geben. Wir haben sie verstanden als den Ausdruck von Erfahrungen und Entscheidungen, zu denen die Kirche in ihrer bisherigen Geschichte durch das aus der Schrift gehörte Wort Gottes geführt wurde. Für die Arbeit der Dogmatik bedeutet die Konfrontation mit den Bekenntnissen jedenfalls ein Regulativ: Der Dogmatiker wird darauf hingewiesen, daß er nicht in „privater" Meinungsäußerung, sondern als Glied und im Kontext der Glaubens*gemeinschaft* und damit immer auch mit der Abzielung auf einen möglichen Konsensus dieser Gemeinschaft hin arbeitet. Er wird angehalten, deren bisherige Erfahrungen und Entscheidungen zu bedenken und zu verarbeiten.
Aber auch die Bekenntnisse sind, jedenfalls nach ihrem evangelischen Verständnis, keine Norm, die unhinterfragbar *festlegt*, was schriftge-

mäße Lehre ist. Ihre Grundentscheidungen wollen in eigener Auseinandersetzung mit dem biblischen Zeugnis als diesem entsprechend erkannt und nur insofern nachvollzogen, ihre theologische Begriffssprache will „übersetzt" werden. Die Frage nach der Schriftgemäßheit kann auch zur Kritik von Elementen kirchlichen Bekenntnisses führen. Dabei können sich aber wiederum Unterschiede des Schriftverständnisses auswirken; auch Unterschiede darin, wie diejenige Entscheidung, um die es in einem Bekenntnis „eigentlich" geht, verstanden wird. Auch die bewußte Beachtung und Bearbeitung der kirchlichen Bekenntnistradition wird also keine schlechthin uniforme, jeder Auslegungspluralität entnommene Theologie erzeugen.

Eine Normierung im Sinne einer Instanz, die die Einheitlichkeit und Kontinuität kirchlicher Lehre und ihre Identität mit Gottes Offenbarungswort formal garantiert, bei der also in allen auftretenden Differenzen die richtige Entscheidung gewissermaßen abgerufen werden könnte, ist uns offenbar nicht gegeben. Sie wäre gegeben, wenn wir unter die letztentscheidende Autorität eines kirchlichen *Lehramts* zurückkehren könnten. Für eine evangelische Dogmatik ist das nicht möglich. Das hängt zusammen mit einem Unterschied zwischen katholischem und reformatorischem Verständnis der Kirche und des Verhältnisses von Christus und Kirche – in der Ekklesiologie wird das ausdrücklich zu entfalten sein, und es wird vom biblischen Zeugnis her zu begründen sein, warum wir in dieser Sache in der Nachfolge des reformatorischen Verständnisses bleiben. Hier sei nur bemerkt, daß der Versuch, den gewiß oft sehr bedrängenden protestantischen Pluralismus durch die Rückkehr unter die Autorität eines Lehramts als letzte Appellationsinstanz zu heilen, implizit der reformatorischen Entscheidung im Verständnis des Evangeliums ihre Legitimität bestreiten müßte. Denn diese mußte ja *gegen* die Autorität des damals wirksamen Lehramts geschehen. Man kann nicht in der Nachfolge dieser Entscheidung bleiben und zugleich die Unhinterfragbarkeit lehramtlicher Entscheidungen zurückhaben wollen. (Das heißt nicht, daß ein Lehramt in der Kirche überhaupt keine Bedeutung hätte, aber *diese* kann es jedenfalls nicht haben.)

Daß die Norm, an die wir tatsächlich gewiesen sind: das in der Beachtung seines bisherigen Verständnisses in den kirchlichen Bekenntnissen neu zu hörende biblische Zeugnis, keine formale Instanz ist, bei der eine einheitliche, auseinandersetzungsfreie Theologie abgerufen werden könnte, sollte nicht beklagt werden. Gerade so bleibt die Kirche daran gebunden und darauf angewiesen, daß Gott selbst nicht aufhört, sein in Christus gesprochenes Wort durch die Schrift neu gegenwärtig zu machen und durch seinen Geist diesem Wort rechtes Verstehen zu wirken. Dies allein begründet die Zuversicht, daß auch durch die Auseinandersetzungen und Einseitigkeiten unserer Versuche theologischer „Nachsage" hindurch für die Identität und Kontinuität seiner Selbstbekundung gesorgt sein wird.

Literatur

Zur Kanonsfrage im allgemeinen:
G. EBELING, Die Bedeutung der historisch-kritischen Methode für die protestantische Theologie und Kirche (1950), WuG I (3. Aufl. 1967), S. 1ff. – H. DIEM, Das Problem des Schriftkanons, ThSt Heft 32 (1952) – F. MILDENBERGER, Die halbe Wahrheit oder die ganze Schrift (1967) – H. VON CAMPENHAU-Kanon, Hg. E. KÄSEMANN (1970; eine Sammlung wesentlicher Aufsätze aus der neueren Diskussion der Kanonsfrage). – Sola Scriptura, Das reformatorische Schriftprinzip in der säkularen Welt, Hg. H. H. SCHMID u. J. MEHLHAUSEN (1991).

Zur Frage Schrift und Tradition:
Quellen zur Konfessionskunde Reihe A Heft 1, Die katholische Lehre von der Heiligen Schrift und von der Tradition, ausgewertet und eingeleitet von H. GRAß (1954) – Die Konstitution „Dei Verbum" des II. Vatikan. Konzils, Text mit Übersetzung und Kommentar in: O. SEMMELROTH u. M. ZERWICK, Vaticanum II über das Wort Gottes, Stuttgarter Bibelstudien 16 (1966) – K. E. SKYDSGAARD, Schrift und Tradition, KuD 1 (1955), S. 161ff.

Zur Frage Altes und Neues Testament:
F. BAUMGÄRTEL, Verheißung. Zur Frage des evangelischen Verständnisses des Alten Testaments (1952) – W. ZIMMERLI, Das Alte Testament als Anrede, Beitr. z. ev. Theologie 24 (1956) – H. W. WOLFF, Zur Hermeneutik des Alten Testaments, EvTh 1956, S. 337ff. – F. HESSE, Das Alte Testament in der gegenwärtigen Dogmatik, NZsyTh 1960, S. 1ff. – F. MILDENBERGER, Gottes Tat im Wort, Erwägungen zur alttestamentlichen Hermeneutik als Frage nach der Einheit der Testamente (1964) – H. J. KRAUS, Die biblische Theologie (1970) – H. GESE, Erwägungen zur Einheit der biblischen Theologie, ZThK 1970, S. 417ff. – P. STUHLMACHER, Schriftauslegung auf dem Wege zur biblischen Theologie (1975).

Zur Frage des Verhältnisses von Schrift und Bekenntnis:
E. SCHLINK, Theologie der lutherischen Bekenntnisschriften (2. Aufl. 1946), insbesondere das einleitende Kapitel – H. FAGERBERG, Die Theologie der lutherischen Bekenntnisschriften von 1529 bis 1537 (dtsch. 1965) – J. TRACK (Hg.), Lebendiger Umgang mit Schrift und Bekenntnis (1980) – Fr. MILDENBERGER, Theologie der Lutherischen Bekenntnisschriften (1983).

§ 4. Die Frage der Vermittlung

1. Das Problem

Will das in Christus gesprochene Wort Gottes durch die Zeiten hindurch in seiner *Identität* wahrgenommen werden, so aber auch in der *Relevanz*, mit der es Menschen je in *ihrer* Zeit, in ihre Wirklichkeitserfahrung hinein betrifft.

Die menschliche Wirklichkeitserfahrung unterliegt schon immer, zu Zeiten rascher, zu andern Zeiten sehr langsam und darum kaum bemerkbar, geschichtlichem Wandel. Neu auftretende Faktoren verändern die Lebensverhältnisse und schaffen Probleme, die früheren Geschlechtern noch fern lagen, oder umgekehrt auch Entlastung von Problemen, die einst sehr lebenswirksam waren. Auch wenn Grunderfahrungen und Grundfragen des Menschseins sich durchhalten, so verändert sich die Weise, *wie* sie unter veränderten Verhältnissen und Daseinsbedingungen erfahren werden, und damit auch die Sprache, in der sie sich ausdrücken. Wie kann das Wort, das *allen* Menschen und Zeiten gilt, in den Horizont einer veränderten Welterfahrung hinein „übersetzt" werden?

Diese Frage betrifft übrigens nicht nur das zeitliche Nacheinander verschiedener Epochen, sondern auch das Nebeneinander verschiedener Kulturbereiche. Auch hier erfordert der Schritt in einen andern Bereich ein „Übersetzen" der einen Christusbotschaft in eine die besonderen Lebens- und Verstehensbedingungen dieses Bereiches treffende Gestalt. Das ist ein Problem, das heute für die christliche Mission und im Verhältnis „junger" Kirchen zu der europäisch geprägten kirchlichen und theologischen Tradition virulent ist. Der Vorgang solchen „Übersetzens" ist aber schon im Neuen Testament bemerkbar: Paulus z. B. spricht von dem einen Heil in Christus in anderer Sprache, andern Begriffen als etwa das Matthäusevangelium oder, wieder in charakteristisch anderer Weise, die johanneischen Schriften. Das hängt damit zusammen, daß die christliche Verkündigung in der frühen Zeit, der die neutestamentlichen Schriften entstammen, in rascher Folge zu Menschen von verschiedener geschichtlicher und kultureller Prägung vordrang.

Es hat Zeiten in der Geschichte der Kirche gegeben, in denen dieses Vermittlungsproblem wenig ins Bewußtsein trat, weil inzwischen eine relativ einheitliche christlich geprägte Gesellschaft entstanden war, deren kulturelle Strukturen und technische Lebensbedingungen sich nur langsam veränderten. Heute ist dieses Problem nicht mehr zu übersehen. Seit der Aufklärung hat sich das Ordnungsgefüge der Gesellschaft tiefgreifend verändert. Durch die Entwicklung moderner

Wissenschaft und Technik ist der geschichtliche Wandel menschlicher Lebensbedingungen und Lebensweise in ein Stadium akuter Beschleunigung geraten. Eben damit hat sich auch das Denken der Menschen, ihre Weltvorstellung und ihr Selbstgefühl so verändert, daß vielen die überlieferte Sprache der Bibel und vielleicht noch mehr des Dogmas und der Kirche als Fremdkörper aus der Vergangenheit erscheint. Sie haben und äußern das Gefühl, daß ihr wirkliches Leben darin nicht vorkommt. Im kirchlichen Binnenraum wird das weithin noch nicht so wahrgenommen, da versteht man sich noch. Akut wird die Kluft in der Konfrontation mit „Außenstehenden". Da gerät die christliche Aussage in Sprachnot.

Aber die Ausrichtung des Evangeliums kann sich auf binnenkirchliche Verständigung nicht grundsätzlich beschränken wollen. Gottes Selbstzusage ist ja für alle da, gerade auch für die, die noch abseits stehen. Es wäre auch nicht zulässig, die Kluft, die sich da aufgetan hat, nur so zu erklären, daß der „moderne Mensch" eben von Gott abgefallen sei, nicht mehr glauben *wolle* und darum behaupte, nicht mehr verstehen zu können. Die Christusbotschaft erregt gewiß auch existentiellen Widerspruch, weil sie den Menschen kritisch trifft. Aber viele verstehen heute nicht mehr, inwiefern sie überhaupt trifft. Und es gibt in diesem Heute neben vielen Ablehnenden und Gleichgültigen auch Menschen, die uns sagen, daß sie gerne glauben *möchten* (da könnte dann etwas davon verstanden sein, was Glauben für das Leben bedeuten würde), es aber nicht können, weil sie über Verstehenshindernisse, die ihnen die christliche Lehre bereitet, nicht hinwegkommen.

Die Verkündigung der Kirche muß das ernstnehmen. Der Versuch, die Christusbotsschaft in die Lebenssituation heutiger Menschen hinein zu vermitteln, wird zunächst ein Problem der Verkündigung, die Aufgabe von Predigt, Seelsorge, persönlichen Gesprächen sein. Aber auch die Dogmatik kann sich diesem Problem nicht entziehen. Denn sie soll ja grundsätzlich bedenken, wie Verkündigung recht geschehen kann. In bezug auf die Frage der Vermittlung heißt das: Sie wird zumindest (und über die individuellen Glaubenshemmnisse, mit denen der Seelsorger im Einzelfall konfrontiert sein kann, hinaus) diejenigen Gründe der Verstehensblockade gegenüber der kirchlichen Lehrtradition zu reflektieren und namhaft zu machen haben, die in den allgemeinen Faktoren der Zeitsituation gegeben sind. Sie wird zu reflektieren haben, wie diesen Gründen begegnet werden kann. Wird sie der Verkündigung ein durchgängig anwendbares Modellschema zeitgemäßer Vermittlung der christlichen Aussage anbieten können, gewissermaßen einen Übersetzungs*schlüssel*, nach dem prinzipiell ausgemacht werden kann, wie traditionelle in zeitgemäße Aussagen umformuliert werden können? Und wie könnte das so geschehen, daß die Identität der „Sache", um deren Vermittlung es geht, darüber nicht unkenntlich wird?

In der modernen Theologie provozierte das Problem der Vermittlung die verschiedensten Lösungsversuche, darunter auch solche, die mit dem „Übersetzen" so weit gehen, daß in der Tat gefragt werden muß, ob da das in Christus gesprochene Wort Gottes noch *über*setzt und nicht vielmehr durch andere Worte *er*setzt wird. Nicht zuletzt darum ist in dieser modernen Theologie so viel Pluralismus und Streit. Er ist bedrückend; aber er ist das Symptom einer wirklichen Frage und Notlage, die nicht einfach durch den Appell, zum Buchstaben einer überlieferten Lehrgestalt zurückzukehren, beiseitegeschafft werden kann.

2. Lösungsmodelle

Einige in der neueren Theologie entwickelten Versuche, dem Problem der Vermittlung zu begegnen, seien hier in knappen Umrissen dargestellt. Als Problem eines Abstands zwischen der Sprache biblisch-kirchlicher Überlieferung und dem Bewußtseinsstand der eigenen Zeit wird es seit der zweiten Hälfte des 18. Jahrhunderts deutlich gefühlt und artikuliert. Damit beginnen auch die theologischen Versuche, den Abstand durch „Übersetzung" zu überwinden. Sie gehen zunächst von der Überzeugung aus, das in der Verkündigung Jesu eigentlich Gemeinte – jener Kerngehalt also, dessen Identität es in der Übersetzung zu bewahren gilt – könne nichts anderes sein als das, was auch im Bewußtsein der eigenen Zeit als das religiös Wesentliche erscheint und als solches allgemein einleuchten kann.

Für eine extrem *rationalistische* Theologie der Zeit vor und nach 1800 war dieses Eigentliche ein „vernünftiger" Gottesgedanke, der die Geltung des Sittengesetzes und darum die Verpflichtung, aber auch die Befähigung des Menschen garantierte, diesem Gesetz nachzuleben und sich darin immer mehr zu vervollkommnen. Jesus wurde als Prediger und vorbildlicher Erfüller dieses Gesetzes verstanden. Die zu leistende Übersetzung konnte dann nur bedeuten: Alle Überlieferungselemente, die nicht auf den Nenner dieses Gottesgedankens vernünftiger Moralität zu bringen sind, sind als sprachliche Anpassung der biblischen Schriftsteller an die abergläubischen Vorstellungen ihrer Zeit bzw. als ein den schlichten Sinn der ursprünglichen Lehre

Jesu verstellendes kirchliches Dogmenbeiwerk abzustreifen, und der immer schon eigentlich maßgebende vermünftig-moralische Kerngehalt der Religion ist gewissermaßen in Reinkultur darzustellen. Auch *Schleiermacher*, den das Vermittlungsproblem intensiv beschäftigte und der für seine Behandlung in der Theologie des 19. Jh. weithin bestimmend wurde, suchte es letztlich zu lösen durch Identifikation des eigentlichen Gehaltes des christlichen Glaubens mit dem Gehalt eines in der Vernunft des Menschen angelegten religiösen Bewußtseins. Er verstand dieses Bewußtsein freilich im Unterschied zu der statisch-zeitlosen Vorstellung der Aufklärer von Vernunftreligion als in geschichtlichen Stufen sich entwickelnd. Auch sah er, in kritischer Wendung gegen die rationalistische Reduktion auf bloße Moral, in ihm das Wissen um ein Gehemmtsein der Gottverbundenheit und das Bedürfnis nach einer „Erlösung" von dieser Hemmung angelegt. Jesus konnte dann als die geschichtliche Gestalt verstanden werden, durch die, was im religiösen Bewußtsein des Menschen als solchem angelegt ist, zur vollen Reife geführt, durch deren geistige Ausstrahlung das Hemmende überwunden wird. Schleiermacher konnte so weitaus stärker als die rationalistische Theologie spezifische Elemente der biblisch-kirchlichen Überlieferung in seine „Übersetzung" herübernehmen. Aber das Verständnis dieser Elemente wird von daher bestimmt, wie das religiöse Bewußtsein des Menschen auf der Ebene damals möglicher philosophischer Reflexion sich selbst verstehen und was es als Erfüllung seines eigenen Bedürfnisses aufnehmen kann. Vermittlung geschieht hier nicht so, daß ein Wort, das der Mensch sich nicht selbst sagt, auf die Gegebenheiten und Fragen eines veränderten Bewußtseinsstandes konkret und auch kritisch *bezogen* wird; vielmehr wird aus diesem Bewußtseinsstand *heraus*interpretiert, wie dieses Wort eigentlich zu verstehen ist und was es allein zu sagen haben kann. Karl *Barth*, der *diese* Gestalt des Vermittlungsverfahrens vor Augen hatte – sie wurde ja in der von ihm so genannten „neuprotestantischen" Theologie in mancherlei Varianten bis in dieses Jahrhundert hinein praktiziert –, konnte ihr von seinem theologischen Ansatz her nur leidenschaftlich widersprechen. Sein Widerspruch verdichtete sich aber zu unwirscher Zurückweisung des Problems überhaupt: Jedes ausdrückliche und methodische Bemühen, die theologische Auslegung des Offenbarungswortes auf Faktoren gegenwärtiger Wirklichkeitserfahrung hin zu orientieren, gerät für ihn unter den Verdacht der Einpassung in die Ideologie, in der der jeweils „moderne" Mensch die Wirklichkeit und in ihr sich selbst verstehen *will*, sich dem wirklichen und kritischen Treffen dieses Wortes also gerade entzieht. Soll dies nicht geschehen, so ist ein Vermittlungsverfahren, das auf Verstehbarkeit für diesen „modernen" Menschen abzielt, zu unterlassen. Das Wort Gottes – so Barth – ist für den Menschen überhaupt nicht und zu keiner Zeit unter menschlich herzustellenden Bedingungen versteh*bar;* es *wird* verstanden, wenn Gott selbst, der Heilige Geist, im Menschen Hören und Verstehen wirkt. Der Prediger wie der Theologe soll in der schlichten Nachsage dieses Wortes bleiben, so wie es ihm durch das biblische Zeugnis sich vorsagt, und die Sorge, ob und wie es auch bei Menschen der Gegenwart „ankommen" wird, die Sorge Gottes bleiben lassen.

Unter dem Einfluß Barths trat die Vermittlungsfrage nur zeitweilig zurück. Sie meldete sich wieder zu Wort in neuen und gegenüber den früheren, im Gefolge Schleiermachers eingeschlagenen Wegen auch neuartigen Entwürfen. Hier ist in erster Linie das von R. *Bultmann* entwickelte Programm zu nennen, von ihm nach seiner negativen Seite als „Entmythologisierung", nach seiner positiven Seite als „existentiale Interpretation" der neutestamentlichen Botschaft bezeichnet[1]. Bultmann kehrt nicht einfach hinter Barth zurück. Daß es sich nicht um Vermittlung im Sinne einer Selbstinterpretation des religiösen Bewußtseins, vielmehr nur um die Interpretation des Offenbarungswortes handeln kann, das sich von Gott her in menschliches Bewußtsein hereinspricht, wird von ihm festgehalten. Er versteht sein Programm auch keineswegs als eine Methode, *Glauben* herbeizuführen; die Entscheidung des Glaubens, dabei bleibt es auch bei Bultmann, wird nicht durch vermittelnde Interpretation, sondern durch die Macht des Wortes gewirkt, das zum Glauben ruft. Bultmann insistiert aber darauf, daß es zu der kritischen Situation der Entscheidung, das Wort Gottes im Glauben anzunehmen *oder* im Unglauben abzulehnen, überhaupt erst da kommen kann, wo der Mensch versteht, inwiefern dieses Wort seine Existenz in der Welt, in der er faktisch lebt, relevant betrifft. Dieses *Verstehen* möglich zu machen ist nach ihm allerdings die Aufgabe methodischer Vermittlung. Dem heutigen Menschen ist solches Verstehen nach seiner Auffassung durch die mythologische Sprache der Bibel zunächst verstellt. Was Bultmann unter „mythologisch" versteht, bleibt etwas unscharf – er

---

[1] R. Bultmann, Neues Testament und Mythologie. Das Problem der Entmythologisierung der neutestamentlichen Verkündigung (1941), abgedruckt in: Kerygma und Mythos, Hg. H. W. Bartsch, Bd. I (3. Aufl. 1954). Wichtige Beiträge von Bultmann und anderen zur Diskussion über sein Programm sind in dem ersten und den weiteren Bänden von „Kerygma und Mythos" zusammengestellt.

kann recht verschiedene Elemente biblischer Aussage unter diesem Begriff subsumieren –, meint aber im wesentlichen jedenfalls: eine Sprache, in der das Heilswirken Gottes in der Gestalt von Fakten veranschaulicht wird, die den natürlichen Weltzusammenhang gegenständlich, „wunderhaft" durchbrechen. Diese Sprache ist für den Menschen, dessen Weltbild durch die moderne Wissenschaft und Technik geprägt ist, unverstehbar geworden; die Forderung, sie wörtlich zu nehmen, hieße verlangen, er solle sich zurückversetzen in eine Welt, die nicht mehr die seine ist. Ein solches sacrificium intellectus zu vollbringen oder nicht vollbringen zu können wäre nicht die echte Entscheidung zwischen Glauben und Unglauben. Bultmann sieht nun aber das, was das Neue Testament in solcher mythologischen Sprache eigentlich meint, nicht in der Behauptung einer übernatürlichen, unter heutigen Voraussetzungen märchenhaft anmutenden *Weltveränderung*, sondern in dem im Christuskerygma ergehenden Anruf Gottes, der menschliches *Selbstverständnis* verändert, indem er dem, der ihm glaubt, ein neues inneres *Verhalten* zu Gott, zu sich selbst und der (als solche undurchlöchert „natürlich" bleibenden) Welt eröffnet. Auf dieses eigentlich Gemeinte hin ist die biblische Botschaft zu interpretieren. Der „Übersetzungsschlüssel" lautet hier also, so könnte man zugespitzt sagen: Was im Text als äußerlich wunderhaft erscheint, ist als Chiffre für das innere Wunder zu verstehen, daß das Wort Gottes dem Menschen ein radikal neues Verhalten zu den existentiellen Fragen seines Daseins schenkt. Um das verstehbar werden zu lassen, muß aber nach Bultmann die biblische Botschaft in sprachliche Kategorien übersetzt werden, in denen unter heutigen Denkvoraussetzungen die die Existenz wesenhaft betreffenden Fragen formuliert werden können. Die Erhellung dieser Fraglichkeitsstruktur menschlicher Existenz versteht Bultmann als eine philosophische Aufgabe, die im Vorfeld der theologischen Interpretation des Kerygmas zu geschehen hat. Er sieht sie für seine Zeit in der Existenzanalyse Martin Heideggers („Sein und Zeit") vorbildlich gelöst und erstellt unter Zuhilfenahme ihrer Kategorien den sprachlichen Rahmen, in dem die „existentiale Interpretation" der biblischen Botschaft zu vollziehen ist. Dem Einwand, daß sie damit in ihrem Gehalt philosophisch verfremdet würde, hält er entgegen, daß philosophische Existentialanalyse, wie er sie versteht und etwa bei Heidegger findet, ja nur formal die Struktur der Fragen aufweise, in denen sich menschliche Existenz immer *irgendwie* verhalten muß, nicht aber eine inhaltlich-weltanschauliche Position dazu vertrete, *wie* man sich in ihnen verhalten soll (also auch dem, was das Offenbarungswort *dazu* sagt, nicht präjudiziere). Dazu kann freilich gefragt werden, ob eine Analyse der die Existenz betreffenden Fragen wirklich in so formaler Neutralität möglich ist – ob nicht jedes Verständnis dieser Fragen bereits, ob gewollt oder nicht, von einer Einstellung dazu, wie der Mensch sich in ihnen verhalten sollte, geleitet sein wird.

Ein Vermittlungsmodell, das im Ansatz demjenigen Bultmanns verwandt, in der Ausführung aber anders geartet ist, hat Paul *Tillich* entwickelt. Er bezeichnet es als „Methode der Korrelation"[2]. Auch Tillich geht davon aus, daß das Offenbarungswort von dem Menschen der Gegenwart nur dann als das, was ihn „unbedingt angeht", verstanden werden kann, wenn es ihm als Antwort auf Fragen vermittelt wird, die wirklich *seine* Fragen sind. Damit ist der Theologie die Aufgabe gestellt, zunächst diese Fragen als „Fragen der Vernunft" zu reflektieren und zu formulieren, um dann die Gehalte des christlichen Glaubens als „Antwort der Offenbarung" auf diese Fragen zu beziehen. Eben dies ist mit „Methode der Korrelation" gemeint. Formal entspricht das dem Ansatz der existentialen Interpretation, das Offenbarungswort auf die Fraglichkeitsstruktur der menschlichen *Existenz* hin auszulegen. Aber Tillich spricht von Fragen der *Vernunft* und versteht darunter nicht nur die existentiellen Fragen des Einzelnen im Umgang mit seinem je eigenen Dasein, sondern Aporien, vor die sich menschliche Vernunft in bezug auf das Ganze der Welt, den Grund und Sinn des Seins überhaupt, den Weg und die Zukunft der Geschichte gestellt sieht – ein universaler (nicht nur personaler) Problemhorizont, der in der existentialen Interpretation weitgehend ausgeblendet war, für Tillich aber durchaus auch den Umgang mit unserem je eigenen Dasein betrifft. Solche Fragen der Vernunft werden wegen des geschichtlichen Wandels der Wirklichkeit, in der Menschen leben, nicht zu allen Zeiten gleichförmig erfahren, können also nicht in zeitloser Allgemeinheit formuliert werden. Die Theologie muß sie so formulieren, wie sie der Wirklichkeitserfahrung ihrer eigenen Zeit entsprechen. In Korrelation dazu muß auch die Antwort der Offenbarung jeweils in neuer Weise formuliert werden.

Wurde ihr Grundgehalt z.B. in der Zeit der Reformation als *Rechtfertigung* in Christus formuliert, weil die Grundfrage jener Zeit die Frage nach dem gnädigen Gott war, so prägt Tillich für die Aussage dieses Grundgehalts in unserer Zeit die Formulierung „das *neue Sein* in Jesus dem Christus", weil er die

---

[2] Hierzu P. Tillich, Systematische Theologie Bd. I (dt. 2. Aufl. 1956), bes. S. 73 ff.

Grundfrage der Gegenwart als Zweifel und Verzweiflung am Sinn des Seins überhaupt versteht.

Gegen den Einwand, damit werde der Inhalt des biblischen Zeugnisses philosophisch verfremdet, hat auch Tillich sich verwahrt. Methode der Korrelation, wie er sie versteht, bedeutet nicht, daß der Gehalt der Offenbarung in seiner *Substanz* von den Fragen der Vernunft abhängig gemacht oder gar aus ihnen abgeleitet werden dürfte. Nur die Weise seiner *Formulierung* soll durch diese Fragen, so wie sie in einer jeweiligen Zeit sich stellen, bedingt sein. Umgekehrt, so Tillich, darf der Theologe aber auch den Gehalt der Fragen, auf die er die Offenbarung als Antwort bezieht, nicht aus der Offenbarung selbst ableiten wollen; er muß diese Fragen, hier wirklich als Philosoph arbeitend, so aufnehmen, wie sie sich den Menschen seiner Zeit auch ohne Glaubensvoraussetzung stellen. Nur die Art, wie er ihren Gehalt formuliert, wird von daher mitbestimmt sein, daß er um die letztgültige Offenbarung in Christus weiß und sie als Fragen versteht, die hier und nur hier ihre Antwort finden. – Auch da kann freilich gefragt werden, wieweit eine solche Unterscheidung von Gehalt und Formulierung wirklich durchführbar ist.

In den Entwürfen von Bultmann und Tillich, die vor allem zwischen 1945 und 1965 im Vordergrund der Diskussion des Vermittlungsproblems standen, ist grundsätzlich festgehalten, daß es das aus menschlicher Selbsterfahrung nicht abzuleitende Offenbarungswort Gottes (Bultmann: das „Kerygma") ist, dessen Gehalt es zu vermitteln gilt. Darin standen diese Entwürfe noch im Zusammenhang mit Barths offenbarungstheologischem Ansatz, auch wenn sie gegen ihn die theologische Aufgabe methodischer Vermittlung in den Horizont der Gegenwart betonten.

Andere Entwürfe schlagen radikalere Wege ein; so etwa die nach 1965 viel diskutierten Versuche einer Theologie „nach dem Tode Gottes". Sie wurden von einigen Theologen in USA entwickelt (William *Hamilton*, Thomas *Altizer*, Paul *van Buren*); ähnliche Gedanken werden in Deutschland von Herbert *Braun* und Dorothee *Sölle* vertreten[3]. „Tod Gottes" – gemeint ist der Tod der Vorstellung Gottes als eines personhaften, übermenschlichen Gegenüber. Diese metaphysische, für ein klares Wirklichkeitsbewußtsein märchenhaft gewordene Vorstellung sei zu übersetzen in solches, was im *mitmenschlichen* Gegen-

---

[3] Dorothee Sölle, Atheistisch an Gott glauben (4. Aufl. 1970). H. Braun, Die Problematik einer Theologie des Neuen Testamentes, in: Ders., Gesammelte Studien zum Neuen Testament und seiner Umwelt (1962), S. 325 ff.

über geschehen kann. „Gott geschieht" in der Freiheit und Liebe, die der Mensch Jesus gelebt hat, und da, wo in seiner Nachfolge Menschen dazu kommen, in gleicher Freiheit und Liebe zu leben und miteinander umzugehen.
Zu erwähnen sind in diesem Zusammenhang auch die Versuche, christliche Glaubensaussagen in Kategorien der Tiefenpsychologie zu interpretieren. Sie betreffen vor allem den Bereich von Anthropologie und Rechtfertigungslehre.
Im folgenden soll noch nicht in eine inhaltliche Auseinandersetzung mit den in diesem Abschnitt skizzierten Vermittlungsentwürfen eingetreten werden. Das geschieht besser im Zug der dogmatischen Entfaltung und dann im Zusammenhang der theologischen Themen, die in solchen Entwürfen jeweils besonders betroffen und eigenartig behandelt werden. Zu den Grund- und Anfangsfragen der Dogmatik aber gehört eine grundsätzliche Überlegung darüber, was sie zur Vermittlung der biblischen Botschaft in den Horizont der Gegenwart überhaupt tun kann und welchen Weg sie in der Wahrnehmung dieser Aufgabe einhalten sollte, soll Vermittlung nicht zur Ersetzung des zu Vermittelnden geraten.

3. Kritische Überlegungen

Das Problem, das wir nicht verdrängen können, wie auch die Lösungsversuche, die so oder so in neue Fragen führen, fordern zu kritischer Überlegung auf. Kritik heißt Unterscheidung: Es ist zu unterscheiden, was Vermittlung bedeuten und wollen kann und was nicht.
Daß sie in Verkündigung wie dogmatischer Reflexion als Aufgabe wahrgenommen werden muß und nicht etwa als künstlich von „modernen" Theologen herangetragenes Problem abgewiesen werden kann, liegt in der Sache selbst begründet, um deren Nachsage es unmittelbar in der Verkündigung, mittelbar in der Dogmatik geht. Ist diese Sache das Geschehen der Selbstzusage Gottes in Christus, so will diese Zusage ja durch die Zeiten hindurch im Geschehen *bleiben*. Indem Gott Mensch wurde, hat er sich auf die geschichtlichen Bedingungen des menschlichen Daseins eingelassen; er will auch den in der veränderten Welt von heute lebenden Menschen als der ihnen in Jesus *Gegenwärtige* begegnen. Es ist also der Selbstvermittlungswille Gottes, der das theologische Bemühen um Vermittlung ernötigt und ihm seinen rechtmäßigen Grund gibt. Eine Theologie, die dabei stehen bliebe, das Wort dieses Gottes in historisch gewordenen Formeln

nachzusprechen, in denen es als aktueller Anruf nicht mehr gehört wird, würde mit seiner Relevanz gerade auch seine Identität verfehlen. Denn sein Selbstvermittlungswille *gehört* zu seiner Identität. Damit ist aber zugleich das Kriterium gegeben, an dem sich entscheidet, was die Bemühung um Vermittlung in den Horizont der Gegenwart *nicht* anstreben kann, will sie nicht ihren rechtmäßigen Grund verlieren und damit im eigentlichen Sinn des Wortes gegenstandslos werden. Wir versuchen zunächst, einige ausgrenzende Richtlinien zu formulieren.

Gottes Selbstzusage in Jesus Christus will dem Menschen *begegnen:* als der Zuspruch, den er sich nicht selbst zusprechen kann, und darin auch als Anspruch, den er nicht an sich selbst stellt. Sie will auch und gerade dem Menschen der Gegenwart begegnen als das Wort, das ihm sagt, daß er mit sich und seiner Welt, mit seinem eigenen Denken, Vermögen und Unvermögen in der Auseinandersetzung mit den Ansprüchen anderer und denen, die er an sich selbst stellt, nicht *allein* gelassen ist. Es kann also nicht das Vorhaben der Vermittlung sein, die christliche Botschaft, um ihr ein allgemeines Verständnis zu sichern, umzusetzen in solches, was ein philosophischer oder ethischer common sense der Gegenwart – oder wortführender Gruppen in dieser Gegenwart – sich selbst und auch ohne religiöse „Verpackung" sagt. Das Wort, das begegnen will, ginge dabei unter in solchem, worin der Mensch, dem es begegnen will, nur sich selbst begegnet.

Gottes Selbstzusage in Jesus Christus trifft, indem sie uns nicht dem Alleinsein mit uns und der Welt überläßt, immer auch *kritisch* in das hinein, wie Menschen miteinander und mit der Welt umgehen und was sie dabei aus sich selbst machen. Das Evangelium hat von Anfang an, indem es zum Glauben rief, auch zur Umkehr gerufen. Die Weitergabe seines Rufes hat darum stets neben Glauben auch Widerspruch gefunden und wird auch bei Menschen der Gegenwart nicht nur mit Verstehenshemmungen, sondern mit Widerspruch zu rechnen haben. Es kann nicht das Ziel der Vermittlung sein, die Aussagen christlichen Glaubens, um ihnen Zustimmung zu sichern, so umzuformen, daß der Konflikt mit herrschenden Überzeugungen und Selbstverständlichkeiten der Gegenwart um jeden Preis vermieden wird. Sie darf dem Menschen unserer Zeit den Konflikt an der Stelle, an der etwa gerade er im besonderen durch den Umkehrruf des Evangeliums getroffen wird, nicht ersparen wollen. (Sie wird sich aber allerdings darum zu bemühen haben, daß der Konflikt von allen möglichen falschen an die richtige und entscheidende Stelle gerückt wird. Darauf werden wir noch zurückkommen.)

Ist Gottes Selbstzusage in Jesus Christus Antwort auf die *Fragen* des Menschen? Man muß wohl zunächst sagen: Gott, der in Jesus mit uns geworden ist, stellt uns selbst darin, wie wir abseits von ihm mit den Fragen unseres Daseins in der Welt umgehen, in Frage. Sein Ruf in das Zusammensein mit ihm eröffnet einen neuen, immer wieder neu zu betretenden Weg, mit ihnen umzugehen. Das kann in einer persönlichen Lebensgeschichte tatsächlich als Antwort erfahren werden auf Fragen, in die ein Mensch durch das Wirken dieses Gottes bereits geführt wurde. Es war ja schon in einem früheren Zusammenhang zu sagen: Gott kann in Menschen wirken auch da, wo er in Christus noch nicht erkannt wird – *er* kann, wenn er ihnen sein Wort in Christus begegnen läßt, „anknüpfen" an Fragen und Einsichten, die er schon zuvor in ihnen wirkte. Das läßt sich aber nicht methodisch verallgemeinern, als ob die menschliche Frage an sich schon für die Antwort Gottes offen wäre. Sein Anruf wird ja auch dahin führen, unsere Daseinsfragen neu zu verstehen, anders als sie sich da, wo der Mensch meint, mit sich und der Welt allein zu sein, selbst verstehen. Er kann bewirken, daß verdrängte Fragen überhaupt erst wieder ans Licht geholt werden. Ein Vermittlungsmodell, das die Relevanz der Offenbarung so erhellen möchte, daß sie als Antwort auf die Fragen des Menschen der Gegenwart formuliert wird, wäre also ohne genauere Bestimmung zumindest zu einfach. Jedenfalls kann die Erhellung dieser Fragen nicht einfach als ein philosophischer Arbeitsgang verstanden werden, in dem sie noch unter Absehen von der „Antwort" so erhoben werden, wie sie sich selbst verstehen bzw. von einer mehr oder weniger großen Allgemeinheit heutiger Menschen verstanden werden (mit der möglichen Konsequenz: Das oder jenes ist in der christlichen Aussage zurückzustellen, denn danach fragt der heutige Mensch nicht mehr). Wird das Evangelium auf Fragen des Menschen bezogen, so werden auch diese Fragen im Licht des Evangeliums anzusprechen sein.

Das alles aber besagt nicht, daß eine im Heute zu verantwortende Auslegung der Christusbotschaft an der Welt- und Daseinserfahrung des in diesem Heute lebenden Menschen vorbeireden sollte. Gottes Anruf „mischt sich ein" in die Fragen und Antworten, in denen wir selbst mit dieser Erfahrung umgehen. Die Auslegung wird also das Wort, das nachzusagen ihr aufgegeben ist, in der Tat auf solche Erfahrung in ihren heute wirksamen Gestalten und Fragen zu beziehen haben. Sie wird das aber gerade auch dann tun, wenn sie nicht verschleiert, inwiefern dieses Wort die Selbstverständlichkeiten oder Ängste eines gängigen Umgangs mit dieser Erfahrung, die Art, wie solche Fragen sich selbst verstehen wollen oder auch verdrängt werden, *kritisch* betrifft. Die Auslegung wird dann an dem Menschen der Gegenwart nicht vorbeireden, wenn sie deutlich machen kann, daß und wie ihn in *seiner* Welterfahrung, die nicht mehr die des ersten oder des sechzehnten Jahrhunderts ist, Gottes Wort in Christus so betrifft, daß ihm zu glauben *Veränderung* seines Umgangs mit dieser Erfahrung bedeutet. Das setzt freilich voraus, daß Elemente traditioneller christlicher Rede, die ihren konkreten Bezug im Horizont früherer Welterfahrung hatten, nicht abstrakt dogmatisiert werden (als ob nur jene frühere Erfahrung die wahre Wirklichkeit repräsentierte), sondern auf heutige Erfahrung hin „übersetzt" werden.

Um das zu verdeutlichen, ist an dem, was bis jetzt allgemein als Welt- oder Daseinserfahrung angesprochen wurde, eine Unterscheidung zu vollziehen.

Der geschichtliche Wandel hat Wirklichkeitsfaktoren erzeugt, die uns als heute lebenden Menschen so vorgegeben sind, daß wir aus ihnen nicht mehr zurückkehren können in die Verhältnisse einer früheren Zeit. Dazu gehört die Entwicklung der modernen Wissenschaft und durch sie bedingt der technischen Möglichkeiten, die Industrialisierung, im Zusammenhang damit auch eine tiefgreifende Veränderung der gesellschaftlichen Strukturen; sie können heute nicht mehr so sein, wie sie vor dem Wirksamwerden dieser Faktoren waren. Dazu gehört auch die Tatsache, daß diese Entwicklung immer mehr globale Ausmaße annimmt, die Menschheit als ganze in sich verflicht und gerade auch ihre „unterentwickelten" Bereiche nicht unbetroffen läßt – als ob das Leben irgendwo so weitergehen könnte, wie es vor dem allem war. Gebiete, die von dem, was man die „technisch-industrielle Revolution" genannt hat, noch relativ unbetroffen scheinen, werden immer mehr zu Reliktlandschaften: Inseln der Vergangenheit, keine „heile Welt", zu der man das Ganze zurückbringen könnte. Das hier Gesagte ist Feststellung, keine Wertung. Wir sprechen nicht von „Fortschritt". Daß das Leben der Menschen durch die moderne Entwicklung *besser* geworden sei, kann doch nur im Blick auf äußere Lebensbedingungen und auch da nur sehr eingeschränkt gesagt werden; der Mensch selbst, sein Leben im tieferen Sinn von Lebensqualität ist gewiß nicht besser geworden. Aber es ist *anders* geworden durch Faktoren, die nicht ungeschehen zu machen sind. Sie strukturieren den Raum, in dem sich unser Leben bewegt. Wir nennen das Ensemble dieser Faktoren zusammenfassend: den *Horizont der Daseinsverhältnisse.* Wenn das Evangelium nicht Bestätigung des jeweils „heutigen" Menschen im Umgang mit seinem Dasein, sondern Ruf zur Umkehr bedeutet (und deshalb immer auch mit Widerspruch zu rechnen hat), so sind es nicht diese Faktoren, aus denen wir zur Umkehr gerufen werden. Der Umkehrruf des Evangeliums bedeutet nicht Rückruf in eine Vergangenheit, die uns nicht mehr gegeben ist.

Von diesem Horizont des nicht zurücknehmbar Gegebenen ist aber nun zu unterscheiden die Einstellung zu der Wirklichkeit, die Menschen unter dem Eindruck dieser Faktoren, durch sie vielleicht fasziniert, vielleicht auch bedrängt und geängstigt, *vollziehen* und die dann auch darauf einwirkt, wie sie praktisch mit ihnen umgehen; nicht zuletzt etwa, *wozu* technische Möglichkeiten eingesetzt werden.

So kann z. B. der Mensch, der in unerhörtem Maß gelernt hat, die Natur wissenschaftlich und technisch zu durchdringen und *darin* an keine Grenzen mehr zu stoßen meint, diese Erfahrung ideologisch überhöhen zu der Überzeugung, er habe, mit sich-in-Welt allein, der Sinngeber dieser Welt und Selbstvollender seines Daseins zu sein. Auf etwas weniger philosophischem Niveau kann aus jener Erfahrung die Haltung eines unentwegten Fortschrittsoptimismus entstehen: Alles erklärbar, alles machbar, und was machbar wird, muß auch gemacht werden.

Es kann aber auch, und heute vielleicht zunehmend, zu einer ganz andern, resignativen Einstellung kommen: Welt und Mensch – ein determinierter, sinnleerer Ursache-Wirkung-Zusammenhang, in dem gerade auch das Machen des Menschen Wirkungen zeitigt, die er nicht mehr einholen kann.

Nennen wir solche Einstellungen den *Vollzug von Daseinsverhalten*. Soweit sie sich über unreflektiert geübtes Verhalten hinaus zum bewußten, eventuell auch literarisch vertretenen Entwurf verfestigen, entstehen Daseins*programme*, genauer: Programme menschlicher Selbstverwirklichung, die dann auch mit einer entsprechenden Wirklichkeits*deutung* sich verbinden werden. Solches Daseinsverhalten, das zum bewußten Programm im Zusammenhang mit einer bestimmten Wirklichkeitsdeutung werden kann, ist nicht in derselben Weise vorgegeben wie der Horizont der Daseinsverhältnisse. Es ist auch viel weniger einheitlich – hier gibt es das Nebeneinander und den Streit verschiedener Grundhaltungen. Es geht hier darum, wie der Mensch sich *will* über dem, worin er sich vorfindet; weniger um intellektuelle Einsichten als um voluntative Einstellungen (auch wenn solches Sich-so-Wollen des Menschen für den Einzelnen den Charakter unausweichlicher Selbstverständlichkeit annehmen kann, besonders unter dem Druck verbreiteter und propagandistisch wirksamer Tendenzen). In *diesem* Feld kann – und wird so oder so auch immer wieder – die Christusbotschaft mit gegenwärtigem Daseinsverständnis in *echten* Konflikt geraten. Sie kann auf den Widerstand eines Willens treffen,

Menschsein anders zu verstehen und zu leben, als es uns in ihr zugesprochen wird. Nicht aus den Gegebenheiten der Daseinsverhältnisse, wohl aber aus solchem Vollzug und Programm von Daseinsverhalten ruft dann in der Tat das Evangelium zur Umkehr.
Was kann anhand dieser Unterscheidung konkret zur Aufgabe der Vermittlung gesagt werden? In bezug auf den Horizont der Daseinsverhältnisse: Verkündigung wie theologische Reflexion sollte auf diese Verhältnisse eingehen. Sie sollte zeigen, daß und wie christlicher Glaube in *diesen* Verhältnissen gelebt werden kann, nicht eine Rückkehr in vergangene Lebensverhältnisse fordert.

Um das etwas zu konkretisieren:
Zum Horizont der Daseinsverhältnisse unserer Gegenwart gehört das wissenschaftlich erarbeitete „empirische" *Wissen* über Natur, Biologie, historische Fakten, psychologische und soziologische Gegebenheiten usw., jedenfalls sofern und solange es sich bewährt. Es kann durch besser sich bewährende wissenschaftliche Einsichten *überholt* werden. Es kann aber nicht als etwas verstanden werden, woraus wir durch das Evangelium zur Umkehr gerufen werden. Verkündigung und Theologie werden zu verdeutlichen haben, daß und wie das biblische Glaubenszeugnis verstanden und der Glaube, zu dem es ruft, gelebt werden kann, ohne daß solches Wissen (das die in der Bibel redenden Menschen noch nicht haben konnten) verdrängt oder verneint werden muß. (Wohl aber wird sie u. U. absolut gesetzten weltanschaulichen Theorien, die nicht bewährtes Wissen sind, sondern aus ihm extrapoliert werden, entgegenzutreten haben.)
Zu den gegebenen Bedingungen gegenwärtigen Daseins gehört auch, daß bestimmte gesellschaftliche und politische Ordnungsformen, die unter den Lebensverhältnissen einer vergangenen Zeit entstanden und ihnen angemessen waren, dies heute nicht mehr sein können. Der Ruf des Evangeliums zur Umkehr kann nicht besagen, daß wir *zurückkehren* sollen in gesellschaftliche Strukturen der Vergangenheit. Es kann also auch nicht die Aufgabe der Theologie sein, die Auslegung des Evangeliums mit dem dogmatischen Postulat zeitloser Gültigkeit solcher Strukturen zu verbinden. Zu dem ihr aufgegebenen „Übersetzen" wird es vielmehr gehören, darauf zu reflektieren, wie christliches Verhalten, das sich im Neuen Testament in bezug auf damals gegebene gesellschaftliche Verhältnisse ausspricht (z. B. Haustafeln; Röm 13), sinngemäß in heutigen Verhältnissen zu bewähren ist.
Zu den gegenwärtigen Daseinsverhältnissen gehört die Eröffnung von Möglichkeiten des Handelns und damit auch von Feldern der Verantwortung (z. B. auf technischem, biologischem, medizinischem Gebiet), die dem in der Bibel angeredeten Menschen noch verschlossen waren. Auch die Erschließung dieser Möglichkeiten ist nicht als etwas an sich Gottwidriges zu beurteilen, woraus der moderne Mensch im Namen des Evangeliums zurückzurufen wäre (wohl aber u. U. das, wozu solche Möglichkeiten praktisch eingesetzt werden). Aufgabe der Theologie wird es sein, die im Evangelium begründeten Lebenswei-

sungen auch auf solche der biblischen und kirchlichen Tradition noch fremden Möglichkeiten des Handelns hin zu übersetzen und für sie Richtlinien zu suchen.
Der Konflikt des Wortes Gottes mit menschlichem Widerspruch würde also an falscher Stelle aufgerichtet, wenn er auftreten würde etwa als dogmatischer Einspruch gegen die Evolutionstheorie im Namen des Schöpfungsberichts, oder gegen die Demokratie wegen der biblischen Rede von Obrigkeit, oder gegen partnerschaftliches Eheverständnis wegen anderslautender Aussagen in den Haustafeln der neutestamentlichen Briefe – um einige sehr grobe, aber nicht ganz aus der Luft gegriffene Beispiele zu nennen.

Anders stellt sich die Aufgabe der Vermittlung im bezug auf das, was wir als Daseinsverhalten und auf der Reflexionsebene als Daseins- und Wirklichkeitsdeutung von der Gegebenheit der Daseinsverhältnisse unterschieden haben. Hier kann die Theologie, will sie nicht die kritische Kraft des Anrufs Gottes verhüllen, dem Konflikt mit entgegenstehenden Haltungen und Denkweisen der Gegenwart nicht ausweichen wollen; hier kann er seinen echten und notwendigen Ort haben, an dem er durchzustehen ist.
Um *Vermittlung* der Glaubensaussagen geht es freilich auch hier. Um auf eine oben gebrauchte Formulierung zurückzugreifen: Es sollte erkennbar werden, daß und wie Gottes Selbstzusage die Daseinsfragen der Gegenwart, zu denen dem Glauben entgegenstehende Konzeptionen je auf ihre Weise Stellung nehmen, so betrifft, daß sie den, der sich im Glauben auf sie einläßt, in seinem Umgehen mit diesen Fragen bestimmt und verändert. Das würde verstellt, wenn die Theologie sich damit begnügen würde, überlieferte Dogmen und Bekenntnissätze gleich einer Phalanx Gehorsam fordernder „Lehren" heutigem Denken und Fragen einfach nur entgegenzustellen. Es wird darauf ankommen, aus den Lehrformulierungen der Bekenntnisse die lebendigen und das Leben angehenden Glaubens*entscheidungen*, die in der Situation *ihrer* Zeit zu solchen Bekenntnissen geführt haben, herauszuerkennen und überlieferte Lehre so zu re-formulieren, daß sichtbar wird, daß und wie diese Entscheidungen auch das in den Verhältnissen und Fragen der Gegenwart zu lebende Leben betreffen. Und es wird darauf ankommen, den inneren Zusammenhang solcher Glaubensentscheidungen zu verdeutlichen, in dem ihre Vielheit zur Einheit wird; ihren Grund und Zusammenhang darin, daß sie in allem, worauf sie sich im einzelnen beziehen, Antwort sind auf das eine Wort, das wir die Selbstzusage Gottes in Jesus Christus genannt haben. Dem Konflikt ist nicht aus dem Weg zu gehen; der „homo incurvatus in seipsum" (Luther) steht dem Anruf Gottes heute sowe-

nig wie zu irgendeiner Zeit aus sich heraus offen. Aber der Konflikt darf nicht darin stehenbleiben, daß die Phalanx einst formulierter Lehren auf eine ebensolche Phalanx heutiger Verschlossenheit gegen den Sinn und Lebensbezug dieser Lehren stößt Er wird da zur echten Entscheidungsfrage zwischen Glauben und Unglauben, wo die *Spitze* des Anrufs der Gotteszusage ins *Herz* heutiger Gestalt dieser incurvatio trifft. Es legt sich nahe, sie vor allem in dem Alleinsein wahrzunehmen, in dem heutige Menschen (persönlich wie kollektiv) sich der Welt und den Fragen der Daseinsbewältigung gegenüber auf sich selbst gestellt, auf die Macht oder Ohnmacht ihres Machenkönnens verwiesen glauben – mit allem, was das an euphorischem Selbstverwirklichungswillen, dann aber auch an Versinken in tiefe Resignation erzeugen kann. Mensch-in-Welt auf sich gestellt – dem wird eine Theologie, die von der Gegenwartszusage Gottes in Jesus Christus ausgeht, ein Glaube, der in ihr seinen Grund hat, unter allen Umständen widersprechen müssen.

Ein neues Vermittlungs*modell*, einen „Übersetzungsschlüssel" also, nach dem prinzipiell und von Thema zu Thema zu verfahren wäre, wollten diese Überlegungen nicht anbieten. Sie konnten nur versuchen, die Aufgabe als solche deutlich zu machen und zugleich Grenzlinien zu bezeichnen gegenüber Wegen, auf denen ihre Lösung nicht gesucht werden kann. Wie ein Dogmatiker, der diese Aufgabe ebenso sieht und ihr innerhalb dieser Grenzlinien gerecht werden will, in der Behandlung einzelner Themen verfahren wird, kann gewiß nicht generell festgelegt werden, wird auch von den besonderen Aspekten gerade seiner Erfahrung mit Menschen und Problemen der Gegenwart mitbestimmt sein. Wichtig wird aber sein, daß er in seiner persönlichen Erfahrung und Sicht nicht eingeschlossen bleibt, sondern sie der Bewährung im brüderlichen Dialog mit der Gemeinde und mit andern Theologen offenhält. Im übrigen ist ja auch „der heutige Mensch" nicht die einheitliche Größe, als die er in der notgedrungen abkürzenden Redeweise dieser Grundsatzüberlegungen vielleicht erscheinen konnte. Und vor allem: Er ist nicht *nur* der „Adressat" eines Theologen, der seinerseits von einer zeitüberlegenen Position aus die Aufgabe, wie man es diesem Menschen nun „sagen kann", zu meistern hätte. Dieser Theologe ist ja auch ein „heutiger Mensch", mit den christlichem Glauben ferngerückten Menschen der Gegenwart in der gemeinsamen Erfahrung der Verhältnisse und Probleme dieser Gegenwart verbunden. Je mehr er sich dessen bewußt ist, desto eher wird er Wege finden, Glaubenserfahrung in Welterfahrung hinein zu vermitteln.

Literatur

G. EBELING, Die Geschichtlichkeit der Kirche und ihrer Verkündigung als theologisches Problem (1954) – DERS., Die nicht-religiöse Interpretation biblischer Begriffe (1955), WuG I (3. Aufl. 1967), S. 90 ff. (dazu zahlreiche weitere Beiträge Ebelings zum Vermittlungsproblem in den Aufsatzbänden WuG) – H. THIELICKE, Der evangelische Glaube Bd. I: Prolegomena. Die Beziehung der Theologie zu den Denkformen der Neuzeit (1968) – F. MILDENBERGER, Theologie für die Zeit. Wider die religiöse Interpretation der Wirklichkeit in der modernen Theologie (1969) – W. JOEST, Bewahren im Übersetzen. Zur hermeneutischen Aufgabe der Theologie (1970), in: DERS., Gott will zum Menschen kommen, Ges. Aufsätze (1977), S. 69 ff.

§ 5. Fragen der Darstellungsgliederung

Der inhaltlichen Entfaltung der Dogmatik ist nun noch eine Rechenschaft über die Gliederung vorauszuschicken, die für diese Entfaltung hier gewählt wird. Gewiß sind Gliederungsfragen nicht von demselben Gewicht wie die Probleme, die bisher als Grund- und Anfangsfragen zur Sprache kamen. Sie sind aber auch nicht einfach theologisch belanglos und ohne Zusammenhang mit jenen Problemen. So ist auch die Anordnung der entfaltenden Darstellung, für die wir uns in diesem Buch entscheiden, nicht ohne Zusammenhang mit Einsichten, zu denen wir im Bedenken der Grund- und Anfangsfragen geführt wurden. Auch darüber ist hier Rechenschaft zu geben.
Herkömmlich werden Darstellungen der Dogmatik, nach vorausgeschickten „Prolegomena", etwa nach folgendem Schema gegliedert:
Gotteslehre (in der alten Dogmatik geteilt in die Lehre von Gottes Wesen und Eigenschaften im allgemeinen und die Lehre von Gottes Dreieinigkeit – in der neueren Dogmatik ist die Stellung der Trinitätslehre unsicher geworden, sie wird recht verschieden eingeordnet);
Lehre von Gottes Schöpfung und Vorsehung;
Anthropologie (der Mensch in seiner geschöpflichen Bestimmung; der Mensch als Sünder im Widerspruch zu dieser Bestimmung);
Christologie (Person und Werk Jesu Christi);
Soteriologie (Heilszueignung durch das Werk des Heiligen Geistes im Menschen: Rechtfertigung und Heiligung, Glaube und Werke);
Ekklesiologie (Lehre von der Kirche und den „Gnadenmitteln": Wort und Sakramente);
Eschatologie.
Natürlich gibt es da im einzelnen manche Variationen der Anordnung,

besonders im Bereich der soteriologischen und ekklesiologischen Thematik. Aber in den Grundzügen wurde und wird dieses Anordnungsschema fast allgemein befolgt. Man kann für diese traditionelle Anordnung geltend machen, daß sie der Geschichte Gottes mit der Menschheit von der Schöpfung bis zur Vollendung folgt und damit in etwa auch dem Gang der Bibel von der Genesis bis zur Apokalypse entspricht. Sie läßt sich auch als Entfaltung des Gehaltes der drei Artikel des Glaubensbekenntnisses verstehen. Sie ist insofern sicher sinnvoll und gut begründet. Wir wählen aber für die folgende Darstellung eine etwas andere Gliederung.
In einem ersten Teil soll das Bekenntnis des in Jesus Christus begründeten Glaubens zu der *Wirklichkeit Gottes* entfaltet werden in den drei Schritten:
Der von Jesus Christus bezeugte Gott – der Vater
Der in Jesus Christus gegenwärtige Gott – der Sohn.
Gott wirkend in seinem Geschöpf – der Heilige Geist.
Dieser Teil wird zusammengefaßt und abgeschlossen mit dem Thema: Gott der Dreieinige.
Unter der Fragestellung, als wer im Licht dieser Selbsterweisung Gottes der Mensch erwiesen wird, soll dann ein zweiter Teil folgen: *Die Wirklichkeit des Menschen im Urteil Gottes*.
Zu erörtern ist hier die geschöpfliche Bestimmung des Menschen, seine Sünde, seine Rechtfertigung.
Zusammengefaßt wird dies in dem Thema: Gottes Urteil als Gesetz und Evangelium.
In einem dritten Teil: *Die Verwirklichung der Menschheit Gottes* wird zu reden sein von der durch Gottes Gegenwart in Christus lebenden Gemeinde inmitten der Welt und in diesem Zusammenhang von Taufe und Abendmahl, und endlich von der in Christus begründeten Hoffnung auf Gottes Zukunft mit seiner Schöpfung.
Dieser Teil und damit das Ganze soll abgeschlossen werden mit dem Thema: Gottes Gnadenwahl.
Die Wahl dieser Gliederung legt sich nahe in Entsprechung zu dem *christozentrischen* Ansatz christlicher Erkenntnis Gottes und Rede von Gott, der in unsern Eingangsüberlegungen vertreten und begründet wurde. Wer *Gott* in Wahrheit ist, das will aus der Geschichte seiner Selbstbekundung und deren telos in seiner in Jesus persongewordenen Selbst*zusage* erkannt sein.
An ihr hat aber auch die Erkenntnis dessen, wer in seiner Beziehung zu diesem Gott der *Mensch* ist in seiner geschöpflichen Bestimmung wie in seinem Widerspruch zu dieser Bestimmung, ihren Grund und

ihr Kriterium. Darum schicken wir im Folgenden der Darstellung des Christusgeschehens keine Darlegungen über das Wesen Gottes „im allgemeinen" und über den Menschen als den zu Gottes Ebenbild Geschaffenen und als Sünder voraus. Wir setzen vielmehr ein mit dem Thema der Wirklichkeit Gottes so, wie sie sich selbst für uns ausgesagt hat in jener Geschichte seines Kommens zum Menschen, die in der Sendung des Sohnes und dem in seine Gemeinschaft einholenden Wirken des Geistes sich vollzieht. Damit soll nicht übersehen sein, daß die Sendung Jesu durch den Gott geschieht, der schon zuvor Gott der Schöpfer ist, in eine Welt, die schon zuvor seine Schöpfung und zu dem Menschen, der schon zuvor Geschöpf und Sünder ist. Es soll auch nicht bestritten werden, daß es auch vor und außerhalb seiner Erkenntnis in Jesus Christus ein Berührtwerden von Menschen durch diesen Gott geben kann und daß dies in Fragen führen kann, die in Gottes Selbstaussage in Christus ihre Antwort finden, und sogar in Einsichten, die hier ihre wahre Begründung und Bestätigung empfangen. Wir meinen aber, daß dies alles nicht zu einem Basiswissen um Gott, Schöpfung, Mensch und Sünde systematisiert werden kann, das aus allgemeinen Prämissen noch *abgesehen* von Gottes Bekundung in Christus begründbar wäre und durch diese lediglich weitergeführt und vertieft würde. Vielmehr sehen wir in dem, wie und als wer Gott sich in Christus erzeigt hat, die authentische *Erhellung* auch jenes Zutunhabens Gottes mit Mensch und Welt, das quasi „ontisch" seinem Kommen in Christus zu seinem Eigentum vorangeht; und damit auch das Kriterium der Wahrheit dessen, was wir als mögliche Berührungen und Einsichten im Raum jenes Zuvor nicht ausschließen wollen. Gottes Selbstaussage in Jesus Christus ist der Grund der *Erkenntnis* auch dessen, was in ihr vorausgesetzt wird. Man kann also sagen: Während die traditionelle Anordnung der dogmatischen Gehalte die „ontische" Abfolge: Gott – Schöpfung – Mensch – Sünde – Versöhnung nachzeichnet, folgt die hier gewählte Anordnung dem Erkenntnisweg: Gott in Christus – und von daher: Was ist es um die Welt als Schöpfung dieses Gottes, um seinen Willen für den Menschen und um dessen Widerspruch zu diesem Willen?

Es ergeben sich dabei auch dispositionelle Vorteile. Sicher könnte ein im Erkenntnisweg christozentrischer Ansatz auch in der traditionellen Anordnung durchgeführt werden. Man wäre dann aber zu erheblichen christologischen Vorwegnahmen genötigt schon in der Gotteslehre – vor allem wenn diese die Trinitätslehre mit einschließen soll – und dann wieder in der Lehre vom Menschen in seiner geschöpflichen Bestimmung und als Sünder. Das kann vermieden werden, wenn im ersten Teil die Gotteslehre in unmittelbarem Zusammenhang mit der (in der herkömmlichen Anordnung durch umfangreiche Themenkomplexe von ihr getrennten) Christologie entwickelt wird. Unter Hinzunahme der Lehre vom Heiligen Geist ergibt sich so der organische Ort für die Trinitätslehre; sie hat doch historisch wie sachlich ihre Wurzeln in der Christologie und kann erst von da und von dem neuschaffenden Wirken des Geistes her verständlich gemacht werden. Dem allem in einer vorausgestellten Gotteslehre vorweggenommen, könnte sie dogmatisch „aufgesetzt" wirken.

Wenn im zweiten Teil gefragt wird: Wer ist im Licht dieser Selbsterweisung Gottes der Mensch, so können die (in der herkömmlichen Anordnung wiederum durch die Christologie getrennten) Aussagen über den Menschen im Urteil Gottes, über ihn als zur Gemeinschaft mit Gott geschaffen, als Sünder zu ihr im Widerspruch, als Gerechtfertigter in sie eingeholt, in kohärentem Zusammenhang dargestellt werden, und zwar am Kriterium des Christusgeschehens. Es kann ohne christologische Vorwegnahmen zur Geltung kommen, daß auch die Erkenntnis der Ebenbildbestimmung des Menschen und seiner Sünde nicht abgesehen von Christus, sondern an ihm als Verwirklichung des in Gottes Urteil wahren Menschen gewonnen wird. Gesetz und Evangelium als zusammenfassendes Thema hat hier seinen organischen Ort (es erscheint sonst, wenn überhaupt, meist im Zusammenhang der Lehre vom Wort Gottes und dann ohne unmittelbare Verbindung mit den ihrerseits dispositionell weit getrennten Aussagen über Sünde und Rechtfertigung).

Mit der Fragestellung des dritten Teils nach der Gemeinschaft wirkenden und Zukunft eröffnenden Kraft der rechtfertigenden Zuwendung Gottes zum Menschen in Christus – mit dem ekklesiologischen und eschatologischen Thema also – lenkt unsere Anordnung schließlich in die sonst übliche Themenabfolge ein.

Vielleicht darf für diese Anordnung auch sprechen, daß sie in etwa den großen Etappen im geschichtlichen Entfaltungsgang der theologischen Reflexion parallel geht. Ihr erster Teil entspricht dem engen Zusammenhang, in dem die *altkirchliche* Theologie das trinitarische und christologische Dogma und damit die erste große Thematik der Theologie überhaupt entwickelte. Wird im zweiten Teil entfaltet, was der Selbsterweis Gottes in Christus und durch den Heiligen Geist für die Existenz des Menschen, als Enthüllung und Veränderung seines „Standes" vor Gott bedeutet, so entspricht das dem unter dem Stichwort „Gesetz und Evangelium" befaßten Grundthema *reformatorischer* Theologie (die sich ihrerseits durchaus als existentielle Auslegung des altkirchlichen trinitarisch-christologischen Gottesbekenntnisses verstand). Mit dem Themenbereich Kirche in der Welt, das Reich Gottes als Zukunft von Kirche und Welt, wendet sich der dritte Teil Fragen zu, die in der reformatorischen Theologie gewiß nicht abwesend, aber doch weniger entfaltet, heute aber der dogmatischen Besinnung dringend aufgegeben sind.

Selbstverständlich ist diese ungefähre Parallele zu dem geschichtlichen Weg des theologischen Denkens nicht so gemeint, als sollte der jeweilige Teil seine Thematik lediglich reproduktiv von der jeweiligen Epoche, in der sie schwerpunktmäßig entwickelt wurde, und in der damals entwickelten Begrifflichkeit als „fertiges" Teilergebnis übernehmen. Vielmehr wird alles im Horizont heutiger Fragestellungen neu zu durchdenken, in Beziehung zu ihnen neu auszulegen sein.

Gegen die hier gewählte Gliederung kann eingewandt werden, daß man auch auf diesem Weg nicht ohne Vorwegnahmen auskommen wird. Schon in ihrem ersten Teil wird von der Wirklichkeit Gottes, gerade weil Gott nicht „an sich", sondern aus der Geschichte seiner Selbstzusage heraus zur Sprache kommen soll, nicht geredet werden können abgesehen von Mensch und Welt; vom Kreuz Jesu nicht ohne Bezug auf die Sünde des Menschen; vom Heiligen Geist nicht ohne bereits sein neuschaffendes Wirken im Menschen mit zur Sprache zu bringen. Die Thematik des zweiten und dritten Teils wird also in Grundzügen schon im ersten Teil anzusprechen sein; die beiden folgenden Teile stehen zu ihm nicht im Verhältnis der Hinzuaddierung ganz neuer Inhalte, sondern reflektierender Entfaltung von Bezügen, die in elementarer Weise schon dort zu Wort kommen. Die beiden folgenden Teile werden auch untereinander nicht in einem bloß additiven Verhältnis stehen. Von dem Menschen unter dem Rechtfertigungsurteil Gottes wird man nicht reden können, ohne bereits die Berufung zur Gemeinschaft der Glaubenden und die Eröffnung eschatologischer Zukunft zu berühren. Auch hier wird es sich nicht um ein Hinzufügen von bisher noch ganz Ungesagtem, sondern um reflektierende Entfaltung von elementar bereits Mitgesagtem handeln. Das Verhältnis aller Teile zueinander ist also mehr inklusiv als additiv. Aber das ist nicht unsachgemäß; es wird in jeder Dogmatik so sein müssen, einerlei welchen Weg sie einschlägt in dem nun einmal unumgänglichen *Nacheinander*sagen dessen, was in der „Sache" selbst, um deren Nachsage es geht, allenthalben *miteinander* in lebendiger Beziehung steht.

Zu dem oben angegebenen Dispositionsentwurf könnte ferner gefragt werden, warum er keinen eigenen Abschnitt zum Thema Schöpfer und Schöpfung enthält. Dieses Thema darf und wird nicht ausfallen. Es soll im Blick auf Gott den Schöpfer im ersten Teil unter der Überschrift „Der von Jesus Christus bezeugte Gott" zur Sprache kommen; im Blick auf den Menschen im zweiten Teil, wenn die geschöpfliche Bestimmung des Menschen zur Rede steht. Im Blick auf die Welt und unsern Umgang mit der Welt als Schöpfung wird es wieder aufzunehmen sein, wenn im dritten Teil von der Kirche in der Welt und der Hoffnung auf die Zukunft Gottes für Kirche und Welt zu reden ist.

Schließlich könnten gegen eine Dogmatik, die die heutigem Denken so schwer zugängliche christologische und trinitarische Thematik voranstellt und danach erst den Menschen zum ausdrücklichen Thema macht, vom Anliegen der Vermittlung her Bedenken vorgebracht werden. Wir hatten dieses Anliegen ja in unsere Vorüberlegungen durchaus einbezogen. Wäre es in seinem Sinn nicht doch besser, bei der üblichen Anordnung zu bleiben und mit allgemeineren Erwägungen zur Gottesfrage und der Wirklichkeit des Menschen unter der Gottesfrage einzusetzen – also einen Weg zu gehen, der den heutigen Menschen gewissermaßen abholt bei Fragen, die ihm leichter zugänglich sind, um ihn dann erst zu einer Interpretation der großen Themen des kirchlichen Dogmas zu führen? Diese Frage ist zu bedenken. Ich möchte aber die Gegenfrage stellen, ob heute – wir leben ja nicht mehr in der Frühaufklärung des 18. und im Idealismus des 19. Jahrhunderts – eine Rede von Gott, von der Welt als Schöpfung und dem Menschen als Geschöpf und Sünder im allgemeinen und unter vorläufigem Absehen davon, wie dieser Gott sich in Jesus erzeigt hat, noch wirklich das leichter Zugängliche ist. Gewiß doch nicht in dem Sinn, daß durch die Voranstellung jener Themen der Rede von Gottes Selbstbekundung in Jesus eine Begründung von allgemein Einleuchtendem her „vermittelt" werden könnte. Und sind nicht gewisse Elemente einst gängiger Gottesvorstellung in der Sicht moderner Religionskritik teilweise zu einem solchen Zerrbild himmlischer Tyrannei geworden – ich denke u. a. an Tilmann Mosers „Gottesvergiftung" –, daß es gerade auch deshalb geraten ist, dem von vornherein mit der Rede von dem durch *Jesus* bezeugten und in ihm gegenwärtigen Gott zu begegnen?

Mit alledem soll für die hier gewählte Gliederung nicht der Anspruch erhoben werden, sie allein sei die sachgemäße. Aber neben der sonst üblichen darf wohl auch sie als sinnvolle Möglichkeit der Anordnung einer zu entfaltenden Dogmatik gelten.

Erster Teil: Die Wirklichkeit Gottes

I. Kapitel: Der von Jesus Christus bezeugte Gott – der Vater

Vorbesinnung

Wir wollen von der Wirklichkeit Gottes reden aufgrund seiner Selbstbekundung in Jesus Christus. Es könnte sich also nahelegen, sofort mit der Entfaltung einer Christologie und das hieße: mit dem Thema der Gegenwart Gottes in der Person Jesu selbst einzusetzen.

Aber wenn unser Reden von Gott in Jesus Christus begründet ist, so besagt dies ja nicht, daß in ihm ein Gott erschienen wäre, der zuvor schlicht abwesend gewesen wäre, mit Mensch und Welt überhaupt nichts zu tun gehabt hätte. Es besagt erst recht nicht, daß zuvor überhaupt kein Gott gewesen wäre und daß in Jesus der Mensch erschienen wäre, den wir nun (etwa aufgrund seiner überragenden Menschlichkeit) „Gott" nennen. Gerade *wenn* wir unser Reden von Gott bei Jesus festmachen, kann es derartiges nicht besagen wollen. Denn er selbst setzt ja den Gott voraus, der ihn gesendet hat. Er kommt von diesem Gott her. Er bezeugt ihn als den Herrn und Schöpfer, er nennt ihn seinen und unsern Vater. Er setzt auch schon ein Kundwerden dieses Gottes voraus, die Geschichte seiner Selbstbekundung an Israel, und er versteht sich selbst und seine Sendung im Zusammenhang dieser Geschichte.

Wir folgen dem, indem wir nun doch nicht sofort mit der Entfaltung der Christologie einsetzen, sondern mit dem, was durch Jesus Christus selbst vorausgesetzt wird: mit der Wirklichkeit Gottes, so wie er ihn bezeugt als den Gott, der ihn gesandt hat, den Vater, den Schöpfer und „Herrn des Himmels und der Erde" (Mt 11,25), den Gott, der zu Israel durch die Propheten geredet hat. Aus der christologischen Bestimmung unseres Redens von Gott treten wir damit nicht heraus. Denn wir lassen das, was von Gott dem Schöpfer zu sagen ist, nicht von der Prämisse eines „allgemeinen" Gottesgedankens bestimmt sein, sondern eben dadurch, daß, wie und als wen Jesus Christus diesen Gott bezeugt, von dem er herkommt. Wir lassen sie damit auch von der besonderen *Geschichte* der Bekundung dieses Gottes bestimmt sein, die Jesus voraussetzt. In dieser Geschichte seiner auf Jesus hin zielenden und von ihm her zu verstehenden Bekundung suchen wir das Kriterium der Wahrheit (oder ihres Verfehlens) in allem, was sonst von dem Wesen des Gottes, der in der Tat schon immer mit Welt und Mensch zu tun hat, gedacht und gesagt werden mag.

Es soll darum der gedanklichen Entfaltung vorweg zunächst der Versuch gemacht werden, diese besondere Geschichte in kurzen Zügen ihrer biblischen Bezeugung nachzuerzählen[1]. „Narrative Theologie" – das kann natürlich nicht bedeuten (und ist da, wo dieses Leitwort in der heutigen Diskussion laut wird, auch nicht so gemeint), daß Dogmatik nichts zu tun hätte als biblische Geschichte zu erzählen. Die Dogmatik muß gedanklich verarbeiten, Begriffe bilden, argumentieren. Aber eine christliche Lehre von Gott muß wissen, daß der Grund und das Kriterium ihrer argumentierenden Aussagen nicht ein Prinzip ist, ein Grund*gedanke*, aus dem sie deduktiv zu entfalten wären, sondern eben diese in Jesus Christus zu ihrem Ziel kommende *Geschichte*.

Die Bibel setzt ein mit dem Schöpfungswerk Gottes, erzählt von dem ersten Menschenpaar und dann von der universalen Ausbreitung der Menschen über die Erde. Aber daraus wird zunächst eher eine Geschichte fortschreitender Verborgenheit Gottes und fortschreitenden Dahinlebens dieser Menschheit abseits von Gott (wenn auch gewiß nicht ohne „Götter"). Wenn die biblische Urgeschichte das im Zusammenhang sieht mit einem „Sündenfall" der ersten Menschen und ihrer Vertreibung aus dem Paradies eines „Urstandes", so ist damit – wie mit dem Schöpfungsbericht selbst – angesprochen, was aller konkret erfahrenen Geschichte vorausliegt, wovon sie immer schon herkommt. In Israel konnte eine prophetische Schau dieses Vorausliegenden erst erwachen aus den Erfahrungen seiner besonderen Heils- und Unheilsgeschichte mit dem Gott, der sich ihm *bekundet* hat und der damit in jenes Dahinleben der Menschheit im Abseits von ihm *hereingekommen* ist. Diese Geschichte des Hereinkommens Gottes in das Abseits wollen wir in ihrer biblischen Bezeugung nacherzählen. Sie beginnt mit Abraham. Sie führt zu Jesus. Unsere Frage soll sein: Als wer hat Gott sich in ihr gezeigt?

1. Gott ruft mitten aus dieser im Abseits von ihm lebenden Menschheit bestimmte Menschen heraus. Er ruft den Abraham. Damit fängt seine Geschichte mit den Erzvätern an. Und nachdem diese Geschichte in der Integration

---

[1] Die Anregung zu diesem Versuch verdanke ich vor allem der Gotteslehre von Friedrich Mildenberger (Tübingen 1975).

ihrer Nachkommen in die ägyptischen Frondienste aufgesaugt und ausgelaufen scheint, ruft er aufs neue den Mose. Damit fängt seine Geschichte mit dem Volk Israel an.
Was geschieht da? Nicht ein allgemeines religiöses Wissen und Praktizieren, von dem diese Menschen schon herkommen, wird bestätigt, vertieft und ein Stück weiter geführt. Es fängt etwas ganz Neues an. Gott ruft aus seiner bisherigen *Unerkanntheit* heraus diese Menschen an. Er ruft sie damit aus ihrem ganzen bisherigen Lebensmilieu einschließlich ihres religiösen Milieus *heraus* – bei Abraham und dann wieder bei Mose und dem in Ägypten niedergelassenen Israel wird dieser Exodus ja geradezu geographisch sinnenfällig – und bringt sie auf einen *besonderen* Weg: den Weg seiner Geschichte mit ihnen.

2. Was ist die *Grundbestimmung* dieser Geschichte? Vor allem „Sachlichen", was diesen Menschen nun an Gütern zuteil werden und an Pflichten zukommen soll, muß gesagt werden: Es geht um den Anfang und das Durchhalten eines *Zusammenseins* mit Gott „in Person". Dieser Gott will von nun an mit diesen Menschen zusammensein. Er ruft sie in ein intensives Verhältnis zu ihm selbst, und alles, wozu er sie sonst ruft, folgt erst daraus. Seine Grundzusage ist von Anfang an Präsenzzusage: Ich bin der Herr dein Gott. Ich werde *mit dir sein*. Auf die Frage des Mose, wer denn dieser Gott und welches sein Name sei, folgt nicht eine Wesensbeschreibung, sondern jenes rätselhafte „ehje ascher ehje", das man vielleicht so übersetzen darf: Ich werde dabei sein. Ich bin der, der dabei sein wird[2]. Und der Grundanspruch dieses Gottes in allem, wozu er diese Menschen überhaupt beansprucht, ist: daß sie ihm zugehören, mit ihm zusammensein sollen, wie er mit ihnen zusammensein will – ihr sollt mein Volk sein.

3. Nun fragen wir ein erstes Mal: *Von welcher Art* erweist sich dieser Gott in seinem Gemeinschaftswillen?
Er ist äußerst exklusiv. Man kann nicht mit ihm zusammensein und sich zugleich an andere Gestalten des Göttlichen halten. Er will nicht für eine Manifestation oder Personifikation des Göttlichen neben andern gehalten werden, ist nicht mit andern Gestalten austauschbar, in sie übersetzbar (wie das sonst in der antiken Religionswelt gang und gäbe war). Er will *allein* der Gott dieses Volkes sein. Er hält strikt auf seiner Unterscheidung von den unpersönlichen (oder auch wieder vielfach personifizierbaren) Kräften der Natur, Fruchtbarkeit, Gestirne usw., in denen man sonst das Göttliche zu erleben meinte und verehrte. Er erklärt also diese Kräfte gerade für *nicht* göttlich. Er trennt damit die, mit denen er sein will und die mit ihm zusammensein sollen, auch von dem, was um sie herum als Religion ausgeübt wird.
Zunächst und im Blick auf den Weg dieses Gottes mit Israel muß aber hinzugefügt werden: Er will *in* seiner Gegenwart zugleich in einem bestimmten Sinn ungreifbar, unverfügbar bleiben. Auffällig drückt sich das darin aus, daß er nicht duldet, daß sein Volk sich seiner Gegenwart in einem Bild versichert –

---
[2] Ich folge dabei dem Interpretationsversuch Fr. Mildenbergers, Gotteslehre S. 79f.

Bild würde ja eben bedeuten (und das bedeutete es auch da, wo man Gottesbilder hatte): Das Göttliche steckt in der Kraft der Natur, die im Bild dargestellt wird, etwa als Stier, und im Bild hat man die Präsenz des Gottes greifbar. Gerade so will der Gott Israels nicht gegenwärtig sein. Er läßt sich mit nichts identifizieren. Man kann ihn nicht veranschaulichen. Ja es ist wie eine lebensgefährliche Spannung zwischen dem, wer dieser Gott wirklich ist und wie die Menschen sind, denn selbst zu Mose wird gesagt: Mein *Angesicht* kannst du nicht sehen – der Mensch, der mich sieht, müßte sterben. Gleichwohl manifestiert er sein *Dabei-sein* aufs Nachdrücklichste durch sein *Wort*, das *gehört* sein will. Auch sein Wort ist nicht einfach jedermann und jederzeit greifbar und verfügbar – es *ereignet sich*, geschieht immer neu, überraschend und oft sehr quer zu den selbstverständlichen Erwartungen. Das Leben des Volkes mit Gott hängt daran, daß dieses Wort nicht aufhört zu geschehen. Es geschieht durch den Mund von Menschen, die dazu beauftragt und ergriffen werden – oft geradezu von dem Auftrag überfallen werden, dieses Wort auszurichten, und die dazu je und je von dem „Geist" Gottes getrieben werden, ohne daß dieser Geist ein Dauerbesitz von irgend jemand oder gar von allen wäre.

4. Wie sieht die *Gestalt* der Geschichte mit Gott aus, in die das Volk hineingerufen wird?

Das Dabeisein dieses Gottes erweist sich in *Heilstaten*. Gott gibt etwas. Er gibt unerwartete Lebensmöglichkeiten. Oder: Er hilft heraus, wirkt unerwartete Rettung aus ausweglosen Bedrängnissen. Zunächst sind das, vom Phänomen her gesehen, ganz „weltliche" Dinge: Dem aus seinem Heimatmilieu herausgerufenen Abraham wird ein neuer Lebensraum gegeben, Herdenbesitz, schließlich – als das menschlich überhaupt nicht mehr zu erwarten ist – der Sohn und Erbe. Das in Ägypten unterdrückte Volk wird aus dieser Knechtschaft herausgeführt, vor seinen Verfolgern gerettet, ihm wird ein eigenes Land gegeben, ein in der Sicht der die Steppen durchwandernden Hirten reiches Land, darin darf es seßhaft werden. Als dann die Fremdvölker, Midianiter, Philister usw. einfallen und ihm dieses Land rauben wollen, werden Männer erweckt, durch die dem Volk immer wieder Rettung aus solcher Bedrängnis geschieht. Das alles sind, als Phänomen gesehen, Vorgänge weltlicher, menschlicher Geschichte – man könnte sagen: Derartiges ging in der Geschichte ja auch sonst vor sich. Als Erweisungen seines *Gottes* werden sie Israel kenntlich durch das Wort, mit dem dieser Gott durch den Mund seiner Beauftragten verheißt: *Ich* werde das tun, und solches Geschehen kennzeichnet: *Ich* habe das getan. Daran sollt ihr erkennen, daß ich der Herr, euer Gott bin.

Und nun beansprucht Gott das Volk dazu, diesem seinem Selbsterweis zu entsprechen. Dieses Entsprechen soll sich erweisen in *Glauben*, d. h. darin, daß dieses Volk sich auf das Dabeisein und die Zusage seines Gottes verläßt und auf nichts anderes, vor allem nicht auf seine eigene Kraft. Solcher Glaube entspricht Gott, weil er seine Gegenwart wirklich und praktisch „wahrhat", anstatt an ihm vorbei von andern Vertrauensgründen zu leben. Dieses Entsprechen soll dann auch Gestalt gewinnen in dem *mitmenschlichen Verhalten*, in das die Gebote Gottes einweisen. Die Glieder seines Volkes sollen seiner Zuwendung antworten, indem sie auch einander als die mit diesem Gott Zusammengehörenden Zuwendung und Bruderschaft erweisen. Zur Gestalt der Geschichte Gottes mit diesem Volk gehört vor allem auch, daß sie *auf Zukunft hinzielt*. Mit den Heilserweisen verbinden sich immer wieder Heils*verheißungen*, die Ansage von Zukünftigem, das Gott tun wird. Gott ist darin so der Gegenwärtige, daß er sich zugleich als der zu Größerem Kommende ansagt. Seine Geschichte mit diesen Menschen hat wirklich den Charakter eines *Weges*, der auf ein *Ziel* zugeht. So soll auch der Glaube, mit dem diesem Gott entsprochen wird, ein erwartender, auf das Neue und Größere, das Gott heraufführen wird, hoffender Glaube bleiben. Pervertiert wird er, wenn aus ihm ein Sichfestsetzen im Gegebenen wird, aus den Erweisungen des Gottes, der weiterführen will, ein Besitzen von „Sachen", auf die man sich verläßt und in denen man sich niederläßt; wobei diese Verkehrung der Gotteserweisungen in Besitz sich dann auch in der sozialen Ebene als Perversion der Bruderschaft in wirtschaftliche Herrschaft von Besitzenden über Besitzlose zeigen wird. Am Rand der alttestamentlichen Prophetie, aber in einer ersten Ansage doch schon in der Verheißung, mit der Abraham auf den Weg geschickt wird, scheint auf: Dieses Hinzielen auf Zukunft hat *universale Weite*. Gott fängt seine besondere Geschichte mit diesem einen Volk nicht an, um mit ihm eingeschlossen und allein zu bleiben. Er zielt mit dieser Geschichte letztlich auf alle Völker („in dir sollen gesegnet werden alle Geschlechter der Erde"). Als Geschichte mit Israel hat sie exemplarischen Charakter. Israels Weg mit diesem Gott soll ausstrahlen und herberufen. Durch sein glaubend-bruderschaftliches Leben in Entsprechung zu Gott soll unter den Völkern, die abseits von seiner Gegenwart leben, der „Name" dieses Gottes bekannt werden (wie dieser Name umgekehrt durch das Nichtentsprechen des Volkes verdunkelt, entstellt und verlästert wird). Und letztlich sollen die Völker *herzukommen* zu dem Gott, der Israel herausgerufen hat.

5. Aber nun wird aus der Geschichte dieses Volkes mit Gott alsbald eine Geschichte von *Katastrophen*. Einen starken Eindruck davon kann man bekommen, wenn man einmal das 2. bis 4. Buch Mose (vielleicht mit Auslassung der vielen Gesetzesvorschriften im 3. Buch) in einem Zug liest. Der strahlende Anfang mit dem Selbstzerweis Jahwes in seiner Rettungstat, die einen neuen Weg in seiner Führung eröffnet – und dann sofort: das goldene Kalb, der Ausbruch des Volkes aus diesem neuen Weg, sein Zurückstreben zu den „Fleischtöpfen Ägyptens". Und dann die lange Wüstenwanderung: eine einzige Kette von Abfällen und Strafgerichten, in denen alles immer wieder in Frage gestellt wird. Keiner aus der ersten Generation kommt wirklich in das verheißene Land, nicht einmal Mose. Und als die Nachkommen dann doch hineinkommen, geht das so weiter: Gott gibt Neuanfänge, das Volk fällt ab und zieht sich Katastrophen zu, bis hin zu der definitiven Katastrophe des Exils. Es ist geradezu eine sich immer wiederholende, auch an Einzelgestalten wiederholende Grundsignatur dieses Geschichtsweges: Der von Gott geschenkte Anfang und sein Untergehen in menschlichem Versagen. Strahlender Anfang Sauls, und seine Verdüsterung in Ungehorsam, geistiger Verwirrung und

Selbsttötung. Anfang Salomos im Licht der Weisheit, die er von Gott erbittet und empfängt – und das Verdämmern in dem Götzendienst, zu dem seine ausländischen Frauen ihn verleiten. Hiskia aus schwerer Krankheit errettet – und dann prahlt er vor den fremden Gesandten mit den Schätzen des Tempels und Palastes und zieht sich die prophetische Ansage zu, durch eben diese Fremden werde einst dies alles weggenommen werden, über dessen Besitz er sich gerühmt hat. Man könnte diese Reihe von Exempla derselben Struktur lange fortsetzen, das Alte Testament ist voll davon.

Darin erweist sich, daß das Volk, das Gott herausgerufen hat, die Existenz im Zusammensein mit ihn nicht durchhält. Es *kann* diesem Gott nicht entsprechen. Es hält den Glauben, das Vertrauen auf seine ungreifbare Gegenwart nicht durch, muß sich immer wieder den als Naturkräfte und im Bild greifbaren „Göttern" seiner Umwelt zuwenden. Es hält die hoffende Ausrichtung auf den Geber nicht durch, muß aus seinen Gaben die „Sache" machen, die man besitzt und in der man Sicherheit sucht. Es hält das Leben in den Geboten Gottes nicht durch, macht aus der Bruderschaft derer, die von der Zuwendung Gottes leben, die Ungerechtigkeit, in der die einen an sich reißen, was sie können, und die andern unterdrückt werden. Die Geschichte Israels mit Gott wird zur Geschichte seines *Scheiterns* an diesem Gott. Auch das hat, wie die ganze Geschichte dieses Volkes, exemplarische Bedeutung. An dem Gott, der *hier* hervorgetreten ist, erweist sich (im Unterschied zu den „Göttern", mit denen man so oder so ins Reine kommt) der Mensch so, wie er faktisch ist, als der, der Gott nicht entspricht und nicht entsprechen kann. Hier wird der *Konflikt* zwischen Mensch und Gott akut.

6. Wir wenden uns erneut der Frage zu, von welcher Art Gott selbst sich in dieser Geschichte erweist. Nun erweist auch er sich keineswegs als so erhaben und unberührbar, daß er über dieses Versagen des Menschen mit überlegener Ruhe hinwegsieht. Der Gott Israels erweist sich im Gegenteil als höchst irritierbar, leidenschaftlich, verletzlich. Fast möchte man sagen: Auch dieser Gott erweist sich als *menschlich* in seiner Verletzbarkeit durch die Menschen, mit denen er zusammensein will. Er kann ihren Widerspruch zu seinem Gemeinschaftswillen nicht ertragen. Sein *Zorn* entbrennt an dem immer neuen Abfall seines Volkes, und seine Gerichte steigern sich bis dahin, daß schließlich alles zurückgenommen wird und verloren ist, was diesem Volk bisher an Unterpfändern seiner Zuwendung und Gegenwart gegeben war: das Land, der Tempel, die Bundeslade. Gott stößt sein Volk aus allen bisherigen Erfüllungen wieder aus, zurück in eine neue ägyptische Knechtschaft in der Gestalt des babylonischen Exils. Er gibt sein Eigentumsvolk den Fremdvölkern preis bis zum Nullpunkt. Ist auch dieser *Gott* nun gescheitert mit dem, was er sich in seiner Geschichte mit diesem Volk vorgenommen hatte? Haben sich nun die Götter der siegreichen Babylonier wirklicher und wirksamer erwiesen als der Gott Israels?

7. Gerade aus diesem Nullpunkt heraus geht vielmehr Gottes Geschichte mit Israel weiter, wird ein neuer Anfang gesetzt. Äußerlich hängt das wieder mit ganz weltlich-geschichtlichen Vorgängen zusammen: Jetzt kommt der Stärkere

über den Starken, der Perser über den Babylonier. Der neue Herrscher läßt die Gefangenen frei, sie dürfen heim in das Land, aus dem sie ausgestoßen waren. Über dem allem wird aber von neuem das *Wort* des Gottes Israels laut. Durch dieses Wort wird qualifiziert, was auf der weltlich-politischen Ebene geschieht. Jahwe ist in Wahrheit der Stärkere, der über den Starken gekommen ist und ihm seinen Raub abnimmt. Die politischen Mächte sind die Werkzeuge *seiner* Hand. Durch die Babylonier hat *er* richtend an seinem Volk gehandelt, durch den Perser straft *er* den Übermut des Babyloniers, ist *er* es, der seinem Volk den neuen Anfang gibt.

Sein Wort wird jetzt, nachdem es zuletzt nur noch radikales Gerichtswort gewesen war, zum radikalen Aufrichtungswort: „Tröstet, tröstet mein Volk". Nachdem es zuletzt nur noch von Ende und Tod geredet hatte, sagt es jetzt neues Leben aus einem Feld von Totengebeinen an. Es wird zu neuer Verheißung, die in neue Zukunft weist – diesmal Verheißung, die alles Erwartbare, realisierbar Scheinende maßlos übersteigt – ein Friedensreich, das alle Völker vereinen wird, in dem aller Streit zwischen Mensch und Mensch, zwischen Mensch und Natur, ja auch in der Natur zwischen Tier und Tier zu Ende sein wird; ein Israel, das seinem Gott *wirklich* entsprechen wird, zu dem wirklich alle Völker hinzukommen, um mit ihm vereint Gott zu preisen – eine Zukunft, in der der Konflikt zwischen Mensch und *Gott* zu Ende sein wird, und darum auch alle jene andern Konflikte.

8. Ein drittes Mal: Als wer erweist sich Gott selbst in diesem Licht des neuen Anfangs?

Er, der Gott *Israels*, wird nun endgültig erkennbar als der Herr der Welt – die andern Götter sind nicht nur die Götter der Andern, denen Israel nicht dienen soll, sie sind „Nichtse". Der Gott, der aus Ende Anfang, aus Tod neues Leben macht, der jetzt als Letztziel seiner Geschichte mit Israel die Zukunft einer unvorstellbar neuen Gestalt der Welt ansagt, Völker und Natur umfassend, gibt sich darin zu erkennen als der *Schöpfer*, von dem alles Leben herkommt und dessen Zukunftswille darum auch alles umfaßt.

Jetzt wird durch sein höchst veränderliches Handeln hindurch seine *emet* erkennbar, seine Beständigkeit und Treue in dem, worauf er aus ist – nicht die Beständigkeit einer von menschlichem Verhalten und Fehlverhalten unberührbaren Erhabenheit, sondern die Beharrlichkeit seines leidenschaftlichen Willens, die sich immer wieder Abkehrenden dennoch und endgültig zu sich zu ziehen. Weil dieser Wille leidenschaftlich ist, kann er die Abkehr des Menschen nicht ertragen; aber das Geheimnis seines Zornes ist nicht die Rachsucht, die mit ihrem Feind „fertig ist" und ihn abtun will, sondern der Eifer der leidenschaftlichen, an und um den Menschen leidenden Liebe, die ihn aus seiner Abkehr und Verhaftung an falsche Götter und Lebensquellen herausgewinnen, fast möchte man sagen heraushauen will. „Sein Zorn währt eine kurze Zeit, aber in Ewigkeit seine Gnade" (Ps 30,6).

Jetzt wird aber auch vollends deutlich: Es war und ist wirklich alles ungeschuldete Gnade: die Erwählung Israels, der Anfang der Geschichte Gottes mit diesem Volk, und erst recht das Festhalten Gottes an dieser Erwählung, das aus dem Nullpunkt heraus den neuen Anfang wirkt. Nicht Israel hat sich qualifiziert, weder für jenen Anfang noch für diesen Neuanfang. „Nicht daß du mich gerufen hättest, Jakob, oder daß du um mich gearbeitet hättest, Israel. Mir hast du Arbeit gemacht mit deinen Sünden und hast mir Mühe gemacht mit deinen Missetaten. Aber ich, ich tilge deine Übertretungen um meinetwillen und gedenke deiner Sünden nicht." (Jes 43,22 ff.). Um meinetwillen: Weil ich so handeln *will*, trotz allem was dagegen steht, und mich gerade so als *Gott* erweisen will.

9. Aber damit haben wir weit vorausgegriffen, im Grunde schon bis ins Neue Testament. Besser gesagt: Die Verheißungen Gottes greifen jetzt so weit voraus. Ihrer Größe gegenüber bleibt das tatsächliche Leben der aus dem Exil Zurückgekehrten zunächst ein sehr kümmerlicher Neuanfang. Ja gerade jetzt führt die Glaubensgeschichte dieses Volkes in letzte *Fragen*, denen gegenüber bisherige Antworten kraftlos werden und denen letztgültige Antwort noch nicht gegeben ist.

Verheißen ist eine Zukunft, in der Gott selbst in unverbrüchlicher Gemeinschaft, die durch nichts mehr in Frage gestellt wird, inmitten seines Volkes wohnen wird; in der sein Volk ihm endlich ganz und wahrhaft entsprechen wird, weil ihm sein Gesetz nicht mehr Vorschrift von außen, sondern durch den Geist ins Herz geschrieben ist (Jer 31,31; Hes 36,26f.). Aber der neue Anfang hat noch kein neues Volk geschaffen, es ist immer noch das Volk, das seinem Gott nicht entspricht. Und die Bemühung, diese Entsprechung durch peinlichstes Einhalten der in eine Vielzahl aufgegliederten Vorschriften des Gesetzes schließlich doch als menschliche *Leistung* zu erbringen (und damit den Anbruch der Heilszeit herbeizuzwingen), kann nicht zum Ziel führen.

Verheißen ist eine Zukunft, in der alle Völker mit Israel zusammen im Frieden um Gott versammelt sein werden. Aber noch ist Zwiespalt zwischen Israel und den Völkern, und er verschärft sich unter der Okkupation des Landes durch die heidnischen Fremdmächte in extremen Strömungen des Judentums bis hin zu einem Haß, der sich die Heilszukunft nur noch als *Umkehrung* der Machtverhältnisse, als Weltherrschaft Israels und Ausrottung der Feinde vorstellen kann. Die Frage nach der Überwindung des Zwiespalts bleibt offen. – Verheißen ist die Zukunft unüberbietbarer Lebens- und Freudenfülle. Aber im Widerspruch dazu steht die Knechtung der Menschen unter vielfaches und schweres Leiden. Die alte Antwort, daß solche Leiden als Strafen Gottes über besonders schwere Versündigungen zu verstehen seien, trägt nicht mehr, wie sich an Hiob zeigt. Aber die *Antwort* auf die Frage: Gottes Heilswille und menschliches Leiden bleibt offen – gerade im Hiob-Buch. Im Widerspruch zu Gottes alles Erwartbare übersteigender Verheißung steht vor allem die Herrschaft des *Todes*. Das alte Israel vermochte über diese Grenze nicht hinauszuhoffen; es verstand seinen Gott als einen Gott der Lebenden – mit dem Tod hat er keine Berührung und die Toten fallen aus dem Verhältnis zu ihm hinaus, einem nichtigen Schattenreich anheim. Die gesteigerte Zukunftsansage ruft das Hoffen auch über diese Begrenzung hinaus, und spät erwacht in Israel die Erwartung, Gott werde die Toten auferwecken. Sie ist aber nicht unbestritten.

Die Frage nach der Überwindung der den Menschen von Gott trennenden Macht des Todes ist aufgebrochen, aber sie bleibt noch offen.

10. Soweit die Geschichte Gottes mit Israel, die Vorgeschichte seiner in Christus geschehenen Selbstzusage. Wir haben diese Geschichte hier nicht so erzählt, wie sich ihre Ereignisse in einer historischen Analyse darstellen würden, die sie als einen Ausschnitt menschlicher Geschichte untersucht unter Absehen von der Frage, ob und was Gott mit dieser Geschichte zu tun hat. Wir haben sie so erzählt, wie sie in Israel als Geschichte mit Gott erfahren und in der Prophetie des Alten Testaments als solche verstanden und gedeutet wurde. Und wir haben den Duktus dieser Prophetie, deren theologische Linien unter sich ja nicht durchweg einheitlich sind, unter der nun freilich christlichen Voraussetzung nachgezeichnet, daß es um die Glaubensgeschichte geht, die Gott auf sein Kommen in *Jesus Christus* hin mit diesem Volk eingegangen ist; um den Gott, der in allen seinen Bekundungen, seinen Zuwendungen und Gerichten auf *dieses* Ziel zugeht.

Wir können hier noch nicht Christologie vorweg entfalten. Aber wenn die Geschichte, die wir erzählt haben, von ihrem Ziel her verstanden sein will, so soll dieses selbst jetzt zumindest im Umriß angesprochen werden.

Was ist in Jesus Christus geschehen?

Der Gott, der sich jeder Identifizierung durch Menschen mit solchem, was sie sich als göttlich dachten und wünschten, entzogen hatte, identifiziert sich jetzt selbst. Er identifiziert sich mit einem Menschen, der in das Äußerste menschlicher Niedrigkeit und Verlorenheit kommt. In ihm gibt Gott mit sich selbst die Antwort auf die großen offenen Fragen:

Er selbst kommt in dem gekreuzigten Jesus in den Tod und das Gericht derer, die durch Schuld von ihm geschieden waren, versöhnt sie mit sich selbst, macht sie zu seinen Angenommenen. In der Auferweckung des Gekreuzigten macht er ihren Tod aus dem Ort ihrer Gottverlassenheit zum Eingang in die Vollendung ihres Zusammenseins mit ihm.

Gott selbst verwirklicht in Jesus den Menschen, der ihm in Wahrheit entspricht, und bringt ihn auch in uns auf den Weg durch die Schöpferkraft seines Geistes, der mit Jesus verbindet und *in* uns wirkt, was wir *aus* uns nicht erbringen können.

Gott selbst überschreitet nun auch die Kluft zwischen Israel und den Völkern, indem er seine Selbstzusage in Jesus allen Menschen gelten und in aller Welt ausrufen läßt, indem das Glauben schaffende Wirken seines Geistes alle menschlichen Scheidungen aufhebt.

Aber damit ist Gott selbst noch unterwegs. Das Zusammensein der Menschen im Frieden mit ihm und im Frieden untereinander ist in seinem Kommen zum Menschen in Jesus *begründet*. Aber noch sind viele nicht *eingeholt* in diesen Frieden. Noch steht die Erfüllung der prophetischen Ansage aus, daß die ganze Schöpfung zum Friedensreich Gottes werden soll. Noch ist Streit in der Welt, zwischen den Völkern, in den Christen selbst zwischen dem, was der Geist Gottes wirkt und dem, was ihm widerspricht. Gottes Geschichte mit den Menschen ist noch nicht zu Ende; sie geht weiter als die Geschichte ihrer Einholung zu der Zukunft, die in Jesus Christus begründet ist.

Wir fassen in einigen vorläufigen, späterer Entfaltung und Interpretation bedürftigen Formulierungen zusammen, was sich aus der Geschichte, die wir uns vergegenwärtigt haben, ergeben hat zu der Frage: Wer und wie ist der Gott, der sich hier erzeigt?

1. Dieser Gott ist nicht jederzeit und von vornherein in menschlicher Selbst- und Welterfahrung erfaßbar. Es muß von ihm her *geschehen*, daß er erkannt wird. Er *gibt* sich zu erkennen in besonderem Geschehen.
2. Gott entzieht sich dem „Bildnis und Gleichnis", er läßt sich nicht durch das Bild der in Natur und Geschichte wirksamen Kräfte repräsentieren. Er identifiziert sich selbst durch sein *Wort* – und zuletzt in dem Menschen *Jesus* als der Persongestalt dieses Wortes.
3. Gott unterscheidet sich von dem, was Welt und in der Welt ist, als der schlechthin Überlegene. Er ist der Welt aber handelnd gegenwärtig; er geht mit dem Menschen in der Welt eine *Geschichte* ein, die auf Zukunft hin zielgerichtet ist.
4. Diese Geschichte offenbart den *Konflikt* zwischen Mensch und Gott, der nur durch Gott selbst überwunden werden kann und überwunden wird. Gott verharrt darin nicht unveränderlich und unberührbar in sich selbst, sondern erweist sich als bewegbar, durch das Verhalten des Menschen betroffen und darauf reagierend, in Zuwendung und Gerichten und neuer Zuwendung *verschieden* reagierend, *beständig* aber darin, daß er auch durch katastrophale Wendungen dieser Geschichte hindurch sein Ziel mit Mensch und Welt nicht aufgibt.
5. Sein auf dieses Ziel gerichteter Wille darf von Jesus Christus her als der Wille einer un-bedingten, allen Widerstand überwindenden *Liebe* verstanden werden.

Wenn wir nun zur dogmatischen Reflexion der Wirklichkeit Gottes übergehen so, wie sie von Jesus Christus vorausgesetzt und bezeugt wird, so entspricht das thematisch den Aussagen des ersten Glaubensartikels. Wir werden zu reden haben von dem „Sein" und „Wesen" Gottes (die Anführungszeichen mögen als vorläufiger Hinweis darauf verstanden werden, daß die Anwendung dieser abstrakten Begriffe auf den lebendigen Gott nicht ohne Probleme ist), und wir werden in diesem Zusammenhang die Bedeutung des Vater-Namens im Gotteszeugnis Jesu zu bedenken haben. Wir werden sodann von dem Schöpfer-sein Gottes zu reden und in diesem Zusammenhang die Bezeugung seiner Allmacht durch Jesus zu bedenken haben. Der dogmatischen Entfaltung dieser Themen soll ein § vorangestellt werden, der über die Gottes- und Schöpfungslehre in der kirchlichen Lehrüberlieferung orientiert und darauf hinweist, daß und warum diese Lehrüberlieferung heute weithin unglaubwürdig erscheint und abgelehnt wird. Denn beides, die kirchliche Lehrüberlieferung wie ihre moderne Infragestellung, gehört ja zu der geschichtlichen Situation, in der unsere dogmatische Besinnung geschieht und mit der sie sich auseinanderzusetzen hat. Richtungweisend für diese Besinnung und Auseinandersetzung soll sein, was wir an der Geschichte der Selbsterweisung Gottes, die wir nachzuerzählen versucht haben, erkennen konnten und in vorläufigen Formulierungen zusammengefaßt haben.

§ 6. Die Gotteslehre der kirchlichen Lehrüberlieferung und ihre moderne Infragestellung

1. Die Lehrüberlieferung

Wir geben sie hier im wesentlichen in derjenigen Gestalt wieder, die sie im System der altprotestantischen Orthodoxie gewonnen hat. Da die altprotestantische Dogmatik gerade im Bereich der Gotteslehre weitgehend Elemente der vorreformatorischen theologischen Tradition übernommen hat, werden diese mit zur Sprache kommen.
Die altprotestantischen Theologen verstehen ihre Aussagen von Gott als im biblischen Offenbarungszeugnis, aber zumindest teilweise auch in einem dem Menschen allgemein möglichen Wissen um die Wirklichkeit Gottes begründet. Dies steht unter der (bereits in § 1, 2.2 dargestellten) Voraussetzung einer zweifachen Offenbarung Gottes: der Schöpfungsoffenbarung durch das „liber naturae", und der durch das „liber scripturae" bezeugten Heilsoffenbarung in Christus.
Unter dieser Voraussetzung werden im allgemeinen folgende Themen behandelt:
Gründe der Gewißheit um die *Existenz* Gottes,
Gottes *Wesen* und seine *Eigenschaften*, wie sie dem einen Gott zukommen noch abgesehen von seiner Dreipersönlichkeit,
das Geheimnis der *Dreieinigkeit* Gottes,
das Wirken Gottes in *Schöpfung* und *Vorsehung* und sein Verhältnis zum Wirken der Geschöpfe.
Wir geben die Aussagen der älteren Tradition zu diesen Themen hier in Grundzügen wieder unter vorläufiger Ausklammerung ihrer Trinitätslehre. Diese wird in einem späteren Zusammenhang darzustellen sein.

1.1. Die Gewißheit um die Existenz Gottes

Als *Glaubensgewißheit* ist sie für den Christen in dem biblisch offenbarten Wort und Handeln Gottes und dem die Schriftoffenbarung beglaubigenden Zeugnis des Heiligen Geistes begründet. So begründet bedarf der Glaube keiner stützenden Beweisgänge, um der Wirklichkeit Gottes gewiß zu sein. Die altprotestantischen Theologen sagen dies ausdrücklich. Sie sind aber überzeugt, daß ein allgemeines Wissen darum, daß Gott ist, und daß er der allmächtige Schöpfer, allweise Gesetzgeber und gerechte Richter ist, jedem Menschen ins Gewissen geschrieben und zugleich menschlichem Denken aus dem Anblick der Schöpfungswerke erschließbar ist. Die mittelalterliche Theologie hatte diese vernünftige Erschließbarkeit der Existenz Gottes zu förmlichen Gottes*beweisen* ausgearbeitet. Die Theologie der Reformatoren ließ solche Beweise gänzlich beiseite – obwohl auch hier ein allgemeines Wissen um die Wirklichkeit Gottes nicht in Abrede gestellt wurde, lag der Akzent doch ganz auf der Schriftoffenbarung als der Quelle, durch die Gott sich in der Wahrheit seines Wesens und Handelns zu erkennen gibt. Auch in der Folgezeit hielten die altprotestantischen Theologen fest, daß jenem Wissen um Gott ohne die Offenbarung der Schrift Gottes Heilswille und Heilswerk verschlossen bleibt und daß es darum auch nicht zu dem Glauben führen kann, der Heil empfängt. Dennoch legten sie zunehmend Gewicht darauf, auch die Quellen und Möglichkeiten jenes allgemeinen Wissens zu entfalten, und nahmen in diesem Zusammenhang seit J. Gerhard und in der späteren Phase der Orthodoxie auch die Erörterung der Gottesbeweise wieder auf. Der Glaube bedarf nicht der Beweise; aber im Blick auf den nicht oder noch nicht glaubenden Menschen war jenen Theologen der Hinweis auf die Möglichkeit solches Vor-Wissens um die Existenz Gottes wichtig. Sie sahen darin einen jeden Menschen treffenden Anreiz gegeben, nach tieferer Erkenntnis Gottes zu verlangen und sich so seiner Offenbarung durch die Schrift zu öffnen; und zugleich die Möglichkeit, den Gottesleugner zu widerlegen und die Unentschuldbarkeit menschlicher Abkehr von Gott ans Licht zu stellen.

Exkurs zu den Gottesbeweisen
Exemplarisch wurden sie ausgeformt in den fünf „viae" (= Beweiswegen) des *Thomas Aqu.* (STh. I/I, Q2, a 3). Auf ihn greifen teilweise auch die altprotestantischen Theologen zurück. Eine Sonderform ist der sog. „ontologische" Beweis des *Anselm*.
Die Beweise des Thomas gehen in ihrer Grundstruktur davon aus, daß durch

Tatsachen innerweltlicher Erfahrung transzendierende, d. h. aus innerweltlichen Größen nicht beantwortbare Fragen erwachsen. Beantwortung ist nur möglich durch die Annahme einer transzendenten Größe. Diese Größe wird mit Gott gleichgesetzt.
Der gemeinsame Grundgedanke der drei ersten „viae", die insgesamt Varianten des später sog. *kosmologischen* Beweises darstellen, kann folgendermaßen umrissen werden: Gegeben sind in unserer Welterfahrung nur solche Größen, deren Existenz durch andere Größen bedingt ist, die zuvor existieren, aber ihrerseits wieder durch vorhergehende bedingt sind usf. Es entsteht die Frage, wie diese Kette einander bedingender und durcheinander bedingter Größen überhaupt bestehen kann, wenn es *nur* solche Größen geben sollte. Woher sollte dann ihr erstes Glied kommen? Die Existenz dieser Kette ist nur zu verstehen, wenn wir die Existenz einer Größe voraussetzen, der *un-bedingtes* Sein (esse absolutum) zukommt, die also in Ewigkeit und aus sich selbst besteht. Diese bedingt das Existentwerden des ersten Gliedes und damit jedes weiteren innerhalb des Weltzusammenhangs. (Implizite Voraussetzung dieses Gedankengangs ist offenbar die zeitliche *Endlichkeit* der Welt und damit auch die numerische Endlichkeit der in ihr existent werdenden Größen. Sonst könnte ja geantwortet werden: Es war *innerhalb* der unendlichen Reihe des Ursache-Wirkung-Zusammenhangs immer schon etwas vorher – die Frage nach dem Zustandekommen eines „ersten" Gliedes ist gegenstandslos. Aber dieser Gedanke eines „regressus in infinitum" innerhalb einer als unendlich gedachten Welt ist für den mittelalterlichen Denker völlig absurd.)
Die vierte „via" des Thomas verläuft folgendermaßen: Gegeben ist an den innerweltlichen Größen die Erfahrung ihrer *Werthaltigkeit* – da gibt es Gutes, Schönes, Gerechtes usw. –; aber zugleich werden diese Werte an ihnen nur in begrenztem Maß und in abgestuften Graden mehr oder weniger verwirklicht erfahren. Alles Mehr oder Weniger setzt aber einen Höchstwert als Maßstab voraus, an dem es beurteilt wird je nachdem, in welchem Grad es ihm nahe kommt. Sollte es *nur* die innerweltlichen Größen geben, in denen die Werte immer nur begrenzt verwirklicht sind, wie und nach welchem Maßstab kämen wir überhaupt dazu, solche abstufenden Werturteile zu vollziehen? Es muß also die Existenz des absoluten Höchstwertes (summum bonum) vorausgesetzt werden. Von ihm her ist den empirischen Größen in verschiedenen Graden der Teilhabe ihre Werthaltigkeit mitgeteilt, und er ist der Maßstab ihrer abstufenden Beurteilung. (Implizite Voraussetzung ist das Verständnis der Werte als objektive Realität an den Dingen, die von einer objektiven Ur-realität herkommen muß. Die Vorstellung, Werte könnten etwas Subjektives, vom Menschen den Dingen Beigelegtes und der Maßstab könnte der Mensch selbst sein, nämlich in dem, was seinen Bedürfnissen mehr oder weniger gut entspricht, wäre jenem Denken ebenso fernliegend wie der regressus in infinitum.)
Die fünfte „via" des Thomas (sie entspricht dem später sogen. *teleologischen* Beweis) geht aus von der Befähigung der menschlichen Intelligenz, sich Ziele zu setzen und auf ihre Verwirklichung hin zweckmäßig zu handeln; zugleich aber von der Beobachtung sinnvoller und zweckmäßiger Einrichtung der nicht

von menschlicher Intelligenz geschaffenen Zusammenhänge und Abläufe in der Natur. Zu erklären sind sie nur durch die Annahme eines überweltlichen Wesens von höchster Intelligenz, durch das das Weltganze geschaffen wurde und regiert wird.

Diese Beweise, von Thomas klassisch formuliert, aber z. T. schon vor ihm ausgebildet, sind bis in die Aufklärung hinein immer wieder aufgenommen und variiert worden.

Der *„ontologische"* Beweis, den erstmals *Anselm* v. Canterbury in seiner Schrift „Proslogium" formuliert hat, geht einen anderen Weg. Er will die Existenz Gottes nicht durch Rückschluß aus Tatsachen der Welterfahrung, sondern aus dem inneren Gehalt des Gottesgedankens heraus erweisen.

Vorausgesetzt wird, daß wir den *Begriff* des vollkommensten Wesens („id quo maius cogitari nequit") in unserm Denken vorfinden. Somit existiert dieses Wesen zunächst als Gedanke (es hat ein „esse in intellectu"). Der Begriff „Vollkommenheit" schließt aber für Anselm reale Existenz in sich („esse in re" ist vollkommener als „esse in intellectu"). Wollte man also annehmen, „das vollkommenste Wesen" existiere *nur* als Gebilde unseres Denkens, so würde dieser Begriff in sich widersprüchlich; denn dann könnte ein noch vollkommeneres „vollkommenstes Wesen" gedacht werden, das nicht nur als Gedanke, sondern auch als Wirklichkeit existiert. Also wird schon in dem *Gedanken* „Gott als das vollkommenste Wesen" die reale *Existenz* dieses Wesens unausweichlich mitgedacht.

Der Beweis Anselms wurde von Thomas abgelehnt, von Philosophen späterer Zeit wie Descartes und Hegel in modifizierter Gestalt wieder aufgenommen. Auch die Bezeichnung als „ontologischer" Beweis entstammt späterer Zeit.

Kant hat diese Gottesbeweise in der „Kritik der reinen Vernunft" als nicht schlüssig dargetan (für Näheres darüber darf hier auf Darstellungen der Philosophiegeschichte verwiesen werden). Für ihn ergibt sich, daß weder die Existenz noch die Nichtexistenz Gottes durch theoretische Vernunftschlüsse bewiesen werden kann. Auf anderm Weg – nicht durch theoretischen Beweis, sondern als praktisch-existentielles Postulat – sucht aber auch er in der „Kritik der praktischen Vernunft" den Gottesgedanken zu rechtfertigen. Praktische Vernunft weiß sich unter dem kategorischen Imperativ der sittlichen Verpflichtung. Darin ist zugleich die Überzeugung mitgesetzt, daß nur dem Handeln, das der sittlichen Verpflichtung gerecht wird, Glück und Erfolg gebührt. Erfahren wird aber weithin der Widerspruch zwischen sittlicher Würdigkeit und faktischem Ergehen. Wollen wir das sittliche Bewußtsein nicht preisgeben, so sind wir genötigt, eine überweltliche Macht zu glauben, die den Widerspruch lösen kann, Tugend und Glückseligkeit letztendlich zusammenführen wird. (Man hat dieses Postulat als *„moralischen* Gottesbeweis" bezeichnet – für Kant selbst blieb es ein Postulat, das keine theoretische Gewißheit begründen kann.)

1.2. Wesen und Eigenschaften Gottes

Das Wesen Gottes entzieht sich jeder Definition im eigentlichen Sinn. Das hat auch die ältere Theologie gewußt und gesagt. Wohl finden sich Ansätze zu Wesensaussagen – zu Aussagen also, die in einer Formel zusammengefaßt ansprechen wollen, was „Gott" heißt. So in der scholastischen Theologie etwa: Gott ist „esse ipsum", das Sein-selbst (d.h. die Größe, deren *Wesen* es ist, zu sein, die zu ihrer Existenz keines andern als Voraussetzung bedarf, vielmehr selbst der Grund des Seins aller andern Größen ist). So hie und da in der altprotestantischen Theologie: Gott ist „ens infinitum spirituale", das Geistwesen, dem (anders als den geschaffenen Geistern: Engeln und Menschen) Unendlichkeit zukommt. Aber solche Aussagen bleiben abstrakt und wollen auch nicht als erschöpfende Definition verstanden sein.

Die Bestimmung als „ens spirituale infinitum" sieht zwar formal wie eine Angabe von genus proximum (Gott gehört unter die Kategorie der Geistwesen neben andern) und differentia specifica (er unterscheidet sich von den andern durch das Merkmal der Unendlichkeit) aus, ist aber kaum so gemeint. Denn der Begriff „Unendlichkeit" sprengt jede Kategorie und kann nicht als Merkmal *neben* andern verstanden werden.

Die Rechenschaft darüber, was „Gott" heißt, beschränkt sich aber nicht auf solche Formeln. Die ältere Theologie vollzieht sie, indem sie eine Vielheit von *attributa* („Eigenschaften") benennt, die auf das in ihrer Mitte stehende und als solches undefinierbare „Wesen" gleichsam hinzeigen. Solche Eigenschaftsbenennungen werden gewonnen am Leitfaden biblischer Aussagen über Gottes Sein und Tun; daneben aber auch ontologisch im Folgern aus dem, was man am kreatürlichen Seienden als Hinweis auf das göttliche Sein verstand. Die alte Theologie sah in solchen ontologisch-abstrakten Aussagen über Gott keine inhaltliche Distanz, geschweige denn einen Gegensatz zu den konkreteren biblischen Gottesaussagen, sondern eher deren gedankliche Entsprechung. Faktisch wirken aber gerade hier auch Elemente des Gottesgedankens antiker Philosophie herein, die sich nicht durchgehend mit dem biblischen Gotteszeugnis vereinbaren lassen.

Als Leitfaden zur Gewinnung solcher ontologischen Aussagen folgte man besonders in der mittelalterlichen, z.T. aber auch in der altprotestantischen Theologie den drei „viae", die Ps. Dionysius Areopagita in „De divinis nominibus" dafür angegeben hatte:
via eminentiae – alle in den Kreaturen relativ und begrenzt gegebenen Vollkommenheiten sind von Gott in unendlicher, unbegrenzter Fülle auszusagen.

via negationis – alle kreatürlichen Begrenzungen und Unvollkommenheiten sind aus Gottes Wesen auszuschließen.

via causalitatis – von Gott sind diejenigen Eigenschaften auszusagen, die aufgrund seines Wirkens als Schöpfer und Erhalter des kreatürlichen Seins in ihm vorausgesetzt werden müssen.

Man war sich bewußt, daß alle Eigenschaftsaussagen in Anwendung auf Gott nur *analog* zu verstehen sind. D. h. sie sind genötigt, Begriffe, die sich zunächst und in ihrer unmittelbaren Bedeutung auf geschaffenes, insbesondere menschliches Sein beziehen, auf Gott zu übertragen, um überhaupt von ihm reden zu können. Das kann nur geschehen in dem Bewußtsein, daß Gottes Wesensgeheimnis den irdischen Wortsinn dieser Begriffe übersteigt, daß sie also als Rede von Gott nur den Charakter gleichnishafter Hinweise haben können. Dies gilt nicht nur für biblische Redeweise, wenn Gott da etwa „Vater", „König" genannt oder bildhaft von seinem „Arm" usw. gesprochen wird, sondern auch für die abstrakten ontologischen Gottesaussagen, wie sie am Leitfaden der genannten drei viae gewonnen werden. Denn auch sie müssen ja von am kreatürlichen Sein gebildeten Begriffen ausgehen, um diese dann in Anwendung auf Gott über ihre „natürliche" Bedeutung hinaus auf eine Vollkommenheit hinweisen zu lassen, die *als solche* nicht mehr adäquat aussagbar ist.

Die Scholastik hat das Problem der analogen Rede von Gott intensiv reflektiert. Daß sie möglich ist und, wenn auch nur als gleichnishafter Hinweis, Wahres von Gott aussagt, begründete man mit der Theorie, Schöpfung bedeute, daß der Schöpfer als das Summum esse dem Geschaffenen in unterschiedlichen Graden Teilhabe an dem Sein gewähre, das er selbst in Vollkommenheit hat und ist. Dies begründe eine *reale* Ähnlichkeit der Kreatur zu Gott, die es erlaube, *verbal* kreatürliche Begriffe auf Gott hinweisen zu lassen. Diese Theorie einer die analogia verborum fundierenden „analogia entis" wird auch in moderner katholischer Theologie vertreten (der *Ausdruck* „a.e." wurde erst in neuerer Zeit geprägt). Sie hat z.T. auch in die altprotestantische Theologie Eingang gefunden.

Die altprotestantischen Dogmatiker unterscheiden in ihrer Lehre von den Eigenschaften Gottes durchweg zwei Gruppen. Die Benennung dieser Gruppen variiert, im inhaltlichen Sinn aber stehen diese Unterscheidungen nahe beieinander.

In der lutherischen Orthodoxie überwiegt die Unterscheidung in attributa dei *absoluta* und *operativa* oder relativa: Eigenschaften des göttlichen Wesens in sich selbst auch abgesehen von seinem Verhalten zu kreatürlichem Sein – Eigenschaften, durch die Gott seine Beziehung zu den Geschöpfen und vornehmlich zum Menschen betätigt.

In der reformierten Theologie steht im Vordergrund die Zweiheit von attributa *incommunicabilia* und *communicabilia:* Eigenschaften, die Gott allein zukommen, in keiner Weise aber auch der Kreatur – Eigenschaften, die in der Kreatur und vorab im Menschen kraft der Mitteilung Gottes eine Entsprechung haben können.

Dem jeweils ersten Glied dieser Unterscheidungen werden in aller Regel Eigenschaftsaussagen zugeordnet, in denen das abstrakt ontologische Element überwiegt und auch die Einflüsse des philosophischen Erbes der Antike sich am stärksten bemerkbar machen. Da ist die Rede von Gottes Unendlichkeit, Ewigkeit, Allgegenwart, aber auch von seiner Unveränderlichkeit (immutabilitas – das göttliche Wesen kann, weil in sich selbst begründet, durch nichts außer ihm Liegendes so getroffen werden, daß in ihm eine Wandlung hervorgerufen würde) und von seiner allem Widerfahrnis von Leiden entzogenen Seligkeit in sich selbst (impassibilitas – eben weil Gott keine Veränderung betreffen kann, kann ihm auch kein Leiden widerfahren).

Im zweiten Glied, den Eigenschaftsaussagen, die Gottes Beziehung und Verhalten zum kreatürlichen Sein betreffen, kommt stärker der biblische Hintergrund zu Geltung. Hier ist die Rede von Gottes Weisheit und Allmacht, seiner Gerechtigkeit und Barmherzigkeit, seiner Heiligkeit und Liebe.

Dabei hat die ältere Theologie durchaus die Problematik empfunden, die darin liegt, Gottes Wesen in Eigenschaften beschreiben zu wollen. Sie hat darum den *Unterschied* dieser Eigenschaftsaussagen zu dem, was „Eigenschaften" in der Bestimmung geschöpflicher Größen bedeuten, herausgestellt: Gott *hat* nicht (neben anderem) auch Gerechtigkeit, Güte usw., sondern er *ist die* Gerechtigkeit, die Güte selbst (während Kreaturen daran nur einen je begrenzten Anteil haben können). Ferner: In Gott sind diese Vollkommenheiten nicht ein Beieinander von *verschiedenen* Eigenschaften (wie in uns, wo sie sogar miteinander in Konflikt geraten können), in ihm liegen sie vielmehr als vollkommene *Einheit* ineinander; *als* die Gerechtigkeit ist er zugleich die Güte, die Weisheit usw. Der menschliche Intellekt kann das, was in Gott vollkommene Einheit ist, freilich nur in einem Nacheinander verschiedener Worte aussagen. Auch hierin erweist sich, daß unsere Aussagen von Gott nur einen analogen Charakter haben können, ihren am Kreatürlichen bekannten Sinn auf ein Unbegreifliches hin transzendieren müssen.

Auf die Lehre von Gottes Wesen und Eigenschaften im allgemeinen lassen die altprotestantischen Theologen in aller Regel die Lehre von dem Mysterium der Dreieinigkeit folgen – „Mysterium" insofern, als dieses innere Wesensgeheimnis Gottes allein aus der in der Heiligen Schrift gegebenen Heilsoffenbarung erkannt werden kann. Der allgemeinere Teil der Gotteslehre wird zwar ebenfalls auf die Schriftoffenbarung begründet; daneben aber wird für den Umriß seiner Inhalte auch eine Erkennbarkeit durch Vernunft aus der Schöpfungsoffenbarung angenommen. Man nannte das „articuli fidei mixti": begründbar aus Schrift und Vernunft, im Unterschied zu den „articuli fidei puri": erkennbar allein in dem der Schriftoffenbarung folgenden Glauben.
An die Trinitätslehre schließt sich in der alten Dogmatik die Lehre von Gottes Schöpfungswerk und Vorsehungswirken an.

1.3. Das Schöpfungswerk Gottes

Man unterschied creatio *originans* – Schöpfung als den Akt, in dem Gott „im Anfang" geschöpfliches Sein zur Existenz brachte – und creatio *continuans* – das Schöpferwirken Gottes, sofern das geschaffene Sein fort und fort von ihm getragen, durchwirkt und erhalten wird. Diesen zweiten Aspekt bringt die altprotestantische Dogmatik erst in der Vorsehungslehre zum Tragen; ihre Schöpfungslehre ist mit dem den Anfang setzenden Schöpfungsakt befaßt, versteht sich also als dogmatische Reflexion des Gehaltes der Schöpfungsberichte in Gen 1 und 2. Anliegen dieser Reflexion ist es vor allem, die strenge Unterscheidung von Gott und Welt, das überlegene Gegenüber Gottes zu der von ihm geschaffenen Welt einzuschärfen. An dieser Stelle tritt stärker als in der allgemeinen Lehre von Gottes Wesen und Eigenschaften der Gegensatz zu gewissen Gottesvorstellungen der antiken Philosophie hervor; er wird von den Dogmatikern auch ausdrücklich namhaft gemacht. Im einzelnen wird zum Thema Schöpfung gesagt:
Die Erschaffung der Welt ist ein Werk der *Freiheit* Gottes. Welt ist nicht ein notwendiges Korrelat Gottes selbst – Gott konnte und könnte Gott sein und in vollkommener Seligkeit sich selbst genügen auch ohne Welt. Er *wollte* aber nicht Gott bleiben ohne Geschöpfe, denen er Sein schenkt. Die Welt darf also nicht etwa (wie im Neuplatonismus) als eine göttliche Emanation, als ein Ausströmen aus Gott verstanden werden, das als solches zu seinem Wesen gehörte und darum ein von Ewigkeit her mit seiner Gottheit verbundener Prozeß wäre.
Gott hat die Welt geschaffen *„ex nihilo"*, allein durch sein *Wort*,

durch das er voraussetzungslos Wirklichkeit aus dem Nichts ins Dasein ruft. Er hat nicht Welt geformt *aus* etwas, etwa einer noch chaotischen, unbestimmten Urmaterie (wie nach Platons Vorstellung der „Demiurg"), die dann als ein schon immer mit der Gottheit zugleich gegebenes Grundprinzip zu verstehen wäre (wie etwa bei Aristoteles und in der Stoa).

Gott hat die Welt so geschaffen, daß sie einen *zeitlichen Anfang* hat, dessen Datum aufgrund der biblischen Chronologie approximativ angegeben werden kann. Er wird ihr mit der Wiederkunft Christi auch ein zeitliches Ende setzen (es gab unterschiedliche Vorstellungen darüber, ob dies als ein wirkliches *Ende* dieser Welt – annihilatio mundi – oder als ihre *Verwandlung* in den Zustand eschatologischer Vollendung zu denken sei).

Die alte Theologie hat die Problematik des Redens von einer „Zeit" *vor* der Welt empfunden und Fragen der Art „Was tat Gott in der Zeit, bevor er die Welt schuf?", abgewiesen. Im Anschluß an Augustin antwortete man im allgemeinen: Die Welt ist nicht *in* der Zeit geschaffen, sondern *mit* der Welt schuf Gott auch die Zeit. Dies wurde aber so gedacht, daß der Schöpfungsakt selbst ein zeitliches Datum hat: eben den ersten Augenblick der von da ab laufenden Weltzeit. Die alte Theologie beharrte auf dieser Vorstellung, weil es ihr darauf ankam, im Unterschied zu dem ewigen Gott die *Nicht*-Ewigkeit der Welt zu behaupten.

1.4. Das Vorsehungswirken Gottes

Der Schöpfungslehre ließ man die Lehre von der Vorsehung (providentia) Gottes folgen in ausdrücklicher Abwehr der hie und da in der Antike und später im sog. Deismus vertretenen Vorstellung, die Gottheit habe am Anfang geschaffen, überlasse aber dann das Geschaffene sich selbst und seinen eingestifteten Abläufen. Es geht hier um den *aktuellen* Aspekt des Schöpfer-seins Gottes; in jedem Augenblick bleibt er seiner Schöpfung wirksam gegenwärtig als der, aus dessen Willen und Wirken allein kreatürliches Sein fortbestehen und seinerseits wirken kann. Providentia kann auch creatio continua genannt werden.

Die Vorsehungslehre hatte in der altprotestantischen Dogmatik eine längere Geschichte, in deren Verlauf sie zu immer detaillierteren Distinktionen entfaltet wurde. Das soll hier nicht alles im einzelnen dargestellt werden; wir gehen nur auf die wichtigste Gliederung ein in der Gestalt, in der sie in der späteren Orthodoxie erscheint. Danach sind am Vorsehungswirken Gottes folgende Momente zu unterscheiden:

Conservatio in bezug auf das *Sein* der Geschöpfe: Gott erhält jede Kreatur in der Seinskonstitution, in der er sie je in ihrer Eigenart am Anfang geschaffen hat.

Concursus in bezug auf das *Wirken* der Geschöpfe: In allem kreatürlichen Geschehen und Wirken wirkt Gott; jedoch so, daß er die natürliche Eigenwirksamkeit der Geschöpfe nicht verdrängt, sondern sie gerade ermächtigt, begleitet, je ihrer anerschaffenen Art gemäß sich auswirken läßt und in den Dienst seines eigenen Wirkens nimmt.

Vorbehalten wird hier freilich, daß Gottes Wirken nicht unbedingt an diese Indienstnahme der normalen Eigenart kreatürlicher Wirkvorgänge gebunden ist, sondern in *Wundern* deren Kontext auch durchbrechen kann, ohne ihn grundsätzlich aufzuheben. Man bezeichnet das als providentia *extraordinaria* im Unterschied zu der als concursus wirksamen pr. ordinaria[3].

Gubernatio in bezug auf die Zielrichtung der geschöpflichen Vorgänge und Wirksamkeiten: Gott lenkt sie so, daß sie den Zielen seines guten Willens mit seiner Schöpfung dienen.

Im Zusammenhang der Lehre von concursus und gubernatio mußte die Frage nach dem Verhältnis des Wirkens Gottes zu dem Bösen in der Welt und der Sünde des Menschen akut werden. Lutherische Theologie hält hier im Anschluß an CA XIX fest: Gott erhält zwar Sein und Wirkkraft des *Menschen* auch in seinem sündigen Tun, er will und wirkt aber nicht die *Sünde* als solche. Diese kommt vielmehr aus der Verführung des Satans und dem Willen des Menschen, der ihr erliegt.

Etwas anders im altreformierten dogmatischen System, jedenfalls da, wo es einem „supralapsarischen" Verständnis der Prädestination folgt. Darüber wird an späterem Ort zu berichten sein.

Aber auch in seinem Sündigen bleibt der Mensch von dem Vorsehungswirken Gottes umspannt. Die alte Theologie bringt das zur Geltung, indem sie das Wirken der gubernatio Dei in bezug auf die Sünde in vier Hinsichten umschreibt:

permissio – Gott verhindert die Sünde nicht gewaltsam, er läßt zu, daß sie geschieht;

---

[3] Die Lehre vom concursus wurde relativ spät als besonderes Thema entfaltet. Hier zeichnet sich beginnende Auseinandersetzung mit der im 17. Jh. sich entwickelnden naturwissenschaftlichen Weltbetrachtung ab.

impeditio – Gott wirkt der Sünde so entgegen, daß er böse Absichten in ihrer Auswirkung verhindern kann;

directio – Gott bewährt sein überlegenes Wirken so, daß er auch Sünde in Dienst nehmen kann, um Gutes daraus kommen zu lassen;

determinatio – Gott setzt den geschöpflichen Wirkmöglichkeiten überhaupt und damit auch den Möglichkeiten, Böses zu wirken, bestimmte Grenzen, die der Mensch nicht überschreiten kann.

Soweit die allgemeine Gotteslehre der älteren Theologie. Sie wurde hier im wesentlichen in ihrer altprotestantischen Gestalt dargestellt. Dabei sind aber bedeutende Abweichungen von der katholischen Lehrtradition gerade in diesem Themabereich kaum zu verzeichnen. Auch in der protestantischen Theologie hat sich diese allgemeine Gotteslehre lange durchgehalten. Gewiß geschah das seit Kant und Schleiermacher mit Modifikationen in bezug auf die Begründung und methodische Entfaltung ihrer Aussagen. Aber inhaltlich blieb sie zunächst derjenige Bereich der Dogmatik, der von der durch die Aufklärung heraufgeführten geistigen Veränderung verhältnismäßig am wenigsten betroffen war. Das ist aber nicht so geblieben. Von der Mitte des 19. Jhs. an, erst recht aber heute ist die christliche Theologie mit einer Infragestellung konfrontiert, die nicht etwa nur ihre trinitarischen und christologischen Aussagen, sondern grundsätzlich die Rede von Gott überhaupt betrifft. Diese Infragestellung haben wir uns in ihren verschiedenen Motivationen und Stoßrichtungen zu vergegenwärtigen.

2. Infragestellung des überlieferten Gottesgedankens

2.1. Evidenzverlust

Zunächst ist nicht zu übersehen, daß der Gottesgedanke die rationale Evidenz verloren hat, die er für das Denken früherer Zeiten hatte. In bezug auf die Gottesbeweise von einst ist das seit langem heraus: Beweise im eigentlichen Sinn können sie nicht sein. Für jene Tatsachen der Welt- und Selbsterfahrung, die man einmal meinte nur durch die Annahme der Existenz Gottes erklären zu können, sind entweder andere, innerweltliche Erklärungsgründe angeboten: z. B. für die Inhalte des Gewissens und der Werterfahrung psychische und soziale Faktoren (durch die dann zugleich die Relativität solcher Inhalte erklärt werden kann); für die „Zweckmäßigkeit" in der Natur der

Auslesemechanismus des Evolutionsvorgangs usw. Oder, soweit solche Beweise nach dem Woher des Welt*ganzen* fragten, hat sich der Gedanke durchgesetzt, daß Erklärenwollen hier keinen Sinn hat. Erklären heißt, ein bestimmtes Element der Erfahrung von einem andern, ebenfalls empirisch erfahrbaren oder doch hypothetisch als solches vorstellbaren Element ableiten. Das Weltganze ist aber kein Gegenstand möglicher Erfahrung, kann darum auch nicht von irgendwoher erklärt, sondern nur schlicht hingenommen werden als der Rahmen, *innerhalb* dessen sich alles Erklärbare vorfindet und alles Erklären bewegt.

Nun könnte man freilich in jenen Gedankengängen, die der Form nach Gott als Erklärungsgrund im Rahmen theoretischer Fragen nach dem Woher von Phänomenen nachweisen wollten, zugleich die existentielle Frage wirksam sehen nach der Instanz, die dem Prozeß der Welt Sinn und Ziel und dem menschlichen Leben in dieser Welt Halt und Ausrichtung gibt. Und *diese* Frage ist natürlich mit jenen immanenten Erklärungen, die die „Hypothese Gott" als Erklärungsgrund abgelöst haben, nicht zu beantworten. Ist sie aus der Voraussetzung menschlicher Welterfahrung überhaupt zu beantworten? Einem Wirklichkeitsverständnis, für das das *Wirkliche* gleichbedeutend geworden ist mit dem nachweisbar *Gegebenen*, für das also eine dem empirischen Nachweis grundsätzlich entzogene „Transzendenz" gleichbedeutend wird mit Fiktion – einem solchen Denken jedenfalls muß die Beantwortung der Sinnfrage mit „Gott" als Flucht in eine Illusion erscheinen. Ist es da dann nicht besser, der Mensch versucht den Sinn, für sich privat oder in gesellschaftsverändernder Aktivität, selbst in sein Dasein hineinzubringen – oder eben Frage, auf die es keine Antwort gibt, als Frage auszuhalten?

Sicher ist ein solches Wirklichkeitsverständnis der in sich geschlossenen Immanenz heute weit verbreitet, auch als unausgesprochenes und unreflektiertes Lebensgefühl. Durch die ungeheuren Fortschritte der wissenschaftlich-technischen Zivilisation wird das ja begünstigt – sie verdrängt aus Natur- und Lebenserfahrung die Berührung durch das, was sich dem Analysieren und „Machen" entzieht. Es ist immerhin die Frage, ob man da von *dem* Lebensgefühl *des* heutigen Menschen sprechen, die Heraufkunft eines völlig „religionslosen" Zeitalters vorhersagen kann; theologische Prognosen dieser Art, wie sie vor einiger Zeit im Gange waren, gingen darin wohl zu weit. Allerhand irrationale Auf- und Ausbrüche, z. T. in Gestalt von abstrusem Aberglauben, gibt es heute ja auch. Fühlt sich „der heutige Mensch" in seiner durchrationalisierten Wirklichkeit wirklich so irreversibel zu Hause?

Aber das ändert nichts daran, daß solches sich am Gegebenen festmachende Wirklichkeitsverständnis weithin vorherrscht (und jene irrationalen Ausbrüche wären gewiß ein fragwürdiger Anreiz, es aufzugeben). Es hat gerade in den letzten Jahrzehnten und seit dem Zurücktreten des Existentialismus auch philosophisch bedeutende Wortführer gefunden. Hier ist vor allem an die logisch-analytische Richtung der Philosophie und die in ihrem Zusammenhang entwickelte Sprachanalyse zu erinnern[4]. Da wird, was als Gegenstand verstehbarer Aussage gelten soll, gleichgesetzt mit dem, was empirischer Verifizierung zugänglich ist (oder wofür, nach dem toleranteren Postulat von K. Popper, wenigstens Wege zu einer eventuellen empirischen Falsifizierung aufgezeigt werden können). Das bedeutet, daß in solcher Aussage jedenfalls keine Begriffe auftreten dürfen, die sich einer genauen, eindeutigen Bestimmung entziehen. „Metaphysische" Begriffe und Aussagen gelten dann als unverstehbar. Sie haben ja keinen empirisch faßbaren Gegenstand. Als Aussagen über „objektive" Realität genommen sind sie sinnleer. Sie sind in das Gebiet subjektiver, poetischer Gefühlsäußerung zu verweisen. Das betrifft vor allem die Rede von Gott. Dieses Wort entzieht sich ja jeder Definition, die Behauptung, daß damit Wirkliches angesprochen wird, jeder empirischen Nachprüfung. Die Attribute, die Gott zugesprochen werden, wie Ewigkeit, Unendlichkeit, Unveränderlichkeit, Allgegenwart, Allmacht, sind empirisch inhaltsleere Worte, im Grunde eine Reihe bloßer Negationen aller Möglichkeiten konkreter Bestimmung. Zu inhaltlich gefüllteren Aussagen – Vater, Herr, Liebe, Gerechtigkeit – sagen die Theologen selbst, daß sie nicht im eigentlichen Sinn zu verstehen sind: Vater, ja – aber doch nicht das, was wir als Vater kennen, sondern anders, darüber hinaus, und so bei allen derartigen Gottesbezeichnungen. Die Sinnhaftigkeit einer „analogen" Rede läßt man hier nicht gelten, sie verschiebt für dieses am erfahrbaren und beschreibbaren Gegenstand orientierte Denken die Größe, auf die sie sich bezieht, ins Unbestimmte. „Gott stirbt den Tod der 1000 Qualifi-

---

[4] Diese philosophische Richtung wurde in den 1920er Jahren im sog. „Wiener Kreis", besonders von Rudolf Carnap, vertreten. Auch Ludwig Wittgenstein in der früheren Phase seines Denkens (Tractatus logico-philosophicus) stand ihr nahe. Sie wurde in USA, wohin Carnap 1938 emigrierte, und in England, hier vor allem durch Bertrand Russell und Karl Popper, weitergeführt. Besonders im angelsächsischen Bereich haben sich auch Theologen mit ihr auseinandergesetzt. Einen Einblick in diese Auseinandersetzung gibt der von A. Flew und A. MacIntryre herausgegebene Sammelband New Essays in Philosophical Theology, 1955.

kationen" (A. Flew), d. h. der Sinngehalt dieses Wortes stirbt daran, daß jede seiner konkret aussehenden Bestimmungen qualifiziert (oder besser noch disqualifiziert) wird durch den Zusatz: so, aber doch nicht eigentlich so, sondern noch ganz anders.
Die Konsequenz ist hier nicht einfach *Bestreitung* der Wirklichkeit Gottes (man kann sie ja auch nicht empirisch falsifizieren); sie muß auch nicht unbedingt Vergleichgültigung menschlicher Fragen und Anliegen sein, die sich bisher in religiöser Sprache geäußert haben. Die Konsequenz ist aber jedenfalls ein dezidierter *Agnostizismus*, eine völlige Sprachlosigkeit in bezug auf Gott. Ein Denker wie Ludwig Wittgenstein konnte zugestehen: Wenn wir alles gesagt haben was wir sagen können – und was man überhaupt sagen kann, das muß man klar und bestimmt sagen können –, dann sind unsere tiefsten Lebensprobleme noch gar nicht berührt. Er hat aber dann gefolgert: „Wovon man nicht sprechen kann, darüber muß man schweigen" (W., Tractatus logico-philosophicus, 7)[5].

2.2. Emanzipatorische Religionskritik

Infragegestellt wird die Rede von Gott aber seit der Mitte des vorigen Jahrhunderts zunehmend auch durch einen entschiedenen und durchaus nicht sprachlosen *Atheismus*. Er ist gewiß weit weniger verbreitet als der Agnostizismus in bezug auf die Gottesfrage, wird aber von politischen Gruppen und intellektuellen Wortführern, die sich in dieser Sache als Avantgarde verstehen, programmatisch vertreten. Zu nennen ist hier vor allem die marxistische Religionskritik, daneben die Religionskritik der durch Sigmund Freud inaugurierten Richtung der Psychoanalyse, aber auch über diese speziellen Ausprägungen hinaus der Einspruch, den führende Denker eines atheistischen Humanismus gegen den Gottesglauben erhoben haben, von Feuerbach über Nietzsche bis hin zu Sartre, Szczesny und anderen. Gemeinsam ist diesem modernen Atheismus die Beurteilung des Glaubens an Gott als eine die menschliche Selbstverwirklichung hemmende Illusion: Religion muß überwunden werden, damit der Mensch endlich ganz zu sich selbst

[5] In der sog. „umgangssprachlichen" Richtung der Sprachanalyse, der L. Wittgenstein in der späteren Phase seiner Philosophie angehört, wurde diese strikt abweisende Haltung gegenüber religiöser Sprache z. T. wieder aufgegeben. Vgl. dazu unten S. 144f.

kommt. Verschieden sind die Motive, Begründungen und Zielvorstellungen.

Der *marxistische* Atheismus ist politisch motiviert: Der Gottesglaube wird bekämpft, weil er als religiöse Sanktionierung bestehender Autoritäten und ungerechter Verhältnisse, als Vertröstung der Unterdrückten auf einen „jenseitigen" Ausgleich den gesellschaftlichen und sozialen Fortschritt verhindert. Die Gottesillusion wird von den „Herrschenden" benutzt, um niederzuhalten: der himmlische Obermonarch als Garant einer autoritär-patriarchalischen Gesellschaftsordnung, damit auch als Garant der Besitzstandwahrung für die, die im Besitz von Macht und Vermögen sind.

Im Marxismus älterer Prägung war dieser praktisch-gesellschaftlich motivierte Atheismus zugleich mit einem positivistischen Wirklichkeitsverständnis verbunden: die Wissenschaft hat bewiesen, daß es keinen Gott „gibt". Im neueren, besonders westlichen Marxismus – zu nennen wäre etwa die „Frankfurter Schule", auch Denker wie Ernst Bloch und Jan Machovec – wird solcher Positivismus z. T. zurückgewiesen: Wirklichkeit ist noch nicht zu ihrer Wahrheit gekommen, der „gegebene" Mensch noch nicht der wahre Mensch. Hoffnung transzendiert das Gegebene. Da kann auch religiöse Erwartung als Ausdruck solcher transzendierenden Hoffnung positiver gewertet werden. Aber ihre Bindung an einen *überweltlichen* Gott wird auch hier nicht als Hilfe, sondern als Hindernis auf dem Weg zur Verwirklichung beurteilt. Das wahre Ziel der Erwartung ist der *Mensch* der Zukunft.

Soweit Psychoanalyse, besonders in ihrer Begründung durch S. Freud, atheistisch geprägt ist, steht eine therapeutisch auf das Individuum bezogene Motivation im Vordergrund. Die Gottesvorstellung wird als Projektion frühkindlicher Vaterbindung gedeutet. Indem sie den Menschen der Autorität eines imaginären Über-Vaters unterwirft und an einen uneinsichtigen Tabugehorsam gegen dessen statutarische Gebote und Verbote bindet, bedeutet sie die Verlängerung eines infantilen Stadiums der Unmündigkeit. Sie verhindert eine eigenverantwortliche Übernahme sittlicher Normen; sie verhindert auch die Selbstannahme des Menschen in seinen natürlichen Trieben. Religiöse bzw. „ekklesiogene" Neurosen sind die Folge.

Moderner Rationalismus kann, wo er zum Atheismus wird, gegen den Gottesglauben auch noch auf andere Weise argumentieren: Die Komplikation der technisierten Welt, die sich der Mensch durch seinen eigenen Fortschritt geschaffen hat, und die darin implizierten Gefahren erfordern, soll die Bewältigung der Zukunft gelingen, den vollen, ungebrochenen Einsatz menschlicher Rationalität. Wir können uns die Gottesillusion nicht mehr leisten, denn sie bedeutet einen irratio-

nalen Einbruch im Denken, eine gefährliche Schwächung des Vernunfteinsatzes. Sie hemmt den Menschen, die kooperative Lösung seiner Zukunftsprobleme selbst in die Hand zu nehmen[6].
Zu der Erwartung, die Menschheit werde, wenn überhaupt, ihre Zukunftsprobleme allein mit den Mitteln rationaler Einsicht und Diskussion bewältigen, mag man ein Fragezeichen setzen. Gegen die marxistische und die psychoanalytische Sicht der verhängnisvollen Auswirkungen religiöser Haltung kann man argumentieren, daß da weitgehend ein Zerrbild des Gottes, den wir als Christen glauben, somit ein Mißverstehen dieses Glaubens im Spiel ist. Dabei wird man zugeben müssen, daß an solchem Mißverstehen und Zerrbild faktisches kirchliches und „christliches" Verhalten nicht ohne Schuld ist. Aber allein mit dem Entzerren von Zerrbildern und dem Beheben von Mißverstehen wird dem atheistischen Protest nicht zu begegnen sein. Er richtet sich ja nicht nur gegen die Bindung an einen despotischen Gott, der blinde Unterwerfung fordert, sondern gegen die Bindung des Menschen an Gott überhaupt, auch wenn dieser Gott als die Macht befreiender Liebe verkündigt würde. Dabei wirkt nicht nur die intellektuelle Überzeugung, die Gottesvorstellung sei Illusion, sondern in einer Tiefe, die nicht immer zu verbaler Äußerung kommt, auch der programmatische *Wille*, den Menschen als das sich selbst verwirklichende, sich aus seinen Entfremdungen selbst zur Wahrheit seiner Bestimmung befreiende und vollendende Wesen zu verstehen[7]. An dieser Stelle wird der Konflikt des atheistischen Protestes auch mit einem nicht durch eigene Schuld und fremde Mißdeutung entstellten christlichen Gotteszeugnis unausweichlich.

2.3. *Der Schöpfergott unter Anklage*

Infragegestellt wird durch die faktischen Vorgänge und Entwicklungen nun freilich auch die sieghafte Zuversicht, solche Selbstbefreiung des Menschen zur Wahrheit seines Wesens in einer wahrhaft menschlich gewordenen Welt müsse und werde gelingen. Die Emanzipation

---

[6] So argumentiert z. B. Max Bense in seinem Aufsatz „Warum man Atheist sein muß" in: Club Voltaire, Jahrbuch für kritische Aufklärung, 1963 (Hg. G. Szczesny), S. 68–81. Von diesem Jahrbuch, das für einen humanistischen Atheismus repräsentativ ist, ist 1965 ein zweiter und 1967 ein dritter Band erschienen.

[7] Deutlich wird das z. B. bei Friedr. Nietzsche, auf andere Weise auch in der existentialistischen Philosophie Jean Paul Sartres.

von unmittelbarer Naturabhängigkeit und von gesellschaftlichen Ordnungen der Vergangenheit ist weit vorangeschritten. Aber der technisch-industrielle Fortschritt hat neue Zwänge erzeugt: im Verhältnis zwischen Reichtum der Industrienationen und Armut in den „Entwicklungsländern" eine soziale Ungerechtigkeit globalen Ausmaßes; dort, wo Wohlstand herrscht, eine innere Abhängigkeit von den äußeren Lebensgütern; und angesichts des drohenden Zurückschlagens der Natur gegen ihre fortschreitende Umgestaltung und Ausbeutung die zwanghafte Tendenz, trotz allem weiterzumachen „wie gehabt". Dabei ist dieses fortgeschrittene Jahrhundert ja auch im Ausmaß seiner politischen Greuel und verheerenden Kriege, in der Vernichtungstechnik und ihren Einsatzmöglichkeiten fortgeschritten und steht unter der Spannung einer Hochrüstung, die die zukünftige Existenz der Menschheit überhaupt in Frage stellt. Vernunft sieht die Gefahren, aber materielles Interesse und Emotionen blockieren die Wege, ihnen rechtzeitig zu begegnen. Es sieht nicht so aus, als ob mit dem technischen auch ein sittlicher Fortschritt vorankäme.

Das kann den emanzipatorischen Optimismus in Frage stellen. Aber zum Glauben an Gott führt die Erschütterung dieses Optimismus als solche nicht zurück. Der Glaube wird jetzt noch in ganz anderer Richtung angefochten. Was soll angesichts der Faktizität dieser Welt die Rede von einem Schöpfergott und seiner allweisen Vorsehung? Auch wenn ihr kein kämpferischer Atheismus begegnet, protestiert gegen sie das Gefühl, sinnlosen Verhängnissen ausgeliefert zu sein. Da kann dann gesagt werden: *Wenn* Gott wäre, dann müßte diese Welt anders aussehen. *Wenn* ein allmächtiger Schöpfer wäre, dann müßte er angesichts dieser Welt unter Anklage gestellt werden.

Dieser Protest findet Widerhall bis in die Theologie hinein, etwa in Dorothee *Sölles* Buch „Leiden"[8]. Einem Allmächtigen, auf dessen Wollen und Wirken alles, was in dieser Welt geschieht, zurückgeführt werden soll, aus dessen Hand auch die schrecklichsten Leiden, die Menschen über ihre menschlichen Opfer bringen, demütig angenommen werden sollen, wird da der Glaube aufgesagt. Diesen Gott in seinem Vorsehungswalten zugleich als den Allgütigen zu preisen, „der alles so herrlich regiert", erscheint als Zynismus. Soll das Wort „Gott" noch einen Sinn behalten und soll dieser Sinn von der Menschlichkeit Jesu her verstanden werden, so muß, was damit gemeint ist, anderswo gesucht werden als auf dem Thron einer alles

---

[8] Erschienen 1973.

lenkenden Allmacht. Der Thron dieser Allmacht ist leer, seine Anbetung sinnlos geworden.

Nicht in leidenschaftlichem Protest, sondern in der intellektuell gekühlten Atmosphäre sprachanalytischer Argumentation kann der Rede von diesem Gott ihre Sinnlosigkeit auch etwa folgendermaßen nachgewiesen werden: Der Theologe behauptet Gott als den Allmächtigen und Allwirkenden. Er behauptet zugleich, das Wollen und Wesen dieses Gottes sei Liebe. Fragt man ihn aber, welche konkreten Übelstände in der von dieser Allmacht beherrschten Welt ihn veranlassen könnten, an ihrer Liebe zu zweifeln, so wird er antworten: Keine! Aber was heißt dann noch Liebe? Eine Liebe, mit der alles, jeder beliebige Zu- und Mißstand der von ihr geschaffenen und durchwalteten Welt zusammengedacht werden soll, verliert offenbar jedes konkrete Gesicht. Sie wird zur inhaltsleeren Behauptung, zum bloßen Wort. Es ist sinnlos, von einer solchen Liebesallmacht oder allmächtigen Liebe zu reden.

Wenn wir im Folgenden versuchen, die christliche Rede von Gott, auch von ihm als dem Schöpfer und von seiner Allmacht, theologisch zu verantworten, werden wir uns von den hier vergegenwärtigten Infragestellungen solcher Rede weder den Mund verbieten noch die Grenzen vorschreiben lassen dürfen, innerhalb deren sie sich allenfalls zu halten hätte, um nicht Protest zu provozieren oder sinnlos zu werden. Wir werden an diesen Infragestellungen aber auch nicht vorbeigehen können. Wir haben unsere Rede von Gott nicht vor ihnen, sondern vor Gottes Selbstzeugnis in Jesus Christus zu *verantworten*. Aber von daher sollte versucht werden, ihnen zu *antworten*.

Literatur

Zur Gotteslehre der altprotestantischen Theologie: C. H. RATSCHOW, Lutherische Dogmatik zwischen Reformation und Aufklärung Teil II (1966).
Zur Orientierung über die sprachanalytische Kritik des Redens von Gott: J. TRACK, Sprachkritische Untersuchungen zum christlichen Reden von Gott (1977).
Zur Orientierung über Atheismus im allgemeinen: W. PANNENBERG, Typen des Atheismus und ihre theologische Bedeutung, in: DERS., Grundfragen systematischer Theologie (1967), S. 347ff. – H. M. BARTH, Atheismus – Geschichte und Begriff (1972).
Zum Marxismus: H. GOLLWITZER, Die marxistische Religionskritik und der christliche Glaube (1965) – W. ZADEMACH, Marxistischer Atheismus und die biblische Botschaft von der Rechtfertigung des Gottlosen (1973).

Zu Freud: J. SCHARFENBERG, S. Freud und seine Religionskritik als Herausforderung für den christlichen Glauben (3. Aufl. 1971).
Außerdem die in den Anmerkungen genannte Literatur.

§ 7. Gott der Vater

1. Der Grund der Erkenntnis Gottes

Wir greifen jetzt zurück auf die Geschichte der Selbsterweisung Gottes, die wir ihrer biblischen Bekundung nacherzählt hatten, und auf die Richtungsanzeigen für eine christliche Rede von Gott, die im Anschluß an diese Nacherzählung formuliert worden waren. Es wird sich im Folgenden ja darum handeln, die dogmatische Aussage der Wirklichkeit Gottes anhand dieser Richtungsanzeigen zu entfalten und von daher auch in die Auseinandersetzung mit modernen Infragestellungen der traditionellen Gotteslehre einzutreten.
Wir fragen zunächst nach dem Grund christlicher Gotteserkenntnis.
„Gott ist nicht jederzeit und von vornherein in menschlicher Welt- und Selbsterfahrung erfaßbar. Es muß von ihm her sich ereignen, daß er erkannt wird. Gott *gibt* sich zu erkennen in besonderem Geschehen."
So hatten wir von der Vergegenwärtigung der biblisch bezeugten Geschichte seiner Selbsterweisung her formuliert, die in der Sendung Jesu Christi zu ihrem Ziel kommt. Dementsprechend waren wir von Anfang an davon ausgegangen, daß in Jesus Christus der Erkenntnisgrund und das Wahrheitskriterium *aller* christlichen Rede von Gott zu suchen ist.
Aber nun soll in diesem ersten Kapitel ja noch nicht das Christusgeschehen selbst entfaltet werden. Sein Thema soll sein: Gott, sofern Jesus Christus von ihm herkommt und ihn bezeugt als den Gott, durch den und unter dem geschöpfliches Dasein schon immer sein Leben hat. Kann das heißen, daß wir nun doch vorerst von Gott zu reden haben wie er war oder ist, *bevor* er sich in der Sendung des Sohnes erzeigt und *abgesehen* davon, als wer er sich da erzeigt? Wir hatten dieses erste Kapitel überschrieben: „Der von Jesus Christus bezeugte Gott – der Vater." Können wir vom Vater-Sein Gottes reden noch abgesehen von der Sendung des Sohnes, als ob Gott da vorerst „nur" der Vater wäre?
So kann die Voranstellung dieses Kapitels nicht gemeint sein. Die Geschichte der Selbsterweisung Gottes, die wir nacherzählt haben, ist ja Bewegung auf das Christusgeschehen hin – man kann sie *als* diese

Bewegung nicht unter Ausklammerung ihres telos verstehen wollen. Was Jesus von dem Gott *sagt*, der schon immer mit Welt und Mensch und in besonderer Weise mit Israel zu tun hat, ist nicht zu trennen von dem, was in ihm von diesem Gott her *geschieht*. Der Gott, von dem Jesus *herkommt*, ist kein anderer als der Gott, der in Jesus *zu uns kommt;* er ist nicht zuvor anders Gott, so daß wir zunächst von diesem seinem Anders-sein zu reden hätten. Er ist auch nicht zunächst *nur* der Vater noch abgesehen davon, daß er der Vater Jesu Christi und durch ihn auch unser Vater ist.

Wenn wir also in diesem Kapitel die Thematik des ersten Glaubensartikels aufnehmen, so haben wir für das, was hier zu sagen ist, keinen vom zweiten und dritten Artikel isolierten Erkenntnisgrund. Das Wissen darum, daß Gott der Vater in der Sendung des Sohnes und im Wirken seines Geistes sich ganz und gar um den Menschen angenommen hat, der ihm aus sich selbst nicht entsprechen kann, wirkt begründend ein in alles, was wir überhaupt von Gott sagen können und so nun hier, einer reflektierenden Entfaltung der Christologie und Pneumatologie voraus, zuerst sagen.

Nur in Kürze soll in diesem Zusammenhang auf den Einwand eingegangen werden, der Rede von Gott fehle die Beziehung auf einen „Gegenstand", dessen Realität allgemein evident gemacht werden kann (§ 6, 2.1). In der Sache war eine Auseinandersetzung mit diesem Einwand ja weitgehend schon in den Überlegungen zur Frage der Begründbarkeit theologischer Aussagen (§ 2) enthalten. Dem ist hier nur hinzuzufügen, daß die biblische Bezeugung der Geschichte, in der Gott sich zu erkennen gibt, dem Postulat einer allgemein vorgegebenen Einsichtigkeit seiner Realität und seines Wesens in der Tat entgegensteht. Was sich da von Gott her ereignet, ist ja nicht einfach bestätigende und vertiefende Weiterführung einer im Ansatz immer schon „richtigen" Gotteserkenntnis. Es ist andererseits auch nicht einfach bloße Aufklärung des Menschen über einen ihm bisher schlechthin unbekannten transzendenten Hintergrund der Welt und seines Daseins mit ihr. Was sich ereignet, ist Hereinkunft Gottes in gegebene und sich immer wieder begebende Abkehrung des Menschen: Geschichte des *Konfliktes* Gottes mit dem Menschen, und gerade auch mit seinen Gottesvorstellungen. Das Verhältnis zwischen Gott und Mensch zeigt sich hier nicht in statisch ruhender Normalität, in der das Dabeisein Gottes jederzeit begreifbar wäre, sondern in einem Bruch, der der Heilung bedarf. Von der Heilung des Bruches durch Gott selbst her will erkannt sein, wer Gott in Wahrheit ist, und auch, was es um den Menschen ist in seiner Beziehung zu Gott. Daß dem Menschen die Wirklichkeit des Gottes, durch den er sein Leben hat, zutiefst ungewiß, ja zur Unwirklichkeit werden und dann gewiß auch durch keine rationale Argumentation ans Licht geholt werden kann, ist also, von der Geschichte der Selbsterweisung Gottes her verstanden, noch etwas Anderes als schlichtes Nicht-wissen-können um ein quasi-naturgemäß Unerkennbares. Es gehört zum Signum jenes Abgekehrt-seins des Menschen von Gott, das nur durch das Kommen Gottes zum Menschen überwunden werden kann. Wäre unser Leben mit Gott geeint, so wären wir um seine Wirklichkeit gewiß; freilich auch dann aus der Quelle seiner Selbstbezeugung und in anderer Art als wie wir um nachweisbare Weltgegenstände wissen. Wir *werden* um ihn gewiß, wo er sich als der unser Abseits von ihm *Überwindende* zu erkennen gibt.

Anders als in der hier vertretenen Sicht wird von manchen Theologen ein Wissen um die Wirklichkeit Gottes angenommen nicht erst aus seinem Selbsterweis in Jesus Christus als der versöhnende Gott, sondern auch und zuvor aus seinem *Gesetz* und damit in seinem gegen den Menschen bestehenden Zorn: „Allgemeine" Offenbarung als Zornesoffenbarung. Darin sei Gott zunächst wirklich *anders* (wenn auch kein anderer) Gott als er sich in Christus erweist. Da zeige er sich als der Gott, der den Tod des Sünders will, und in Gott selbst trete diesem seinem Zorneswillen der in Christus, im Evangelium sich offenbarende Gegen-wille seines Erbarmens entgegen[1].

Vom Zorn Gottes werden auch wir zu reden haben. Aber ein allgemeines Wissen um das Betroffensein durch *Gottes* Gesetz und seinen Zorn über die Sünde, das auch abgesehen von der Offenbarung seines Heilswillens gegeben wäre, kann doch ebensowenig behauptet werden wie eine allgemeine Gewißheit um die Wirklichkeit Gottes überhaupt. Und wird nicht gerade an dem von Jesus ausgelegten und gelebten Gotteswillen erst die Tiefe des Gegensatzes dieses Willens zu unserm faktischen Leben aufgedeckt, da aber *zugleich* mit dem Willen Gottes, diesen Gegensatz versöhnend zu überwinden? Dieses Zugleich kündigt sich aber auch schon an in der besonderen Geschichte, die Gott mit Israel auf sein Kommen in Christus hin eingeht. Von der *Zusage* Jahwes her und an seinem Gemeinschaftswillen entbrennt sein Zorn über die Verweigerung des Volkes, mit dem er zusammensein will, und über den Gerichten dieses Zornes *erneuert* sich die Zusage künftiger Selbstdurchsetzung dieses Gemeinschaftswillens. Gott ist auch in seinem Zorn kein anderer als der,

---

[1] Mit besonderem Gewicht wurde das von Werner Elert vertreten. Er spricht von „Realdialektik" in Gott selbst, einer „zwiespältigen Selbstschließung Gottes" (E., Der christliche Glaube, S. 169) und sieht die Überlieferung des Menschen an die „Schicksalsgewalt" wenn nicht als eigentliche Gotteserkenntnis so doch als allgemeine Erfahrung seines *Zornes* (ebd. S. 182). Auch Horst Georg Pöhlmann spricht von einer „Uroffenbarung", die als solche Gesetzes- und Zornesoffenbarung ist (P., Abriß der Dogmatik S. 27ff.).

der in Jesus Christus zu seinem Ziel mit den Menschen kommt. Es gibt keine von diesem Ziel zu isolierende Erkenntnis des Richtergottes – was man da zu erkennen meint, *ist* nicht der wahre Gott. – Damit ist ein Thema berührt, das über diese Bemerkung hinaus einer gründlichen Auseinandersetzung bedarf. Sie wird vor allem in den Überlegungen zum Verhältnis von Gesetz und Evangelium wieder aufzunehmen sein.

2. *Die Ermöglichung des Redens von Gott*

Wie können wir von Gott reden?
Hat *Erkenntnis* Gottes ihren Grund in der Geschichte seiner Selbstbekundung, so ist in ihr auch das Kriterium rechten menschlichen *Redens* von Gott zu suchen. Zu antworten wäre also als erstes: Wir können darum von Gott reden, weil er selbst zu Menschen geredet hat, und wir können und sollen so von ihm reden, wie es diesem seinem eigenen Reden entspricht.
Aber damit stehen wir zunächst vor weiteren Fragen. Gottes eigenes Reden hören wir ja nicht unvermittelt; es begegnet uns immer, schon im biblischen Zeugnis, auch im Munde Jesu, in der Vermittlung durch *menschliche* Worte. Reden wir von Gott, so tun wir es in der Nachfolge solcher immer schon menschlichen Worte. Sie alle haben zunächst eine auf Innerweltliches, Menschliches bezogene Bedeutung, können auf Gott nur in „analogem" Sinn angewandt werden. Inwiefern können sie dann Aussage der Wirklichkeit Gottes sein?
In der modernen Theologie ist eine Vor-frage dieser Frage zur Diskussion gestellt worden: *Will* bzw. *muß* Rede von Gott überhaupt als eine solche Wirklichkeitsaussage aufgefaßt werden? Wenn ja, dann stehen wir vor der weiteren Frage (die allerdings nicht erst von heute ist, sondern schon eine lange Geschichte hat): Wie und unter welchen Bedingungen kann sie als *analoge* Rede von Gott zugleich *wahre* und eindeutige Rede sein?
2.1. Die erste Frage führt nochmals in den Bereich der modernen sprachanalytischen Philosophie. In deren erster Phase war ja behauptet worden, als sinnvolle Aussage über Wirkliches könnten nur Sätze gelten, die einen empirisch bestimmbaren und nachprüfbaren Tatbestand betreffen; denn nur für solche Aussagen könne (eben auf dem Weg der Nachprüfung) entschieden werden, ob sie wahre oder falsche Information enthalten. Es liegt auf der Hand, daß Aussagen über Gott sich diesem Kriterium entziehen. Nun wurde in der weiteren Entwick-

lung dieser Philosophie² allerdings eingeräumt, sinnvolle Rede müsse nicht unbedingt auf informative Sätze über beschreibbare und kontrollierbare Tatbestände eingeschränkt sein. Sind unsere eigentlichen Lebensfragen in solchen Tatbestandsaussagen nicht zu erfassen, so muß das nicht bedeuten, daß man über sie nur schweigen kann. Es kann andere Weisen geben, sie zur Sprache zu bringen, als die informative Wirklichkeitsbehauptung – etwa evokative Rede, die nicht eine Tatsache mitteilen, sondern eine innere Haltung vermitteln will, oder appellative Rede, die zu einem Verhalten erwecken will. So verstanden könne auch religiöse Rede sinnvoll sein. Besondere Beachtung fand auch J. *Austins* Hinweis auf die Möglichkeit „performativer" Aussage, durch die nicht Information vermittelt, sondern ein Status *bewirkt* wird, so etwa durch die Trauformel die Gültigkeit einer Ehe, oder durch die Zusage von Verzeihung die Wiederherstellung eines zerbrochenen Gemeinschaftsverhältnisses. Könnten religiöse Aussagen ihrer eigentlichen Intention nach als solche performative Rede zu verstehen sein?

Einige Theologen besonders im angelsächsischen Raum nahmen diese philosophischen Angebote positiv auf. Sie schlagen vor, das Reden von Gott nicht informativ, sondern evokativ zu verstehen; d. h. nicht im eigentlichen Sinn als Behauptung der Existenz einer besonderen, überweltlichen Realität, sondern als Kundgabe einer bestimmten menschlichen Lebenseinstellung mit dem Ziel, solche Einstellung auch in andern zu erwecken³. Ein Satz wie „Gott ist der Schöpfer der Welt" solle nicht als Information über ein transzendentes Wesen „Gott" verstanden werden, sondern meine eigentlich: „Wir dürfen inmitten *dieser* Welt in einem Grundvertrauen leben", und wolle zu solchem Vertrauen ermutigen. Oder: Der eigentliche Sinn von theologischen Aussagen, die scheinbar metaphysische Tatbestände behaupten, könne als ethischer Appell aufgefaßt werden – wenn man z.B. sage „Jesus ist der Sohn Gottes", so könne das so verstanden werden: „Ich übernehme das Ethos der Liebe, das Jesus vertreten hat, als für mich unbedingt verbindlich und rufe auch andere dazu auf." Theologen, die ein solches Verständnis der Rede von Gott vertreten, verbinden damit oft die Forderung, die Theologie solle heute ihre Sprache

---

[2] In ihrer „umgangssprachlichen" Richtung („Ordinary Language Philosophy"), der auch Ludwig Wittgenstein in seiner späteren Phase zuzurechnen ist.
[3] So etwa in USA Paul van Buren, dessen Buch „Reden von Gott – in der Sprache der Welt" 1965 in deutscher Übersetzung erschienen ist.

auch ausdrücklich von dem Anschein metaphysischer Realitätsbehauptung freimachen und auf dieses eigentlich Gemeinte umstellen. Aber obwohl christliche Glaubensaussage solche evokativen Momente: Ermächtigung zu Grundvertrauen, auch ethischen Appell, *impliziert* – sie kann weder in der Sprache der Predigt noch in der Sprache theologischer Reflexion darauf *reduziert* werden. Es würde sonst der *Grund* solcher Ermächtigung und solchen Appells verschwiegen. Es würde verschwiegen, daß nicht die Zweideutigkeit unserer Welterfahrung und die Problematik unserer Selbsterfahrung, sondern die Treue Gottes zu seiner Selbstzusage solchem Vertrauen den Grund gibt, der unbedingt trägt; und daß allein sie auch den ethischen Appell – wenn anders damit das Liebesgebot Jesu gemeint ist – ermöglicht und verbindlich macht. Es würde unterschlagen, daß im biblischen Zeugnis und erst recht in der Verkündigung Jesu die alle Verhaltensweisungen begründende und tragende *Dominante* der Zuspruch des Verhaltens Gottes zu uns, seiner Präsenz und seines Gemeinschaftswillens ist. Glaube könnte nicht mehr das heißen, was er aufgrund dieses Zuspruchs sein darf und soll: Sich daran halten, daß Gott dabei ist, daß wir nicht mit uns-in-Welt allein gelassen sind.

Das bedeutet allerdings, daß christliches Reden von Gott unverzichtbar, und zwar begründend für alles, was es sonst impliziert, den Charakter der Behauptung einer Wirklichkeit behält – einer Wirklichkeit, die nicht aufgeht in dem, was in der Welt wirklich ist und in und unter Menschen wirklich werden kann. Ob es sinnvoll ist, diese Behauptung der Wirklichkeit Gottes formal unter die sprachanalytische Kategorie von „Information" über „Tatbestand" einzuordnen, ist eine andere Frage. Im Lebenszusammenhang des Glaubens wird sie sich eher als antwortendes Bekenntnis zu dem Lebendigen verstehen, dessen Anruf gehört wird und trägt. Als solches macht sie aber in der Tat Aussagen von Gott mit dem Anspruch, es sei *wahr*, was sie aussagt.

2.2 Damit stehen wir bei der zweiten Frage: *Inwiefern* können Aussagen über Gott, die doch immer nur im „analogen" Gebrauch menschlicher Worte auf seine Wirklichkeit hinweisen können, wahre Aussagen sein? Vor allem: Inwiefern können sie *klare*, eindeutige Aussagen sein?

Die mittelalterliche und ihr folgend z. T. auch die altprotestantische Theologie hatte diese Frage mit dem Prinzip der *Analogia entis* beantwortet: Kreatürliches kann darum für Gott sprechen, weil er, der *das* Sein in seiner ursprünglichen Fülle ist, dem Geschöpf, indem er es schuf, *Teilhabe* an Sein und darin eine Beziehung der Ähnlichkeit zu ihm selbst verliehen hat (so freilich, wie die Scholastiker hinzuzufügen nicht vergessen, daß zwischen Schöpfer und Geschöpf über aller Ähnlichkeit je immer noch größere Unähnlichkeit waltet). Daß die Kreaturen, freilich in unendlich abgestuften Graden, kraft ihrer Teilhabe am Sein ein „Gleichnis" Gottes *sind*, ermöglicht es, umgekehrt Worte, die in nächster Bedeutung Kreatürliches bezeichnen, als Gleichnis für Gottes Wesen und Handeln *einzusetzen*. Dabei ist vor allem an Worte gedacht, die solches bezeichnen, was am Kreatürlichen als positiv, als Wert erscheint; nach der Regel der „via eminentiae" darf dann gesagt werden, daß Gott in einer freilich alle Vorstellung überragenden Fülle das *ist*, was in den Werten kreatürlichen Seins als Abglanz erscheint.

Für heutiges Denken ist das schwer nachzuvollziehen. Wenn *alles* Kreatürliche schon kraft dessen, daß es *ist*, auf Gott verweist – wieso dann nicht auch das, was wir als Übel und Unwert erfahren? Aber wie zweideutig würde dann die Vorstellung von Gott[4]! Außerdem ist, was als positiv, wertvoll und groß empfunden wird, zumindest nicht durchgehend jederzeit und für alle dasselbe. Menschliche Werturteile sind relativ, können differieren – muß eine auf dieser Basis errichtete Gottesvorstellung nicht schwankend werden? Sie wird ganz und gar undeutlich, fügt der an konkreter Bestimmbarkeit orientierte Sprachanalytiker hinzu; denn zu jeder Ähnlichkeitsaussage wird ja hinzugesetzt, die Unähnlichkeit sei je immer noch größer, Gott sei so, aber doch nicht eigentlich so, sondern noch weit darüber hinaus – und unter diesem „weit hinaus" über die weltliche Bedeutung menschlicher Worte kann er sich schlechterdings nichts vorstellen.

Die Unähnlichkeit ist nicht nur je immer noch größer, sie ist fundamental, sagt Karl *Barth*, bekanntlich der entschiedenste Gegner des Analogia entis-Prinzips, und dies mit *theologischer* Begründung: Zwischen Gott dem Herrn und dem Geschöpf gibt es keine „natürliche" Verbindung, sondern nur die Beziehung, die Gott in Christus aus der souveränen Freiheit seiner Gnade mit uns eingegangen ist. Gott und das Geschöpfliche können unter keinerlei beide umfassenden Kategorien zusammengedacht werden, auch nicht unter dem abstrakten Begriff des Seins. Menschliche Worte, die sich auf das Geschaffene beziehen, haben an sich durchaus keine Eignung, in ihrer natürlichen Bedeutung auf Gott hinzuweisen. Daß wir, auch in der Bindung an Gottes Selbstbekundung in Christus, nur in solchen „analogen" Wor-

---

[4] Die scholastische Theorie konnte diesem Problem formal ausweichen mit Hilfe des vom Neuplatonismus ererbten Gedankens, das Böse sei nicht als positiv Seiendes, sondern als Mangel an Sein aufzufassen.

ten von Gott reden können, sagt natürlich auch Barth. Aber nach ihm empfangen sie die Bedeutung, in der sie für Gott sprechend werden, durch Gott selbst, indem er sie im *Akt* seines Sich-offenbarens dafür in Dienst nimmt – sie bringen die Eignung dazu nicht schon „von Haus aus" mit.

Barth bringt das auf den Begriff: Sie *werden* für Gott sprechend in einer „analogia *attributionis*" (kraft göttlicher „Zuteilung" des Sinnes, in dem sie das werden können) – sie *sind* es nicht von sich her kraft einer natürlichen analogia entis. Er spricht in diesem Zusammenhang auch von „analogia *fidei*" und meint damit: Nur in dem durch Gott selbst im Akt seiner Offenbarung gewirkten Glauben werden diese menschlichen Worte in demjenigen Sinn verstehbar und dann auch gebrauchbar, in dem Gott sie für sich sprechend werden läßt.

Paul *Tillich*, den wir hier als prominenten Vertreter einer von Barth abweichenden Auffassung anführen, nahm mit gewissen sachlichen und terminologischen Modifikationen den Analogia entis-Gedanken wieder auf. Er spricht davon, daß endliches Seiendes kraft seiner Verbindung mit Gott als dem „Sein-selbst" oder „Grund des Seins" zum *Symbol* für ihn werden kann. Zwar *ist* Endliches auch nach Tillich nicht einfach überall und jederzeit für Gott als den Grund seines Seins transparent, vielmehr *geschieht* solches Transparent-werden je und dann in besonderen, von Tillich „ekstatisch" genannten Manifestationserfahrungen. Aber obwohl er den Menschen Jesus als das endgültige und vollkommene Medium der Transparenz Gottes im Geschöpflichen versteht, sieht er solches Manifestationsgeschehen nicht auf Jesus und die biblische Offenbarung beschränkt. Auch anderes, was uns etwa in der Natur oder im menschlichen Geschehen überwältigend betrifft, kann zu einem Medium werden, durch das etwas vom Wesen Gottes aufscheint und aussagbar wird.

Versuchen wir, zu dieser Problematik Stellung zu nehmen, so bietet sich als Ausgangspunkt der zweite Leitsatz an, der von der Geschichte der Selbsterweisung Gottes her formuliert worden war: „Gott entzieht sich dem ‚Bildnis und Gleichnis', er läßt sich nicht durch das Bild der in Natur und Geschichte wirksamen Kräfte repräsentieren. Er identifiziert sich selbst durch sein Wort, und zuletzt in dem Menschen Jesus als der Persongestalt dieses Wortes." Da ist zwar zunächst von Gottes*bildern* und nicht von verbalen Gottes*aussagen* die Rede. Aber auch solches Bild ist ja eine Geschöpflichem nachgebildete Gestalt, die als solche das Wesen oder einen Aspekt des Wesens der Gottheit repräsentieren soll, und insofern gewissermaßen eine Vorform analogen Redens von Gott. Entzieht sich der biblisch bezeugte Gott der Repräsentation durch solche von Menschen gewählten Bilder und Gleichnisse, so besagt das jedenfalls, daß nicht beliebiges und schon gar nicht alles Kreatürliche kraft seiner so oder so faszinierenden Werthaltigkeit zur Basis wahrer Aussage über ihn werden kann. Wir sind an den Weg gewiesen, den *Gott* gewählt hat, um sich Menschen durch Menschliches erkennbar und aussagbar zu machen. Das ist die Gestalt Jesu, in dem Gott selbst uns das eine „Bild" gegeben hat, in dem wir sein „unsichtbares" Wesen erkennen sollen (Kol 1,15): *Seine* Verkündigung, die Gleichnisse, in denen *er* von Gott redet, in Einheit mit seinem ganzen Verhalten, in dem er die Gegenwart Gottes zu Menschen bringt. Es sind dann auch die Worte, in denen Israel Gott zu sich reden hörte, wenn sie im Licht seiner in Jesus sich vollendenden Selbstaussage, als Worte des auf dieses Ziel seiner Selbstaussage zugehenden Gottes verstanden werden. Menschliches Reden von Gott kann dann rechtes, Gott in Wahrheit entsprechendes Reden sein, wenn es sich davon bestimmen läßt, daß und wie Gott selbst sich hier durch Menschliches ausgesprochen hat (was natürlich nicht heißt, daß es sich auf wörtliches Nachsagen biblischer Worte beschränken müßte). Es wird auch dann ein analoges Reden bleiben in Worten, deren menschliche Bedeutung an sich oft vieldeutig ist und von menschlicher Erfahrung her verschiedene, auch negative Assoziationen wachrufen kann (das gilt z. B. von „Vater", von „Herr", selbst von „Liebe"). Ihren eindeutigen Richtungssinn, in dem sie in bezug auf Gott verstanden sein wollen, erhalten sie aber aus dem Kontext der Gestalt und Geschichte, des Verhaltens und der Verkündigung Jesu und des auf ihn hinführenden Redens Gottes zu Israel – und es ist allerdings eine wichtige Aufgabe der Theologie, ihren Richtungssinn aus diesem Kontext heraus zu erhellen und gegen davon abführende Assoziationen abzugrenzen.

Das Prinzip einer allgemein auf Gott verweisenden Analogia entis, darin muß man Barth recht geben, ist in der Tat kein mögliches Fundament der christlichen Rede von Gott. Andererseits ist an Barths Position die Frage zu stellen, ob man wirklich sagen darf, die menschlichen Worte, die Gott durch seine Offenbarung im Christusgeschehen zur analogen Aussage seiner selbst geeignet macht und in Dienst nimmt, erhielten damit einen gegenüber ihrer „natürlichen" Bedeutung ganz anderen Sinn. Streng genommen müßte das ja heißen, daß zwischen dem normalen menschlichen Verständnis dieser Worte und der Bedeutung, die sie für den Glauben in Beziehung auf Gott gewinnen, keinerlei Zusammenhang, sondern ein völliger Hiatus besteht. Ob Barth das wirklich in dieser Stringenz gemeint hat, sei dahingestellt – jedenfalls würde man ihm m. E. *darin* nicht folgen können. Der Praxis der Gleichnisrede Jesu würde das widersprechen: Gewiß wird da unter menschlichen Gestalten und Vorgängen *ausgewählt* und hie und da so, daß das, was Jesus erzählt, keineswegs als alltäglicher und normaler, sondern als ein sehr merkwürdiger Vorgang erscheint. Aber es wird doch nicht der Sinn der Worte völlig umbestimmt, so daß er mit dem, was sie in menschlicher Erfahrung bedeuten können, nicht mehr zu tun hätte und sozusagen ein „Sprachenwunder" eintreten müßte, damit sie als Gleichnis für Gott überhaupt verstehbar werden[5]. Was hier in bezug auf die Gleichnisse Jesu gesagt ist, gilt aber für das Reden der biblischen Zeugnisse von Gott in menschlichen Worten überhaupt. Ein Wort wie „Liebe" z. B. ist gewiß in unserm Mund sehr vieldeutig, kann assoziativ auf sehr unterschiedliche Verhaltensweisen und Erfahrungen bezogen werden. Man kann aber doch nicht sagen, daß es in dem Sinn, in dem es im Kontext der biblischen Rede für das Verhalten Gottes eingesetzt wird, schlechterdings nichts zu tun hätte mit solchem, was auch unter Menschen als Liebe erfahren werden *kann*. Nochmals: Damit ist nicht behauptet, daß alles oder Beliebiges, was Menschen als „Wert" imponieren kann – etwa auch unbeugsame Härte („gelobt sei, was hart macht") oder streng nach Verdienst vergeltende Gerechtigkeit („Ordnung muß sein") –, ebenso zum Hinweis auf Gott werden könnte. Gott hat, indem er sich in Jesus für uns identifizierte, in der Tat *gewählt*, welche menschlichen Erfahrungen er für sich sprechen läßt, als Gleichnisse in den Dienst seiner Selbsterweisung nimmt. Es wird auch nicht behauptet, Gott könne dies darum tun, weil solches menschlich Gute, das er für sich sprechen läßt, eine allgemeine Möglichkeit des *Menschen* aufgrund einer ihm partiell verbleibenden „natürlichen" Gottverbundenheit wäre. Es ist *Gottes* Möglichkeit, weil er seiner Schöpfung auch über der Abkehrung des Menschen von ihm wirksam gegenwärtig bleibt, unter uns, „die wir doch arg sind" (Mt 7,11), inmitten von allem Bösen auch solches Gute geschehen zu lassen, das er zum Gleichnis seines eigenen Wollens und Tuns in Dienst nehmen kann.

Einer besonderen Überlegung, die hier nur angedeutet werden kann, bedürften die nicht unerheblichen Unterschiede der *Wesentlichkeit*, in der im biblischen Reden gebrauchte Ausdrücke sich auf Gott beziehen. Damit sind auch Unterschiede in bezug auf ihre eventuelle *Ersetzbarkeit* durch andere Aus-

---

[5] Auch die „Verstockungstheorie", die an einigen Stellen der Evangelien im Zusammenhang der Gleichnisrede Jesu auftritt (Mt 13,13ff.; Mk 4,11f.), kann m. E. in *diesem* Sinne nicht verstanden werden.

drücke gegeben. Wird z. B. vom „Arm" oder „Finger" Gottes geredet, so ist klar, daß das Metaphern sind, die nur in einem uneigentlichen Sinn auf Gott übertragen werden – ein Finger ist eben „eigentlich" ein menschlicher Finger, und wenn man vom „Finger" Gottes redet, könnte man das, was man sagen will, wohl ebenso gut auch anders sagen. Anders steht es mit Ausdrücken, die ein Verhalten Gottes bezeichnen wie etwa „Freiheit", „Gerechtigkeit", „Treue", „Liebe". Sie sind nicht ohne weiteres auswechselbar und durch eigentlichere Worte ersetzbar. Haben auch diese Verhaltensworte Beziehung zu menschlichem Verhalten, so wäre eher zu fragen, ob das, was wir so kennen und nennen, nicht in seiner *menschlichen* Verwirklichung „uneigentlich" ist und gerade in und durch Gott sein „eigentliches" Wesen, seine Wahrheit hat. Wie steht es mit personalen Ausdrücken wie „Vater", „Herr", „König"? Gehören sie zu den Metaphern oder zu den Wesensworten, die solches bezeichnen, dessen eigentliche Wahrheit in Gott verwirklicht ist? Wahrscheinlich läßt sich diese Unterscheidung nicht so strikt durchführen, daß man jeden für Gott gebrauchten Ausdruck entweder in die eine oder in die andere Kategorie einteilen könnte. So z. B. scheint „König" in der Anwendung auf Gott mehr auf die Seite der Metaphern, „Vater" (obwohl auch darin ein metaphorisches Moment enthalten ist) näher zu den „Wesensworten" zu gehören.

3. Das Sein Gottes

In Auseinandersetzung mit dem Vorschlag, „Gott" als bloße Chiffre für den evokativen Ausdruck eines bestimmten menschlichen Verhaltens zu verstehen, hatten wir festgehalten: Die Rede von Gott als einem Wirklichen, dessen Wirklichkeit nicht aufgeht in dem, was in der Welt wirklich ist und unter Menschen wirklich werden kann, ist unverzichtbar, wenn der Grund, besser: der Begründende solchen Verhaltens nicht verschwiegen werden soll. Wir sagen damit jedenfalls: Gott *ist*, sprechen ihm sein eigenes, von dem alles andern Seienden zu unterscheidendes Sein zu. Aber die Frage, ob und in welchem Sinn man vom Sein Gottes reden kann, ist in der modernen Theologie umstritten. Wir haben uns zunächst damit, und sodann mit der erst recht umstrittenen Frage des „Person"-Seins Gottes auseinanderzusetzen.

3.1. Die alte Theologie hatte Gott Sein in einem eminenten Sinn zugesprochen: Er ist das „Summum Esse". Das war nicht gemeint als ein bloßes Erstes und Höchstes in der Reihe von allem andern, was „es gibt". Es sollte damit die Einzigartigkeit, die qualitative Überlegenheit des Seins Gottes über die Art des Seins der Kreaturen ausgesagt werden. Gott hat nicht nur Sein – er *ist* das Sein, das für alles, was „es gibt", der *Grund* seines Daseins ist, während er selbst keines Grundes bedarf um zu sein – Sein ist sein Wesen. Ihm kommt das „esse absolutum" oder (mit einem von der Scholastik gebildeten Kunstausdruck) die A-seitas zu – er ist a se, d. h. in und aus sich selbst, bevor alles andere ist und wenn nichts anderes wäre, „von Ewigkeit zu Ewigkeit". Modernem Denken in seiner Tendenz, das Wirkliche mit dem Feststellbaren zu identifizieren, erscheint diese Rede von einem transzendenten „Summum esse", das in seiner „Aseität" aus jedem Bedingungskontext mit anderem, was „ist", herausfällt, als unverständlich. Dieses Denken versteht „ist" *nur* noch im Sinne von „es gibt" (vorfindlich). Der Satz „Gott ist" kommt bei ihm an als die Behauptung: Es gibt ihn irgendwo, wie anderes auch. Und wenn die alte Theologie meinte: Gott gibt es nicht wie es das und jenes gibt, er ist *das* Seinselbst, so fragt dieses Denken: Was soll das heißen? Ist „das Sein" nicht eine bloß formale, völlig inhaltsleere und gegenstandslose Substantivierung von „es gibt" (das und jenes, dessen Vorhandensein dann aber grundsätzlich auch feststellbar sein müßte)?

Die Reaktionen auf diese Situation, die Bemühungen, ihr durch eine Neuinterpretation der „Seinsweise" Gottes zu begegnen, sind in der heutigen Theologie sehr unterschiedlich. Das kann hier nur in Stichworten angedeutet werden.

Herbert *Braun* stellt fest, die Vorstellung Gottes als eines besonderen überweltlichen Wesens sei dem heutigen Menschen in der Tat nicht mehr zuzumuten – an diese „theistische Vorgabe" dürfe der Glaube nicht länger gebunden werden. Er interpretiert: Gott „geschieht", und versteht das so: Wenn von dem unbedingt verpflichtenden und befreienden Wort Jesu her unter Menschen Liebe geschieht, dann ereignet sich darin Gott. „Gott" ist das Wort für solches *mitmenschliche* Geschehen[6].

Ähnliche Gedanken vertritt Dorothee *Sölle*, auch die in USA eine Zeitlang einflußreiche „Theologie nach dem Tode Gottes".

Paul *Tillich* dagegen nimmt die Seins-Sprache der alten Theologie auf, wenn er Gott als das „Sein-selbst", den „Grund (und zugleich Abgrund) des Seins" bezeichnet. Aber er will das nicht im Sinn einer völlig jenseitigen Transzendenz verstanden wissen; Gott als das „Sein-selbst" ist zu verstehen als die *in* allem, was ist, wirksame *Macht* zu sein

---

[6] So H. Braun, Die Problematik einer Theologie des Neuen Testaments, in: Ders., Studien zum Neuen Testament und seiner Umwelt, 1962, S. 325 ff. Vgl. auch die Auseinandersetzung mit Braun bei Helmut Gollwitzer, Die Existenz Gottes im Bekenntnis des Glaubens, 1963, S. 63 ff.

– transzendent nur insofern, als diese Macht sich gegenständlichem Erfassen entzieht.

Charakteristisch für diese Tendenz, die Vorstellung jenseitiger Transzendenz zu vermeiden, ist, daß Tillich als metaphorische Bezeichnung des „Ortes" Gottes das Symbol der „Tiefe" bevorzugt.

In etwas anderer Weise sucht eine durch den Philosophen Alfred N. *Whitehead* beeinflußte, besonders in USA vertretene *„Prozeßtheologie"* die Verbindung des Göttlichen mit dem kreatürlichen Sein und zugleich seine Besonderheit ihm gegenüber zu erfassen[7]. Welt – und zwar Natur und Geschichte in *einem* großen Zusammenhang – wird hier verstanden als zielgerichtet evolvierender Prozeß. Gott ist diesem Prozeß inne als die ihn steuernde schöpferische Macht. (Einen ähnlichen Gedanken vertrat der katholische Theologe/Naturforscher *Teilhard de Chardin*).

Tritt in derartigen Interpretationen des Seins Gottes das personhafte Gegenüber, in dem Gott dem Menschen durch sein *Wort* begegnet, verhältnismäßig zurück, so hat Rudolf *Bultmann* gerade dies durchaus festgehalten. Aber für ihn ist die Erörterung des *Seins* Gottes, erst recht die Reflexion seines Seins in sich, seiner Aseität, kein legitimes theologisches Thema – wir können von Gott nur reden in der Aussage dessen, was eben im Begegnen seines Wortes durch ihn an uns *geschieht*. Das heißt: wir können von Gott nur so reden, daß wir zugleich vom Menschen reden.

Anders K. *Barth*. Begründet ist auch nach ihm unser Reden von Gottes Sein in seinem Handeln, nämlich im Geschehen seiner Selbstoffenbarung in Jesus Christus durch den Heiligen Geist. Hier aber offenbart Gott *in* seiner Zuwendung zum Menschen wirklich sein *eigenes*, dreieiniges Sein, das sehr wohl auch Thema der Theologie werden muß. Freilich nicht als das Sein eines in seine Transzendenz gleichsam eingeschlossenen „Höchsten Wesens"; zum Sein Gottes gehört vielmehr gerade die Freiheit seiner Selbstbestimmung, die Grenze seiner Transzendenz zu überschreiten, Mensch zu werden, sich Leiden und Sterben widerfahren zu lassen. Aber wenn die *Freiheit* Gottes in seiner *Selbst*bestimmung zu diesem Geschehen nicht verdunkelt werden soll, muß nach Barth *auch* von seinem Sein in sich selbst, von Gottes Aseität als dem Woher seines Kommens zum Menschen gesprochen werden.

---

[7] Über sie orientiert Helga Reitz, Was ist Prozeßtheologie?, KuD Jg. 16, 1970, S. 78ff.

Wir konfrontieren auch diese Diskussion des „Seins" Gottes mit den Thesen, zu denen wir aus der Nacherzählung der Geschichte seines Selbsterweises heraus gelangt waren, und nehmen hier die dritte und den Anfang der vierten These zusammen:
„Gott unterscheidet sich von dem, was Welt und in der Welt ist, als der schlechthin Überlegene. Er ist der Welt aber handelnd gegenwärtig; er geht mit dem Menschen in der Welt eine Geschichte ein, die auf Zukunft hin zielgerichtet ist." Und „diese Geschichte offenbart den Konflikt zwischen Mensch und Gott, der nur durch Gott selbst überwunden werden kann und überwunden wird".
Wird dies auf die Diskussion der Frage des „Seins" Gottes hin durchdacht, so wird zu sagen sein: Dieses „Sein" läßt sich nicht einem von der Welterfahrung her entworfenen Verständnis der formalen Struktur des Wirklichkeitsganzen, einer „Ontologie", *einordnen*. In diesem Sinn ist der Gott, der sich in jener Geschichte bekundet, wirklich „transzendent".
Selbstverständlich ist Gott nicht da wie etwas, das „es gibt", neben oder auch über allem andern, was es auch gibt. Im Rahmen einer positivistischen Ontologie, für die Wirklichkeit nichts anderes wäre als das Ensemble von allem, was „vorhanden" ist, ist Gottes Wirklichkeit nicht aussagbar.

Der Satz „einen Gott, den es gibt, gibt es nicht" (Dietrich Bonhoeffer) hat recht. Allerdings: Wenn jemand mich fragen würde „Gibt es nun Gott oder gibt es ihn nicht – entweder oder und keine Ausflucht", müßte ich sagen: „‚Es gibt' ist zwar für Gott ein unmöglicher Ausdruck, aber wenn du schon so fragst und mich auf ein Entweder-Oder festnagelst, dann: Ja – es gibt ihn." Denn eine andere Antwort würde bei ihm als Rückzug ins Ungewisse ankommen.

Aber auch der Rahmen einer tiefer dimensionierten Ontologie, für die das Wirkliche nicht in der Oberflächensumme feststellbarer Fakten aufgeht, wird gesprengt. Gott zwar nicht ein „Vorhandener" neben anderem Vorhandenen, aber die *in* allem, was vorhanden und lebendig ist, wirkende Kraft, aus der es zu einem geordneten Ganzen wird? Oder, ins Dynamische übersetzt: die den *Prozeß* des Ganzen steuernde Kraft, der diesem Prozeß innewohnende Zielwille? Dann könnte es zwischen der Gottheit und der von ihr durchwirkten Weltwirklichkeit im Ernst keinen Konflikt geben. Die so verstandene Gottheit müßte dann zu jeder Teilgröße, jedem Teilgeschehen dieses Ganzen in einer kohärent ungebrochenen, gleichsam „normalen" Beziehung stehen, und zwar so, daß sie in jedem Punkt gleich gegenwärtig ist und doch auch gleich ungreifbar bleibt. Aber in *diesem* Sinn (gleichsam als transzendentale und darum nie zur konkreten „Erscheinung" kommende Voraussetzung alles dessen, was in Erscheinung tritt) ist der biblisch bezeugte Gott nicht transzendent. Er tritt ja herein – und zwar in eine Welt, die *nicht* in ungebrochen normaler Beziehung zu ihm steht.

„Geschieht" Gott also – ist Geschehen, anthropologisch verstanden als solches, was sich zwischen Menschen ereignen kann, die adäquatere ontologische Kategorie, in die die alte Sprache vom „Sein" Gottes zu übersetzen wäre? Ja, Gottes Selbstbekundung geschieht, und durch sie geschieht auch etwas in und unter Menschen. Aber was da in und unter Menschen geschieht, das *ist* nicht Gott. Es ist *Geschichte* mit Gott, geschieht aber von daher, daß und wie hier Gott hereinkommt, begegnet, dabei ist. So gewiß hier auch Mitmenschliches geschieht – das Dabei-sein Gottes in die Kategorie des Geschehens von Mitmenschlichkeit hinein *auflösen* zu wollen wäre unmöglich.

Das Sein Gottes läßt sich nicht ein*ordnen*. Aber in der Geschichte seiner Selbstbekundung hat Gott sich so erwiesen, daß er in das, was wir als Wirklichkeit von Mensch und Welt erfahren, sich herein*ruft*, endlich sogar herein*kommt* bis dahin, daß er mit dem Menschen Jesus (formal-ontologisch gesprochen also: mit einer innerweltlichen Einzelgröße) in der Tat sich selbst identifiziert. Er ist also *nicht* transzendent in dem Sinn, daß seine Weise zu „sein" in ein allem konkreten Jetzt und Hier gegenüber Jenseitiges *eingeschlossen* wäre. Und nur aufgrund dieses seines Hereinkommens können wir von ihm reden. Heißt das nun, daß von einem Sein Gottes in sich selbst, von seiner „Aseität" überhaupt nicht zu reden wäre?

Gott hat gewiß kein solches Sein-in-sich, das mit seiner Zuwendung zu Mensch und Welt nichts zu tun hätte und das er in der Verwirklichung dieser Zuwendung aus ihr heraushielte – wie wäre sie sonst *seine* Zuwendung, seine *Selbst*zusage? In sich *ist* er der Gott, der sich in freier Liebe selbst zu dieser Zuwendung bestimmt, um sie darum auch zu vollziehen und als Er-selbst in sie einzugehen. Aber eben weil sie die *Tat* seiner Selbstbestimmung ist, muß gesagt werden: Gott kommt in ihr von sich selbst schon her, so gewiß er als Er-selbst in sie eingeht. Dies auszudrücken bleibt der legitime Sinn der Rede von seiner Aseität, freilich als Grenzaussage und in gebotener Enthaltung davon, beschreiben zu wollen, *wie* Gott in sich ist auch abgesehen von seiner Zuwendungstat.

Nun haben die Begriffe „Sein", „ist", auch in der alten und von Tillich bevorzugt wiederaufgenommenen gesteigerten Formel „das Sein-selbst", in der Anwendung auf Gott in der Tat etwas Fragwürdiges.

Einmal, weil sie heute von Vielen fast zwangsläufig im Sinn von „es gibt" verstanden bzw. in der Steigerung „das Sein-selbst" überhaupt nicht verstanden werden; m. E. aber auch, weil sich mit ihnen (sicher gegen die Intention Tillichs) gefühlsmäßig die Assoziation des Starren, in sich Unbewegten verbinden kann. Die biblische Weise, von Gott zu reden, bewegt sich nicht in solchen Abstraktionen, sondern überall in Worten, die ein lebendiges Verhalten bezeichnen. Wollte man sie auf einen zusammenfassenden Ausdruck verdichten, so würde sich eher als „das Sein-selbst" anbieten: „das Leben-selbst", oder besser noch „*der* Lebendige".

3.2. Ist Gott demnach „Person"? Der älteren Theologie ist die Anwendung dieser Kategorie auf Gott noch fremd (im Reden des Trinitätsdogmas von den drei „Personen" in Gott hat sie eine von der modernen verschiedene Bedeutung). Von vielen neueren Theologen wird das Personsein Gottes ausdrücklich behauptet; von andern, vor allem da, wo man „Gott" als Chiffre für mitmenschliches Geschehen verstehen möchte, wird die Vorstellung von Gott als Person ebenso ausdrücklich abgelehnt. Kritisiert wurde sie auch in der neueren Philosophie, besonders von J. G. *Fichte:* Durch sie werde die Gottheit vermenschlicht, als ein endliches, begrenztes Wesen neben andern gedacht. Denn „Person" sei nun einmal die Bezeichnung für den Menschen als je einzelnes, in seiner besonderen Eigenart begrenztes und von andern unterschiedenes Individuum.

Auch der Begriff „Person" ist eine formale ontologische Kategorie zur gattungsmäßigen Unterscheidung innerhalb des Weltwirklichen. Eine gedankliche *Einordnung* Gottes in diese Kategorie kann ebenso wenig in Frage kommen wie seine Einordnung in irgendeine andere – wer den Satz vertritt „Gott ist Person", will damit nicht sagen, Gott sei „eine Person", er gehöre zur Gattung der Personwesen. Auch was die Bezeichnung des Menschen als „Person" besagen will, bedürfte der genaueren Klärung, wurde auch nicht immer und von allen, die dieses Wort als anthropologischen Grundbegriff gebrauchen, in gleichem Sinn interpretiert. Immerhin kann man sagen, daß damit in jedem Fall die besondere Lebendigkeit des Menschen gemeint ist in dem, worin sie andere Lebewesen übertrifft; insbesondere die Weise, wie der Mensch sich zu anderem, zu seinesgleichen und zu sich selbst *verhalten* kann. Nun können wir, wenn wir der biblischen Bezeugung der Gottesbekundung folgen, auch von Gott nur so reden, daß wir *sein* lebendiges Verhalten zu *uns*, zum *Menschen* „in Person", aussagen. Von seiner Selbstzusage hatten wir zu sprechen, seinem Gemeinschaftswillen, in dem Gott Menschen zum Zusammensein mit ihm selbst beansprucht, sie ermächtigt, ihn anzurufen, sich also ihrerseits „personal" zu ihm zu verhalten. Wir hatten davon zu sprechen, daß Gott sich durch die Antwort oder Verweigerung des Menschen *betreffen* läßt; daß er endlich in der *Person eines Menschen* so gegenwärtig wird, daß er seine Gemeinschaft mit den Menschen verwirklicht und gerade so auch Gemeinschaft von Menschen untereinander wirkt. Das bedeutet jedenfalls, daß wir von Gott nicht *a-personal* reden können; jeder Versuch, sein „Wesen" in einen nicht personhaften, weniger „menschartigen" Begriff zu fassen, wäre nicht eine „eigentlichere", sondern eine seine Lebendigkeit *unterbietende* Bezeichnung.

Es ist vielleicht nicht so wichtig, den abstrakten und formalen Satz zu verfechten „Gott ist Person". Aber unmöglich ist es, zu sagen, er sei es *nicht*. Und unumgänglich (und besser als das abstrakte Reden von seiner Personalität) ist es, von ihm das *Verhalten* auszusagen, in dem er sich als der Lebendige erweist, der seine Geschichte mit uns haben will und zum Ziel bringt.

4. Wie ist Gott?

Die alte und weithin auch die neuere Dogmatik sprach von „Eigenschaften" Gottes. Sicher war das nie im Sinn einer objektivierenden Beschreibung gemeint. Es ist aber im Zusammenhang des Redens von Gott besser, auf diesen Begriff, dem nun einmal die Vorstellung anhaftet, es solle etwas beschrieben, analysiert werden, ganz zu verzichten. Was mit ihm gemeint war, bringen wir zur Sprache in Gestalt der Frage: Wie ist Gott? Und diese Frage können wir, wenn wir dabei bleiben wollen, unser Reden von Gott durch die Geschichte seiner Selbsterweisung bestimmt sein zu lassen, nur an diese Geschichte richten. Sie lautet dann: Wie hat sich Gott in ihr erwiesen?

Wir folgen also nicht der in der alten Dogmatik üblichen Gliederung in Eigenschaften, die Gott zukommen in sich selbst abgesehen von seiner Beziehung auf Mensch und Welt (attributa absoluta) und solche, in denen er diese Beziehung betätigt (attributa relativa bzw. operativa). Die Geschichte, an die wir gewiesen sind, *ist* ja Gottes Betätigung seiner Beziehung zu Welt und Mensch; unter Absehen von ihr können wir keine inhaltlichen Aussagen über Gottes Wesen machen wollen (die Entfaltung jener attributa absoluta lief denn auch mindestens teilweise auf eine Reihung sehr abstrakter Negationen hinaus: „Un-endlichkeit", „Un-ermeßlichkeit", „Un-veränderlichkeit", „im-passibilitas" d. h. jedem Widerfahrnis von Leiden entnommene Seligkeit, usw.).

Wir fragen also: Wie erweist sich Gott in dem, was er *tut?* Gewiß darf und muß dann gesagt werden: Er *ist* der Gott, ist in sich kein anderer als der Gott, der sich so erweist. Aber davon kann nur geredet werden von dem Geschehen der Gotteserweisung her, und das Reden davon ist nicht als beschreibende Theorie, sondern eher als der gedankliche Ausdruck eines seiner Selbsterweisung antwortenden Lobens Gottes zu verstehen. Der dogmatische passus von den „Eigenschaften" Gottes hat, recht verstanden, eine besondere Nähe zur Doxologie.

Auf die Frage, wie Gott sich erweist, bezog sich der vierte unserer Leitsätze: „Gott verharrt nicht unveränderlich und unberührbar in sich selbst, sondern erweist sich bewegbar, durch das Verhalten des Menschen betroffen und darauf reagierend, in Zuwendung und Gerichten und neuer Zuwendung *verschieden* reagierend, *beständig* aber darin, daß er auch durch katastrophale Wendungen hindurch sein Ziel mit Mensch und Welt nicht aufgibt". Da ist zunächst nicht viel mehr gesagt als: bewegbar – und doch beständig. Immerhin kann schon dies darauf hinweisen, wie fern metaphysische Prädikate wie immutabilitas oder impassibilitas dem biblischen Gotteszeugnis stehen. Aber die Frage, die wir gestellt haben, kann gewiß nicht aus der eben nochmals zitierten Formulierung allein, sondern nur von der inhaltlichen Fülle dieses biblischen Gotteszeugnisses her beantwortet werden. Wir können diese Fülle hier nicht entfalten – im Grunde müßte unsere Frage „Wie ist Gott" und was auf sie zu antworten ist, die ganze Dogmatik begleiten, könnte sogar an deren Ende stehen. Hier beschränken wir uns auf drei zentrale Aussagen.

Wir nehmen auf, was schon zur Frage der Erkennbarkeit und des Seins Gottes zu bedenken war, wenn wir als erstes sagen: Gott erweist sich als der *Freie*, an keine seiner Selbsterweisung übergeordnete Bestimmung gebunden, sich selbst bestimmend dazu, daß und wie er sie vollziehen will. Er entzieht sich der Auffindbarkeit und Einordnung im Rahmen dessen, was menschliches Denken sich selbst sagen kann – er ist frei, sich finden zu lassen, wo und wann er *wählt*, daß dies geschieht. Er entzieht sich den Postulaten menschlicher Gottesvorstellungen – er ist frei, sich so zu erweisen, *wie* er wählt, dies zu tun.

Die Gottheit sei zu erhaben, als daß man denken dürfe, sie kümmere sich um den Einzelnen und seine kleinen Anliegen, Bedürfnisse und Gebete? Gott ist frei – das Wort Jesu von den Spatzen und den Haaren auf dem Haupt bezeugt es –, sich um das Ganze seiner Schöpfung und ebenso mit der ganzen Zuwendung seiner selbst um das Einzelne und den Einzelnen, um das Gebet eines Kindes zu kümmern.

Die Gottheit sei zu transzendent, oder auch als die verborgene Triebkraft in *allem* Sein und Geschehen zu immanent, als daß man behaupten dürfe, sie trete in einer besonderen Geschichte und Gestalt inmitten der Vielfalt anderer menschlicher Geschichte und Gestalten besonders hervor? Aber Gott ist frei dazu, dem Ganzen gegenwärtig zu sein und doch die Erweisung seiner Gegenwart an ein besonderes Geschehen zu binden bis dahin, daß er sich selbst mit der Gestalt und dem Geschick eines Menschen identifiziert, der – „den Juden ein Ärgernis, den Griechen eine Torheit" – allen gängigen religiösen Vorstellungen von göttlicher Erhabenheit widersprach.

Wenn Gott – dann die unberührbare, allen menschlichen Tritten und Fehltritten gleichmütig überlegene Güte? Aber Gott ist frei dazu, sich so tief und persönlich mit dem Menschen einzulassen, daß er durch unser Unrecht *getroffen* wird.

Oder: *Wenn* Gott – dann die letztlich alles nach verdientem Maß bereinigende Ordnungsmacht, die himmlische Bestätigung und Vollstreckung des menschlichen Postulats ausgleichender Gerechtigkeit? Aber Gott hat seine Freiheit zuhöchst darin erwiesen, daß er den Ungerechten gerechtspricht und gerade so *seine* Gerechtigkeit aufrichtet.

Doxologie Gottes in seiner Freiheit – in praxi pietatis bedeutet das, daß wir seiner Selbsterweisung unsere Ansprüche preisgeben: unsere gedanklichen Ansprüche auf eine in unser „Weltbild" einzuordnende Gottesvorstellung wie unsere moralischen Ansprüche auf eine von ihm zu garantierende Ordnung oder auch ein von ihm unbehelligtes Überlassen-sein an unsere eigenen Wege. Es bedeutet, daß wir vor Gott unsere Grenze wahrhaben.

Wenn und soweit die alte Lehre von den „attributa absoluta" einen vor dem biblischen Gotteszeugnis zu verantwortenden Sinn hat, dann sollte sie verstanden werden als Wahr-haben dieser unserer Grenze, als doxologischer Hinweis auf die allen Einschränkungen überlegene Freiheit Gottes – nicht abgesehen von seiner Zuwendung zu Mensch und Welt, sondern *in* dieser seiner Zuwendung.

In seiner Geschichte mit den Menschen erweist sich Gott als der *Heilige*. Wir nehmen damit eine Gottesprädikation auf, die in der biblischen Sprache allgegenwärtig und der überlieferten Frömmigkeitssprache vertraut ist, heute aber für Viele ein fremdes Wort wurde, das der Erklärung bedarf. „Heilig" soll hier nicht verstanden werden im Gegensatz zu „profan", als ob es neben einem heiligen Bereich, in dem Gott besonders gegenwärtig ist („heilige" Stätten, „heilige" Handlungen), einen Bereich von Gott gleichsam unbesetzt gelassener, neutraler „Weltlichkeit" gäbe. Was im biblischen Zeugnis mit Gottes Heiligkeit gemeint ist, ist eher zu erfassen in der Entgegensetzung von heilig und unrein – unrein verstanden nicht als „kultische

Unreinheit", sondern als die Verkehrtheit im Herzen und Willen des Menschen und das daraus wachsende, eigenes und anderes Leben verderbende Unrecht.

Die kultischen Reinheitsgebote des Alten Testaments stehen von Anfang an im Zusammenhang des das *ganze Lebensverhalten* beanspruchenden Gotteswillens, werden gegenüber diesem Anspruch auf das Herz und Tun des Menschen schon in der alttestamentlichen Prophetie auch relativiert. Für ein christliches Verständnis der alttestamentlichen Offenbarungs- und Glaubensgeschichte sind sie in Jesus aufgehoben (Mk 7,15 ff. par).

Die *Frage*, was recht und unrecht ist, ist aus dem menschlichen Leben und Zusammenleben unverdrängbar. Menschliche *Urteile* darüber können sehr verschieden sein. Nennen wir Gott den Heiligen, so bringen wir damit zum Ausdruck, daß er in seiner Selbsterweisung über diese Frage entscheidet. Wir sagen damit, daß allein Gott *in sich selbst* recht *ist*, das Rechte will und wirkt, dem Unrecht widersteht und es von sich ausschließt. Wir sagen, daß Gott *mit sich selbst*, mit der Erweisung seines Gemeinschaftswillens, sich zum *Maßstab* des Rechten gibt, indem er Menschen zum Zusammensein mit ihm selbst und darin zum Leben im Rechten und Tun des Rechten beansprucht („ihr sollt heilig sein, denn ich bin heilig"). Und wir sagen, daß Gott allein *durch sich selbst*, durch die Sendung des Sohnes *zu* uns und das Wirken seines Geistes *in* uns, das Rechte in unserm Leben *verwirklicht*.

Doxologie Gottes in seiner Heiligkeit – in praxi pietatis bedeutet das, daß wir unsere Selbstgerechtigkeit und Selbstrechtfertigung preisgeben, vor Gott wahr-haben, daß wir aus uns selbst nicht recht sein und unser Leben nicht ins Rechte bringen können, und ihn bekennen als den Gott, der allein „gerecht ist und gerecht macht" (Röm 3,26).

In der Geschichte seiner Selbstbekundung erweist sich Gott als der Wille und die Macht der unbedingten *Liebe*. Damit nehmen wir ein Wort auf, das zwar heute nicht fremd geworden ist, aber viel mißbraucht wird – auch im Reden von Gott. Der „liebe Gott" als Urbild gütiger Nachsichtigkeit? Wir sagten, Gott erweise sich als der Heilige darin, daß er dem Unrecht widersteht. Das soll jetzt nicht zurückgenommen werden. Das biblische Zeugnis spricht auch von Gottes Zorn. *Weil* sein Gemeinschaftswille zum Menschen hin auf seine Durchsetzung und Erfüllung aus ist, darum erweist er sich auch als der Gott, der der Verschlossenheit des Menschen gegen ihn selbst und der Aktualisierung dieser Verschlossenheit in einem der Liebe widersprechenden Leben *widersteht*. Christliche Rede von Gott darf das nicht unterschlagen. Aber sie würde die Wahrheit, um die es hier geht, entstellen, wenn sie es so sagte: In Gott ist *nicht nur* Liebe, *sondern auch* Zorn – er will nicht nur retten, sondern auch vernichten, nicht nur das Leben, sondern auch den Tod. Vielmehr *weil* in Gott Liebe ist, darum kann sie nicht sein ohne Zorn. Weil seine Liebe das *Leben* des Menschen will, darum muß er sein *Unrecht* richten. Aber Gott hat in dem gekreuzigten Christus das Unrecht so gerichtet, daß er den Ungerechten von seinem Unrecht trennt und ihm das Leben zuspricht. So hat er sich erwiesen als der Gott, der sich selbst in der Unbedingtheit seines Liebeswillens nicht aufgibt und darin auch den Menschen, der ihm widersteht und dem er widerstehen muß, nicht aufgibt, sondern ihn durch den in diesen Widerstreit hineingeopferten Christus endlich einholt. Von diesem Ziel der Geschichte seiner Selbsterweisung her darf gesagt werden: Die Liebe Gottes ist die Dominante in allen seinen Erweisungen, das *Motiv* der Freiheit, in der er seine Geschichte mit den Menschen eingeht, das *Wesen* seiner Heiligkeit und des Rechten, das er in sich ist und unter uns verwirklichen will. In ihr erweist sich Gott durch alle Veränderungen seines Verhaltens in jener Geschichte hindurch als der *Beständige*. Liebe ist darum das einzige unter allen diesen Worten, mit denen schließlich im Neuen Testament unmittelbar Gott selbst bezeichnet werden kann. Da wird nicht gesagt „Gott ist die Freiheit" (das wäre ein sehr abstrakter Satz), auch nicht „Gott ist die Heiligkeit" (da bliebe deren Wesen noch ungesagt), auch nicht „Gott ist Zorn" (obwohl von seinem Zorn geredet wird), wohl aber: „Gott ist Liebe" (I.Joh 4,16).

Doxologie Gottes in seiner Liebe – das heißt: Ihn wahr-haben als den Gott, der unser Leben will; auf ihn über allem, was um uns und in uns dagegenspricht, unser Vertrauen setzen und ihm so unsere Weltangst und Selbstverzweiflung preisgeben. Und dies wiederum ist die Dominante aller wahren Doxologie Gottes, in der auch das bisher Genannte, scheinbar Negative: Verzicht auf Ansprüche und Selbstgerechtigkeit, sein positives Vorzeichen erhält.

Wir haben von der Selbsterweisung Gottes gesprochen. Muß nicht auch von seiner *Verborgenheit* gesprochen werden? Verborgen bleibt Gott dem von ihm abgekehrten Menschen. Und auch wo sein Wort *diese* Verborgenheit durchbricht – verborgen bleibt seine Wirklichkeit und Gegenwart auch für den Glauben unter der Unmöglichkeit, für sie einen theoretischen Beweis zu führen, der die Anfechtung des Glaubens durch den Illusionsverdacht entkräften könnte. Verborgen ist die Macht seiner Liebe in der Ohnmacht eines gekreuzigten Menschen, und daß dieser Macht die Zukunft und der Sieg gehört, ist verborgen unter dem Elend einer Welt, die nichts davon erkennen läßt. Der

Glaube, der sich an das Wort der Selbstzusage Gottes hält, bleibt nicht ohne Erfahrung seiner Nähe, aber er kann auch in tiefe Verdunkelungen dieser Erfahrung geraten. Das alles muß gesagt werden und wird am entsprechenden Ort noch eingehender zu sagen sein. Aber es darf nicht so gesagt werden, als gäbe es ein Verborgenes in Gott, worin er ein anderer wäre und einen andern Willen hätte als den seiner Selbsterweisung in Jesus Christus. Es gibt keinen Deus absconditus, der *nicht* der Wille und die Macht unbedingter Liebe ist, sondern *als* dieser Wille, diese Macht ist er auch der Verborgene, ruft seine Selbstzusage nach einem Glauben, der ihn durch alle Verdunkelungen hindurch „beim Wort nimmt".

5. *Der Vater-Name Gottes*

Mit dem ersten Artikel des Glaubensbekenntnisses bekennen wir Gott als den Vater. Aber gerade der Vater-Name Gottes wäre in einer isolierten Behandlung des ersten Artikels, die noch absehen wollte von dem, was durch die Sendung des Sohnes geschieht, nicht recht zu verstehen. Es ist das Gotteszeugnis Jesu, das uns ermächtigt, Gott diesen Namen zu geben, ihn als „unsern Vater" anzurufen. Der Vater-Name ist auch dem alttestamentlichen Gotteszeugnis nicht ganz fremd, wird dort aber nur selten und verhalten laut; in der Verkündigung Jesu tritt er in die Mitte. Begründet ist das in dem, was der Gott, den Jesus *verkündet*, in der Sendung Jesu *vollzieht;* in ihr kommt er zum Ziel seines Selbsterweises als der den Menschen „heim-suchende", aus seiner Abkehrung zu sich einholende Gott. Gott kann und darf darum als Vater angerufen werden, weil er Versöhnung gewirkt hat. Von daher will die Bedeutung dieses Namens verstanden sein. Nennen wir Gott den Vater, so ist das der personhaft verdichtete Ausdruck für das, was wir im vorigen Abschnitt als die Dominante in der Geschichte der Selbsterweisung Gottes angesprochen hatten: Gott der Wille und die Macht der unbedingten, durch allen Widerstreit hindurch sich selbst und den Menschen nicht aufgebenden Liebe. Rufen wir Gott als unsern Vater an, so ist das, in die Praxis der Gebetssprache übersetzt, was wir die Dominante aller wahren Doxologie Gottes genannt hatten: daß wir ihn wahrhaben als den Gott, der – trotz allem, was um uns und in uns dagegenspricht und dagegensteht – unser Leben will und wirkt.

Gewiß, auch der Vatername ist eine metaphorische Gottesbezeichnung, die in verschiedener Richtung verstanden und mißverstanden werden könnte. Daß sie nicht im biologischen Sinn menschlicher Erzeugerschaft verstanden sein will, bedarf keiner Erörterung – gemeint ist, daß Gott sich zu uns *verhält* wie ein Vater. Aber mit dem Verhalten menschlicher Väter gibt es auch negative Erfahrungen: Autoritäres Kommando in Haus und Familie, das blinde Unterwürfigkeit fordert – oder auch: Schwächliches Gehenlassen, das in der Aufgabe führender Hilfe ebenso versagt. Moderne Religionskritik (§ 6, 2.2) richtet sich vielfach gerade auch gegen diese Gottesbezeichnung. Sie sieht in der Vorstellung des Vatergottes den Ausdruck eines Zurückbleibens in infantiler Haltung, eines „Tabu-Gehorsams", der nicht zur Mündigkeit selbständiger Lebensbewältigung gelangt. Oder auch das Symbol einer patriarchalisch-autoritären Gesellschaftsordnung: die Fiktion des himmlischen Oberherrn, die die Herrschaft der irdischen Herren stabilisieren soll, indem sie ihnen eine religiöse Weihe und Legitimation verleiht.

Aber der Vater-Name Gottes will im Kontext dessen verstanden sein, wie Jesus Gott bezeugt und in seinem eigenen Verhalten unter den Menschen vertreten hat. Er steht dann gerade *gegen* solche negativen Assoziationen. Dafür steht er allerdings, daß dem Menschen in Gott die Autorität begegnet, die seinen ganzen Gehorsam beansprucht. Gott der Vater ist auch Gott der *Herr*. Das kann aus dem Gotteszeugnis Jesu nicht herausgebrochen werden – auch Jesus selbst hat für sein Wort und Tun im Namen Gottes solche Autorität beansprucht. Eine Theologie, die, um radikal emanzipatorischer Ideologie Genüge zu tun, davon nicht mehr zu reden wagt, beruft sich auch auf Jesus zu Unrecht. Es muß aber hinzugesagt werden, daß hier der *eine* Herr begegnet, dem *allein* der ganze Gehorsam gehört. Das bedeutet gerade nicht die Stabilisierung, sondern die Relativierung aller menschlichen Autoritätsansprüche; durch kirchliches Verhalten im Bündnis von „Thron und Altar" konnte das in der Tat oft verdunkelt werden. Und es ist zu fragen, was das denn *hier* heißt, wo diese Worte allein ihren *unbedingten* Gehalt bekommen: „Autorität" und „Gehorsam". Gott der Herr im Licht seiner Selbstzusage in Jesus Christus ist Gott der *Vater*. Er ist der eine Herr, in dem Autorität ganz und gar eins ist mit Zuwendung, mit dem Selbsteinsatz für das *Leben* derer, die er an sich bindet – ja in der Person Jesu mit der Hingabe seiner selbst für dieses Leben. Menschliche Vaterschaft oder obrigkeitliche Herrschaft, die zu autoritärer Bedrückung wird, wird hier nicht bestätigt, sondern unter Kritik gestellt! Und so kann *diesem* Herrn gegenüber Gehorsam ganz und gar eins sein mit rückhaltlosem Vertrauen, wird nur aus solchem Vertrauen heraus der *ganze* Gehorsam sein und ist darin gerade das Gegenteil von blinder Unterwerfung unter undurchsichtige Willkürmacht. Tabu-Gehorsam? Wenn bedacht wird, daß Jesus das Ganze des Gotteswillens in dem einen Gebot der Liebe zusammenfaßt und wie er dies in seinem eigenen Verhalten, z. B. zu den Sabbatvorschriften des Judentums seiner Zeit, bewährt hat, dann wird deutlich (durch „christliches" Verhalten ist auch dies oft genug verdunkelt worden), daß es hier gerade nicht um die Forderung, sondern um die Kritik eines Gehorsams geht, der ohne eigene Einsicht und Verantwortung Vorschriften und Verbote ableistet. Wie könnte das Tun der Liebe unfrei und ohne eigene Einsicht sein! Verstanden als Aufgebot zum Leben in der uns zugewandten, tragenden Liebe des Gottes, den wir als „unsern Vater" anrufen, bedeutet dieses eine Gebot gerade die Befreiung aus aller gesetzlichen Vorschriftenbindung – freilich ebenso aus der Willkür eines sich selbst überlassenen Lebens.

Ist der Vatername Gottes durch einen andern Namen ersetzbar? Für solche Ersetzbarkeit wird gelegentlich angeführt, die Bezeichnung Gottes als „Vater" habe ihre Wurzel in der ausgesprochen vaterrechtlichen Kultur des alten Israel. Es gebe ja aber auch mutterrechtliche Kulturen – warum sollte da Gott nicht ebensogut als „Mutter" angerufen werden dürfen? Aktuell ist in unserer Zeit, in der um Gleichberechtigung und Partnerschaft der Geschlechter gekämpft wird, auch die Frage, ob die Rede von Gott dem Vater nicht eine religiöse Fixierung des Vorrangs und der Herrschaft des Mannes über die Frau bedeute. Aber das Verhalten Jesu zu den Frauen – und dies im Gegensatz zu dem, was in seiner Zeit und Umwelt üblich und selbstverständlich war – steht einer solchen Fixierung durchaus entgegen. Und wenn die „Haustafeln" der neutestamentlichen Briefe die in der damaligen Gesellschaftsordnung gegebene Überordnung des Mannes nicht formal bestreiten, so wird sie in dem Verhalten, das dort den Männern zu ihren Frauen gewiesen wird, von innen her relativiert. Folgen wir dem, so gibt der Vatername Gottes gewiß keine Legitimierung, in den Verhältnissen, in denen wir heute leben, die Gleichberechtigung von Mann und Frau zu bestreiten.

Anstatt diesen Namen ersetzen zu wollen, sollte er im Licht dessen, was er im Gotteszeugnis Jesu sagt, dem, wozu menschliche Vaterschaft mißbraucht werden kann, gerade kritisch entgegengestellt werden.

Literatur

H. ENGELLAND, Die Wirklichkeit Gottes und die Gewißheit des Glaubens (1966) – D. SÖLLE, Atheistisch an Gott glauben (1968, 4. Aufl. 1970) – S. OGDEN, Die Realität Gottes (dt. 1970) – U. MAUSER, Gottesbild und Menschwerdung (1971) – H.-M. BARTH, Theorie des Redens von Gott (1972) – Fr.

MILDENBERGER, Gotteslehre (1975) – E. JÜNGEL, Gott als Geheimnis der Welt (1977) – J. TRACK, Sprachkritische Untersuchungen zum christlichen Reden von Gott (1977). – G. HASENHÜTTL, Einführung in die Gotteslehre (1980). Außerdem die in den Anmerkungen angeführte Literatur.

§ 8. Gott der Schöpfer, der Allmächtige

1. Der Grund des Bekenntnisses zu Gott dem Schöpfer

Das Bekenntnis zu Gott als Schöpfer kommt, was den Umfang der Aussagen betrifft, sogar weitaus mehr als im Neuen Testament schon im Alten Testament zur Sprache; nicht nur in den Schöpfungsberichten der Genesis, sondern auch in der prophetische Verkündigung und im Gotteslob der Psalmen und der Spruchweisheit Israels. In der Verkündigung Jesu wird es aufgenommen und in seiner Konsequenz für das Lebensverhalten zur Geltung gebracht (z. B. Mt 6,25ff.; 19,4ff.), aber eben damit auch vorausgesetzt. Die Vorstellung eines Schöpfergottes ist im übrigen ja auch in andern Religionen lebendig. Der Gedanke könnte sich nahelegen, daß gerade dieses Thema nicht erst einer christologischen Begründung bedarf.
Die Rede von dem Schöpfergott wurde denn auch den Christusaussagen gegenüber oft als das leichter zugängliche religiöse Thema empfunden. Früheren Geschlechtern konnte sie verstandesmäßig einleuchten als plausible Beantwortung der Frage nach dem Woher aller Phänomene, die in Natur und Geschichte als übermächtige, vom Menschen nicht durchschaubare und lenkbare Setzung und Schickung erfahren wurden. Eine Plausibilität dieser Art hat der Rekurs auf den Schöpfer verloren in einer Zeit, die zur Erklärung von Naturerscheinungen die „Hypothese Gott" nicht mehr einsetzt und in geschichtlichen Mächten, Ordnungen und Umbrüchen den Willen und das Werk von Menschen sieht. Zu fragen ist aber, ob nicht auch in jener früheren Zeit *gelebter* Glaube an Gott den Schöpfer einen andern und tieferen Grund hatte als den, daß er Erklärung des sonst Unerklärlichen bot. Und gewiß kann mit allen Erklärungen, die heute zu den Fragen nach dem Woher der Phänomene zur Verfügung stehen, die Frage nach dem *Sinn* und *Wozu* unseres Daseins in der Welt nicht beantwortet werden. Diese Frage ist ja mit den Aporien, in die die Entwicklung der technisch-industriellen Zivilisation hineingeführt hat, nur um so bedrängender geworden.
Nun ist aber das biblische Bekenntnis zu Gottes Schöpfermacht, so

gewiß es die Aussage über den Ursprung der Welt aus dieser Macht in sich einschließt, nicht in erster Linie aus einem gedanklichen Bedürfnis nach Welterklärung entstanden und zu verstehen. Es bezieht sich auch keineswegs *nur* auf ein Anfangsgeschehen in der Vergangenheit, sondern steht schon im Alten Testament im inneren Zusammenhang mit den Erfahrungen *gegenwärtiger* und *Zukunft* eröffnender Selbsterweisung des Gottes Israels. Aus dem Grund seiner Heilszusage, die in der geschichtlichen Katastrophe bisheriger Erfüllungen nicht untergeht, sondern aus dem „Feld von Totengebeinen" (Hes 37) neuen Anfang wirkt und ihn unter die Zusage künftigen größeren Heils stellt, wird dieser Gott geglaubt als der Herr, der des Ganzen von Welt und Geschichte mächtig ist, ihm Anfang und Ziel setzt. Das Bekenntnis zu Gott dem Schöpfer ist Bekenntnis der *Hoffnung* zu seiner Macht, Leben aus seinem Verderben zu retten, und *darin* eingeschlossen die Gewißheit um ihn als den Einen, dem sich alles Leben verdankt. Vom Neuen Testament her verstanden ist aber Gottes Versöhnungstat in Jesus Christus die Erfüllung der Hoffnung, in die Israel gerufen war, und die Eröffnung eines neuen Lebens für alle Menschen. So eint sich für Paulus das Bekenntnis zu der Schöpfermacht, die „dem, was nicht ist, ruft, daß es sei", mit dem Bekenntnis zu dem Gott, der in Christus „die Toten lebendig macht" (Röm 4,17), weil er „den Gottlosen gerechtspricht" (Röm 4,5). Besonders nachdrücklich hat auch Luther Gottes Gnade, aus der allein der Sünder Rechtfertigung und neues Leben empfängt, als den Erweis seines jede Mitwirkung ausschließenden Schöpferwirkens herausgestellt. Gewiß geht für Paulus wie für Luther das Gotteswerk der Schöpfung dem Versöhnungsgeschehen in Christus auch voraus. Aber in ihm erst wird das Ziel offenbar und erfüllt, auf das hin Gott geschöpfliches Leben will und wirkt, und darin empfängt der Glaube an Gott den Schöpfer den Grund seiner *Zuversicht* zu diesem Gott. Ohne diese Zuversicht zu dem Gott, der das *Heil* des Lebens wirkt und ihm Zukunft gibt, könnte der Glaube an den Schöpfer nicht wirklich *Glaube* sein. Die Rede von dem Schöpfergott bliebe bloße Theorie über den Ursprung eines Weltganzen, das uns als solches über seinen Sinn und sein Wozu, über Sinn und Wozu unseres Daseins in ihm nichts zu sagen vermag. Könnte sie dann nicht ebensogut durch andere Theorien ersetzt oder an ein Ignoramus preisgegeben werden?

Das christliche Bekenntnis zu Gott dem Schöpfer ist nicht die Antwort auf die Frage nach dem Grund, der die Welt und das Leben *erklären* kann (wir werden noch davon zu reden haben, wie sehr gerade für dieses Bekenntnis vieles an der faktischen „Gestalt dieser Welt" uner-

klärlich, Anfechtung bleibt). Es hat seinen Ort und seine Gewißheit in dem Wort Gottes, das den Grund gibt, unser Leben in dieser Welt zu *bestehen.* Dieses Wort ist in Jesus Christus gesprochen, in dem Gott sich uns zusagt als der Wille und die Kraft der schöpferischen Liebe, die „das Böse mit Gutem überwindet" (Röm 12,21). In ihm ist uns gesagt, in welchem Vertrauen, in welcher Ausrichtung und Hoffnung wir leben können, und damit auch, aus welchem Willen und zu welchem Ziel uns dieses Leben gegeben ist.
In der neueren Theologie hat vor allem Karl *Barth* den Weg beschritten, das Bekenntnis zu Gott dem Schöpfer konsequent aus dem Selbsterweis Gottes in Jesus Christus heraus zu verstehen und zu entfalten. Seine theologische Auslegung des biblischen Schöpfungsberichtes (KD III/1) faßt er zusammen in der Formulierung: „Die Schöpfung ist der äußere Grund des Bundes – der Bund ist der innere Grund der Schöpfung". Zu der exegetischen Haltbarkeit vieles Einzelnen in dieser Auslegung kann man Fragen haben, die uns hier nicht beschäftigen müssen. Wer das moderne Weltbild vor Augen hat, dem könnte sich auch die Frage aufdrängen, ob es wirklich möglich ist, den Sinn der gesamten Schöpfung, dieses unermeßlichen Weltalls, in dem die Erde, auf der Menschen wohnen, doch nur ein winziger Planet unter Milliarden anderer Himmelskörper ist, in dieser Weise auf die Geschichte Gottes mit dem Menschen zu konzentrieren. Wir klammern diese Frage hier noch aus; es geht vorerst um das Bekenntnis zu Gott als dem Schöpfer unseres Lebens auf dieser Erde. Barths These von dem Bund als dem inneren Grund der Schöpfung kann dann jedenfalls so verstanden und aufgenommen werden: Der Gemeinschaftswille Gottes, sein Wille, mit dem Menschen zusammenzusein, ist der Realgrund, aus dem Gott überhaupt das Dasein des Menschen will und wirkt, das Motiv, aus dem er ihm sein geschöpfliches Leben gibt. Und die Offenbarung dieses seines Gemeinschaftswillens in Christus ist für uns der Erkenntnisgrund, daß wir von *diesem Gott*, und nicht von irgendwoher, unser Leben haben.

In diesem Zusammenhang eröffnet sich ein erster Blick auf die eigentümlichen neutestamentlichen Aussagen von der Gegenwart des präexistenten Christus in der Schöpfung. Ihre Bedeutung soll aber erst innerhalb der Entfaltung von Christologie und Trinitätslehre erörtert werden.

Im Zusammenhang der Frage nach dem Grund des Bekenntnisses zu Gott dem Schöpfer wollen hier aber jene biblischen Aussagen mitbedacht sein, die von einer Bekundung Gottes durch die „Werke" seiner Schöpfung reden; so etwa, um aus dem Alten Testament nur einen besonders eindrücklichen Text dieser Art zu nennen, der 19. Psalm, und so dann auch Paulus in Röm 1,19 ff. Ist eine christologische Begründung der Erkenntnis Gottes als Schöpfer, wie sie hier vorgetragen wurde, mit diesen Aussagen vereinbar? Wird in ihnen nicht doch eine allgemeinere, vorchristologische Quelle solcher Erkenntnis angesprochen?

Wir hatten uns mit dem Problem der Schöpfungsoffenbarung schon in den Vorüberlegungen zum Gegenstand der Dogmatik auseinandergesetzt (§ 1, 2.1). Wir waren dort zu dem Ergebnis gekommen, daß von einem Glauben an den Schöpfergott, der allgemein gegeben und in sich so beschaffen wäre, daß die Christusbotschaft bestätigend und vertiefend an ihn „anknüpfen" kann, jedenfalls heute nicht die Rede sein kann; aber auch das Neue Testament, etwa gerade Röm 1,19 ff., redet von einem solchen der Bekundung Gottes durch seine Werke antwortenden Glauben gerade nicht. Mit dieser Feststellung ist indessen die Frage, was jene biblischen Hinweise auf eine solche Bekundung Gottes besagen wollen, nicht einfach erledigt.

Jene Aussagen meinen etwas, was beständig von Gott her *geschieht*, wobei noch offen bleibt, ob, wie und wie allgemein das von Menschen wahr- und aufgenommen wird. *Er* läßt seine Werke für sich sprechend werden. *Er* gibt und bewahrt menschliches Leben durch alles, was er ihm aus den geschöpflichen Kräften der Natur – und wir fügen hinzu, obwohl das in jenen Texten kaum unmittelbar angesprochen wird: auch aus mitmenschlicher Zuwendung – immer noch und wieder zugute kommen läßt. *Er* läßt auch die anonymen Stimmen dieses geschöpflich Guten für seine Güte sprechen und ruft nach dem Dank des Menschen. So bleibt er seiner Schöpfung wirksam, Gutes wirkend und Leben erhaltend, gegenwärtig – auch über der Abkehrung des Menschen von ihm und dem Ausbleiben seines Dankes. Reden wir damit von einem Wirken und Rufen Gottes, das beziehungslos abseits des Wortes und der Tat seiner Heilsoffenbarung stünde? Woher anders sollten wir diese Bekundung Gottes durch den Leben gewährenden und erhaltenden Dienst seiner „Werke" verstehen als aus der Treue, die dieses Leben auf sein Heil, auf die Heilung seines Abseits von ihm selbst hin erhalten will?

Eine andere Frage ist, wieweit solche Bekundung der Schöpfertreue durch die anonymen Stimmen seiner Werke von Menschen *gehört* wird. Sie kann und wird gewiß da gehört werden, wo auch und zuvor Gottes Selbstzusage in seinem *Wort* gehört wurde. Es ist ja nicht zu vergessen, daß auch die Dichter der alttestamentlichen Schöpfungspsalmen Menschen waren, die unter dem Wort der geschichtlichen

Heilsverheißung Gottes lebten und in ihrem Licht nun auch den Lobpreis der Himmel und der „Werke seiner Hände" wahrnahmen. Damit soll nicht behauptet sein, daß dort, wo dieses Wort Gottes noch nicht oder nicht mehr gehört wird, ein ahnendes Wahrnehmen seiner Schöpfergüte unmöglich sich ereignen könne. Es war ja schon in einem früheren Zusammenhang zu sagen, daß wir *Gott* die Möglichkeit nicht absprechen können, auch dem Hören seines Wortes voraus Menschen zu berühren und zu bewegen. Aber solches Geschehen ist etwas anderes als eine allgemeine Erschließbarkeit Gottes aus dem Vorhandenen des Weltbestandes. Es ist eher die keineswegs allgemein reproduzierbare Erfahrung einer großen Güte durch solches, was in der Begegnung mit Natur oder Menschen als besonders *Geschenktes* erlebt wird. Daß Gott solche Erfahrungen wirken kann auch außerhalb der um sein Wort versammelten Gemeinde, hat der Dogmatiker kein Recht und keinen Grund zu bestreiten. Aber sie bleiben durchsetzt und angefochten durch ganz andere Erfahrungen mit den Mächten von Natur und Geschichte, mit den durch menschliche Sünde *entstellten* Werken der Schöpfung. Und sie werden verdrängt durch gedankenlosen, danklosen und selbstsüchtigen Umgang des Menschen mit den Gaben, die seinem Leben zugute kommen. Wo Gott aus dem Wort seiner Selbstzusage erkannt wird, da kann auch die Stimme seiner „Werke", sein Anruf durch das geschöpflich Gute neu gehört und gegen solche Verstellung und Verdrängung immer wieder erinnert werden. Grund der *Gewißheit* um Gott unsern Schöpfer ist das Wort, in dem er sich seiner Schöpfung als ihr *Erlöser* zuspricht.

2. Gott der Schöpfer „des Himmels und der Erde"

Daraufhin, daß Gott uns in Christus den Vertrauensgrund und das Hoffnungsziel unseres Lebens zuspricht, glauben wir ihn als den Gott, durch den uns dieses Leben gegeben ist. Damit war das Schöpfersein Gottes zunächst auf die Existenz des *Menschen* in der Welt bezogen. Auch der biblische Lobpreis des Schöpfers kann durchaus und ganz persönlich auf das Leben des betenden Menschen bezogen sein, so etwa Ps 139,13ff. „Du hast mich gebildet im Mutterleibe. Ich danke dir dafür, daß ich wunderbar gemacht bin...". Aber im biblischen Zusammenhang – die Rede vom Gotteslob der Himmel und der Werke seiner Hände hatte uns bereits darauf hingewiesen – sind solche Aussagen umgeben und getragen von dem Bekenntnis zu Gott als dem Schöpfer des *Ganzen*, das wir „Welt" nennen. Wenn wir heute von „Welt" reden, denken wir in der Regel dabei *entweder* an das „Weltall", den Naturkosmos, *oder* wir meinen das Ganze der Menschheit und ihrer Geschichte, und empfinden dies als zwei letztlich inkommensurable Größen. Im biblischen Denken ist Welt als Naturkosmos und als Lebensraum der Menschheit und ihrer Geschichte noch in eins gesehen als das Ganze, worauf das Bekenntnis zu Gott dem Schöpfer sich bezieht. Er ist der Schöpfer „des Himmels und der Erde".

Das von der modernen Naturwissenschaft erarbeitete Weltbild scheint dem Nachvollzug dieses biblischen Verständnisses im Wege zu stehen. Einmal insofern, als anstelle der Vorstellung einer einmaligen Entstehung der Kreaturen aus Gottes Schöpferwort und der von daher konstanten Erhaltung „eines jeglichen in seiner Art" die Erkenntnis einer allmählichen Entwicklung der Arten auseinander, damit auch ihrer fortschreitenden Veränderung getreten ist. Und sodann: Die biblischen Schöpfungsberichte sind auf den Menschen als Mitte und Ziel der Werke Gottes konzentriert. Himmel und Erde erscheinen als der Raum *seiner* Geschichte mit Gott. Das moderne Weltbild aber rechnet mit unermeßlichen Räumen und Himmelskörpern, unter denen die Erde, auf der menschliches Leben sich abspielt, nur als winziges Element mitläuft. Selbst für die Erdgeschichte wird da mit unermeßlichen Zeiten gerechnet, in denen Entwicklungen abgelaufen sind, bevor der Mensch auftrat, denen gegenüber die Zeitspanne menschlicher Geschichte wie eine verschwindende Endsekunde zu stehen kommt, und die möglicherweise auch weiterlaufen werden, wenn die Menschheit nicht mehr existiert. Dieses Weltbild scheint mit der Vorstellung eines Raumes, den der Schöpfer erstellt hat, damit darin seine Geschichte mit dem Menschen geschehe, kaum mehr vereinbar zu sein.

Man kann es von daher verstehen, wenn in der Theologie der „existentialen Interpretation" die Neigung bestand, das Thema „Gott und der Kosmos" aus der Auslegung des Schöpferbekenntnisses auszuklammern und diese nur auf das „personale" Verhalten des Menschen zu Gott und zu seiner eigenen Existenz zu beziehen. Nicht eine Auskunft über den Ursprung des Weltganzen, über Anfang und Ende des Natur- und Geschichtsablaufs, über die biologische Herkunft des Menschengeschlechts sei der eigentliche Sinn dieses Bekenntnisses. Die Schöpfermacht Gottes erweise sich vielmehr im je aktuellen Geschehen seines Wortes, das die „Existenz" des Menschen, d. h. nicht einfach sein Dasein, sondern sein *Verhalten* zu seinem Dasein in der Welt betrifft, indem es zum Glauben ruft und damit eine neue Möglichkeit des Lebens vor Gott eröffnet. Nicht um „Naturhaftes", sondern um dieses „personale" Geschehen des durch das Wort gewirkten Glaubens gehe es, wenn Gott als Schöpfer bekannt wird.

Daß Gott der Schöpfer auch des Weltganzen ist, mußte damit nicht ausdrücklich bestritten sein. Aber was sein Schöpfersein in bezug auf Welt, Natur und Geschichte als solche bedeutet, wurde als die „Existenz" des Menschen nicht betreffend aus dem Interesse der theologischen Aussage ausgeklammert. Durch diese Ausklammerung schien die Möglichkeit des Konflikts, damit aber auch der Kontakt zwischen theologischer Schöpfungsaussage und Naturwissenschaft prinzipiell beseitigt.

Aber solche sondernde Gegenüberstellung von „naturhaft" und „personal" ist nicht durchführbar. Unser Leben ist *leiblich* verfaßt, auch unsere seelischen Regungen und geistigen Verhaltensmöglichkeiten haben wir nicht anders als in der Verflechtung mit unserer leiblichen Organisation. Über sie aber – und damit eben auch in unserm „personalen" Verhalten – sind wir in das Ganze der Natur und ihrer Entwicklung hineingebunden[1]. Ferner: Das Leben und Verhalten jedes Einzelnen ist durch seine sozialen Zusammenhänge und Bedingungen in die Geschichte der Menschheit verflochten, und zwar durch die unmittelbare Verbindung mit den uns zunächst betreffenden Gruppen und Vorgängen hindurch in die Geschichte der gesamten Menschheit. Wir haben auch unser Verhältnis zu Gott nicht anders als in dieser Hineingebundenheit unseres Daseins in das Ganze von Natur und Geschichte, in die gesamten Zusammenhänge dessen, was wir „Welt" nennen. Weder die Betrachtung der geschichtlichen Zusammenhänge und Entwicklungen noch die Betrachtung der kosmischen Evolution kann uns als solche um Gott den Schöpfer vergewissern. Glauben wir den Gott, der unserm menschlichen Leben sein Dasein und seine Bestimmung gibt, so empfängt dieser Glaube seinen Grund und seine Gewißheit aus dem Wort der Selbstzusage Gottes. Dann aber kann es uns nicht gleichgültig bleiben, was dieses unermeßliche Ganze, aus dem wir dieses Leben nicht herauslösen und nicht einmal herausdenken können, mit Gott zu tun hat. Wir können nicht anders als mit dem eigenen Leben dieses Ganze unter die Schöpfermacht Gottes gleichsam mit hineinzuglauben. Die Weltzusammenhänge üben Macht über unser Dasein aus. Man kann Gott nicht als den Schöpfer und Herrn des eigenen Lebens glauben, ohne ihn als den Schöpfer und Herrn der Welt zu glauben; als den Gott, der alles dessen mächtig ist, was über

---
[1] Sehr eindrücklich wird das in Hoimar von Ditfurths Buch „Kinder des Weltalls" (dtv 1280, 1982) dargestellt.

uns Macht hat. Auch aus der theologischen Reflexion dieses Themas kann sein universaler Bezug auf das Weltganze nicht ausgeklammert werden.

Was kann aber dann zu der Anthropozentrik des biblischen Welt- und Schöpfungsverständnisses gesagt werden? Kann angesichts der modernen Sicht kosmischer Evolution mit ihren die Erde als menschliche Lebenswelt ungeheuer übergreifenden räumlichen und zeitlichen Weiten der Gedanke noch gedacht werden, daß Gott diese Welt um seiner Geschichte mit dem Menschen willen geschaffen hat? Wir werden nicht behaupten müssen (und angesichts der zwar unbestimmten, aber nicht von der Hand zu weisenden Möglichkeit, daß es auch auf anderen Himmelskörpern Leben und uns vergleichbare Geschöpfe gibt, auch nicht behaupten sollen), daß es Gott dem Schöpfer *nur* um das Leben des Menschen auf dieser Erde zu tun ist. Aber wir dürfen glauben, daß es Gott *ganz*, mit der ganzen Zuwendung seiner selbst, um den Menschen und sein Leben zu tun ist. Die Vorstellung, daß wir uns mit anderen, unendlich weiteren Bereichen seiner Schöpfung in Gottes Interesse und Zuwendung quasi teilen müßten und daß dabei nur ein geringer Teil dem irdischen Menschen zukommen könne, wäre eine naive Vermenschlichung Gottes. Wie sollte er nicht, wo immer er gegenwärtig ist, mit seiner ungeteilt ganzen Zuwendung gegenwärtig sein! Uns geht an, wie er sich uns in dem uns gegebenen Lebensraum als unser Schöpfer und Erlöser bezeugt. Die Frage, wie er andern Bereichen seiner Schöpfung (und dann möglicherweise auch außerirdischen Lebewesen) gegenwärtig ist, können und müssen wir nicht beantworten. Glauben wir aber dem Wort, das er *uns* gegeben hat, dann werden wir gewiß sein, daß er auch dort, in jenen unserer Einsicht unzugänglichen Räumen, kein *anderer* ist als der er sich uns in Jesus Christus zugesprochen hat.

Das Verhältnis theologischer Aussagen zu naturwissenschaftlichen Einsichten, das hier im Themabereich Schöpfung und Kosmos berührt wurde und in später zu erörternden Bereichen, vor allem dem anthropologischen und eschatologischen, von neuem berührt werden wird, wird nach einer Periode des gegenseitigen Schweigens heute erneut und unter neuen Gesichtspunkten diskutiert[2]. Diese Diskussion kann hier nicht eingehend aufgenommen werden. Wichtig scheint mir die gerade auch von Naturwissenschaftlern deutlicher als früher

---

[2] Bedeutsam sind hier C. F. von Weizsäcker, Die Geschichte der Natur (6. Aufl. 1964) und andere Arbeiten dieses Autors; ferner A. M. K. Müller, Die präparierte Zeit (1972), und verschiedene Arbeiten von G. Altner. Einen guten Einblick in diese Diskussion gibt J. Track, Naturwissenschaften und Theologie, KuD 21 (1975), S. 99 ff.

vertretene Einsicht zu sein, daß das naturwissenschaftliche Weltbild nicht als Darstellung der Wirklichkeit schlechthin, sondern als ein unter bestimmten Abstraktionen und unter den Bedingungen einer bestimmten Befragungsmethode sich zeigender *Aspekt* des Wirklichen zu verstehen ist. Dieser Aspekt mag extensiv unbegrenzt erweiterungsfähig sein bis in die Vorgänge menschlicher Psyche hinein. Aber was sich in ihm unter den speziellen Bedingungen einer quantifizierenden, existentielle Bezüge ausklammernden Objektivierung zeigt, kann in Dimensionen, die auf deren Ebene nicht erfaßt werden, noch in anderer Weise erfahren werden, ohne daß damit falsch würde, was in dieser Objektivierung sich zeigt. Die Naturwissenschaft kann von ihren methodischen Voraussetzungen her keinen Gottesbeweis liefern (sowenig wie philosophische Spekulation ihn liefern kann). Sie kann umgekehrt durch das, was auf ihrem Bildschirm sichtbar wird, keinen Gegenbeweis gegen die Wirklichkeit Gottes antreten, und heute darf man sagen: Sie stellt auch gar nicht diesen Anspruch. Die Theologie hat ihrerseits keinen Grund und kein Recht, aus Gründen des Glaubens die – gewiß vielfach Hypothese und der Überprüfung und Korrektur offen bleibenden – Einsichten des durch Naturwissenschaft erarbeiteten Aspektes der Wirklichkeit zu bestreiten. Sagt er nicht das Ganze aus über Welt, Mensch oder gar Gott, so ist es darum nicht überhaupt nichtssagend. Die Theologie muß naturwissenschaftlichen Einsichten auch nicht distanziert und ohne Interesse und Kenntnisnahme gegenüberstehen. Den Glauben können diese Einsichten freilich nicht begründen. Hat er aber in dem Wort der Selbstzusage Gottes seinen Grund gefunden, warum soll dann nicht auch, was in ihnen sich zeigt, ihm sprechend werden können als anonyme Stimme der nun auch auf diese Weise und gleichsam mit verlängerten Sinnesorganen wahrgenommenen Werke der Schöpfung? Auch hinter den vielfältig zusammenwirkenden kosmischen Bedingungen der Ermöglichung menschlichen Lebens auf der Erde kann dann Gottes Ja zu diesem Leben, hinter der (relativen) Konstanz dessen, was wir „Naturgesetze" nennen, seine erhaltende Treue erkannt werden.

Wir haben Gottes Schöpfersein auf das Ganze bezogen, das wir „Welt" nennen. Der Wortlaut des Schöpfungsberichtes differenziert hier nochmals: Gott schuf „Himmel und Erde". Die Sprache des Bekenntnisses nimmt dies auf: „Ich glaube an Gott... Schöpfer des Himmels und der Erde, alles dessen, was sichtbar ist und unsichtbar". Ist dies als eine theologisch relevante *Unterscheidung* innerhalb des Geschaffenen zu verstehen – der „Himmel" als ein besonderer, von dem, was wir als Weltraum wahrnehmen und erforschen können, grundsätzlich verschiedener, uns grundsätzlich verborgener Bereich der Schöpfung? Für den antiken Menschen war das All im Rahmen *seines* Weltbildes in der Tat eine durch das Himmelsgewölbe geteilte Zweiheit von Räumen; die Erde als der Wohnort der sichtbaren Kreaturen, und darüber ein oberer, menschlichen Sinnen verborgener

Raum. Nachdem wir wissen, daß das „Firmament" kein Gewölbe ist, das zwei Räume trennt, haben wir keinen Anhalt und Anlaß mehr, jene biblische Wendung im Sinn der Behauptung zweier grundsätzlich verschiedener Arten kreatürlicher Wirklichkeit zu verstehen. Sie kann uns aber daran erinnern, daß die eine Welt, in der wir unser Leben haben, als Gottes Schöpfung mehr bedeutet als das, was im Aspekt wissenschaftlicher Analyse an ihr sichtbar und in technischer Nutzung machbar wird: „Himmel" als Symbol für die in solcher Analyse und Nutzung nicht auslotbare Tiefendimension der einen Welt. Und gewiß ist die Rede des Schöpfungsberichtes von „Himmel und Erde" theologisch in dem Sinn aufzunehmen, den sie zweifellos auch (und gegen die in der religiösen Umwelt Israels übliche Vergöttlichung des Himmels und der Gestirne sogar sehr betont) hatte: Schlechthin *alles*, was nicht Gott selbst ist, ob es uns erkennbar wird oder verborgen und insofern vielleicht unheimlich bleibt, ist seine Kreatur, über die er der eine Herr ist. Was immer „Himmel" heißen mag – da ist kein numinoser Bereich, keine numinosen Mächte, die als solche zu verehren und zu fürchten wären. Alles ist unter Gott.

3. „Im Anfang" schuf Gott – creatio continua und creatio originans

Die alte Theologie kannte den Begriff der creatio continua. Mit ihm sollte gesagt sein: Das einmal von Gott Geschaffene erhält sich nicht aus sich selbst. Gott ist und bleibt seiner Schöpfung in jedem Augenblick so gegenwärtig, daß es sein aktuelles Wollen und Wirken ist, aus dem sie lebt. Jeden neuen Tag empfangen wir als von ihm geschenkt. Durch alles, was uns aus „natürlichen" Gegebenheiten und Vorgängen und aus menschlichem Beistand an Lebenshilfe zukommt, widerfährt uns sein Leben schaffendes und erhaltendes Wirken. Für das Verständnis des *gelebten* Glaubens an Gott den Schöpfer, für die Unterscheidung dieses Glaubens von einer bloßen Theorie über den Weltursprung ist es entscheidend, diesen Gedanken der creatio continua festzuhalten.

In seinem Licht muß auch die Evolutionstheorie, nach der die Arten der Lebewesen und schließlich der Mensch in sehr langer zeitlicher Erstreckung sich herausgebildet haben, nicht als eine Infragestellung ihrer Erschaffung durch Gott empfunden werden. Warum sollten wir in diesem Werden nicht den Weg des stets aktuellen Schöpferwirkens sehen dürfen? Die Evolutionstheorie als solche kann freilich von ihren eigenen methodischen Voraussetzungen her über *Gottes* Wirken in diesem Werden nichts aussagen.

Aber die Tradition hatte diesem Begriff der creatio continua mit deutlicher Unterscheidung den der creatio *originans* vorangestellt: Diese Welt, der Gott in ständig aktuellem Schöpferwirken gegenwärtig bleibt, wurde einmal, „im Anfang", durch ihn ins Dasein *gerufen*. Gott allein ist „von Ewigkeit zu Ewigkeit". Dem Geschaffenen hat er den Anfang gesetzt, vor dem es nicht war.

Aber was ist das für ein Anfang, wie verhält er sich zu dem, was wir innerhalb unserer Zeiterfahrung so nennen? Die ältere Theologie antwortete in der Regel im Anschluß an Augustin: Gott hat nicht in der Zeit die Welt, sondern mit der Welt die Zeit erschaffen. Die Erschaffung der Welt war auch der Anfang der Zeit, gleichsam ihr erstes Datum. Aber der Gedanke eines Anfangs der Zeit selbst entzieht sich unserm Vorstellungsvermögen. Alle Anfänge, die wir uns vorstellen können, sind Anfänge von etwas *in* der Zeit, vor dem schon anderes war – auch dies in der Zeit.

Es gab in der Theologie den Versuch, dieser Problematik durch eine völlige Lösung des Schöpfungsgedankens von seinem Bezug auf die Zeit zu entgehen. Der „Anfang", in dem Gott schafft, wird dann weder als ein Datum *in* der Zeit, noch wie in der älteren Theologie als ein Anfang der Zeit mit der Welt verstanden, sondern als das „Nunc aeternum", in dem Gott *jederzeit* das Ganze der Welt mit allen ihm immanenten Werdevorgängen ins Dasein ruft. Sein schöpferisches Wirken wäre dann gewissermaßen senkrecht auf jeden Moment der (als solche dann durchaus als unendlich denkbaren) linearen Weltzeit bezogen. Daß die Welt geschöpflich und nicht göttlich ist, würde bedeuten, daß ihr Sein jederzeit und in jedem ihrer Elemente von Gott *abhängig* ist, nicht, daß sie einmal aus dem Nichts heraus durch Gott entstanden ist.

Eigentümlicherweise ist ein ähnlicher Gedanke längst vor allen neuzeitlichen Problemen schon von *Origenes* († 254) gedacht worden: Da Gott wesenhaft Schöpfer ist, kann und konnte er nie ohne Schöpfung sein. Origenes dachte freilich nicht an eine unendliche Dauer unserer Welt, sondern an eine unendliche Folge verschiedener Welten. In der oben skizzierten Fassung wurde das entzeitlichte Schöpfungsverständnis im 19. Jh. unter anderen von Richard *Rothe*, mit gewissen Reserven auch von *Schleiermacher* vertreten.

Dabei spielte auch die von Naturwissenschaftlern lange Zeit begünstigte Vorstellung von der räumlichen und zeitlichen Unendlichkeit des Weltalls mit. Diese Unendlichkeit wird heute nicht mehr behauptet; aufgrund bestimmter astronomischer Beobachtungen wurde die Hypothese entwickelt, das uns bekannte Universum sei in einer Expansionsbewegung begriffen, die aus einem etwa dreizehn Milliarden Jahre zurückliegenden „Nullpunkt" heraus gewissermaßen explodiert ist. Der Theologe wird aber gut daran tun, diesen Nullpunkt nicht vorschnell mit dem „Datum" der creatio originans Gottes zu identifizieren. Man kann ja auch fragen: Was war vor dem Nullpunkt – etwa ein auf ihn hin sich kontrahierendes Weltall?

Der theologische Versuch, den „Anfang", in dem Gott schuf, in das Nunc aeternum der creatio continua hinein aufzulösen, widerspricht nicht nur dem Wortlaut des biblischen Schöpfungsberichts. Gegen ihn spricht auch, daß dabei ein entscheidendes Moment unserer existentiellen Zeiterfahrung unterschlagen würde und nicht mehr in den Glauben an Gott den Schöpfer eingehen könnte. Gewiß, die Vorstellung der Zeitlinie als Aufeinanderfolge von Daten stellt ein unbegrenztes Kontinuum dar, eine formale, abstrakte Koordinate, auf der ein Nacheinander beliebiger und beliebig vieler Inhalte eingetragen werden kann. Nach Anfang und Ende dieser Koordinate als solcher zu fragen wäre in der Tat sinnlos, weil ihrem Begriff widersprechend. Aber etwas anderes als diese formale Zeitkoordinate ist die Zeiterfahrung, die wir leben. Die erfahrene, erlebte Zeit, oder richtiger gesagt: Das Erleben unseres Daseins als zeitlich (denn Zeit an sich erleben wir nicht; wir erleben, was sich „zeitigend" mit und um uns *begibt*) hat keineswegs den Charakter eines bloßen Neben- und Nacheinander von beliebigen Ereignispunkten. Es hat Prozeßcharakter, wird als Weg einer *Geschichte* erfahren. In seiner gelebten Zeitlichkeit ist unser Dasein in Erwartung auf Zukunft gerichtet und trägt darum auch, sicher oft sehr unausgesprochen, die Frage nach einem sinngebenden Ursprung in sich. (Solche Frage und Erwartung kann freilich auch zum Erlöschen kommen, aber dann wird einem Menschen sein Leben zum Leerlauf werden.) Die Frage nach Woher und Wohin und Wozu ist dem Leben des Menschen mitgegeben, nicht als bloße Frage nach seinem auf der formalen Zeitkoordinate eintragbaren ersten Datum (das wir in der Regel wissen) und seinem letzten (das wir nicht wissen), sondern als die existentielle Frage nach dem Grund und Ziel dieses zeitlichen Weges, den wir leben.

Das gilt zunächst für unser persönliches Leben. Glauben an Gott den Schöpfer bedeutet, daß wir in seiner Zeitlichkeit die uns von ihm gewährte Zeit erkennen, den Weg, auf den er uns geschickt hat, damit wir dem Ziel entgegen gehen, das er diesem Weg geben will. Wir werden dann im Anfang unseres Lebens nicht nur das Produkt jener bestimmten irdischen Faktoren und Umstände sehen, die nun gerade dazu geführt haben, daß auch ich da bin. Das ist er gewiß auch – für den Glauben aber kein *Zufalls*produkt (das ich, wenn mir das Leben nur noch Last geworden scheint, auch verwünschen könnte), sondern

der Anfang, in dem Gott mich schuf – nun gerade auch mich als Glied seiner Schöpfung.
Aber eben: mich nicht für mich, sondern als Glied seiner Schöpfung. Mit unserer je persönlichen Existenz sind wir ja verflochten in die Zusammenhänge der ganzen Menschheitsgeschichte. Auch sie wird erfahren als Prozeß, als ein Weg, der von woher kommt und wohin geht und die Frage nach seiner Richtung und seinem Sinn hervorruft. Der je eigene Lebensweg ist in diesem Prozeß ganz überwiegend in passiver Betroffenheit, aber doch auch, wie unscheinbar das sein mag, in aktiver Mitwirkung hineingezogen. Man kann den Sinn des einzelnen Lebens nicht isolieren von der Frage nach dem Sinn des Ganzen, dem Woher und Wohin des Geschichtsweges der Menschheit; schon darum nicht, weil wir ja fragen müssen, wofür, in welcher Richtung es sinnvoll ist, sich einzusetzen als Mitbetroffener und Mitwirkender in diesem Prozeß. Und der Prozeß der Menschheitsgeschichte kann nicht abstrahiert werden von dem Ganzen des kosmischen Geschehens. Auch die Natur hat Geschichte[3], und zwar eine Geschichte, in die der Mensch mit zunehmender Kenntnis ihrer Verlaufsregeln nun auch einzugreifen, Evolution zu steuern beginnt. Erst recht stellt sich da die Frage nach dem Sinn und der Richtung.
Im vorigen Abschnitt war gesagt worden: Wir können Gott als den Schöpfer *unseres* Lebens nicht glauben, ohne ihn als den Schöpfer des *Ganzen* zu glauben, in das dieses Leben eingefügt ist. Auf die Frage des Anfangs bezogen heißt das nun auch: In den Glauben, daß Gott je meinem Leben den Anfang gegeben hat, in dem er es auf seinen Weg geschickt hat, ist eingeschlossen – und dies ist für die Frage nach Sinn und Richtung unseres Einsatzes bedeutsam –, daß dieser Gott es ist, der das Ganze des Weltprozesses und in ihm der Menschheitsgeschichte auf seinen Weg geschickt hat, wie er ihm sein Ziel geben wird. So gewiß sein Schöpferwirken immer in actu bleibt – creatio continua kann nicht ausgesagt werden, ohne creatio originans mit auszusagen als den „Anfang", den Gott seiner Geschichte mit kreatürlichem Dasein und damit dessen eigener Geschichte gesetzt hat.
Gewiß ist das kein Anfang *in* der Zeit. Der Satz, daß Gott nicht die Welt in der Zeit, sondern die Zeit mit der Welt geschaffen hat, ist zu bejahen. Man kann die Zeit nicht als einen überweltlichen Rahmen verstehen, der Gottes Existenz vor der Weltschöpfung und von deren Datum ab dann auch die Weltgeschehnisse enthält. Zeitlichkeit ist

---

[3] Vgl. dazu u. a. C. F. von Weizsäcker, Die Geschichte der Natur (6. Aufl. 1964).

Bestimmung des *geschöpflichen* Daseins. Aber der Anfang, in dem Gott schuf, hat *Beziehung* auf diese Zeitlichkeit, denn von ihm her ist sie „unterwegs" bzw. ist die Geschichte der Kreatur auf ihren Weg geschickt. Freilich scheint es mir nicht möglich zu sein, diese Beziehung des Schöpferanfangs auf unsere Zeitlichkeit so zu fassen, daß dieser Anfang selbst als ein erster, quasi datierbarer Zeitpunkt gedacht wird (wenn einen solchen zu denken überhaupt möglich wäre). Würde er, so gedacht, nicht unwillkürlich zu einem Element *innerhalb* der Weltzeit gemacht, die doch erst von ihm *her* ist, der er also in einem qualifizierten (nicht chronologischen) Sinn „voraus" ist? Der Ursprung der Geschichte des kreatürlichen Seins in Gottes Schöpfertat bleibt aller „historischen" Vorstellung entzogen.

4. Gott „der Allmächtige"

Wir nehmen das Thema der creatio continua nochmals auf. In der überlieferten Sprache der Theologie fällt es mit dem der *Vorsehung* Gottes zusammen und besagt: Gott der Schöpfer bleibt dem kreatürlichen Geschehen wirksam gegenwärtig auf das Ziel hin, zu dem er es gewollt und gewirkt hat und weiterhin will und wirkt. Nichts in diesem Geschehen entgleitet seiner Hand. Durch die kreatürlichen Aktivitäten, die wir ausüben und die uns widerfahren, ist Gott am Wirken; er verleiht, erhält und begrenzt ihre Wirkungskraft und setzt sie ein zu *seinen* Zielen. Nichts, was uns durch sie geschieht, kann uns seiner Hand entreißen. Darum ist es sinnvoll und geboten, über allem, was uns widerfährt, ihn anzurufen in Bitte und Dank. Dies ist der Sinn der Rede von Gottes „Allmacht". Dabei wußte die Vorsehungslehre der alten Theologie auch von einer „providentia extraordinaria" – Gott kann den Wirkungszusammenhang des kreatürlichen Geschehens nicht nur benutzen, sondern auch durchbrechen: Er tut Wunder. Auch dazu ist er „allmächtig".

Auch der Vorstellung des Allmachtswirkens Gottes kann heute zunächst die Frage im Wege stehen, wie sie mit dem naturwissenschaftlichen Aspekt des Geschehens vereinbart werden kann, jedenfalls soweit es an „Materie" gebunden ist. Zeigt es sich da nicht als ein Zusammenhang von Abläufen nach Gesetzmäßigkeiten, die ihnen immanent sind und deren Aufdeckung sie grundsätzlich berechenbar, Eingetretenes erklärbar und Künftiges vorhersagbar macht? Dabei macht dieser Aspekt vor psychischen Vorgängen nicht Halt; auch sie sind ja in die körperliche Organisation und insofern in den gesetzmäßi-

gen Ablauf materiellen Geschehens eingebunden. Da kann dann Bitt- und Dankgebet, vollends die Erwartung eines Eingreifens Gottes im „Wunder" als sinnlos erscheinen.
Nun hat allerdings der Fortgang der Naturwissenschaft die Vorstellung einer lückenlosen Kausaldetermination selbst in Frage gestellt. Für die Vorgänge im mikrophysikalischen, subatomaren Bereich kann nicht mehr von Notwendigkeit des Eintretens einer bestimmten Folge gesprochen werden. Wesentlicher noch erscheint mir, daß die moderne Naturwissenschaft, nicht nur, aber auch im Gefolge ihres Vorstoßens in jenen subatomaren Bereich, in eine Grundlagenbesinnung auf ihre spezifischen, ihre Ergebnisse bedingenden und formenden Voraussetzungen geriet[4]. Dabei wurde bewußt, daß naturwissenschaftliche Analyse nicht einfach *das* objektive Bild *der* Wirklichkeit wiedergibt, sondern als ein durch jene spezifischen Voraussetzungen ebenso bestimmter wie begrenzter Aspekt zu verstehen ist, der anders geartete, tiefer greifende Erfahrung weder ausschließt noch widerlegen kann. In demselben Geschehen, das unter den Bedingungen jenes Aspektes als „gesetzmäßig" resultierendes Ergebnis immanenter Kausalität sich zeigt, kann zugleich, und in einer ganz andern Dimension unseres Umgehens mit diesem Geschehen, ein Handeln Gottes erfahren werden (Genesung von einer Krankheit etwa als von ihm geschenkt, unbeschadet des Wissens, daß medizinische Analyse hier auch immanente Ursachen feststellen könnte). Freilich ist dies keine Erfahrung, die allgemein und jederzeit verfügbar wäre. Erfahrung des *Wirkens* Gottes in dem, was uns widerfährt, kommt her vom Hören des *Wortes*, in dem Gott uns über unsern Widerfahrnissen sich selbst zuspricht, und nur von daher wird sie *Glaubens*erfahrung sein, Setzung des Vertrauens in sein Wirken, das sich dann auch im Bitt- und Dankgebet aussprechen kann.
Zur Frage des Wunders ist zunächst zu sagen, daß es keinen Sinn hätte, über seine Möglichkeit oder Unmöglichkeit im Rahmen des naturwissenschaftlichen Weltbilds zu diskutieren. Es kann in dessen Aspekt so wenig in Erscheinung treten wie ein Handeln Gottes überhaupt, ohne daß damit gesagt wäre, Gott könne nicht Wunder tun. Im übrigen entspricht die Frage nach der allgemeinen Möglichkeit von Wundern nicht der Bedeutung, die dem Wundertun Gottes im biblischen Zeugnis zukommt. Das Wunder hat dort seinen *besonderen* Ort im Zusammenhang des *Heils*wirkens Gottes. Es will verstanden sein nicht als beliebige Durchbrechung des „normalen" Weltlaufs, die Gott

---

[4] Vgl. dazu die in Anm. 2 genannte Literatur.

kraft seiner Allmacht eben je und dann bewirken kann, sondern als Vorzeichen der endgültigen Aufhebung aller Unheilszwänge, in die der Mensch als Sünder, in seiner Abkehr von Gott gebunden ist. Wunder hat eschatologischen Bezug, es ist „signum resurrectionis", Geschehen, in dem Gott die *Zukunft* ansagt, die er über seiner Schöpfung heraufführen wird. Insofern gehört dieses Thema weniger in eine allgemeine Vorsehungslehre als vielmehr in die Christologie. Es wird dort nochmals aufzunehmen sein (s. u. § 10, 2, Exkurs).

Wir sagten: Dasselbe Geschehen, das auf seine „natürlichen", weltlichen Ursachen befragt werden kann, kann, wo Gottes Wort uns seiner Gegenwart gewiß macht, als sein Handeln erfahren werden. Gilt das unterschiedslos von *allem*, was geschieht? Der Weltprozeß und in ihm vor allem der Prozeß menschlicher Geschichte zeitigt doch tausendfaches Elend: Naturkatastrophen, zerstörende Krankheit, Kriege, das unerhörte Leiden, das immer wieder von Menschen über Menschen gebracht wird. Heute scheint dieser Prozeß bis dahin „fortgeschritten", daß die Zwänge, in die er geführt hat, die Zukunft menschlichen Lebens auf der Erde überhaupt in Frage stellen. Von daher ist an den Sinn der Rede von Gottes Allmacht eine Frage gestellt, die schwerer wiegt als das gedankliche Problem, wie sie sich mit dem naturwissenschaftlichen Weltbild vereinbaren läßt. Wenn Allmacht bedeuten soll: Schlechthin alles, was ist und geschieht, auch das schrecklichste Unrecht und Leiden, geschieht darum, weil es durch diese Macht gewollt und gewirkt wird – kann das der Gott sein, von dem wir gesagt haben, daß er Wille und Macht der unbedingten, schöpferischen Liebe ist? Das ist nicht erst eine moderne Frage, als „Theodizeeproblem" hat sie Philosophen und Theologen schon immer theoretisch beschäftigt und von Leiden und Angst gequälte Menschen existentiell umgetrieben.

Wir vergessen nun nicht, daß die biblisch bezeugte Geschichte der Selbstbekundung Gottes keinen Anhalt gibt, eine ungestörte Harmonie zwischen Schöpferwillen und Weltgeschehen zu postulieren. Daran, wie dieser Gott sich bekundet, wird vielmehr der Konflikt des faktischen Lebens der Menschen mit seinem Willen offenbar. Davon war die Antwort ausgegangen, die die alte Theologie hier bereit hatte: Ursache des *Leidens* (malum naturale) ist die *Sünde* des Menschen (malum morale). Verhängt Gott Leiden, so geschieht dies aus dem gerechten Grund, die Sünde des Menschen zu strafen. Es geschieht denen, die Gott zur Errettung erwählt hat, auch mit der heilsamen Absicht der Züchtigung zur Umkehr, der Läuterung und Bewährung ihres Glaubens. Wollte man nicht auch Sünde und Sündenfall auf den Willen Gottes zurückführen, so war *hier* freilich die Vorstellung der

Allmacht als schlechthin alles wollend und wirkend durchbrochen. Die alte Theologie blieb mit wenigen Ausnahmen dabei stehen, zu sagen: Gott hat das Eintreten der Sünde nicht gewollt und gewirkt – er hat es *zugelassen*. Aber dafür konnte ein Grund gefunden werden in Gottes Absicht, dem Menschen die Freiheit des Einstimmens in seinen Willen zu gewähren – dann konnte auch der Mißbrauch dieser Freiheit nicht ausgeschlossen werden. (Auf das Fragwürdige dieser „Erklärung" des Sündenfalls und des darin implizierten Verständnisses von Freiheit wird in der Lehre vom Menschen und der Sünde einzugehen sein.)

Die prominenteste philosophische Lösung des Theodizeeproblems hat *Leibniz* (1646–1716) vorgelegt. Er geht davon aus, daß Gott sowohl als der Allmächtige wie der Allgütige zu glauben ist. Dann muß aber auch angenommen werden, daß die faktische Welt „die beste aller Welten" ist, die Gott schaffen konnte. Denn wäre eine bessere Welt denkbar, die er nicht schaffen *konnte*, dann wäre er nicht allmächtig. Hätte er sie schaffen können, *wollte* dies aber nicht, dann wäre er nicht allgütig. Was wir „malum" nennen, findet dann folgende Erklärung: Zur Harmonie der von Gott geschaffenen Welt gehören abgestufte Grade in der Vollkommenheit des kreatürlichen Seins. Ohne diese wäre die Welt ein Einerlei, also weniger vollkommen. Was uns als „malum naturale" erscheint, ist zu verstehen als die Empfindung des Abstands des weniger Vollkommenen zum Vollkommeneren und sollte um der Harmonie des Ganzen willen akzeptiert werden. Das „malum morale" aber (hier schließt sich Leibniz der oben erwähnten theologischen Erklärung an) hat den Grund der Möglichkeit seines Eintretens in dem Willen Gottes, freien Geschöpfen das Leben zu geben und also auch den möglichen Mißbrauch dieser Freiheit nicht zu verhindern. Eine Welt ohne freie Geschöpfe aber wäre wiederum weniger vollkommen. Im übrigen darf man gewiß sein, daß Gott auch die Ergebnisse menschlicher Verfehlungen letztlich dem Besten des Ganzen dienstbar werden läßt.

Aber müssen solche Versuche, die Güte Gottes mit der Allmacht, aus deren Hand auch das Leiden kommt, auf einen gedanklichen Nenner zu bringen, angesichts des faktischen Elends in dieser Welt nicht als bloße Schreibtischweisheit erscheinen?

Luther hatte tiefer gegriffen. Auch er sah im Leiden der Menschheit das Stigma der Sünde, unter deren Herrschaft sie gefangen ist. Und daß die Allmacht Gottes wie in allem so auch darin wirksam ist, stand ihm fest. Aber auf die Frage, warum der Gott, der in Christus den Abgrund seiner Liebe offenbart, Sünde und Leiden einbrechen ließ und alle, die er nicht selbst zum Heil erwählt und errettet, dem Verderben in der Herrschaft dieser Mächte überläßt, hatte er keine rationale Erklärung. Er verwies auf die unergründliche Majestät des

Deus absconditus, nach dessen Warum wir nicht fragen können. Derselbe, der in seinem Wort sich offenbart hat als der Gott, der in Christus unser Leben will und wirkt – und an dieses Wort allein sollen wir uns halten –, ist in einer Tiefe, in der er sich nicht offenbaren wollte und der wir nicht nachfragen sollen, auch der verborgene Gott, der „den Tod weder beklagt noch hinwegnimmt, sondern Leben und Tod und alles in allem wirkt"[5]. Hier wird also die Unbegreiflichkeit des Weltelends eingestanden, aber zugleich die Allkausalität der Allmacht Gottes behauptet. Es ist *Gott*, der nicht nur der in seiner Selbstzusage in Christus Offenbare, sondern als die Macht, die „alles in allem wirkt", auch der Unbegreifliche ist. – Müssen wir uns damit bescheiden, daß dies die einzige Antwort ist, die der Anklage gegen den allmächtig leidverhängenden Schöpfergott (s. o. § 6, 2.3) gegeben werden kann?

In der Tat spricht die Bibel vielfach von Leiden, in dem Gott selbst am Werk ist; auch von Leiden, durch das Gott seine Gerichte übt. Aber wenn Jesus Christus in seiner Geschichte und seinem Leiden der Eine ist, in dem Gott sich selbst für uns *eindeutig* identifiziert hat, und wenn die vielfältigen Worte des biblischen Gotteszeugnisses auf dieses eine Person-Wort seiner Selbstzusage hin verstanden sein wollen, dann kann auch hinter jenen Aussagen, die von einem Wirken Gottes durch Leiden reden, kein Deus absconditus gesucht werden, dessen Wille ein *anderer* wäre als der in Jesus offenbare; keine Allmacht, die das Verderben ebensowohl wie das Leben will und wirkt, nicht die Erhabenheit eines X absolutum mit *blindem* Gesicht. Wie sich Gott in Wahrheit zu Leiden und Elend des schuldigen Menschen verhält, das will in dem erkannt sein, wie Jesus Christus damit umgegangen ist. Er hat sich zum Leiden der Menschen nicht verhalten wie zu einer schlicht hinzunehmenden Verfügung der göttlichen Allmacht. Er ist ihm in der ihm von Gott gegebenen Macht zu heilen entgegengetreten. Wie er unser aller Schuld auf sich genommen hat, so hat er auch die Last des Leidens zu seiner eigenen Sache gemacht bis zu seinem Sterben am Kreuz. Das heißt aber doch: Gott selbst ist in ihm auf die Seite des unter diese Last gebeugten Menschen gekommen, und in der Auferweckung des Gekreuzigten hat er seinen Sieg über Leiden und Tod offenbart, der die Hoffnung der von diesen Mächten befreiten Zukunft seiner Schöpfung begründet. Eine Theologie, die ihre Aussage über Gottes Verhältnis zum Elend in der Welt an dieser seiner Selbst-

---

[5] De servo arbitrio, WA 18, S. 685.

bekundung (und nicht daneben noch an numinosem Schicksalserlebnis oder an metaphysischem Rückschluß auf eine hinter allem Geschehen zu postulierende prima causa) orientiert, wird hier jedenfalls als erstes Wort zu sagen haben: Der Gott, den wir aufgrund von Jesus Christus als den Schöpfer glauben, will und wirkt nicht Leiden zur *Zerstörung* unseres Lebens. Und sofern es die Sünde des Menschen ist, die Leiden und Tod über den Menschen bringt, darf gesagt werden: Gott will Leiden als Macht der Lebenszerstörung so wenig, wie er die Sünde will, in der der Mensch selbst sein Leben zerstört.

Was von dem biblisch bezeugten und von Christen vielfach auch erfahrenen Wirken Gottes durch Leiden zu sagen ist, kann dann nur ein zweites Wort und will unter dem Vorzeichen dieses ersten verstanden sein. Gott kann Leiden in seine Hand nehmen, Menschen im Leiden begegnen und sie zu sich führen, Zerstörendes einen Weg zum Leben werden lassen. Gott kann durch Leiden, auch durch solches, das Menschen über Menschen bringen, seine Gerichte üben: nicht weil er die Sünder abgeschrieben hätte und vernichten will, sondern um sie aus ihren verkehrten Wegen herauszurufen – wie das an der Geschichte Gottes mit Israel, die wahrhaftig eine Leidensgeschichte war, exemplarisch deutlich wird. Aber das sind Erfahrungen des Glaubens, der auch unter Leiden an der Zusage des Gottes hängt, der das *Leben* will. Glauben, daß Gott auch Leiden und Tod in seine Hand nehmen kann, um zum Leben zu führen, ist etwas anderes als die Behauptung, daß prinzipiell alles, was geschieht, und also auch alle zerstörende Wirkung der Sünde und des Elends in dieser Welt von seiner Allmacht gewollt und gewirkt wird. Gegen *diese* Behauptung würde der Protest gegen den „leidverhängenden Allmachtsgott" recht behalten. Und daß Leiden – erst recht wenn es im Zusammenhang mit menschlicher Sünde gesehen wird – an sich und in seiner eigenen „Natur" nicht heilsam und sinnvoll, sondern zerstörend wirkt, ist Erfahrung, die durch keine philosophische oder theologische Theorie überspielt werden darf. Die faktische Welt ist nicht in harmonischem Einklang mit dem Willen des Gottes, den wir als ihren Schöpfer glauben, sondern Schöpfung, in der zerstörende Macht wirksam ist; Schöpfung also, die auf ihre *Erlösung* wartet.

Damit können gewiß nicht alle Fragen beantwortet sein, die sich in diesem Zusammenhang stellen. Wir haben das Leiden des Menschen jetzt vornehmlich im Zusammenhang mit seiner Sünde angesprochen. Was kann gesagt werden zu dem Leiden, das nicht durch Menschen über Menschen gebracht wird, sondern durch Krankheit und Naturkatastrophen, für deren Eintreten wir keinerlei Zusammenhang mit menschlichem Verhalten erkennen können?

Gewiß bleibt für den Glauben auch angesichts solchen Leidens in Kraft, daß Gott es in die Hand nehmen kann, um Menschen zu sich zu führen. Aber daß dies geschieht, ist ja keine allgemeine Erfahrung, und die Theologie sollte sich hüten, hier mit einer generellen Erklärung bei der Hand zu sein, Gott wirke dies alles zu heilsamen Zwecken. Wir tun besser daran, uns auf die Seite der Betroffenen zu stellen und mit ihnen zuzugeben: Warum das geschehen ist, wissen und verstehen wir nicht. Wir glauben aber, daß es nicht darum geschehen ist, weil Gott diese geschlagenen Menschen abgeschrieben hat und verderben will. Was kann gesagt werden zu dem Leiden der außermenschlichen Kreatur? Soweit es durch unsern verantwortungslosen Umgang mit ihr und mit der Natur überhaupt verursacht wird, ist hier ein Zusammenhang mit der Sünde des Menschen durchaus erkennbar; nicht an Gott haben wir die Frage zu richten: Warum läßt du dies geschehen? Aber auch hier gibt es Leiden, das wir in keinerlei Zusammenhang mit menschlichem Tun erkennen können – Tiere müssen ihr Leben fristen durch die Tötung anderer Tiere. Will *Gott* hier das Leiden und die Zerstörung seiner Geschöpfe? Daß Gott mit unserm Leben auch das seiner ganzen Schöpfung liebt und in seiner Hand hat, dürfen wir glauben – in Jesu Worten von den Lilien auf dem Feld, die Gott „kleidet", von den Spatzen, von denen nicht einer vor ihm vergessen ist, ist uns das gesagt, und das soll unser Verhalten zu unsern Mitgeschöpfen bestimmen. Aber wie Gottes Liebe, die auch sie umfaßt, sich zu ihrem Leiden verhält, ist uns nicht gesagt. Auch hier muß die Theologie schweigen. Sie kann sich nur an das Wort halten, das Gott *uns* über dem Leiden, das *uns* betrifft, gegeben hat.

Wie kann nach alledem das Bekenntnis zu Gottes Allmacht verstanden werden? Es kann nicht eine abstrakte Allkausalität besagen. Aber ebensowenig kann es preisgegeben werden, als sei Gott des Geschehens in der Welt nur teilweise mächtig. Auch angesichts der Wirklichkeit von Sünde und Zerstörungsmacht bekennt christlicher Glaube den Gott, der dieser Welt über allem, was in ihr geschieht, allmächtig gegenwärtig ist. Aber dieses Bekenntnis besagt dann: Dem seine Schöpfung Zerstörenden ist Gott nicht bejahend, es wollend und wirkend, sondern verneinend, ihm sein Ende ansagend gegenwärtig. Und *Glauben* an Gottes Allmacht heißt glauben, daß der Gott, der in Jesus Christus seine Liebesmacht, seinen Lebens- und Rettungswillen kundgetan hat, *dahingehend* allmächtig ist, daß er *überwinden* wird, was diesem seinem Willen jetzt in der Welt und in uns selbst entgegensteht. Glauben an Gottes Allmacht ist Glauben an seine Heilsmacht. Die Frage, wie und warum Sünde und Zerstörung in eine Welt, die wir als Schöpfung des in Christus offenbaren Gottes glauben, überhaupt einbrechen konnte, ist damit freilich nicht beantwortet. Aber kann und soll Theologie auf diese Frage eine Antwort haben? Wir werden darüber in der Lehre von der Sünde nachdenken müssen.

Der erste Glaubensartikel ist wahrlich nicht das dem Verstand am leichtesten zugängliche religiöse Thema. Die „Gestalt dieser Welt" (1.Kor 7,31) führt nicht in gerader Linie zur Einstimmung in das Lob des Schöpfers, den *seine* Werke preisen. In der faktischen Welt wird das Gotteslob der Schöpfung verstellt durch das, was die Werke des von Gott abgekehrten Menschen aus ihr gemacht haben und machen. Nur in einem dieser Faktizität sich entgegensetzenden Dennoch, aufgrund des großen Dennoch, in dem Gott selbst sich in Christus der Verkehrung als ihr Überwinder entgegengesetzt hat, wird er als der Schöpfer dieser Welt geglaubt und bekannt. In solchem Dennoch des Glaubens aber kann diese Welt, die Gott „also geliebt hat" (Joh 3,16), von uns auch *bejaht* werden trotz aller entstellenden Unheilszwänge, ohne diese in Illusion zu übersehen, aber auch ohne in Resignation vor ihnen zu kapitulieren. Was dies für unser Handeln in der Welt, für unser Umgehen mit ihr als der Schöpfung Gottes bedeutet, kann hier, da zunächst die Wirklichkeit Gottes selbst unser Thema ist, noch nicht entfaltet werden.

Literatur

G. Wingren, Schöpfung und Gesetz (dt. 1960) – E. Benz, Schöpfungsglaube und Endzeiterwartung. Antwort auf Teilhard de Chardins Theologie der Evolution (1965) – C. Westermann, Schöpfung (Themen der Theol. Bd. 12, 1971) – W. Beinert (kath.), Christus und der Kosmos. Perspektiven einer Theologie der Schöpfung (1974) – G. Altner, Zwischen Natur und Menschengeschichte. Perspektiven für eine neue Schöpfungstheologie (1975) – E. Saxer, Vorsehung und Verheißung Gottes (1980) – M. Welker, Universalität Gottes und Relativität der Welt. Theologische Kosmologie im Dialog mit dem amerikanischen Prozeßdenken nach Whitehead (1981) – J. Moltmann, Gott in der Schöpfung. Ökologische Schöpfungslehre (1985). – Chr. Link, Schöpfung. Handbuch Syst. Theol. Bd. 7 (1991).
Dazu die in den Anmerkungen angeführte Literatur.

II. Kapitel: Der in Jesus Christus gegenwärtige Gott – der Sohn

Vorbesinnung

Wir haben die Themen des ersten Glaubensartikels behandelt unter der Voraussetzung, daß wir von dem Gott reden, der sich in der Person und Geschichte des Menschen Jesus für uns identifiziert hat. Das Bekenntnis zu ihm als dem Vater, dem Schöpfer, dem Allmächtigen implizierte also bereits Christologie. Sie ist in diesem Kapitel explizit zu bedenken.

In der neueren Theologie wurde die Frage nach dem sachgemäßen Ansatz der Christologie oft unter der Alternative „Christologie von oben" oder „von unten" verhandelt. Christologie von oben – damit ist das Verfahren der kirchlich-orthodoxen Lehrtradition gemeint: Der Einsatz bei der Gottheit des Sohnes als der zweiten „Person" der Trinität und bei dem innertrinitarischen Ratschluß, der zu seiner Menschwerdung führt, und von da weiterschreitend die Lehre von der Inkarnation, von den zwei „Naturen" in der einen Person des Menschgewordenen, und schließlich von dem aus dieser seiner göttlichen Herkunft und seinem Wesen als der „Gottmensch" zu verstehenden Werk Jesu Christi. Christologie von unten – damit wurde dieser Lehrtradition in der neueren Theologie, in der Ausführung recht verschieden, im Ansatz aber übereinstimmend ein Kontrastprogramm entgegengestellt: Auszugehen ist von dem *Menschen* Jesus, den die Evangelien zeigen.

Ich halte es für unfruchtbar, dieses „von oben" oder „von unten" als Alternative gegeneinanderzustellen. Eine Beschäftigung mit dem Menschen Jesus und seiner Menschlichkeit unter *Absehen* von dem, wovon die Evangelien, die die Geschichte dieses Menschen erzählen, nun eben in keinem Augenblick absehen: daß er von Gott her der ist, der er ist, und daß es Gott ist, der durch ihn handelt unvergleichbar mit allem, was sonst durch Menschen geschehen kann – das könnte, konsequent durchgeführt, nur auf den von Jesus ausgehenden ethischen Appell hinführen. Wie sollte aus diesem Ansatz heraus zu konstruieren sein, daß in Jesus *Erlösung*, Befreiung des Menschen aus seiner Gottesferne geschieht? Demgegenüber stimmt die Christologie der kirchlichen Lehrüberlieferung mit dem biblischen Christuszeugnis überein, wenn sie von der Geschichte des Menschen Jesus nicht spricht, ohne zu sagen, daß Gott in ihm gegenwärtig ist.

Aber nun: Wo anders finden wir den Christus, in dem Gott gegenwärtig ist, als in der konkreten Geschichte des Menschen Jesus, die die Evangelien erzählen? Was könnten wir ihr vorweg, unter einem auch nur vorläufigen Absehen von ihr, von Gottes innerem Wesen, von dem Sein des noch nicht „Fleisch" gewordenen Logos in diesem Wesen, von seinem gottheitlichen Woher wissen? Die kirchliche Lehrtradition hat das, was sie darüber zu sagen wußte, natürlich nicht unter einem grundsätzlichen Absehen von der Geschichte des Menschen Jesus gewußt und gesagt. Aber sie hat in der Anordnung ihrer Aussagen diese Geschichte gewissermaßen von oben her, von der Gottheit Gottes und der göttlichen „Natur" des noch nicht menschgewordenen Logos ausgehend nachkonstruiert. Und man kann fragen – an späterer Stelle wird das zu begründen sein –, ob sie dabei das wirkliche Menschsein Jesu in seiner Teilhabe an unserm „Unten" ganz erreichte, bzw. ob der Begriff des göttlichen Wesens, von dem sie ausging, das ungebrochen zuließ.

Wir können hier weder von oben noch von unten her konstruieren. Wir können nur *in* diesem Unten der Geschichte des Menschen Jesus den Gott erkennen, der sich uns von seinem Oben her gibt. Der „Ort" dessen, was in Jesus durch Gott geschieht, ist die Geschichte eines wirklichen Menschen unter Menschen. Um das gegenwärtig zu halten, soll auch hier der dogmatischen Reflexion der Versuch vorangestellt werden, diese Geschichte den Evangelien nachzuerzählen. Sicher ist das schon gedeutete, aus dem Glauben an Jesus als den Christus verstandene Geschichte; die Evangelien sind ja durch und durch Christuszeugnis, einen Zugang zu Jesus über unbeteiligte Berichterstattung haben wir nicht. So will auch diese Nacherzählung keine „objektive" Nachzeichnung dessen sein, was an Jesus zu sehen wäre, wenn man von jenem Glauben absieht, der in den Evangelien spricht. Soweit sie das Faktische der äußeren Hergänge betrifft, wird sie aber zunächst das nicht überschreiten, was in etwa auch historischer Nachfrage sichtbar werden kann.

1. Im Alter von etwa dreißig Jahren ist Jesus hervorgetreten. Die Jahre vorher liegen im Dunkel. Wir wissen nichts Biographisches, schon gar nichts Psychologisches über seine Jugendentwicklung. Die Evangelien sind daran nicht interessiert. Die „Kindheitsgeschichten", die Matthäus und Lukas berichten, haben mehr theologischen als biographischen Charakter. Sie wollen zum Ausdruck bringen, daß im Kommen dieses Menschen das Einmalige, das Neue, das Heil

von Gott her geschieht. Aber nach dieser (den Fakten nach weithin wohl legendären) Voranmeldung dessen, was in Jesus geschieht, konzentriert sich alles auf die Geschichte seines öffentlichen Wirkens.

Eine sehr kurze Geschichte: drei Jahre, vielleicht nur ein Jahr. Die große Welt außerhalb Israels nahm von dieser Geschichte zunächst kaum Notiz. In seinem eigenen Land allerdings hat Jesus große Bewegung hervorgerufen: Zulauf, Befremden, Empörung. *Wer ist er?* Man kann ihn nicht einordnen und ordnet ihn darum sehr verschieden ein: endlich, nach langem Schweigen, wieder ein Prophet in Israel (so manche) – der verheißene und erwartete Messias (so Petrus) – ein von dämonischen Kräften besessener Verführer (so seine theologischen Gegner) – etwas von Sinnen gekommen (so zunächst seine Familie) – sicher nicht: der politische Revolutionär, als den man ihn dem Pilatus hinstellen wollte und auch heute gelegentlich wieder hinstellen will (was nicht heißt, daß seine Botschaft keine politische Relevanz hätte). Es ist umstritten, ob er selbst sich mit einem bestimmten „Würdenamen" identifizierte. Aber deutlich ist, daß er in dem Bewußtsein einer besonderen Verbindung mit Gott lebte und wirkte. Er redet zu Gott in der vertrauten Anrede „Abba" (im Judentum als Anrede Gottes sonst unerhört). Er spricht von „meinem Vater im Himmel". Andeutend berühren die Evangelien in ihrem Erzählen der Geschichte Jesu die innere Geschichte dieses seines besonderen Gegenüber zu dem Vater: seine Hinwendung zu ihm, sein Empfangen von ihm; immer wieder den Rückzug aus dem Wirken und der Menge in die Einsamkeit des Betens; an der Schwelle des letzten Austrags das Ringen um den Willen des Vaters in Gethsemane. Und noch der Schrei am Kreuz „Warum hast du mich verlassen?" bekundet als Frage das Wissen um diese besondere Verbundenheit, die jetzt, in diesem Ende, zerbrochen scheint.

2. *Was tat er?* Er führte das Leben eines Wanderpredigers, verkündigte das Wort Gottes. Er vollbrachte außergewöhnliche Taten der Heilung im Namen Gottes. In der Mitte alles seines Tuns steht seine Ansage: Das *Reich Gottes* ist nahe herbeigekommen. Das heißt: die Erfüllung aller Verheißungen Gottes, die Israels Glaubensgeschichte zu einem Weg der Hoffnung auf Zukunft hin bestimmten, steht vor der Tür. Diese Zukunft ist jetzt im Anbruch. Auf sie wartete man im Israel jener Tage auch. Aber Jesus sagt das Kommen des Reiches Gottes anders an, als viele in Israel es erwarteten: nicht als den nationalen Triumph über die Heiden; auch nicht als Bestätigung und Triumph der Gerechten über die dann endlich von ihrer Strafe ereilten Gottlosen. Und einerlei, ob überhaupt und mit welchen besonderen Würdenamen er sich selbst bezeichnet hat – darin wird sein Vollmachtsanspruch kenntlich, daß er den Zugang zu dem kommenden Reich mit dem Verhalten zu ihm selbst zusammenbindet: „Wer mich bekennt vor den Menschen, zu dem wird sich auch der Menschensohn bekennen...". Am Ja oder Nein zu ihm und seiner Sendung entscheidet sich die Teilhabe an dieser Zukunft. Alles Verkündigen und Handeln Jesu ist auf dieses Kommen des Reiches bezogen und von daher zu verstehen.

3. In seiner Verkündigung vertritt er den radikalen *Anspruch* Gottes auf den

Menschen. Jetzt, im Angesicht des kommenden Reiches gilt es, den Willen Gottes ganz und unverstellt zu hören. Jesus beansprucht, diesen Gotteswillen – das „Gesetz" – authentisch auszulegen. Er kommt dabei in Konflikt mit den theologischen Vertretern der Gesetzesauslegung in Israel (den Schriftgelehrten) ebenso wie mit den intensiv um Gesetzeserfüllung Bemühten (den Pharisäern). Sie hatten um den Kern des alttestamentlichen Gesetzes herum einen „Zaun" weit ausgedehnter und das Verhalten bis ins Kleine hinein genau regelnder Ausführungs- und Zusatzbestimmungen errichtet: im Willen, es mit dem Gesetz ganz ernst zu nehmen, aber zugleich in der Absicht, die Bedingungen festzulegen, unter denen Gesetzeserfüllung wirklich geleistet werden kann, um Gott zur Einlösung seiner Heilsverheißung zu bewegen. Einen Zaun, der zugleich den Ausschluß all derer bedeuten mußte, die weder Gelehrsamkeit noch Zeit und Kraft genug hatten, um die Vielzahl dieser Ge- und Verbote zu kennen und einzuhalten. Jesus durchbricht diesen Zaun der Vorschriften, durch sein Wort und noch mehr durch sein Verhalten, am auffallendsten, wenn er um der Hilfe am Menschen willen die Sabbatgebote überschreitet.

Aber er durchbricht den Zaun nicht, um den Gotteswillen leichter zu machen. Im Gegenteil: Gott fordert mehr als das Leisten von Vorschriften. Er fordert den ganzen Menschen: nicht die rituelle Pflichtleistung, sondern die Liebe „aus ganzem Herzen"; nicht das Opfern von dem und jenem und vielleicht sehr vielem, sondern die Hingabe des ganzen Lebens.

Was geschieht da? Man sollte sich die Härte, mit der der Jesus der Evangelien vor die Forderung Gottes stellt, nicht durch die Neigung, in ihm das Ur- und Vorbild humaner Freundlichkeit zu sehen, verdecken. Wenn ein moderner atheistischer Humanist zu dem Urteil kommt, das Gebot Jesu sei eine maßlose Überforderung menschlicher Möglichkeit (und darum für zu *praktizierendes* Ethos von verhängnisvoll lähmender Wirkung), ist Jesus hier in bestimmter Hinsicht genauer gesehen als in jener Verzeichnung ins Nur-freundliche, und nur darum mißverstanden, weil er eben auch hier unter der Kategorie eines Lehrers der vom Menschen zu erbringenden sittlichen Leistung verstanden wird. Was im Geltendmachen des Anspruchs Gottes durch Jesus geschieht, muß anders verstanden werden. In der Nacherzählung der Geschichte Israels mit Gott hatten wir davon gesprochen, daß dies eine Geschichte des Scheiterns wurde, des Konflikts zwischen Gott und dem Menschen, der ihm nicht entspricht und nicht entsprechen kann – eine Geschichte, die von Gott dennoch weitergeführt wird. Jetzt, an der Schwelle des endgültigen Austrags, wird dieser Konflikt in seiner ganzen Tiefe akut. Daran gemessen, wie Jesus den wahren, eigentlichen Gotteswillen aufdeckt, werden *alle* zu Sündern. Niemand kann durch „Leistung" in das Reich Gottes kommen, auch wenn er alle Gebote und Verbote des Zaunes heroisch beachtet. Denn Gott will das, was niemand aus sich selbst machen kann: den Menschen, der nicht nur vieles *tut* und unterläßt, sondern anders *ist*, weil er aus der Liebe lebt.

4. Aber derselbe Jesus öffnet die Tür zu dem Reich, dessen Kommen er ansagt, ganz weit. Er vertritt die radikale *Zusage* Gottes. Denen, die mit ihrer Leistung am Ende sind, die nichts mehr aus sich selbst machen können und

wollen, spricht er zu: Gott nimmt euch bedingungslos an. Der Eingang in sein Reich wird nicht verdient, sondern geschenkt. Ihr seid eingeladen. Wer keine Qualifikation mehr mitbringen will, sondern sich beschenken läßt wie ein Kind, das nichts zu bieten hat, der kommt hinein. Wer nicht mehr „annehmbar" sein will, womöglich annehmbarer als andere, sondern sich annehmen *läßt*, der *ist* angenommen. Jetzt, wo im Prozeß zwischen Gott und Mensch der Konflikt ganz aufgedeckt ist, ist dies der Weg zum Frieden, den Gott selbst eröffnet. Jesus hat das vertreten, indem er sich besonders denen zuwandte, die außerhalb jenes Zaunes geraten waren, den Armen, Gesetzlosen, in offenkundige Sünde Gefallenen. Er spricht ihnen die Vergebung ihrer Sünde zu und nimmt damit ebenso wie mit seiner Auslegung des fordernden Gotteswillens die Vollmacht in Anspruch, Gottes eigene Willenserklärung authentisch zu vertreten („Wer kann Sünden vergeben außer Gott allein?"). Er geht mit denen, die von Frommen gemieden werden, zu Tisch und bekundet ihnen damit, daß sie zur Mahlgemeinschaft des Reiches Gottes eingeladen sind. Jesus beansprucht die Vollmacht, ihnen darin, daß *er* ihnen Gemeinschaft schenkt, Aufnahme in die Gemeinschaft mit *Gott* zu bringen (Zachäus – „Heute ist diesem Hause Heil widerfahren").

Nicht als ob Jesus die andern, die sich um das Vermeiden offenkundiger Übertretungen bemühten, grundsätzlich von dem Angebot Gottes ausgeschlossen hätte (sie schließen sich selbst aus dadurch, daß sie ihr Bemühen als ihre Gerechtigkeit bewerten und auf die andern herabsehen; aber am Rand der Evangelien ist auch von Schriftgelehrten und Pharisäern zu lesen, die sich durch Jesus bewegen lassen).

Nicht als ob jene Sünder, denen Jesus die Annahme zusagt, in seinen Augen nicht *wirklich* Sünder wären – Jesus hat nicht die Sünde gerechtfertigt, auch nicht sagen wollen: Diese, die von den andern als Sünder gescholten werden, sind in Wahrheit die besseren, Gott annehmbareren Menschen. (Und fragt man, wie derselbe Jesus, der den Anspruch Gottes in solcher Härte vertritt, daß der Konflikt zwischen diesem Gott und dem Menschen zum Abgrund wird, nun dennoch so vorbehaltlos die Annahme der Unannehmbaren vertreten kann, so hat seine Gemeinde später verstanden: Er konnte und durfte es, weil er auf dem Wege war, sein eigenes Leben in diesen Abgrund hineinzuopfern). Und nicht als ob Gott nun auf dieses Geschehen seines Willens verzichtete. Aber die Tür zum Tun dieses Willens ist die Annahme in die *geschenkte* Gemeinschaft mit Gott, weil das die Kraft ist, durch die der *Mensch* ein anderer werden kann: nicht mehr der Mensch, der (auch noch durch seine Frömmigkeit) für sich selbst sorgen muß, sondern der Mensch, der in der Macht der Liebe leben kann, die Gottes eigene Macht ist. Daraus folgt freilich auch das Tun (Jesus hat das im negativen Gegenbild am Gleichnis vom „Schalksknecht" gezeigt).

5. Jesus hat in seinem Tun die neuschaffende *Lebensmacht* Gottes vertreten. Er hat nicht nur gepredigt, sondern auch geheilt – Kranke aller Art, wie die Evangelien berichten, vor allem auch psychisch Kranke, nach damaliger Vorstellung von dämonischen Mächten Besessene (und daß unsere Wissenschaft

solche Leiden in einem anders artikulierten Erklärungszusammenhang sieht, muß nicht heißen, daß jene Vorstellung unwahr ist). Beide Seiten des Tuns Jesu, Verkündigen und Heilen, gehören nach den Evangelien untrennbar zusammen. Die Seite seiner heilenden Tätigkeit wird in der Theologie meist weniger bedacht, die Vorgänge, die da berichtet werden, sind dem Verständnis des modernen Menschen schwer zugänglich. Aber obwohl kaum alle Wunder, die von Jesus berichtet werden, als Tatsachenberichte zu fassen sind, kann nicht bestritten werden und wird auch von vorurteilslosen Historikern nicht bestritten, daß er außerordentliche Taten der Hilfe und Heilung vollbrachte. Auch dies geschah unter dem Zeichen des kommenden Reiches, der Gottesherrschaft. Jesus erkannte nicht nur in der Sünde, sondern auch in Krankheit und Tod den Einbruch zerstörender, feindlicher Macht in das von Gott geschaffene Leben. *Er* hat angesichts dieser Macht *keine* harmonisierende Theodizee-Theorie bereit. Er ergrimmt über die Knechtung des Menschen durch diese Macht. Er kämpft gegen sie und sagt so ihrer Herrschaft in der Hereinkunft der Herrschaft Gottes das Ende an. Auch darin beansprucht er in der Vollmacht Gottes zu handeln: „Wenn es der Finger Gottes ist, durch den ich die Dämonen austreibe, so kommt ja das Reich Gottes zu euch herein" (Lk 11,20).

6. Es war schon im menschlich-geschichtlichen Zusammenhang gesehen unausweichlich, daß der Weg *dieses* Menschen mit *diesem* Anspruch ein Leidensweg werden und in den gewaltsamen Tod führen mußte, weil er in ausweglose Konflikte führte. Die Familie versteht diesen Weg nicht und will ihn davon abbringen. Die Menge, die ihm zuströmt, verläuft sich wieder, manche wohl aus enttäuschter Erwartung eines politischen Messias. Und am Ende ist da eine Menge, deren Geschrei ihn ans Kreuz votiert. Eine kleine Gruppe von Jüngern bleibt bei ihm bis zum Vorletzten, dann fliehen sie, im Letzten ist er ganz allein. Der Kern des Konflikts, der es zu diesem Letzten kommen ließ, war zweifellos der Zusammenstoß mit den amtlichen Vertretern der Religion. Der Prozeß Jesu war ein Häresieprozeß. Man darf sich die Verantwortlichen, die ihm diesen Prozeß machten, nicht als Tyrannen und Bösewichter vorstellen. Einige von ihnen waren vielleicht Opportunisten, die nur einen unbequemen Mann loswerden wollten. Die theologisch Maßgebenden im „Hohen Rat" aber waren sicher in ihrem eigenen Selbstverständnis *wirklich* Verantwortliche, nämlich für die Wahrung der Ehre Gottes, die unverbrüchliche Geltung seines Gesetzes und das Heil des Volkes. Auch sie warteten auf das Reich Gottes, aber nach ihrer Überzeugung war es das Reich, in das die Gerechten eingehen und von dem die Sünder ausgeschlossen werden; und Gott war der Gott der Gerechtigkeit – die Erfüllung des Gesetzes wird der Maßstab sein, nach dem er seinen Prozeß mit den Menschen zum Austrag bringt. Der Mann, der einen andern Gotteswillen zu behaupten wagte, der in der Berufung auf diesen Gotteswillen selbst den Buchstaben des Gesetzes übertrat, sich mit den Gesetzlosen an einen Tisch setzte und behauptete, damit in der Vollmacht Gottes zu handeln – dieser Mann *konnte* in ihren Augen nur ein Gotteslästerer, ein Libertinist und Verführer des Volkes sein. „Es ist besser, ein Mensch stirbt, als daß das ganze Volk

verdirbt." Wurden diese Worte, die das Johannesevangelium dem Hohenpriester Kaiphas in den Mund legt (Joh. 11,50), wirklich gesprochen, so waren sie wohl ehrlich und verantwortlich gemeint. So kam es zur Gefangennahme, zum Prozeß und – auf dem aus historisch nicht ganz aufgehellten Gründen offenbar notwendigen Umweg über den römischen Prokurator – ans Kreuz mit ihm. Nach dem Zeugnis der Evangelien hat Jesus gewußt, daß seine Sendung ihn in den Tod führen wird – nicht nur aus menschlichen Gründen, aus dem Willen der Menschen, die er sich zu Feinden machte, sondern aus dem Willen des Gottes, der ihn auf diesen Weg gesandt hat. Er hat seinen Tod angenommen als Vollendung seines Dienstes. Aber man soll sich das nicht so vorstellen, als sei Jesus in unberührbarer, übermenschlicher Erhabenheit in diesen Tod gegangen, der eine der abscheulichsten Hinrichtungsarten ist, die Menschen sich ausgedacht haben. Der Bericht von Gethsemane sagt deutlich genug, daß er die menschliche Todesangst durchlitten hat wie wir alle, wenn wir einen solchen Weg gehen müßten. Und am Kreuz hängt ein Mensch, der nach Gott schreit und nichts mehr von seiner Nähe spürt.

7. Ist hier die Geschichte Jesu zu Ende, dann konnte dieses Ende nur die Widerlegung seines Vollmachtsanspruchs bedeuten. Seine theologischen Gegner sahen sich bestätigt: Gott hat den falschen Propheten, der es gewagt hatte, Sünden zu vergeben und Sünder zu seinem Reich einzuladen, widerlegt und ihn selbst zu den Sündern geworfen. Seine Jünger standen in tiefer Ratlosigkeit vor diesem Ende. Ihr Glauben und Hoffen hatte seinen Halt verloren.
Daß dieses Glauben und Hoffen neu begründet wurde, daß diese ratlosen und verstummten Jesusjünger zu Christusverkündigern wurden und mit dieser Verkündigung in ihr Volk und in die Welt hinausgingen, ist nur aus einer Erfahrung zu verstehen, durch die sie gewiß gemacht wurden: Dieses Ende ist nicht das Ende Gottes mit Jesus. Gott hat den Gekreuzigten auferweckt. Er hat sich zu ihm und seinem Vollmachtsanspruch bekannt. Also muß auch sein Tod nicht als Widerlegung, sondern darf als Vollzug seiner Sendung durch Gott selbst verstanden werden.
Das Eintreten einer Erfahrung, die diese Gewißheit und damit die Christusverkündigung auslöste, kann auch der Historiker nicht bestreiten. Das *Ereignis selbst*, das diese Erfahrung begründete, dieser Gewißheit Deckung gibt und sie von einer erfolgreichen Autosuggestion unterscheidet, das Ereignis der Auferweckung Jesu, entzieht sich jeder wissenschaftlichen Verifizierung und Analyse. *Ist* es geschehen, dann ist es in diesen Weltlauf herein, an den unser Verifizieren und Analysieren gebunden ist, der Anbruch des schlechthin Neuen, der *Zukunft:* Jesus aus dem Tod herausgerufen in das Leben des Reiches, dessen Kommen er angesagt hat. Dann ist an ihm als dem „Erstling" dieses Reich angebrochen. Wenn wir die Geschichte Jesu erzählen und sie nicht mit dem Kreuz enden lassen, sondern mit *diesem* Ziel, das Gott dieser Geschichte gegeben hat, so überschreitet auch unser Erzählen damit, und an diesem Endpunkt notwendig das, was am Faktischen dieser Geschichte auch historisch greifbar werden kann. Notwendig; denn unter Absehen von

Ostern gäbe es weder Glauben noch Theologie und hätte also auch dieses Erzählen als Vergegenwärtigung der Geschichte, die *Glauben* begründet, keinen Sinn.

Die dogmatische Reflexion des Christusgeschehens, zu der wir nun übergehen, darf das Konkretum der Geschichte Jesu, die wir uns vergegenwärtigt haben, nicht aus dem Auge verlieren. Die Christologie wurde in der älteren Tradition in aller Regel so disponiert, daß zunächst die Lehre von der „Person" Jesu Christi entfaltet wurde und dann die Lehre von seinem „Werk" und in deren Mitte insbesondere von der Versöhnung durch seine Lebenshingabe am Kreuz folgte. Der leitende Gesichtspunkt war dabei, daß die erlösende Kraft dieses Geschehens erst aus dem Wissen darum verstanden werden kann, daß es nicht ein Prophet und Märtyrer neben andern, sondern der „Gottmensch" ist, der hier wirkt, leidet und stirbt. In der neueren Theologie wurde und wird gegen diese traditionelle Anordnung der Christologie oft und zu Recht eingewendet, daß man beides, wer Jesus Christus ist und was durch ihn geschieht, nicht je für sich verstehen kann. Erweist sich Jesus als der Christus nicht gerade *im* Vollbringen seiner Sendung? Adolf *Schlatter* folgte dieser Einsicht, indem er das christologische Kapitel seiner Dogmatik von vornherein unter die Überschrift „Das Werk Jesu" stellte und erst aus dem Bedenken des Werkes heraus Aussagen über die Person entwickelte. Karl *Barth* hat in der Versöhnungslehre seiner Kirchlichen Dogmatik einen genialen Weg gefunden, Person, Weg und Werk Jesu Christi in eins zu sehen und in einem einheitlichen Zusammenhang darzustellen. Viele neuere Dogmatiker behalten aber, bei allen Unterschieden in ihrer inhaltlichen Behandlung der christologischen Fragen, die traditionelle Themenfolge bei. Wenn auch hier im folgenden zuerst die Gegenwart Gottes in dem Menschen Jesus und erst daran anschließend das Kreuzes- und Ostergeschehen als Thema aufgenommen wird, so zunächst deshalb, weil eine eingreifende thematische Umstrukturierung der Christologie für ein Lehrbuch, das ja nicht nur eigene Konzeption, sondern auch eine übersichtliche Darstellung der Tradition bieten soll, nicht zweckmäßig wäre[1]. Es erscheint mir aber auch sachlich gerechtfertigt, von dem Kommen Gottes zum Menschen in Jesus auszugehen und danach das Geschehen, in dem diese Gottesbewegung zu ihrem Ziel

---

[1] In der Gliederung des Inhalts der Dogmatik im großen (§ 5) wurde in diesem Buch allerdings eine Umstrukturierung vorgenommen. Aber durch sie wird die geschlossene Darstellung der traditionellen Behandlung jeweiliger Hauptthemata nicht behindert.

kommt, zu bedenken. Der Einsicht, daß hier Person und Geschehen nicht isoliert verstanden werden kann, ist Rechnung zu tragen, indem die *Gegenwart* Gottes in Jesus nicht statisch als Eigenart der Person Jesu in sich selbst beschrieben, sondern eben als die in ihm geschehende Bewegung des *Kommens* Gottes in die Tiefe des gottfernen Menschen bedacht wird. Sie wird insofern schon auf jenes Zielgeschehen hin bedacht.

Auch hier wird der eigenen Entfaltung ein Paragraph vorangestellt, der über die Christologie in der kirchlichen Lehrüberlieferung orientiert. Zunächst aber soll ein Exkurs auf die Fragen eingehen, die sich der dogmatischen Besinnung auf das christologische Thema von daher stellen, daß sie sich in der neueren Zeit und Gegenwart mit dem Unternehmen *historischer* Jesusforschung konfrontiert sieht.

Exkurs zur historischen Frage nach Jesus

Als ihren Gegenstand pflegt die historische Jesusforschung den „historischen Jesus" zu bezeichnen. Richtiger scheint es mir, von der historischen *Frage* nach dem *irdischen* Jesus zu sprechen. Denn „historisch" meint zunächst eine bestimmte Art der Fragestellung mitsamt der zu ihrer Beantwortung geeigneten Forschungsmethode. Gefragt wird da, was über das faktische Gewesensein von Ereignissen und Gestalten der Vergangenheit festgestellt werden kann unter Absehen von den Wertungen, Deutungen und Umdeutungen, die aus ihrer existentiellen Wirkung auf Freund und Feind hervorgebracht wurden und jenes Faktische überdecken, u. U. entstellen können.

Das heißt selbstverständlich nicht, daß nun nicht gerade auch solche Wertungen und Deutungen wieder zum Gegenstand historischer Nachfrage werden können. Es heißt auch nicht, daß nicht der Historiker selbst als Mensch ein existentielles Interesse an dem Gegenstand seiner Forschung haben könnte. Das Spezifische der historischen Fragestellung scheint mir dennoch darin zu liegen, daß nach einem Wertungen und Deutungen *zugrundeliegenden* Faktischen gefragt wird. Eine andere Frage ist, ob eine solche Herauslösung des Faktischen aus seiner Wertungen provozierenden Wirkung jemals restlos gelingen kann, zumal wenn der Forschungsgegenstand eine in die Gegenwart hineinreichende Bedeutsamkeit hat.

Man wird dann sagen müssen: Jeder wirkliche Mensch, nach dem so gefragt wird, Jesus erst recht, ist *mehr* als was in solcher Fragestellung über ihn ausgemacht werden kann; was nicht heißt, daß sie nicht einen Aspekt seiner Wirklichkeit in der Tat zu Gesicht bekommen kann.

Umgekehrt: Nach jedem Menschen, der auf dieser Erde gelebt hat, kann – vorausgesetzt, daß eine Überlieferung von ihm Kunde gibt, die solche Frage möglich macht und motiviert – *auch* historisch gefragt werden; also auch nach dem irdischen Jesus. Historische Forschung wird dabei, da niemand in die Vergangenheit zurückreisen und sich unmittelbare Evidenz verschaffen kann, aufgrund gegebener und zu wertender Indizien immer nur zu Urteilen kommen können, die einen größeren oder geringeren Grad von *Wahrscheinlichkeit* haben; manchmal einen so hohen Grad, daß es nicht sinnvoll ist, sie in Frage zu stellen, oft auch einen minderen Grad, so daß die Diskussion über Für und Wider in vollem Gang bleibt. Letzteres mag in hohem Maß und hinsichtlich vieler in ihr vertretener Thesen bei der historischen Jesusforschung der Fall sein. Das heißt aber nicht, daß die Ergebnisse dieser Forschung pauschal als belanglos ignoriert werden können.

Es ist zu überlegen, inwiefern und in welchen Grenzen die historische Frage nach dem irdischen Jesus für den Glauben an ihn als den Christus und damit auch für die Christologie, die diesen Glauben zu reflektieren hat, von Bedeutung ist. Dazu sei zunächst, freilich in starker Verkürzung, die sehr bewegte Geschichte dieser Frage vergegenwärtigt, und zwar unter dem besonderen Gesichtspunkt ihrer Motivation und ihres eigenen Selbstverständnisses hinsichtlich ihrer theologischen Bedeutung.

Historische Jesusforschung setzte im 18. Jh. ein, im Zusammenhang mit der allgemeinen Entwicklung eines historisch-kritischen Hinterfragens geschichtlicher Überlieferungen. Den Anstoß zu ihr gab H. S. *Reimarus* mit seiner Schrift „Vom Zwecke Jesu und seiner Jünger"[2], dem ersten Versuch, hinter den wunderhaften Berichten der Evangelien den Menschen Jesus, „wie er wirklich war", zu entdecken. Damit kam die sog. Leben-Jesu-Forschung in Gang, die für das erste Stadium der historischen Frage nach Jesus bis zum Ende des 19. Jh. kennzeichnend ist. Ihr mit Zuversicht verfolgtes Ziel war, aus der Evangelienüberlieferung die wirkliche Geschichte Jesu herauszuschälen und auch seine Entwicklung psychologisch nachzukonstruieren – zahlreiche „Leben Jesu" mit dieser Zielsetzung wurden im 19. Jh. geschrieben, freilich mit nach heutigen Maßstäben noch fragwürdigen methodischen Mitteln. Die vorherrschende Motivation dieses Unternehmens war, bei dem Rationalisten Reimarus sehr ausgeprägt, abgemildert in seiner Fortsetzung durch liberale Theologen des 19. Jh., antidogmatisch und antichristologisch: *Gegen* den Christus des Dogmas will man den historischen Jesus als den Menschen Jesus, „wie er wirklich war", herausstellen, um sich an ihm, nicht an dem Gottmenschen der kirchlichen Lehre, religiös zu orientieren.

---

[2] Sie wurde von Lessing zusammen mit anderen Schriften von Reimarus nach dessen Tod unter dem Titel „Fragmente eines Ungenannten" veröffentlicht.

Diese erste Etappe fand ihr Ende vor allem durch Albert *Schweitzers* epochemachende „Geschichte der Leben-Jesu-Forschung"[3]. Schweitzer bejahte diese Forschung und betrieb sie selbst; er zeigte aber, daß in ihren bisherigen Produktionen weitgehend ein von den idealistischen Vorstellungen der eigenen Zeit geprägter Jesus herausgekommen war – der wirkliche historische Jesus war nach Schweitzer ein von diesen Vorstellungen weit entfernter apokalyptischer Dogmatiker. Schon etwas vorher hatte Martin *Kähler* das Unternehmen der Leben-Jesu-Forschung grundsätzlich in Frage gestellt durch die Feststellung, daß das Quellenmaterial der Evangelien ein unchristologisches Jesusbild gar nicht hergibt, weil es durch und durch von dem Glauben an ihn als den Christus geprägt ist[4].

Die historische Jesusforschung trat unter dem Einfluß dieser kritischen Impulse in eine neue Phase. Durch Martin *Dibelius* und Rudolf *Bultmann* wird die formgeschichtliche Methode entwickelt, die die einzelnen Stücke der Evangelien auf ihre jeweilige Gestaltung durch die Bedürfnisse der urchristlichen Predigt und Unterweisung hin befragt. Die Möglichkeit, aus den Evangelien ein historisches Gesamtbild der Geschichte Jesu zu gewinnen, wird jetzt sehr zurückhaltend beurteilt. Das Ideal der biographischen Darstellung des „Lebens Jesu" und gar seiner psychischen Entwicklung wird völlig aufgegeben. Die historische Frage nach Jesus wird gleichwohl nicht eingestellt. Sie beschränkt sich aber jetzt auf die Untersuchung, inwieweit einzelne Erzählstücke und Logien einen historischen Kern haben bzw. auf Jesus selbst zurückgeführt werden können oder aber als „gemeindetheologische" Bildungen zu beurteilen sind. Die einzelnen Forscher differieren; neben relativ konservativen stehen sehr kritische Beurteilungen. Zu weitgehend kritischem Urteil hinsichtlich der Historizität des Traditionsgutes der Evangelien kommt vor allem *Bultmann;* durch ihn und unter seinem Einfluß vollzieht sich aber zugleich eine eigentümliche Umkehrung in der *theologischen* Bewertung der Ergebnisse historischer Jesusforschung. Während man einst gerade im historischen Jesus den Urgrund christlicher Religion finden wollte, erklärt Bultmann ihn für theologisch irrelevant: Der Glaube hat seinen Grund in dem von Ostern herkommenden *Christuskerygma*, das die Bedeutsamkeit des Kreuzes und der Auferweckung zuspricht, nicht in den (ohnehin nur sehr fragmentarisch zu eruierenden) Fakten des Lebens und der Worte des irdischen Jesus. Bultmann geht darin so weit, daß er sagen kann, für den freilich auch von ihm nicht geleugneten Zusammenhang dieses Christuskerygmas mit dem Menschen Jesus von Nazareth genüge „das Daß seines Gekommenseins", einerlei wie das Wie seiner irdischen Gestalt und Geschichte beschaffen war. Das theologische Interesse an diesem Wie – ob in

---

[3] So der Titel der 1913 erschienenen zweiten Auflage. Der Titel der ersten Auflage (1906) lautete „Von Reimarus zu Wrede".

[4] So vor allem in seiner Schrift „Der sogenannte historische Jesus und der geschichtliche biblische Christus" (1. Auflage 1892, 2., wesentlich erweiterte Auflage 1896); von Ernst Wolf neu herausgegeben in Theol. Bücherei Bd. 2 (2. Auflage 1956).

der konservativen Tendenz, möglichst viele Elemente der Evangelienüberlieferung als historisch zu „retten", oder in der Tendenz, durch Abstriche aller dogmatischen Übermalungen bei dem „wirklichen" Jesus Grund zu fassen – erscheint ihm als der illegitime Versuch, den Glauben durch die Feststellung historischer Fakten „sichern" zu wollen.
Diese Position Bultmanns blieb nicht unwidersprochen. Forscher, die z. T. seine Schüler gewesen waren, wandten der historischen Frage nach Jesus erneut auch theologisches Interesse zu. Bezeichnend für diese Wendung ist etwa Ernst *Käsemanns* 1954 erschienener Aufsatz „Das Problem des historischen Jesus"[5]. An eine Rückkehr zu dem früheren Programm einer Jesus-Biographie oder gar Jesus-Psychologie denkt niemand, die Forschung beschränkt sich nach wie vor auf die Frage nach dem historischen Kern einzelner Erzählstücke und Logien: Inwieweit sind hier Elemente der Verkündigung Jesu selbst zu erkennen und von Elementen späterer Gemeindebildung in der Evangelienüberlieferung zu unterscheiden? Aber diese Frage wird nun nicht nur in historischem Interesse gestellt, ihr wird auch theologisches Gewicht beigemessen. Das geschieht nicht wie früher mit der Tendenz, die Christologie des neutestamentlichen Kerygmas zu verdrängen, sondern in der Absicht, der Beziehbarkeit dieses Kerygmas auf die Verkündigung des irdischen Jesus nachzufragen. Auch wenn die nachösterliche Verkündigung Jesu als des Christus von seiner eigenen Verkündigung zu unterscheiden ist, so will doch das neutestamentliche Christuskerygma keine von dem geschichtlichen Menschen Jesus ablösbare Christusidee vertreten, sondern gerade ihn als den Christus bezeugen. Dann kann es aber theologisch nicht gleichgültig sein, ob dieses Christusbekenntnis als Antwort auf einen Anspruch verstanden werden kann, den Jesus (in „impliziter Christologie") wirklich erhoben hat, oder ob es an dem, wer er in Wirklichkeit war und was er wollte, völlig vorbeigeht. Daß Jesus durch seine Worte und sein Tun, auch wenn er sich nicht selbst als den Christus verkündigte, einen solchen Anspruch erhoben hat, glauben maßgebende Forscher aber in kritischer Sichtung der Evangelientradition historisch sichern zu können. Dem Vorwurf, damit werde der Versuch gemacht, den *Glauben* durch historische Faktenfeststellung sichern zu wollen, kann dann geantwortet werden, daß solche Feststellung ja nur den Anspruch des Menschen Jesus als solchen betreffen, nicht aber das göttliche Recht seines Anspruchs begründen kann.

Grundsätzlich ist m. E. zu der Frage, was die Konfrontation mit der historischen Jesusforschung und ihren Ergebnissen für die theologische Christologie bedeuten kann, dreierlei zu sagen.
1. Die Theologie hat keinen rechtmäßigen Grund, die historische Frage nach dem irdischen Jesus *abzuweisen*, als sei sie seiner einzigartigen Wirklichkeit und Bedeutung grundsätzlich unangemessen und

---
[5] Erstmals in ZThK 1954, S. 125ff.; wieder abgedruckt in E. Käsemann, Exegetische Versuche und Besinnungen (1964), 1. Bd., S. 187ff.

stehe im Widerspruch zu dem Glauben an ihn als den Christus. Es ist zwar nicht zu bestreiten, daß sie faktisch hier und da, vor allem in der ersten Etappe ihrer Geschichte, mit einem antichristologischen Interesse verbunden war. Sie muß aber nicht notwendig damit verbunden sein. Sie kann sich, ohne die Gegenwart und das Handeln Gottes in Jesus in Frage zu stellen, als sachliche Untersuchung dessen verstehen, was mit den begrenzten Mitteln historischer Methode über die Hergänge seiner irdischen Geschichte ausgemacht werden kann. Sie kann sich dabei der Relativität ihrer Ergebnisse bewußt bleiben. Als solche Untersuchung ist sie möglich, denn wenn das Christuskerygma des Neuen Testaments sich in der Tat nicht auf eine bloße Christusidee, sondern auf den wirklichen Menschen Jesus bezieht, dann hat die Wirklichkeit dieses Menschen wie die anderer Menschen auch eine Dimension, die historischer Nachfrage zugänglich ist. Dies bestreiten zu wollen liefe auf eine moderne Art von Doketismus hinaus, und möglichen Ergebnissen dieser Nachfrage weil den Glauben gefährdend ausweichen zu wollen wäre eine gerade des Glaubens unwürdige Angstbefangenheit.

Freilich bleiben die Ergebnisse der historischen Nachfrage gerade hier in besonderem Maß unsicher und im Fluß. Die Urteile darüber, was in der Jesusüberlieferung „historisch" sein kann oder nicht, sind nicht durchweg übereinstimmend, manchmal sicher auch durch mehr oder weniger unbewußte theologische Vorentscheidungen und Interessen beeinflußt. Manches, was als Ergebnis historischer Forschung vorgetragen wurde, wurde durch den weiteren Verlauf dieser Forschung selbst revidiert, und das wird auch weiterhin so sein. Das berechtigt aber nicht dazu, den Sinn der historischen Frage nach Jesus überhaupt in Frage zu stellen. Bei allem, was offen bleibt, hat sie im Lauf ihrer Geschichte doch Einsichten erbracht, die sich als wohl begründet bewähren und von allen in dieser Forschung Beteiligten akzeptiert werden. Bei allen Unterschieden der Urteile über Einzelnes ist die geschichtliche Wirklichkeit Jesu und das Außerordentliche seines Verhaltens und Anspruchs, das ihm den Tod am Kreuz einbrachte, jedenfalls unumstritten. Andererseits wurde deutlich, daß die Evangelienüberlieferung keine im historischen Sinn exakte Berichterstattung, sondern ein Erinnerungsbild der irdischen Geschichte Jesu darstellt, in dem mit dem Faktischen auch Legendäres, mit ursprünglichem Wortlaut auch spätere Gestaltung der Rede Jesu verwoben ist. In solchen „unhistorischen" Zügen der Überlieferung spricht das aus der Ostererfahrung erwachsene Verstehen der Sendung und Geschichte Jesu im Glauben der Gemeinde. Es ist dann zu fragen, welches die theologische Aussageintention solcher Züge ist, und inwiefern diese als Bekenntnis des Glaubens an Jesus als den Christus zu dem, was auch historisch an ihm und seinem Anspruch sichtbar wird, in Beziehung steht.

2. Wird die historische Frage nach Jesus als möglich und berechtigt akzeptiert und sind ihre Ergebnisse, soweit sie sich als wohl begründet bewähren, ohne theologischen Einspruch hinzunehmen, so ist nun zu fragen, welche *Relevanz* der historischen Jesusforschung und ihren Ergebnissen für theologische Christologie zukommen kann. Zunächst ist zu sagen, daß sie in zweierlei Hinsicht keine *konstitutive* Bedeutung für die Christologie haben kann. Erstens: Den Glauben an die Gegenwart und das Handeln *Gottes* in Jesus, den theologische Christologie zum Gegenstand und begrifflich zu entfalten hat, kann historische Forschung so wenig begründen wie sie die Wirklichkeit Gottes überhaupt begründen kann. Selbst wenn ihre Ergebnisse hinsichtlich des Vollmachtsanspruchs Jesu noch so positiv wären – sie kann nur, und dies nur sehr fragmentarisch, das „Aussehen" der Geschichte und Verkündigung des *Menschen* Jesus zeigen. Der Glaube an ihn als den Christus Gottes – darin ist Bultmann recht zu geben – empfing (auch soweit er schon in der Begegnung mit dem vorösterlichen, irdischen Jesus wach wurde) seinen tragenden Grund in der Ostererfahrung, und in ihr bleibt er für die christliche Gemeinde begründet. Das Osterereignis aber, das seinerseits jene Erfahrung begründet und von einer Illusion unterscheidet: die Auferweckung des gekreuzigten Jesus als Gottes Tat an ihm, entzieht sich jeder historischen Feststellung[6].

Zweitens: Die Ergebnisse der historischen Jesusforschung können auch nicht in dem Sinn eine konstitutive Bedeutung für die Christologie haben, daß diese ihren Aussagen nur das zugrundelegen dürfte, was diese Forschung aus der Evangelienüberlieferung als historisches Faktum, als „ipsissima verba Jesu" usw. erheben kann – daß also alle „gemeindetheologischen" Elemente dieser Überlieferung von vornherein und als solche zumindest als unmaßgeblich, wenn nicht als die Wirklichkeit Jesu verdeckend und verfälschend aus der christologischen Reflexion auszuschalten wären (was ihr z.B., aber nicht allein, alle johanneischen Christusworte entziehen würde). Denn nochmals: die Wirklichkeit auch des irdischen Jesus ist *mehr* als was historisch an ihr festgestellt werden kann (so gewiß sie *auch* dies ist). Zu seiner

---

[6] Auch das leere Grab würde keine solche Feststellung begründen. Näheres zu dieser Frage in § 12.

Wirklichkeit gehört seine Wirkung: der Glaube, den er erweckte. Zu seiner Wirklichkeit gehört für diesen Glauben auch das Ostergeschehen, in dessen Licht der irdische Weg und Tod Jesu nun verstanden wird. In den „gemeindetheologischen" Elementen der Evangelienüberlieferung spricht dieser Glaube an Jesus als den Christus, und er kann in der Sinnrichtung seiner Aussagen der göttlichen Vollmacht und Sendung Jesu antwortend entsprechen auch da, wo das „Materiale" dieser Aussagen nicht so Geschehenes und Gesprochenes objektiv wiedergibt. Und die Aufgabe der Christologie ist es gerade, diesen Glauben zu verstehen und auszulegen, nicht nur ein historisches Bild Jesu zu zeichnen.

3. Damit aber wird die historische Jesusforschung für theologische Christologie nicht schlechthin unerheblich. Man kann m. E. von einer ihr zukommenden *regulativen* Bedeutung für das christologische Denken sprechen.

Zunächst: Schon damit, daß in einer Zeit, in der historische Forschung überhaupt entwickelt ist, diese Forschung nun auch den irdischen Jesus zum Gegenstand ihrer Frage macht und dabei, wie fragmentarisch auch immer, zu begründbaren Einsichten kommen kann, wird das christologische Denken bei der Beziehung seiner Aussagen auf den wirklichen Menschen Jesus von Nazareth behaftet. Die Konfrontierung dogmatischer Christologie mit der historischen Frage nach Jesus kann als Regulativ verstanden werden, das einem Abgleiten in eine von der konkreten Person und Geschichte des Menschen Jesus sich willkürlich ablösende Christus*ideologie* entgegensteht, wie sie etwa in der Gnosis entstanden war, aber auch in neuen Gestalten entstehen könnte.

Auch was diese Forschung über das Faktische des Auftretens und Anspruchs des irdischen Jesus nun begründbar aussagen kann, ist für die Christologie, auch wenn diese sich auf das neutestamentliche Zeugnis des Glaubens an Jesus als den Christus und nicht allein auf als „historisch" Feststellbares gründet, nicht unerheblich. Es kann nicht gleichgültig sein, welcher Mensch über welchem Verhalten und Anspruch ans Kreuz gebracht wurde und nun als der für uns Gekreuzigte und um unserer Rechtfertigung willen Auferweckte (Röm 4,25) verkündigt wird. Darin wird man Bultmann nicht folgen können, daß für die Beziehung des Christuskerygmas auf den Menschen Jesus allein das „Daß seines Gekommenseins" genüge, einerlei wie seine irdische Geschichte ausgesehen haben mag. Denn gewiß: Die Ergebnisse der historischen Frage nach diesem Aussehen, und würden sie noch so positiv im Sinn der Tradition ausfallen, können den Glauben an Jesus als den Christus keinesfalls *begründen*. Das wurde bereits dargetan. Wohl aber könnten sie ihn, in theoretischer Annahme eines extrem negativen Ausfalls, *in Frage stellen*. Etwa dann, wenn sich herausstellen sollte, daß Jesus überhaupt nicht gelebt hat; oder (was in der Sache auf dasselbe hinausliefe): daß der wirkliche Jesus ein ganz anderer war und anderes wollte als was das neutestamentliche Christuszeugnis in ihm sieht. Wenn sich also etwa herausstellte: Das Jesusbild der Evangelien ist nicht nur mit ungeschichtlichen Zügen verwoben, es ist überhaupt eine Fiktion – in Wirklichkeit war es ein gewöhnlicher Verbrecher oder ein politischer Aufrührer, den Pilatus ans Kreuz schlagen ließ. Gelegentlich ist in der theologischen Diskussion die Erwägung aufgetaucht, auch solche Ergebnisse – mit denen im Ernst niemand rechnet – müßten den Glauben nicht tangieren; er sei durch den inneren Gehalt der neutestamentlichen Verkündigung des Anspruchs und Zuspruchs Gottes begründet auch unabhängig davon, ob dieser Gehalt durch eine geschichtliche Person vertreten wurde. Dieser Erwägung muß widersprochen werden. Der Gehalt der neutestamentlichen Verkündigung kann von der Person des Verkündigers, der als der Gekreuzigte und Auferweckte zum Verkündigten wird, nicht abstrahiert werden. Das Gotteszeugnis Jesu in der Unbedingtheit seiner Forderung und Gemeinschaftseröffnung ist unablösbar mit dem Gegenwärtig-werden Gottes in Jesus selbst verbunden. Insofern ist es auch von theologischer Bedeutung, daß sich faktisch negative Ergebnisse in dem soeben skizzierten Sinn nicht herausgestellt haben, daß vielmehr auch der historischen Frage nach Jesus Umrisse seiner Gestalt und seines Anspruchs sichtbar werden, auf die der neutestamentlich bezeugte Glaube an die Gegenwart und das Handeln Gottes in ihm *beziehbar* ist, sowenig dieser Glaube durch historische Feststellung dessen, was der Mensch Jesus getan und vertreten hat, *begründet* werden kann.

Noch in einer anderen Hinsicht kann m. E. von einer regulativen Bedeutung dessen gesprochen werden, was durch die historische Frage nach Jesus sichtbar wurde. Wenn sie dazu führte, zwischen dem Faktischen der irdischen Geschichte Jesu und manchen „unhistorischen", von der Ostergewißheit her gestalteten Zügen ihres Erinnerungsbildes in der Evangelientradition zu unterscheiden, so kann diese Unterscheidung zwar nicht grundsätzlich in Frage stellen, daß der Glaube, der in jenen Zügen spricht, der göttlichen Vollmacht und Hoheit Jesu antwortend entspricht. Sie kann diese Hoheit nicht widerlegen, nicht etwa die Behauptung begründen: Der wirkliche Jesus war ein Mensch und *nichts als* ein Mensch. Aber sie kann indirekt dazu helfen, daß uns die Teilhabe des irdischen Weges Jesu an der menschlichen *Niedrigkeit* und die vorösterliche *Verborgenheit* seiner Hoheit unter dieser Niedrigkeit (Phil 2,5 ff.) stärker bewußt wird als das in einer Frömmigkeit, die dazu tendierte, in Jesus den als Mensch nur verkleideten Gott zu sehen, oft der Fall war. Christologie kann durch sie vor dem Abgleiten in ein doketisches Christusbild gewarnt sein.

Als grundsätzliche Folgerung ergibt sich:

Christologie als Reflexion des Glaubens an die Gegenwart Gottes in Jesus bezieht sich nicht nur auf das, was die Forschung an der Jesusüberlieferung als historisches Faktum verifizieren kann. Ihre Quelle ist das neutestamentliche Glaubenszeugnis von Jesus als dem Christus im ganzen.

Soweit aber Elemente dieses Christuszeugnisses mit guter Begründung als „unhistorisch" erkennbar wurden, sollten sie nicht als *Fakten* dogmatisch behauptet werden. Sie sind dann vielmehr auf ihren theologischen Aussagesinn zu befragen, und *dieser* – nicht: ein in Wahrscheinlichkeit unhistorisches Faktum als solches – ist in der christologischen Reflexion zur Geltung zu bringen.

Literatur

J. ROLOFF, Das Kerygma und der irdische Jesus (1970), S. 9–47 (Überblick über die Forschungsgeschichte) – G. EBELING, Die Frage nach dem historischen Jesus und das Problem der Christologie (ZThK 56, 1959, Beih. 1) – J. M. ROBINSON, Kerygma und historischer Jesus (2. Aufl. 1967) – E. KÄSEMANN, Sackgassen im Streit um den historischen Jesus, in: Ders., Exeget. Versuche und Besinnungen II (1964), S. 31 ff.

Dazu die in den Anmerkungen genannte Literatur.

§ 9. Die Christologie in der kirchlichen Lehrüberlieferung und ihre Problematik

Wir gehen hier zunächst auf die Lehre von der *Person* Jesu Christi ein, auf die sich die christologische Reflexion in der alten Kirche vorrangig konzentrierte und die im christologischen Dogma ihre für die Folgezeit, auch für die altprotestantische Theologie maßgeblich gewordene Gestalt fand. Die Frage, was in Christus zum Heil der Menschen *geschieht*, war in dieser Entfaltung der Lehre von seiner Person gewiß von Anfang an präsent, hat sich aber als Lehre von seinem „Werk", insbesondere von dem Versöhnungsgeschehen durch sein Kreuz, später und auch weniger einheitlich entwickelt. Wir werden darauf an späterer Stelle zurückkommen.

1. Christologische Ansätze im Neuen Testament

Nach dem Bericht der Evangelien entstand am Auftreten Jesu von Anfang an die *Frage:* Wer ist er? In welche Kategorie der von Gott besonders Bevollmächtigten ist er einzuordnen: Ein Prophet wie einst Jesaja oder Jeremia? Der Elia, dessen Wiederkunft man in denjenigen Kreisen des damaligen Judentums, die in apokalyptischer Naherwartung lebten, vor dem Anbruch des Gottesreiches erwartete? Der Messias, von dem man in anderen Kreisen die Wiederherstellung der politischen Selbständigkeit Israels, die Wiederaufrichtung des davidischen Königtums erhoffte? Die Frage bleibt zunächst offen, in keiner dieser Kategorien scheint er, sein Tun und sein Geschick, aufzugehen. Dieses Überschreiten der Kategorien deutet sich an, wenn von ihm gesagt wird: Hier ist mehr als Jona, mehr als Salomo (Mt 12,41f.). Aber was heißt dieses „mehr als"?

Der vorösterliche Jesus selbst hat diese Frage offenbar nicht direkt beantwortet; jedenfalls nicht so, daß er sich mit einer der damals gegebenen Vorstellungen eines eschatologischen Gottgesandten einfachhin identifizierte. Die Evangelien lassen erkennen, daß er den mit solchen Würdenamen verbundenen Erwartungen sich entzieht, vor allem durch den Hinweis auf den Leidensweg, der ihm bevorsteht. Ist das ein Reflex der Tatsache, daß er solche Würdenamen – vielleicht mit Ausnahme der in den synoptischen Evangelien vielfach bezeugten Selbstbezeichnung als der „Menschensohn" – gar nicht in Anspruch genommen hat? Wir brauchen diese in der historischen Jesusforschung viel diskutierte Frage hier nicht zu entscheiden. Einerlei wie sie zu beantworten ist und ob sie überhaupt definitiv beantwortet werden kann – daß in Jesu Verkündigen und Tun ein außerordentlicher Vollmachtsanspruch faktisch erfahren wurde, kann nicht bezweifelt werden. Man hat im Blick darauf von einer „impliziten Christologie" des *Verhaltens* Jesu gesprochen, auch wenn die Frage, ob und wie er über sich selbst als den Christus *gesprochen* hat, offen bleibt.

In der urchristlichen Verkündigung, deren Niederschlag wir in den Schriften des Neuen Testaments haben, kam es dann zu Ansätzen einer expliziten Christologie. Sie ist in der Ostererfahrung des Gekreuzigten als des lebendigen Herrn begründet; im Licht dieser Erfahrung wurde nun der Vollmachtsanspruch des irdischen Jesus verstanden. Zum sprachlichen Ausdruck dienen ihr jene Würdenamen, die als solche weithin schon von jüdischen Erwartungen eines eschatologischen Heilsträgers her vorgegeben waren. Ihr Sinngehalt war von dieser Vorgabe her infolge der inneren Verschiedenheit der Erwartungen, in denen sie jeweils beheimatet waren, nicht unbedingt einheitlich. In der Übertragung auf Jesus werden sie einander zugeordnet und den ursprünglich mit ihnen verbundenen Vorstellungen gegenüber neu bestimmt. Wird *Jesus* nun als der Christus, d. h. als der Messias, der endzeitliche König Israels bekannt, so ist darin die Vorstellung eines politischen Machtträgers abgelegt, von seinem Kreuz her im eigentlichen Sinn des Wortes „herausgekreuzt".

Im übrigen ist gerade im Christusprädikat das gegenüber anderen Prädikaten Spezifische des Messiasgedankens offenbar früh zurückgetreten. „Christus" erscheint weithin schon im Neuen Testament wie ein zweiter Eigenname Jesu und damit als zusammengefaßter Ausdruck seiner göttlichen Sendung überhaupt.

Wird in Jesus nun der als Vollstrecker des Endgerichts erwartete „Menschensohn" erkannt – oder hat er sich selbst so genannt –, so heißt das wohl: der Mensch, durch den Gott seinen Prozeß mit den Menschen zum endgültigen Austrag bringt – aber anders, als das in der vorgegebenen Menschensohn-Erwartung vorgestellt wurde. Denn der Richter, der selbst das Gericht auf sich nimmt, der Menschensohn, der sich für die Ungerechten kreuzigen läßt, anstatt sie der Verdammnis zu übergeben, war da nicht erwartet worden.

Wird Jesus nun als der Kyrios bekannt, so hat dieses Prädikat seinen Sitz im Leben wahrscheinlich vor allem in den außerhalb Palästinas im hellenistischen Bereich entstandenen Gemeinden. Denn dort war man mit der kultischen Verehrung der Herrscher als quasi-göttlicher kyrioi konfrontiert. Jesus der wahre, der eine Kyrios – das besagt gerade die Bestreitung des Göttlichkeitsanspruchs jener Herren und überhaupt der menschlichen Verehrung herrscherlicher Macht und Größe. Denn auch der erhöhte Christus bleibt ja der Jesus, der als der Dienende das Kreuz auf sich nahm – gerade als dieser ist er erhöht.

Besondere, den Sinn der verschiedenen Prädikate integrierende und für die christologische Reflexion der Folgezeit sehr wesentliche Bedeutung gewann schließlich das Bekenntnis zu Jesus als dem *Sohn* Gottes. Von Gottessöhnen redete man in der religiösen Umwelt Israels – aber mit der dort verbundenen Vorstellung eines „hieros gamos" zwischen einer Gottheit und einer menschlichen Frau, der solche

Gottessöhne entsprossen seien, hat die Bezeichnung Jesu als Sohn Gottes nichts zu tun (auch in den Erzählungen von seiner jungfräulichen Geburt ist das nicht gemeint). Andererseits war das Sohnesprädikat auch der jüdischen Tradition nicht fremd; im Alten Testament konnte der König Israels, gelegentlich auch Israel als Ganzes so bezeichnet werden. Gemeint war da die Erwählung und Einsetzung durch Gott in eine besondere Funktion, die der zum „Sohn" Angenommene im Namen und Auftrag Gottes wahrzunehmen hatte. Aber in der Übertragung auf Jesus gewinnt auch dieses Prädikat eine jene Vorgabe überschreitende, exklusive Bedeutung: Er ist nicht ein, sondern der Sohn Gottes – in der Sprache des Johannesevangeliums der „eingeborene" Sohn. Wurde auch er in diese Sohnesstellung erst eingesetzt, von Gott in sie hinein „adoptiert"? Im Neuen Testament finden sich Spuren einer frühen Vorstellung dieser Art: Gott hat den Menschen Jesus zum Sohn proklamiert und eingesetzt (in seiner Taufe durch Johannes Lk 3,22? durch seine Auferweckung aus den Toten Röm 1,4?). Aber dieser Gedanke wird umfaßt und überschritten durch die freilich wiederum in verschiedenen Vorstellungsweisen artikulierte Einsicht: Der Mensch Jesus *wurde* nicht zum Sohn – er *ist* der Sohn Gottes schon im Ursprung seines Daseins und Wesens, als der Sohn wurde er in seine irdische Existenz hinein geboren und gesandt. Heißt das schon im Neuen Testament: Er ist *Gott* der Sohn? Verbale Aussagen, in denen Jesus unmittelbar als Gott angesprochen wird, finden sich selten; etwa in Röm 9,5 (aber da ist der Bezug auf Jesus exegetisch umstritten), eindeutiger in Joh 20,28. Aber Aussagen, die das, was in ihm und durch ihn *geschieht*, mit dem Heilshandeln Gottes selbst identifizieren, finden sich im Neuen Testament allenthalben.

2. Das christologische Dogma

In den neutestamentlichen Schriften sind diese christologischen Benennungen und Aussagen noch nicht systematisch reflektiert und auf einen einheitlich definierten Begriff gebracht. Aber sie stellten der in der Folgezeit einsetzenden theologischen Reflexion eine ihrer wesentlichsten Aufgaben, deren Lösung durch Jahrhunderte hindurch heiß umstritten war. Die verschiedenen Etappen und Positionen des Ringens um diese Lösung bis hin zu Chalkedon (451) sind hier nicht im Detail zu verfolgen. Aber die für das Verständnis der Problematik wesentlichsten Elemente der Problemgeschichte sind in Erinnerung zu rufen.

Früh, schon im 2. Clemensbrief, kann die Aufgabe so formuliert werden: „Brüder, so müssen wir über Jesus Christus denken wie über Gott." Der im Johannesprolog vorgegebene Begriff des Logos Gottes, der in Jesus Fleisch wurde, wird dann zur Denkhilfe, um das wesenhafte Zusammengehören Christi mit Gott so zu verstehen, daß darin zugleich seine Unterschiedenheit von dem Vater gedacht wird. Aber bedeutet diese Unterschiedenheit Unterordnung, gar *Ver*schiedenheit in dem Sinn, daß der Logos Gottes, der in Jesus menschliche Gestalt annahm, nur als ein erstes, alle andern Geschöpfe freilich überragendes geschöpfliches Wesen zu denken ist? So die Arianer. In Nicäa 325 wird über diese Frage entschieden: Der Logos ist vom Vater zwar zu unterscheiden, aber mit ihm „eines Wesens", homoousios tô patri. Also wirklich *Gott* der Sohn. (Das Konzil von Konstantinopel 381 wird hinzufügen: Gott der Heilige Geist – Gott in Vater, Sohn und Geist der Dreieinige).

Die christologische Aufgabe aber stellt sich nun erst recht und von neuem. Denn es ist ja der *Mensch* Jesus von Nazareth, von dem nun gesagt wird: in ihm wohnt, eines Wesens mit dem Vater, Gott der Sohn. Wie kann das gedacht werden: in der konkreten Person Jesus Christus Gottsein und Menschsein vereint? So, daß in Jesus anstelle dessen, was sonst einen *Teil* menschlichen Wesens ausmacht, etwa anstelle des menschlichen Geistes, der göttliche Logos tritt? So Apollinaris († um 390) – aber wäre ein Mensch mit menschlichem Leib und Seele, jedoch ohne menschlichen Geist noch wirklicher Mensch? Oder ist dieses Zusammensein des Göttlichen und Menschlichen so zu denken, daß der gottheitliche Logos, Gott der Sohn, einen vollmenschlichen Jesus so *begleitet*, daß dieser in seinem *Willen* ständig mit ihm geeint bleibt? So etwa die antiochenische Theologie, der daran lag, die menschliche Geschichte des irdischen Jesus im Blick zu behalten. Aber das kann so aussehen, als werde die Einheit der Person gespalten in einen göttlichen Christus und einen mit ihm nicht identischen, sondern ihm gewissermaßen nur „gleichgeschalteten" Menschen. Oder so, daß der gottheitliche Logos mit diesem Menschen wirklich identisch wird, indem er in seine *Natur* eingeht, sie durchdringt und vergöttlicht – nicht bloße Einigung des Willens, sondern Einheit der Natur? So die alexandrinische Theologie, der daran gelegen war, in Christus das menschliche Wesen aus der Vergänglichkeit befreit und von göttlichem Leben durchdrungen zu sehen. Aber wiederum: Ist ein Christus, dessen menschliche von vornherein ineins mit göttlicher Natur gedacht wird, noch als wirklicher *Mensch* zu verstehen? Ist er mit *uns* noch eines Wesens, homoousios auch hêmin?

Das Konzil von Chalkedon 451 hat über diese Fragen eine Entscheidung getroffen, die von da ab als *christologisches Dogma* galt und auch von den Bekenntnissen der Reformation übernommen wurde. Das zweifache Anliegen dieses Dogmas ist die Behauptung der *Einheit* der Person Jesus Christus, zugleich aber seiner *Wesensgleichheit* sowohl als Gott-Sohn mit dem Vater wie als Mensch mit uns Menschen. Man muß die Motivation dieses Anliegens soteriologisch verstehen – es geht nicht um abstrakte Theorie um der Theorie willen, sondern um das in Jesus Christus beschlossene Heil. In ihm ist ganz Gott selbst ganz zum Menschen gekommen, erlösend mit uns geworden, so könnte man den soteriologischen Skopus des christologischen Dogmas formulieren. In der Begriffssprache dieses Dogmas ist das so ausgedrückt: Göttliche Natur ist in Jesus Christus mit menschlicher Natur eine Person geworden. Da diese Einung nur von Gott ausgehend verstanden werden kann, wurde das Mensch*werden* Gottes in Jesus dann so formuliert: Gott der Sohn hat in Jesus unter Wahrung seiner göttlichen Natur menschliche Natur in die Einheit mit sich selbst aufgenommen („Assumptions"-Christologie). Im Sinn des Grundanliegens muß dann ebenso die unscheidbare *Verbindung* der Naturen zu der Einheit der gottmenschlichen Person behauptet werden (sonst wäre in Christus Gott nicht *ganz* beim Menschen, der göttliche Logos bliebe als himmlischer „Doppelgänger" im Abstand *über* dem Menschsein, das Jesus mit uns teilt), wie andererseits die unverwischte *Integrität* jeder der beiden Naturen in je ihrem Wesen, der göttlichen in ihrer Wesensgleichheit mit Gott, der menschlichen in ihrer Wesensgleichheit mit uns, festzuhalten ist (sonst wäre in Christus nicht der *wirkliche* Gott ganz beim *wirklichen* Menschen, wir hätten in ihm ein bloßes Zwitterwesen *zwischen* Gott und Mensch). Dieses Doppelanliegen drückt sich aus in den berühmten vier „alpha privativa", mit denen in der Formel von Chalkedon das Verhältnis der beiden Naturen in Christus umschrieben wurde:
achôristôs, adihairetôs = ungesondert (Einheit der Person);
asynchytôs, atreptôs = unvermischt (Integrität der Naturen).
Mit diesen Abgrenzungen ist freilich nur gesagt, wie das Verhältnis von Gottsein und Menschsein in Jesus *nicht* gedacht werden soll, nicht, wie es gedacht werden *kann* – denn was Chalkedon positiv aussagt, ist eine Paradoxie. Eine Einheit aus zwei „Naturen", die *weder* als bloße Kombination zweier je für sich bleibender Größen *noch* als deren Verschmelzung zu einer einzigen Größe gedacht werden soll, ist jenseits logischer Denkbarkeit. Anders gesagt: Wir werden angewiesen, die Einheit der Person und die Integrität der Naturen

zusammenzudenken, ohne daß gesagt wird, wie man das denken kann. Das muß an sich kein Einwand gegen das christologische Dogma sein – unter der Voraussetzung seiner Formulierung als Zwei-Naturenlehre *mußte* es zu den Abgrenzungen der „alpha privativa" kommen, wenn das soteriologische Anliegen, auf das wir hingewiesen haben, gewahrt bleiben sollte. Und die Paradoxie des Ergebnisses kann als Verweis auf das Einmalige, das Geheimnis der Person Jesus Christus verstanden werden. Fragen, die wir an diese Zwei-Naturen-Christologie zu stellen haben werden, haben ihren Anlaß an anderer Stelle.

Der Fortgang der christologischen Reflexion zeitigte dann freilich Versuche, die paradoxe Formel von Chalkedon so zu interpretieren, daß gedankliche Hilfen zu ihrem Verständnis entwickelt wurden, und zwar vor allem zum Verständnis der Personeinheit trotz der Verschiedenheit der Naturen. Dahin gehört die im 6. Jh. aufgenommene Lehre von der Anhypostasie der menschlichen Natur in Christus, ebenso die etwas später entwickelte Lehre einer communicatio idiomatum, d. h. einer kraft der Einheit der Person stattfindenden Teilhabe Jesu als Mensch an dem, was er als Gott ist und tut, und umgekehrt. Man kann dies als Folgelehren des christologischen Dogmas bezeichnen; sie hängen eng mit seiner begrifflichen Fassung als Zwei-Naturen-Lehre zusammen. Des näheren soll auf sie eingegangen werden im Zusammenhang der Christologie der altprotestantischen Orthodoxie, deren Darstellung wir nun folgen lassen.

3. Die Christologie in der altprotestantischen Dogmatik

In weitgehend übereinstimmendem Duktus handelt sie zunächst von der *Person* Jesu Christi, seinem gottmenschlichen *Wesen;* danach von seinem zweifachen *„Stand":* Erniedrigung und Erhöhung als die Stadien seines *Weges;* und schließlich von seinem dreifachen, nämlich prophetischen, priesterlichen und königlichen *„Amt"* als dem Vollzug seines *Werkes.* Hinter diesem Aufbau steht der Gedanke: Was in und durch Christus *geschieht,* bestimmt sich aus dem, wer er im Verhältnis zu Gott und zu den Menschen *ist.*

3.1. Die Lehre de persona Christi

Sie gründet sich auf das christologische Dogma von Chalkedon. CA III nimmt die Zweinaturenlehre auf: „Filius Dei assumpsit humanam naturam in utero Mariae virginis, ut sint duae naturae, divina et humana, in unitate personae inseparabiliter coniunctae, unus Christus, vere Deus et vere homo."

Die dogmatische Entfaltung setzt in der Regel ein mit Aussagen über die *zwei Naturen* je für sich:

Der *göttlichen Natur* Jesu Christi eignen alle Eigenschaften Gottes selbst, auch die in der allgemeinen Gotteslehre Gott zugesprochenen metaphysischen Wesensbestimmungen – Unendlichkeit, Allmacht, Allwissenheit, Allgegenwart, Unveränderlichkeit, Unberührbarkeit durch Leiden usw. (auf die gedanklichen Schwierigkeiten, die gerade die zuletzt genannten göttlichen Eigenschaften für die Durchführung der Christologie mit sich bringen mußten, wird noch einzugehen sein).

In seiner *menschlichen Natur* hat Jesus teil an den Begrenzungen unseres Menschseins: Endlichkeit, Ortsgebundenheit, Gebundenheit an den Leib und seine Bedürfnisse, Betreffbarkeit durch Leiden usw. Jedoch kommen seiner menschlichen Natur im Unterschied zu unserm faktischen Menschsein, vor allem sofern es durch die Sünde gezeichnet ist, folgende proprietates praerogativae (Sondereigenschaften) zu:

impeccabilitas = Sündlosigkeit;

immortalitas – Jesu menschliche Natur war an sich, weil ohne Sünde, dem Tode nicht unterworfen, den wir um der Sünde willen sterben. Er nahm den Tod der Sünder freiwillig auf sich;

extraordinaria conceptio, Empfängnis und Geburt aus der Jungfrau ohne männliches Zutun;

impersonalitas sive anhypostasia – hier nahm die protestantische Orthodoxie eine jener christologischen Folgelehren auf, die die altkirchliche Theologie im Anschluß an Chalkedon ausgebildet hatte. Sie besagt: Die menschliche Natur in Christus hat *als solche* und *neben* dem göttlichen Logos kein eigenes Selbst, das ihr Träger wäre. Sie hat ihr Selbst in der Person (Hypostase) des Logos, der sie angenommen hat. In sich selbst anhypostatisch (personlos), ist sie in die Person Gottes des Sohnes aufgenommen, in ihm enhypostasiert („einpersönlicht"). – Zu verstehen ist diese eigentümliche Lehre aus dem Anliegen, die Einheit der Person festzuhalten; unter der von Chalkedon her gegebenen Voraussetzung, die Einheit von Gott und Mensch in Christus als Verbindung göttlicher und menschlicher Natur zu denken, würde die Behauptung einer eigenen Personalität der menschlichen

Natur neben der des göttlichen Logos (die auf keinen Fall geleugnet werden konnte) die Einheit der Person aufspalten. Für die Wesensgleichheit Jesu mit uns Menschen bedeutet diese Lehre freilich eine in ihr selbst sicher ungewollte Infragestellung.

Die Lehrentfaltung schreitet weiter zu Aussagen über die *Einheit der Person* Christi.

Sie entspringt aus der *unitio personalis*, dem Inkarnationsgeschehen. Was es heißt, daß Gott Mensch wird, wird assumptionschristologisch präzisiert: Gott der Sohn nimmt im Mutterschoß Marias menschliche (als solche hier „anhypostatische") Natur in Personeinheit mit sich selbst auf. Unter der Voraussetzung, daß der göttlichen Natur Unveränderlichkeit eignet, konnte das als die begrifflich genauere Interpretation der Rede von der Menschwerdung erscheinen – kann die Gottheit im eigentlichen Sinn etwas *werden*, was sie nicht schon immer in sich selbst ist? Wohl aber konnte sie menschliche Natur in die Einheit mit sich selbst *aufnehmen*.

Aus der unitio resultiert die *unio personalis*, deren unvergleichbare Einzigkeit gegenüber allem, wie sonst Einheit aus zwei verschiedenen Größen gedacht werden kann, hervorgehoben wird: Sie ist nicht substantial als Verschmelzung zu einer einzigen Natur, nicht moralisch im Sinne einer bloßen Willenseinigung der beiden Naturen (hier werden die „alpha privativa" von Chalkedon aufgenommen), auch nicht sakramental wie die Einheit der Elemente mit Leib und Blut Christi im Abendmahl vorzustellen. Sie ist überhaupt nicht in eine gegebene Kategorie von Einheit einzuordnen, sondern unvergleichliches Geheimnis. Wohl aber ist sie reale, übernatürliche und (vom Inkarnationsgeschehen an) ewig bestehende Einheit: auch der erhöhte Christus bleibt als Gott der Sohn zugleich der Mensch Jesus.

Innerhalb der unio personalis waltet *communio naturarum*. Auf sie wird um der Einheit der Person willen ein starker Akzent gelegt: Unbeschadet ihrer jeweiligen Integrität stehen die beiden Naturen in Christus nicht im Verhältnis eines bloßen Nebeneinander, sondern in inniger Gemeinschaft. Unter Aufnahme eines schon in der Spätphase der altkirchlichen Christologie gebildeten Begriffs wird gelehrt, daß zwischen ihnen eine „perichôrêsis" stattfindet, ein Durchwalten und Durchdringen, wobei die göttliche Natur aktiv, die menschliche empfangend ist.

In der Konsequenz dieses Gedankens wurde schon in der alten Kirche, wieder aufgenommen dann in der lutherischen Theologie, die Lehre von der *communicatio idiomatum* entwickelt: wechselseitige Teilhabe des Göttlichen in Christus am Menschlichen und umgekehrt vermöge der Verbundenheit von beidem in einer Person. In genauerer Aufgliederung besagt dies zunächst: Die gottmenschliche Person als ganze ist Träger der *Eigenschaften* jeder der beiden Naturen. Jesus Christus ist auch als Mensch Träger der seiner göttlichen Natur zukommenden Eigenschaften, weil er in Person zugleich Gott ist; er ist als Gott Träger der Eigenschaften auch seiner menschlichen Natur, weil er in Person zugleich Mensch ist. Man nannte dies das *genus idiomaticum* der Idiomenkommunikation. Ferner: Die gottmenschliche Person als ganze ist Subjekt der *Funktionen*, die sie durch jede ihrer Naturen ausübt. Jesus Christus ist auch als Mensch an dem kraft seiner Gottheit geschehenden Erlösungswerk beteiligt, bzw. auch als Gott an dem seiner menschlichen Natur widerfahrenden Leiden beteiligt, weil er in Person zugleich Gott und Mensch ist: *genus apotelesmaticum* (apotelesma = Vollbringung).

Die lutherische Orthodoxie fügte hinzu ein *genus maiestaticum:* Nicht nur in der einen *Person* ist das, was ihr in ihrer menschlichen Natur widerfährt, mit dem, was sie in ihrer Gottheit ist und wirkt, zusammengebunden; sondern auch die menschliche Natur Jesu *als solche* empfängt Anteil an den Majestätseigenschaften der göttlichen Natur: an ihrer Allmacht, Allwissenheit, Allgegenwart. Sollte mit dem Gedanken der communio naturarum, ihrer wechselseitigen Durchdringung ernst gemacht werden, so konnte dies als notwendige Konsequenz erscheinen. Aber mußte dann nicht auch zu der Konsequenz eines „*genus tapeinoticum*" fortgeschritten werden: Anteil der göttlichen Natur an den Eigenschaften der menschlichen, an ihrer Leidensfähigkeit? Der Gedanke wurde in der lutherischen Orthodoxie erwogen, aber abgelehnt. Die Vorstellung der wesenhaften Unveränderlichkeit göttlicher Natur, an die man gebunden war, ließ ihn nicht zu. Die Christologie der altreformierten Theologie hat sich in diesem Punkt von der lutherischen getrennt; sie lehnte das genus maiestaticum ab. Lag für die Lutheraner alles Gewicht darauf, in dem Menschen Jesus ganz und ohne Vorbehalt Gott selbst *gegenwärtig* zu haben, so hatte reformierte Theologie ein starkes Interesse an der Wahrung des *Unterschieds* des göttlichen von kreatürlichem Wesen, auch in der Person Jesu Christi (auf die Bedeutung dieser Differenz für die Frage der eucharistischen Realpräsenz werden wir im Zusammenhang der Abendmahlslehre eingehen). Dieser Unterschied schien durch die Behauptung einer Teilhabe der menschlichen Natur in Christus an den göttlichen Majestätseigenschaften verwischt – war dann diese Natur noch eine wirklich menschliche? Die lutherischen Theologen begegneten diesem Einwand, indem sie die Teilhabe an göttlichen

Eigenschaften nicht als einen Besitz der menschlichen Natur Jesu in sich selbst, sondern als eine geschenkweise Anteilgabe an dem interpretierten, was als wesenhafter Besitz nur der Gottheit eigen ist und bleibt. Diese Reservatio zugunsten der Echtheit des Menschseins Jesu bleibt freilich auf einer sehr abstrakten Ebene; im Blick auf die konkrete Geschichte des irdischen Jesus stellt sich dann doch die Frage, ob eine menschliche Natur, die an göttlichen Eigenschaften teilhat – einerlei ob man diese Teilhabe als Besitz oder als geschenkweise Anteilgabe interpretiert –, praktisch noch in voller Teilhabe an *unserm* Menschsein steht. Sie stellt sich vor allem im Gedanken an Jesu Leiden und Sterben. Dieses Problem wurde auch in der alten Theologie empfunden; man suchte ihm in der Lehre von den beiden „Ständen" Jesu Christi Rechnung zu tragen.

3.2. *Die Lehre de statu Christi duplice*

Diese Lehre wurde erst in der späteren Phase altprotestantischer Theologie (im frühen 17. Jh.) entwickelt. Im Anschluß an den Christuspsalm Phil 2,5 ff. („er erniedrigte sich selbst... darum hat ihn Gott erhöht...") unterschied man am Weg Jesu den *status exinanitionis* – sein Erdenleben von der Krippe bis zum Kreuz – und den *status exaltationis* – die Erhöhung des auferstandenen Herrn zur Rechten Gottes. Die Lehre von der communicatio idiomatum ist, vor allem in der Konsequenz des genus maiestaticum, vom erhöhten Christus her gedacht. Der Weg des irdischen Jesus wird nun gemäß Phil 2,7 („ekenôsen heauton") als eine *Selbstentäußerung* (Kenôsis) verstanden, von der die allgemeine Lehre von Person und Naturen zunächst abstrahiert hatte.

In bezug worauf geschieht diese Selbstentäußerung? Nach Phil 2 entäußert sich der präexistente Sohn, indem er Mensch wird und „Knechtsgestalt" annimmt, seiner göttlichen Herrlichkeit. In der Sprache der Zwei-Naturen-Lehre würde das heißen: die Entäußerung betrifft gerade seine göttliche Natur. Im Denken des orthodoxen Lehrsystems kann das so nicht aufgenommen werden. Auch hier wirkt das Axiom der Unveränderlichkeit göttlicher Natur sich aus – ihm zufolge ist eine Entäußerung oder Beschränkung des göttlichen Logos selbst undenkbar. Die Entäußerung kann nur auf etwas der *menschlichen* Natur Christi Zustehendes bezogen werden. Sie wird so verstanden, daß Christus in der Zeit seines Erdenlebens auf die volle Anteilhabe seiner menschlichen Natur an den Majestätseigenschaften der

Gottheit, also auf die Vollverwirklichung des „genus maiestaticum", verzichtet.
Über die Reichweite dieses Verzichtes entstand im frühen 17. Jh. zwischen den Theologen der Gießener und der Tübinger Fakultät eine Auseinandersetzung. Die Gießener vertraten die These: Christus hat sich im status exinanitionis des Gebrauchs der Majestätseigenschaften für seine menschliche Natur *enthalten*. Die Tübinger dagegen: Er hat sich ihres Gebrauchs nicht enthalten, sondern ihn nur *verhüllt*, d.h. verborgen ausgeübt. Dabei wurde von beiden Richtungen gemeinsam vorausgesetzt, daß Christus hinsichtlich seiner *göttlichen* Natur auch im Stand der Erniedrigung im vollen Besitz göttlicher Herrlichkeit blieb. Unter *dieser* Voraussetzung scheint die Gießener These (was ihr die Tübinger auch vorwarfen) auf eine Spaltung der Person hinauszulaufen: ein Christus, der einerseits (als Gott) göttliche Macht ungebrochen innehat und ausübt, zugleich aber andererseits (als Mensch) sie nicht ausübt? Aber führt nicht umgekehrt die Tübinger These im Blick auf die Teilhabe Jesu an menschlichem Leiden und Sterben zum Doketismus: ein Christus, dessen menschliche Natur auch da noch an der Unveränderlichkeit, Seligkeit und Leidensfreiheit der göttlichen teilhat – nur wird dies nicht sichtbar? In der „Decisio Saxonica" 1624 wurde dieser Kenosis-Streit mit einer Kompromißformel beendet, die in der Sache stärker der Gießener Auffassung entsprach. Er zeigt am Endpunkt der orthodoxen christologischen Lehrentfaltung symptomatisch die Aporien, in die die Formulierung der Einheit von Gott und Mensch in Christus als Zwei-Naturen-Lehre führen konnte.

Das Thema der Kenosis des Gottmenschen wurde um die Mitte des 19. Jh. von einer Gruppe lutherischer Theologen im ganzen konservativer Richtung, unter ihnen besonders von Gottfried *Thomasius*, in eigentümlicher Abwandlung nochmals aufgenommen. Grundsätzlich suchten diese Theologen den Anschluß an die christologische Lehrüberlieferung zu wahren. Ihnen lag aber daran, die menschliche Entwicklung Jesu und seine echte Teilhabe an menschlicher Begrenzung und menschlichem Leiden verständlich zu machen. Sie kritisieren an der älteren Lehre vom status exinanitionis, daß dort die Entäußerung auf die Teilhabe der menschlichen Natur Jesu an den göttlichen Eigenschaften beschränkt werde, derselbe Jesus nach seiner göttlichen Natur aber auch während seines Erdenlebens im Vollbesitz dieser Eigenschaften gedacht werde. Im Unterschied zu der älteren Kenosis-Lehre beziehen sie die in der Inkarnation geschehene Entäußerung auf den göttlichen Logos selbst: Mensch werdend bleibt er zwar Gott der Sohn, sofern die „inneren" Eigenschaften der Gottheit: Wahrheit, Heiligkeit, Liebe ihm unverlierbar innewohnen. Er begibt sich aber derjenigen göttlichen Eigenschaften – Allmacht, Allwissenheit, Allgegenwart –, die der geschichtlichen Bedingtheit und psychologischen Entwicklung eines wirklichen Menschen entgegenstehen würden, um sie erst in der Erhöhung wieder an sich zu nehmen. – Als Ansatz einer Kritik an dem Axiom der Unveränderlichkeit der Gottheit ist dieser Versuch bemerkenswert. In der Aufspaltung göttlicher Eigenschaften, zu der er durch das Beharren dabei, die Gegenwart Gottes in dem Menschen Jesus in dem ontologischen Schema „Natur mit Eigenschaften" auszusagen, genötigt wird, ist er aber doch problematisch. Eine nachhaltige Fortentwicklung war dieser modifizierte Kenosis-Lehre nicht beschieden.

3.3. Die Lehre de munere Christi triplice

An die Lehre von der gottmenschlichen Person Jesus Christus schließt sich in der altprotestantischen Theologie die Lehre von seinem Heilswerk an. Als Unterscheidung eines *dreifachen*, nämlich prophetischen, priesterlichen und königlichen *Amtes Christi* wurde sie von Calvin ausgebildet, dann aber auch in die lutherische Theologie übernommen. Das ist von den drei alttestamentlichen Funktionen des Propheten, Priesters und Königs her gedacht – im Werk Jesu Christi sind sie vereint, in ihrer geistlichen Bedeutung als Hinweis auf künftiges Heil erfüllt, in ihrer Vorläufigkeit und Begrenzung aufgehoben und abgelöst.

Insgesamt wurden die drei Ämter unter dem Grundgedanken entfaltet, daß Christus in ihnen als der *Mittler* zwischen Gott und den der Sünde verhafteten Menschen wirkt: „Officium Christi mediatorium est, quo Christus inter Deum offensum hominemque peccatorem medias agit partes" (Hollaz).

In seinem *munus propheticum* handelt Christus als Verkündiger des Gesetzes und Evangeliums: Er vermittelt die *Erkenntnis* des Willens Gottes in seiner den ganzen Menschen fordernden Tiefe, und zugleich die Erkenntnis des göttlichen Heilsratschlusses.

Vereinzelt wurde das prophetische Amt auf die Verkündigung des irdischen Jesus beschränkt gedacht. Im allgemeinen aber lehrte man die aktuelle Fortdauer dieses Amtes und unterschied dann: In seinem Erdenleben übte Jesus es immediate; der Erhöhte übt es vom Himmel her fort und fort mediate, durch das Werkzeug der apostolischen Predigt und der in ihrer Nachfolge bleibenden kirchlichen Verkündigung.

In seinem *munus sacerdotale* wird Christus das Werkzeug der *Vollstreckung* des Heilsratschlusses, und zwar so, daß durch ihn Vermittlung geschieht zwischen Gottes Rettungswillen und seinem Zorn, der die Sünder verwerfen muß (temperamentum iustitiae et misericordiae

= Vereinbarung von Gerechtigkeit und Barmherzigkeit). Solche Vermittlung hat Christus vollbracht durch *satisfactio* (= Genugtuung), in der er stellvertretend Gott darbringt, was die Sünder ihm schulden: in seiner oboedientia activa die vollkommene Erfüllung seines Gesetzes, in seiner oboedientia passiva, seinem Leiden und Sterben die Übernahme der Strafe, die nach dem Urteil des Gesetzes die Sünder treffen müßte. Ist diese satisfactio einmal für alle im Kreuzestod Jesu vollbracht, so setzt sein priesterliches Mittlerwirken sich fort als beständige *intercessio* im fürbittenden Eintreten des erhöhten Christus vor dem Vater für die Menschen.

In seinem *munus regium* vermittelt Christus die *Frucht* seines Heilswerkes durch die Sendung des Heiligen Geistes und so durch die Sammlung seiner Gemeinde, die er als ihr Haupt regiert. Einige altprotestantische Dogmatiker verstehen das munus regium allein in diesem Sinn; danach wäre Christus erst als der Erhöhte in das königliche Amt eingesetzt. Seit Joh. Gerhard (1582–1637) wird aber auch hier eine Unterscheidung eingeführt: Das munus regium ist zu verstehen als *regnum potentiae* in der Teilhabe, die Gott dem Sohn an der Macht des Vaters über die gesamte *Schöpfung* schon immer zukommt; als *regnum gratiae* in der Leitung seiner *Gemeinde auf Erden* als ihr himmlisches Haupt; als *regnum gloriae* in Christi Herrschaft über die *vollendete* Gemeinde im Reich Gottes.

Über das prophetische und königliche Amt Christi gab es in der älteren Theologie kaum tiefgreifende Auseinandersetzungen. Dagegen war das Verständnis der Heilsbedeutung des Todes Jesu, in der Drei-Ämter-Terminologie also das munus sacerdotale, schon in der altkirchlichen und mittelalterlichen Theologie Gegenstand eingehender und unterschiedlicher Auslegungsversuche und wurde dann in der neueren Theologiegeschichte ein besonderer Brennpunkt der Auseinandersetzungen. Darauf soll noch nicht hier, sondern im thematischen Zusammenhang der Versöhnungslehre eingegangen werden. Wird im Folgenden die Problematik der christologischen Überlieferung erörtert, so bezieht sich das zunächst auf das christologische Dogma als Lehre von der Person Jesu Christi.

4. Fragen zum christologischen Dogma

Dem Zeitalter der altprotestantischen Orthodoxie folgte die Aufklärung und unter ihrem Einfluß innerhalb der Theologie eine ausgesprochen rationalistische Richtung (die freilich nie schlechthin alleinherrschend wurde). Da wurde zum christologischen Dogma nicht mehr viel gefragt; es wurde als abergläubischer Ballast empfunden, der abzustreifen war. Was dann übrig blieb und was man behalten wollte, war das Bild des *Menschen* Jesus. Es wurde verstanden im Rahmen dessen, was als „vernünftige" Gottesverehrung einleuchtete: Gott der Geber des Sittengesetzes, dessen Erfüllung fortschreitend nachzustreben wir verpflichtet und grundsätzlich auch befähigt sind; Jesus der Mensch, der dem Sittengesetz in Wort und Tat ungebrochen entsprochen hat (und nach Kant in *diesem* Sinn, als der Gott vollkommen wohlgefällige Mensch, ein „Sohn Gottes" genannt werden kann). Übrig bleibt das Verhältnis zu ihm als dem Vorbild, das uns zur Nachfolge anspornt und verpflichtet: Jesus als persongewordener Ausdruck des *Gesetzes*, in dessen Erfüllung wir ihm nachkommen sollen.

Auch das biblische Christuszeugnis redet von Jesu Vorbild und unserer Nachfolge. Es redet aber vor allem von dem, was *Gott* in Jesus getan hat. In ihm geschieht, alle Nachfolge erst ermöglichend und begründend, die Befreiung der Gebundenen, die Aufhebung ihrer Ferne von Gott durch Gott selbst. In Jesus geschieht *Evangelium*. Eine Theologie, die das festhalten will, wird das christologische Dogma nicht einfach beiseite tun können. Was wir seinen soteriologischen Skopus genannt haben, muß sie in ihrer Mitte behalten: Gott selbst ist in Jesus ganz zum Menschen gekommen. Die Aussage der Gegenwart Gottes in dem Menschen Jesus ist unaufgebbar. Das christologische Dogma hat diese Gegenwart ausgesagt. Fragen aber bleiben an seine begriffliche Gestalt als Zwei-Naturen-Lehre.

Gegenwart Gottes in dem Menschen Jesus – in der Sprache dieser Lehre heißt das: In der Person Jesus Christus sind zwei „Naturen", d. h. Wesensarten mit den jeder von ihnen zukommenden Eigenschaften zu einer Einheit verbunden. Eigenschaften, die einander z. T. geradezu widersprechen. Das zeigt sich besonders an der Behauptung der Unveränderlichkeit und der (darin logisch mitgesetzten) Erhabenheit über das Widerfahrnis von Leiden, die man der göttlichen Natur meinte zusprechen zu müssen. Unter diesem Vorzeichen konnte das Mensch*werden* des Sohnes nur als ein *Hinzunehmen* menschlicher Natur zu seinem als solches keiner Veränderung fähigen göttlichen Wesen gedacht werden – einer menschlichen Natur, die *dann*, in diesem gleichsam kombinatorischen Denkschema, als solche „anhypostatisch", subjektlos gedacht werden mußte, da man sonst zu einer Zweiheit von Personen in Christus gekommen wäre. Es mußte ferner auch der irdische Jesus nach seiner göttlichen Natur im unverminder-

ten Besitz aller dieser Natur zukommenden Majestätseigenschaften gedacht werden – wie war damit sein menschliches Geschick und Leiden zu vereinbaren, wenn nicht wiederum die Einheit der Person auseinanderfallen sollte in das, was dem Menschen widerfährt und was Gott in ihm nicht widerfahren kann? Die Überbrückung dieses Auseinanderfallens durch die der menschlichen Natur zugesprochene Anteilhabe an den göttlichen Eigenschaften konnte im Blick auf den irdischen Lebens- und Leidensweg Jesu aus dem Problem nicht herausführen; da mußte für den „status exinanitionis" diese Anteilhabe irgendwie zurückgenommen werden – verstand man diese Zurücknahme aber als Verzicht, so war, da er lediglich die menschliche Natur betreffen konnte, die Einheit der Person aufs neue in Frage gestellt. Verstand man sie als bloße Verhüllung, so war die Einheit der Person gerettet, aber die Wirklichkeit menschlichen Leidens in Frage gestellt. Die auf dem Boden von Chalkedon entstandenen christologischen Auseinandersetzungen und Folgelehren zeigen, wie schwer es war, die Einheit von Gott und Mensch in der Person Jesu ohne Verkürzung seiner Teilhabe an unserm Menschsein festzuhalten, *wenn* diese Einheit als die Verbindung zweier ontologisch je für sich zu definierender „Naturen" gedacht wurde. Aber ist es unumgänglich, sie so zu denken? Über die natürlichen Bedingtheiten und Begrenzungen, an die gebunden der Mensch sich erfährt, lassen sich wohl allgemeine Aussagen machen (obwohl, in einem tieferen Sinn verstanden, auch das Wesensgeheimnis des Menschen sich ontologischer Definierbarkeit entzieht, vielmehr aus der Geschichte der Zuwendung Gottes zum Menschen erkannt sein will). Aber die entscheidende Frage ist, ob es möglich und zulässig ist, die „Natur" = das Wesen *Gottes* und seine Eigenschaften ontologisch zu bestimmen seinem Selbsterweis in der Geschichte Jesu Christi vorweg und so, daß die Interpretation dessen, was in Jesus geschieht, an diese vorweggewußte Bestimmung göttlichen Wesens gebunden ist. Wird nicht in diesem Selbsterweis erst offenbar, wer Gott ist und was für Gott möglich ist?
Das betrifft nun insbesondere das Axiom der Unveränderlichkeit göttlicher „Natur". Sein legitimer Sinn als Glaubensaussage könnte sein, auf die Beständigkeit und Verläßlichkeit Gottes in seiner Treue hinzuweisen, in der er zu seinen Verheißungen steht und seinen Heilswillen zum Ziel bringt. Aber solches Bekenntnis des Glaubens zu der Treue Gottes hat seinen Grund ja gerade in der *Geschichte*, die Gott eingegangen ist: daß er nicht in ungreifbarer Transzendenz verharrt, vielmehr in Jesus „immanent" geworden, zum Menschen gekommen ist. Jenes Axiom der Unveränderlichkeit dagegen meinte eine ontolo-

gische Bestimmung des transzendenten Wesens Gottes, die seinem Selbsterweis in Jesus vorweg feststeht und an die er, um nicht aufzuhören Gott zu sein, in dessen Vollzug gebunden bleibt. Wenn man sich von diesem Unveränderlichkeitsaxiom und überhaupt von ontologischen Aussagen über das Wesen göttlicher Natur an sich und abgesehen von dem Christusgeschehen freimacht, dann müßte Menschwerdung nicht im Schema der Hinzunahme menschlicher zu einer in sich verharrenden göttlichen Natur gedacht werden. Dann könnte sie als wirkliche *Selbstbewegung* Gottes gedacht werden: Er „in Person" geht ein in die Person des Menschen Jesus, macht sich für uns mit ihr identisch. Nicht Natur kommt zu Natur, sondern Person wird zu Person. Das Problem einer Personverdoppelung, dem durch den Gedanken der Anhypostasie der hinzugenommenen menschlichen Natur begegnet werden müßte, muß dann gar nicht entstehen. Es muß dann auch nicht ein im Besitz seiner Majestätseigenschaften unberührt verbleibendes göttliches Wesen in Jesus *neben* dem, was ihm als Menschen widerfährt, gedacht werden. Es darf dann gesagt werden: Gott hat sich *erwiesen* als der Gott, dem das möglich ist: in der Person dieses Menschen und in allem, was ihn als Mensch betrifft, auch in Ohnmacht, Leiden und Sterben gegenwärtig zu werden, ohne aufzuhören, Gott zu sein.

Mit besonderem Nachdruck hat K. *Barth* diese Einsicht vertreten (KD IV/1, S. 203). Aber auch *Luther* schon hat Inkarnation als diese Selbstbewegung Gottes in die ganze Einheit mit dem Menschen Jesus, als das ganze Eingehen der Gottheit in die menschliche Niedrigkeit der Krippe und des Kreuzes verstanden und gegen einen metaphysischen Begriff göttlichen Wesens, der ihm entgegensteht, leidenschaftlich verfochten. Zum Ausdruck kommt das in seinem Weihnachtslied: „Den aller Weltkreis nicht beschloß, der liegt in Mariens Schoß...", und ebenso in seiner christologischen Auseinandersetzung mit Zwingli in der großen Streitschrift „Vom Abendmahl Christi" (WA 26).

Es ist aber eine weitere Frage zu bedenken, die mit der Zurückführung des kombinatorischen Denkschemas: göttliche und menschliche Natur in einer Person vereint, in den Aussagemodus personaler Selbstidentifikation: Gott *wird* dieser Mensch, ohne aufzuhören, Gott zu sein, noch nicht gelöst wäre. Ja sie stellt sich dann erst recht. Die Evangelien zeigen ja auch und unübersehbar das *Gegenüber* Jesu zu Gott. Er ist dem Vater gegenüber im Beten, im gehorsamen Tun seines Willens, im Empfangen der Macht zu seinen Heilungstaten von oben, in der menschlichen Todesangst des Gebets in Gethsemane, das darum ringt, den Willen des Vaters anzunehmen. Er hat darin Teil an unserm *menschlichen* Gegenüber zu Gott, bis in die Not der letzten Frage hinein: Warum hast du mich verlassen? Er gerät so wahrhaft und in einer tiefsten Bedrängnis auch *unter* Gott. Eine Christologie, die sich der von den Evangelien erzählten irdischen Geschichte Jesu verpflichtet weiß, darf das nicht unterschlagen; einer kirchlicher Frömmigkeit nicht ganz fremden Tendenz, in Christus den als Mensch nur „verkleideten" Gott zu sehen, muß sie widerstehen. Aber wie kann man dieses Gegenüber zu Gott verstehen, wenn Gott selbst „in Person" in die Person dieses Menschen einging? Betet in ihm Gott zu sich selbst? Gehorcht Gott sich selbst? Ringt Gott um das Annehmen seines eigenen Willens? Fragt Gott sich selbst: Warum hast du mich verlassen?

Vom trinitarischen Denken her wäre zu antworten: Nicht einfachhin Gott, sondern Gott der *Sohn* – die zweite Person der Trinität – wurde und ist dieser Mensch. Nicht einfach *Gott* betet zu *sich*, sondern Gott der *Sohn* betet in der Person dieses Menschen zu Gott dem *Vater;* Gott der Sohn gehorcht Gott dem Vater; Gott der Sohn fragt den Vater: Warum hast du mich verlassen. Das innertrinitarische Gegenüber des Sohnes zum Vater in Gott selbst gibt sich hinein in das menschliche Gegenüber Jesu zu Gott.

In der Tat: Wenn die Aussage der Gegenwart Gottes in dem Menschen Jesus ernstgenommen, nicht durch die Rede vom menschlichen Gegenüber Jesu zu Gott *verdrängt* werden soll, dann wird sie dahin führen, daß von diesem Gott, der in Jesus ganz zum Menschen gekommen ist, trinitarisch geredet werden muß. Wir werden das in einem späteren Kapitel zu bedenken haben. Aber an den Verweis auf das innertrinitarische im menschlichen Gegenüber stellt sich noch einmal die durch paradoxe Formulierungen nicht einfach beiseitezuschiebende Frage: Wie kann der, der sich als Gott der Sohn in unauflöslicher innertrinitarischer Einheit und Gemeinschaft mit dem Vater weiß, zugleich als Mensch *unter* Gott sein bis in die Dunkelheit der letzten Stunde, und darin ganz am Ort *unseres* Menschseins vor und unter Gott? Wird die menschliche Frage und Not nicht in der innertrinitarischen Teilhabe des Sohnes am Wissen und Tun des Vaters wieder aufgehoben?

Wir fassen diese Überlegungen nochmals zusammen. In seiner Begriffsgestalt als Zwei-Naturen-Lehre besagt das christologische Dogma: In der Person Jesus Christus sind göttliche und menschliche Natur mit je ihren Eigenschaften vereint. Wird nun die göttliche Natur als in ihren metaphysischen Majestätseigenschaften unveränderlich verharrend gedacht und um der Personeinheit willen der menschlichen Natur eine Teilhabe an diesen Eigenschaften zugesprochen, so ist die Teilhabe Jesu an *unserm* Menschsein, insbesondere in seinem irdischen Lebens- und Leidensweg, kaum mehr zu verstehen. Wird aber die Teilhabe seiner menschlichen Natur an seiner göttlichen Majestät als im irdischen Weg Jesu „entäußert" gedacht, dann wird die Einheit der Person jedenfalls des irdischen Jesus unverständlich: ein Jesus, der einerseits als Mensch an allen Begrenzungen und Widerfahrnissen unseres Menschseins teilhat, andererseits zugleich als Gott allwissend, allmächtig, allem Leiden überlegen ist.

Dieses Dilemma kann überwunden werden, wenn unter Preisgabe des Axioms der göttlichen Unveränderlichkeit das Hinzunehmen menschlicher zu göttlicher Natur, von dem das Dogma spricht, als Eingehen Gottes des Sohnes in die Person des Menschen Jesus verstanden wird. Er hört darin nicht auf, Gott der Sohn zu sein, ist es aber nun *als* dieser Mensch und *in* den Begrenzungen und Widerfahrnissen, die Jesus als Mensch und in ihm nun eben Gott mit uns teilt. Es bleibt aber dann die Frage, wie, wenn Jesus als Mensch zugleich Gott selbst ist, das menschliche *Gegenüber* zu Gott, sein betend-gehorsames Sein *unter* Gott, in dem ihn die Evangelien uns zeigen, verstanden werden kann. Man würde m. E. der Aufgabe der Dogmatik, die Aussagen des Glaubens reflektierend auszulegen, nicht gerecht, wenn man solche Fragen einfach mit dem Verweis auf die Unergründlichkeit des christologischen Geheimnisses zum Schweigen bringen wollte. Das Geheimnis der Gegenwart Gottes in dem Menschen Jesus wird am rechten Ort zu wahren sein; es ist aber nicht gleichzusetzen mit Unverstehbarkeit. Im folgenden soll ein Weg gesucht werden, das christologische Dogma so zu verstehen, daß, was wir seinen soteriologischen Skopus genannt haben, bewahrt wird, ohne daß die Fragen, die an seiner in der Tradition gegebenen Formulierung entstehen können und die wir uns hier vergegenwärtigt haben, verdrängt werden und ohne Antwort bleiben müssen. Zuvor sind in exemplarischer Auswahl einige christologische Entwürfe der neueren und gegenwärtigen Theologie in Blick zu nehmen, die je auf verschiedene Weise einen solchen Weg gesucht haben.

5. *Christologische Entwürfe in der neueren Theologie*

5.1. Im Gefolge *Hegels* hat David Fr. *Strauß* eine Auslegung des christologischen Dogmas entwickelt, in der der Gedanke einer Gegenwart Gottes im Menschen übernommen, zugleich aber der Anstoß an ihrer Behauptung als übernatürlicher Wesensbeschaffenheit des einen Menschen Jesus unterlaufen wird. Immanenz Gottes im Menschen wird hier als ideale Wesensbestimmung des Menschseins überhaupt verstanden: im endlichen Geist lebt und wirkt der „absolute Geist". Ist diese Einsicht an Jesus erwacht und zunächst exklusiv auf seine Person bezogen worden, so ist sie nunmehr aus der Form der mythologischen *Vorstellung*: Jesus der Gottmensch, in die philosophische Form des *Begriffs* zu überführen: Jesus das Symbol der wesenhaften Präsenz des göttlichen im menschlichen Geist. Der Christusmythus ist nicht sinnlos; er ist aber von der geschichtlichen Person Jesu abzulösen und „entmythologisiert" als *generelle* the-anthropologische Aussage zu begreifen. – Der soteriologische Bezug ist in dieser Auslegung des Dogmas allerdings untergegangen; von einem befreienden *Kommen* Gottes in Jesus zu dem in Gottes*ferne* gefangenen Menschen ist ja hier gerade nicht mehr die Rede. Aber auf die neuere Theologie im Ganzen gesehen ist diese christologische Konzeption eine Episode ohne breitere Wirkung geblieben.

5.2. Epoche machte dagegen der christologische Entwurf Fr. *Schleiermachers*. Im Unterschied zu der Spekulation seiner Zeitgenossen Hegel und Strauß begreift er Christologie durchaus als Aussage einer einmaligen Bedeutung der *Person* Jesu von Nazareth. Entgegen einer rationalistischen Theologie, die in Jesus nur das moralische Vorbild sah und von der Schleiermacher sich bewußt absetzt, versteht er diese Bedeutung soteriologisch als *erlösende* Wirkung, die von Jesus ausgeht und nur von ihm ausgehen kann eben kraft der besonderen Gegenwart Gottes in ihm. Aber Schleiermacher versteht diese Gegenwart nicht im Sinn der Tradition als personale Identität Jesu mit Gott dem Sohn. Dem steht bei ihm das Anliegen entgegen, Jesu Menschsein auch in seiner psychischen Entwicklung als wirkliche Teilhabe an unserm Menschsein zu begreifen. Was Jesus von uns unterscheidet, ist seine sündlose Vollkommenheit als *Mensch*, und das heißt für Schleiermacher: die Vollkräftigkeit seines Gottes*bewußtseins*, das ungebrochen jeden Moment seines Lebensverhaltens durchdringt und bestimmt. Dieses sein völliges inneres Gegenwärtighaben Gottes kann, so Schleiermacher, „als eine stetige lebendige Gegenwart, mithin als ein wahres Sein Gottes in ihm betrachtet werden"[1]. Jesus ist für ihn nicht der „Gottmensch" des Dogmas, wohl aber der *urbildliche*

---

[1] Fr. Schleiermacher, Der christliche Glaube, 2. Aufl. (1830), § 96. Vgl. auch den Leitsatz zu § 96: „Der Erlöser ist... allen Menschen gleich vermöge der Selbigkeit der menschlichen Natur, von allen aber unterschieden durch die

Mensch und als solcher durchaus eine schöpferische Neusetzung Gottes inmitten der geschichtlichen Menschheit, die in der sündhaften Gebrochenheit ihres Gottesbewußtseins nicht aus sich heraus den vollkommenen Menschen erzeugen konnte. Die erlösende Wirkung, die von Jesus ausgeht, ist dann so zu verstehen, daß er uns durch die geistige Kraft, die von ihm ausstrahlt, aus unserer Gottvergessenheit befreit und in die Kräftigkeit seines Gottesbewußtseins aufnimmt. – Dieser christologische Entwurf hat in der Theologie des 19. Jh., soweit sie sich nicht eng an die ältere Tradition anschloß, nachhaltige Wirkung gehabt.

5.3. Karl *Barths* Christologie nahm im Gegenentwurf gegen die „neuprotestantischen" Konzeptionen den Anschluß an das Dogma betont wieder auf. Gegenwart Gottes in Jesus heißt hier im strengen Sinn: Gott der Sohn ist in der Person des Menschen Jesus gegenwärtig geworden. In Barths Verständnis ist dies ja das Geschehen, durch das Gott Erkenntnis seiner selbst überhaupt erst eröffnet, und damit der offenbarungstheologische Ausgangspunkt seiner gesamten Theologie. Im noëtischen Rückschluß aus diesem Offenbarungsgeschehen entfaltet er die Einsicht in Gottes Dreieinigkeit in sich selbst als die ontische Voraussetzung dieses Geschehens: Gott ist von Ewigkeit her das in sich selbst bewegte Gegenüber von Vater, Sohn und Geist. Aus der Freiheit seiner Liebe bestimmt er sich selbst dazu, in der „Person" des Sohnes Mensch zu werden. In der Entfaltung seiner Christologie geht Barth aber nun, obwohl er dabei nahezu alle im altkirchlichen Dogma entwickelten Formeln aufnimmt und gegen ihre liberalen Kritiker verteidigt, einen eigenständigen Weg. Er setzt anstelle der statischen Vorstellung vom Nebeneinander der zwei Naturen ein Verständnis des Einsseins von Gott und Mensch in Jesus aus der *Bewegung*, dem Weg der Erniedrigung und Erhöhung, den Gott in Jesus zu uns und mit uns gegangen ist. Auf die traditionelle Terminologie bezogen wird hier die „Naturenlehre" auf die „Ständelehre" hin ausgelegt. Barth kommt dabei zu folgenden Formulierungen:

Jesus Christus ist „der wahre, nämlich der sich selbst *erniedrigende* und so der versöhnende *Gott*".

Und er ist „der wahre, nämlich der von Gott *erhöhte* und so der versöhnte *Mensch*".

Oder in kürzester Zusammenfassung:

„Jesus Christus, der *Herr* als *Knecht*".

---

stetige Kräftigkeit seines Gottesbewußtseins, welche ein eigentliches Sein Gottes in ihm war."

„Jesus Christus, der *Knecht* als *Herr.*"
Jesus ist also nicht etwa der sich erniedrigende Mensch und zugleich der erhöht bleibende Gott; vielmehr gerade *Gott* ist es, der in ihm die Bewegung in die Niedrigkeit des Menschen vollzieht. Dem Menschen aber geschieht in der Person Jesu und in ihm eingeschlossen uns allen Erhöhung zu der königlichen Freiheit unserer geschöpflichen Bestimmung als Gottes Ebenbild[2].

Das Dilemma der Zwei-Naturen-Lehre, entweder das Teilhaben Jesu an der menschlichen Niedrigkeit oder die Einheit des Göttlichen und Menschlichen in seiner Person zu verdunkeln, ist in dieser Interpretation in der Tat überwunden: Nicht „obwohl" er Gott ist und bleibt, kann er als Mensch unser Leiden und Sterben erfahren; und daß er es als Mensch auf sich nimmt, bedeutet keine Spaltung in ihm zwischen leidender menschlicher und allmächtig bleibender göttlicher Natur. Sondern Gott selbst geht *als* dieser Mensch in Leiden, Ohnmacht und Tod. Gerade dies ist seine Allmacht, daß er dies konnte, und die Freiheit seiner Liebe, daß er es wollte.

Dabei kommt das Gegenüber Jesu zu Gott bei Barth nicht zum Verschwinden. Es wird aber von der trinitätstheologischen Voraussetzung her verstanden: In dem Menschen Jesus ist Gott der Sohn dem Vater gegenüber. Barth führt in der Tat den Gedanken durch, daß das ewige innertrinitarische Gegenüber von Gott dem Vater und Gott dem Sohn sich in das menschliche Gegenüber Jesu zu Gott hineingibt und zwar bis zur äußersten Konsequenz: Indem Jesus als Mensch Gott gehorsam war, wurde in ihm Gott ein Gehorsamer – in Gott selbst ereignet sich Gehorsam.

Es bleibt dann freilich die bereits gestellte Frage, wie das verstanden werden kann: ein menschliches Gegenüber zu Gott, das zugleich innergöttliches Gegenüber ist, und wie damit ein dem unseren „wesensgleiches" menschliches Bewußtsein in Jesus vereinbar ist. Überhaupt kann gefragt werden, ob man gut daran tut, das christologische Dogma so, wie das bei Barth geschieht, in den Termini der *vorausgesetzten* Lehre von der inneren Trinität Gottes auszulegen. Ist es nicht umgekehrt das Christusgeschehen – und dann das Geistgeschehen –, dessen Verständnis das Verständnis Gottes als des Dreieinigen bedingt?

---

[2] Barths christologischer Entwurf in KD IV/1-3 ist noch umfassender. Er umgreift zugleich eine Neuauslegung der Drei-Ämter-Lehre und integriert in sich die gesamte ekklesiologische und soteriologische Thematik. Hier wurde zunächst nur wiedergegeben, was sich unmittelbar auf die Auslegung der Zwei-Naturen-Lehre bezieht.

5.4. Unter den Zeitgenossen Barths trat Fr. *Gogarten* mit einem von Barths Christologie markant sich abhebenden Entwurf hervor[3]. Auch er sieht in Jesus, insoweit mit Barth einig, den Träger des Offenbarungswortes Gottes, das Versöhnung und Gemeinschaft mit Gott überhaupt erst begründet. Im Unterschied zu Barth und in entschiedener Ablösung von den „metaphysischen" Formulierungen des altkirchlichen Dogmas will er aber das einzigartige Verhältnis Jesu zu Gott und seine unsere Gottesgemeinschaft begründende Bedeutung nicht im Sinne einer personalen Identität Jesu mit Gott (Sohn) verstehen. Das Einssein Jesu mit Gott liegt für ihn in dem *Verhalten* zu Gott, das er als *Mensch* gelebt hat: Er existierte ganz und ungebrochen in vertrauendem Gehorsam aus der Güte des Vaters und frei von der Bindung *an* die Welt, gerade so ganz in Verantwortung *für* die Welt. So hat er die Existenz des wahren *Sohnes* Gottes verwirklicht. Aber Sohnschaft in diesem Sinn setzt nach Gogarten keine ontische Wesensidentität mit Gott voraus – es ist für ihn nicht *Gott* der Sohn, der sein innertrinitarisches Gegenüber zu dem Vater in ein menschliches Sohnesverhalten zu Gott hineingibt. Sie setzt vielmehr gerade das echte geschichtliche, und das heißt für Gogarten: rein menschliche Gegenüber zu Gott voraus. Die Sohnschaft Jesu ist darum auch keine *exklusive* Bestimmung seiner Person. Seine Sendung ist es, die Menschen in dasselbe Sohnesverhältnis zu Gott einzuholen, das er exemplarisch bewährt hat.

Das erinnert an Schleiermacher. Aber während die erlösende Wirkung, die von Jesus ausgeht, für Schleiermacher nur die Befreiung eines latent schon immer vorhandenen Gottes*bewußtseins* von seinen Hemmungen bedeutet, bedeutet sie für Gogarten die Verwirklichung eines gelebten Gottes*verhältnisses*, das ohne Jesus nicht gegeben ist und nur durch ihn gegeben werden kann. Denn das Sohnesverhalten Jesu macht das Vatersein Gottes, das unsere Sohnschaft trägt, allererst offenbar und läßt es damit für uns wirklich und wirksam werden. Dadurch, daß er selbst wie kein anderer aus und in diesem Vater gelebt hat, hat er und gerade nur er uns den Weg aufgetan, solches Leben nachzuvollziehen.

Folgt man dieser Konzeption, so werden die Fragen, die wir zum christologischen Dogma in seiner überlieferten Form gestellt hatten, allerdings gegenstandslos. Aber kann man ihr ohne Bedenken

---

[3] Fr. Gogarten, Die Verkündigung Jesu Christi (1948); Ders., Jesus Christus Wende der Welt (1966).

folgen? Von einem Begegnen Gottes in der *Person* Jesus ist hier jedenfalls ebenso wenig die Rede wie bei Schleiermacher.

5.5. Anders der christologische Entwurf Wolfhart *Pannenbergs*[4]. Sein Anliegen ist es, gegen Gogarten und entsprechende christologische Ansätze die *personale* Einheit von Gott und Mensch in Jesus festzuhalten. Sie darf nicht durch die Vorstellung eines bloß *exemplarischen* Gemeinschaftsverhältnisses des Menschen Jesus zu Gott ersetzt werden. Mit dem Dogma denkt auch Pannenberg Gott als den Dreieinigen und versteht den Ursprung der Einheit Jesu mit Gott als Inkarnation Gottes des Sohnes.

Andererseits teilt er das Anliegen, das wirkliche Menschsein des irdischen Jesus in echtem Gegenüber zu Gott festzuhalten, gerade auch für das Bewußtsein Jesu selbst, in das nicht von vornherein ein heimliches Wissen um seine göttliche Identität hineingedacht werden soll, und er übt Kritik an der Zwei-Naturen-Lehre, die das nicht ungebrochen zuläßt. Wie lassen sich diese beiden Anliegen vereinbaren?

Pannenberg sucht dieses Problem auf folgendem Weg zu lösen: Unter dem Gesichtspunkt der irdischen Geschichte Jesu darf die Inkarnation nicht als ein Faktum verstanden werden, das schon vom Augenblick seiner Geburt an in fertiger Abgeschlossenheit feststeht. Sie muß vielmehr als ein Geschehen verstanden werden, als ein Werden Jesu zur Einheit mit Gott dem Sohn. Erst in seiner *Auferstehung* hat Gott über die Wahrheit dieser Einheit entschieden, sie endgültig und nun auch „rückwirkend" über dem irdischen Weg Jesu in Kraft gesetzt. In seiner zeitüberlegenen Ewigkeit ist für *Gott* die Einheit des Sohnes mit Jesus wohl schon immer gegenwärtig. Aber in der Zeit und für die Menschen, auch für Jesus selbst, war sie bis zu seiner Auferstehung verborgen. Ja Pannenberg kann sagen: Sie stand bis dahin durchaus noch auf dem Spiel. Denn er versteht gerade die menschliche Gehorsamshingabe Jesu an den Vater als das Geschehen, in dem er mit der ewigen Person des Sohnes identisch wird. Diese Hingabe aber mußte Jesus bis zum Ende bewähren, und erst in seiner Auferweckung hat Gott über diese Bewährung als vollendete entschieden. So kann Versuchung Jesu als wirkliche Anfechtung, Gethsemane als wirkliches, nicht schon durch ein Wissen um seine Gottheit überstrahltes Ringen Jesu um seine Hingabe an den Willen des Vaters verstanden werden. „Die Begründung der Einheit Jesu mit Gott in der rückwirkenden Kraft seiner Auferstehung macht die Verborgenheit dieser Einheit

---

[4] W. Pannenberg, Grundzüge der Christologie (1964, 3. Aufl. 1969).

während des irdischen Weges Jesu verständlich und hält so den Raum für die echte Menschlichkeit dieses Weges offen."[5]
Dieser Entwurf ist den bisher besprochenen gegenüber wegweisend in seiner *Intention*, die Einheit Jesu mit Gott mit seiner Teilhabe an unserem menschlichen Gegenüber zu Gott zusammenzudenken. Es bleibt zu fragen, ob man auf dem *Weg*, den Pannenberg einschlägt, dieser Intention voll gerecht werden kann. Unser eigener Versuch, hier einen Weg zu finden, wird sich mit seinem Entwurf auseinanderzusetzen haben.

Literatur

Außer den in den Anmerkungen genannten Werken sei hingewiesen auf H. Vogel, Christologie (1949) – D. M. Baillie, Gott war in Christus (dt. 1959) – E. H. Schillebeeckx (kath.), Christus, Sakrament der Gottbegegnung (1960) – R. Slenczka, Geschichtlichkeit und Personsein Jesu Christi. Studien zur christol. Problematik der histor. Jesusforschung (1967) – H. Dembowski, Grundfragen der Christologie (1969) – K. Rahner, W. Thüsing (kath.), Christologie – systematisch und exegetisch (1972) – W. Kasper (kath.), Jesus der Christus (1974) – E. Jüngel, Thesen zur Grundlegung der Christologie, in: Ders., Unterwegs zur Sache (1972). – C. H. Ratschow, Jesus Christus. Handbuch Syst. Theol. Bd. 5 (1982) – J. Moltmann, Der Weg Jesu Christi. Christologie in messianischen Dimensionen (1989).

§ 10. Die Gegenwart Gottes in dem Menschen Jesus

1. Jesus der Mensch vor Gott

Die Überlegungen, in die wir nun eintreten, zielen auf die Besinnung, was es heißt: Gegenwart Gottes in Jesus. Aber wir präzisieren: Die Gegenwart Gottes (nicht in einer ins Übermenschliche entrückten Gestalt, sondern) in dem *Menschen* Jesus. Gerade weil es in Jesus Christus wirklich um die Gegenwart geht, in der Gott ganz *mit uns* wird, ist es wichtig, das zu betonen. Darum, und also gerade nicht um seine Einheit mit Gott zu problematisieren, setzen wir ein mit der Frage: Wer ist Jesus als Mensch?
Seit einiger Zeit ist auch bei Menschen, die der Kirche ferner stehen, vor allem in der jungen Generation, ein wachsendes Interesse an Jesus zu beobachten, und zwar gerade an ihm als dem Menschen, der nicht über menschliche Anfälligkeit, menschliches Fragen, Leiden und Ge-

---
[5] Grundzüge der Christologie S. 333.

schick erhaben ist, sondern in dem allem ganz auf unserer Seite steht. Gewiß kann dieses Interesse an dem Menschen Jesus sich in problematischen Formen äußern, ins Sentimentale abgleiten, Jesus vor den Wagen von Anliegen spannen wollen, deren Recht, sich auf ihn zu berufen, fragwürdig ist. Es kann daraus eine Anti-Christologie, eine „Jesulogie" werden mit der Parole: Jesus war Mensch und nichts als ein Mensch. Zu fragen bleibt dann doch, warum es Menschen so wichtig ist, gerade Jesus an ihrer Seite zu wissen. Und wo es ihnen darum geht, ihn in menschlichem Elend und Leiden auf der Seite des Menschen zu wissen, kann darin ein Verlangen verborgen sein, das gegenüber einem manchmal zu sehr „auf Goldgrund gemalten" Bild des himmlischen Herrn vor dem biblischen Christuszeugnis Recht bekommt. Freilich, war er wirklich nur Mensch und *nichts als* ein Mensch – welchen Sinn hätte dann dieses Verlangen?

Wir haben das Menschsein Jesu zu bedenken in seiner Teilhabe an unserm Menschsein, in der er *wirklicher* Mensch ist. Wir haben dann freilich ebenso zu bedenken, was diesen einen Menschen von uns unterscheidet: ihn als den *wahren* Menschen.

1.1. Jesus wirklicher Mensch – das heißt zunächst ganz einfach: Als ein Mensch, der auf dieser Erde lebte und starb, hatte er teil an der kreatürlichen Endlichkeit, Bedürftigkeit und Begrenzung unseres Daseins. Die Evangelien verbergen das nicht, obwohl in ihre Darstellung seiner irdischen Geschichte die Ostergewißheit um die Herrlichkeit des Erhöhten einwirkt. Jesus hat Hunger und Durst, Müdigkeit, Freude und leiblichen und seelischen Schmerz gekannt wie wir alle. Auch die dogmatische Tradition hat dies grundsätzlich immer anerkannt, wenn sie von der Homousie Jesu Christi nach seiner Menschheit mit unserer menschlichen Natur sprach. Es wurden daraus freilich in den Vorstellungen, die man sich von Jesus machte, nicht immer die vollen Konsequenzen gezogen. Man sollte sich ihn in seinem irdischen Dasein nicht mit übermenschlicher Allwissenheit ausgerüstet vorstellen; auch nicht mit einer übermenschlichen Allmächtigkeit, in der er alles Beliebige, auch das dezidiert Menschenunmögliche, „gekonnt" hätte. (Auf die Frage der Wunder Jesu, die sich in diesem Zusammenhang stellen kann, soll in einem besonderen Exkurs eingegangen werden.) Und wenn in der älteren Theologie bisweilen behauptet wurde, von Jesus könne man nicht sagen, daß er als Mensch wie wir habe *glauben* „müssen", da er ja kraft seiner Gottheit ein unmittelbares *Wissen* um Gott gehabt habe, so kann man das nur als eine merkwürdige Verkennung sowohl dessen, was Glauben heißt, als auch des menschlichen Gegenüber Jesu zu Gott beurteilen. Das wird vor allem aus einem weiteren Schritt deutlich werden, den die Besinnung auf Jesu Teilhabe an unserm Menschsein nun zu gehen hat.

Jesus war wirklicher Mensch – das heißt nicht nur: Er hatte teil an der natürlichen, kreatürlichen Kondition des Menschen. Es besagt darüber hinaus: Er hat das Dasein des Menschen geteilt, das durch den *Widerstreit* mit dem gezeichnet ist, was im Willen Gottes die Welt als seine Schöpfung und der Mensch als sein ihm entsprechendes Ebenbild sein sollte. Er lebte nicht auf einer Insel paradiesischer Unberührtheit, sondern unter denjenigen Belastungen, denen *unser* Leben von der Macht der *Sünde* her unterworfen ist. Auch dies verhüllen die Evangelien nicht. Jesus hat gelitten an der Sünde und Feindschaft der Menschen, an der dämonischen Macht des Bösen. Sie begegnete ihm nicht nur von außen; er war selbst der Versuchung ausgesetzt, mit der diese Macht nach dem Menschen greift. Das sagt die Versuchungsgeschichte der synoptischen Evangelien – einerlei ob man sie wörtlich oder als symbolische Aussage versteht. Der Tod war ihm nicht angstfreier Eingang aus irdischem in ewiges Leben – er war *unserer* Todesangst unterworfen und mußte mit ihr um die Ergebung in den Willen Gottes ringen. Das sagt Gethsemane. Er, der ganz in der Zuwendung zu Gott gelebt hatte, hat im Sterben Gottverlassenheit erfahren, so wie sie die Todeskonsequenz des Lebens ist, das abseits von Gott gelebt wurde. Das sagt der Schrei am Kreuz, von dem die beiden ersten Evangelien berichten.

Was die Evangelien erzählen, wird in bestimmten, sehr auffallenden christologischen Formulierungen der Briefe unterstrichen: „Gott sandte seinen Sohn in die Gleichgestaltung mit dem Fleisch der *Sünde*" (Röm 8,3), „als einen, der vom Weibe geboren und unter das *Gesetz* getan war" (Gal 4,4) – und „Gesetz" ist für Paulus die Macht, der die Menschen um der Sünde willen unterworfen sind. Ja „Gott hat den, der von keiner Sünde wußte, für uns zur Sünde gemacht" (2.Kor 5,21). Und im Hebräerbrief: „Er hat in den Tagen seines Fleisches Gebet und Flehen mit starkem Geschrei und Tränen geopfert zu dem, der ihm vom Tode konnte aushelfen" (5,7). Denn „er mußte in allen Dingen den Brüdern gleich werden" (2,17), mitleidend mit unseren Schwachheiten, „versucht in allem gleich wie wir – doch ohne Sünde" (4,15). Wie konnte man meinen, der, von dem dies gesagt ist, habe dies vor uns voraus, daß er um seiner stetigen Geborgenheit in der Gottesschau willen des Glaubens nicht bedurfte!

Jesus wirklicher Mensch – das heißt in der Tat: In allem, was Menschen betreffen und bedrängen kann, ist er ganz an unserer Seite.

Es gibt nichts, worin er uns nicht verstehen könnte. Jesus der Mensch *mit* uns – unser Bruder.

1.2. Jesus – als wirklicher Mensch *der wahre Mensch*. Damit ist gesagt: Er allein hat Menschsein in ungebrochener Entsprechung zu Gott gelebt. Den Willen Gottes zu tun war seine „Speise" (Joh 4,34), d. h. sein eigenster Wille und seine Lebenserfüllung. Er hat nicht für sich selbst gelebt, sondern ganz im Zusammensein mit Gott und aus der Macht der Liebe Gottes in der Zuwendung zu den Menschen, und so in der ungeteilten Erfüllung des Doppelgebots der Liebe, in dem der ganze Gotteswillen zusammengefaßt ist. In ihm ist der Mensch erschienen, in dem die geschöpfliche Bestimmung des Menschen, in antwortender Entsprechung „Ebenbild" Gottes zu sein, wahrgemacht ist. Als dieser wahre Mensch steht er, der ganz *mit* uns, an unserer *Seite* ist, zugleich *für* uns, an unserer *Stelle*, vor Gott: als der Mensch, der für unser Versagen eintritt, der Gott gegeben hat, was wir ihm schuldig bleiben. Das neutestamentliche Christuszeugnis bringt das zum Ausdruck, wenn es von der *Sündlosigkeit* Jesu spricht. Dazu sind gelegentlich kritische Fragen gestellt worden: Ist die Rede von der Sündlosigkeit Jesu eine nach einem bestimmten ethischen Maßstab begründbare Feststellung? Oder ist das eine bloße Behauptung? Könnte es nicht auch ethische Gesichtspunkte geben, unter denen das Verhalten Jesu zu kritisieren wäre? Dazu kann man nur sagen: Die Aussage der Sündlosigkeit Jesu ist ein Glaubensurteil, das da impliziert ist, wo überhaupt Jesus als der Christus geglaubt wird, d. h. als das persongewordene Wort, in dem Gott uns sich selbst kundgetan hat, und damit auch die wahre, ihm in Wahrheit entsprechende Menschlichkeit des Menschen. Damit ist eben *Jesus* zum Kriterium geworden für das, was vor Gott recht und was vor ihm Sünde ist. Reden wir von seiner Sündlosigkeit, so ist das nur ein anderer Ausdruck dafür, daß er selbst uns zum ethischen Maßstab geworden ist, daß also ein übergeordneter Maßstab, nach dem auch er zu beurteilen wäre, nicht mehr gesucht wird. Gewiß sind ethische Maßstäbe denkbar, nach denen auch Jesu Verhalten kritisch zu beurteilen wäre, etwa als zu schwach, zu unrealistisch, zu wenig „heroisch" usw. Aber das wäre ein Denken, das außerhalb des Glaubens steht. An Jesus als den Träger des Wortes Gottes glauben heißt, sich in der Frage, was gut und böse, menschlich und unmenschlich ist, für ihn entschieden haben oder besser: das in ihm gesprochene Wort, in dem Gott uns sagt, was vor *seinem* Urteil gilt, gehört und angenommen haben.

Man hat auch gefragt, ob eine Sündlosigkeit Jesu nicht in Widerspruch stünde zu seinem wirklichen Menschsein; ob wir also, wenn daran gelegen ist, daß er *unser* Menschsein in allen seinen Grenzen und Belastungen geteilt hat, nicht zu der Konsequenz bereit sein müßten zuzugestehen, daß er auch unser Sündersein geteilt hat. Aber das wäre eine törichte Konsequenz; sie würde voraussetzen, daß die Sünde als ein Element der natürlichen, kreatürlichen Begrenztheit des Menschen beurteilt wird. Aber damit würde es sinnlos, überhaupt von Sünde zu sprechen; wenn dieses Wort irgend etwas bedeuten soll, dann doch gerade den *Widerspruch* des Menschen zu seiner geschöpflichen Bestimmung. Sünde kann nicht als ein Wesenselement der von Gott *geschaffenen* Wirklichkeit des Menschen verstanden werden; sie ist an dieser Wirklichkeit das *Zerstörende*.

Nun hatten wir allerdings gesagt: Jesus hat an der Wirklichkeit unseres Daseins teilgehabt unter denjenigen Belastungen, die *wir* von der Wirksamkeit jenes Zerstörenden her zu tragen haben. Und hier entsteht eine echte Frage. Wie konnte der, in dem keine Sünde ist, die Belastungen erfahren, denen *wir* unterliegen, *weil* wir Sünder sind? Diese Belastungen – Versuchung, Todesangst, Gottesferne – sind ja keine gewissermaßen von außen auferlegten Strafbestimmungen, die von der Sünde selbst isolierbar wären, sondern ihre eigenen inneren Konsequenzen. Kann Versuchung erfahren werden von dem, dessen Wille ungebrochen in Gottes Willen lebt? Setzt Versuchung, wie *wir* sie kennen, nicht voraus, daß Sünde, zu der wir versucht sein können, in der Gespaltenheit unseres Herzens bereits ihren „Brückenkopf" hat? Und wie kann das Sterben als ein Verlassensein von Gott erfahren werden von dem, der in ungebrochener Gemeinschaft mit Gott gelebt hat? Psychologisches Erklären kommt hier allerdings an seine unübersteigbare Grenze. Man wird nur noch antworten können: Er, der Sündlose, konnte und mußte das erfahren, was in uns von unserm Sündersein unabtrennbar ist, weil Gott ihn dies erfahren lassen wollte, ihn bis in dies hinein an unsere „Stelle" schickte. Das Geschehen dieser „Stellvertretung" entzieht sich der psychologischen Einordnung in das nach unserer Selbsterfahrung Mögliche. Es ist, in dem Menschen Jesus, die Möglichkeit *Gottes*.

Wir rühren hier wirklich an das Geheimnis der Person Jesu Christi. Es betrifft nicht nur sein Einssein mit Gott, von dem wir noch reden werden, sondern auch sein Gegenüber zu Gott als der eine Mensch, der ihm in Wahrheit entspricht und doch mit dem Leiden des Gott widersprechenden Menschen beladen wird. *Dieser* Mensch, so gewiß er *an* unserer Wirklichkeit teilhat, ist nicht *aus* unserer Wirklichkeit zu erklären. Nicht die geschichtliche Entwicklung der Menschheit hat schließlich den wahren Menschen hervorgebracht. Er ist von „oben" her, aus der neuschaffenden Macht Gottes, an unsere Stelle gekommen.

2. *Gott in Jesus mit dem Menschen*

In allem, was bis dahin von dem Menschen Jesus gesagt wurde, war unausgesprochen mitgedacht: Wir sprechen von dem einen Menschen, durch den Gott selbst uns gegenwärtig ist. Aber nun muß bedacht werden, was das heißt: Gegenwart Gottes in Jesus.
2.1. Wir setzen uns zunächst mit der Frage auseinander, ob dies in dem Sinn, wie etwa Schleiermacher und später auf etwas andere Weise auch Gogarten interpretiert hat, verstanden werden kann: Der Mensch Jesus hat Gott in seinem eigenen Bewußtsein und Verhalten so gegenwärtig, daß er durch *sein* Verhalten zu Gott ihn auch uns vergegenwärtigt, so daß wir in den Nachvollzug dieses Verhaltens hineingenommen werden. Oder muß mit dem christologischen Dogma im eigentlichen Sinn die Vergegenwärtigung Gottes *durch* Jesus als Gegenwart Gottes *in* Jesus, in seiner *Person* verstanden werden?
Das biblische Christusbekenntnis redet gerade in seinen dichtesten Aussagen unüberhörbar von einer Präsenz Gottes, die in Jesus *selbst*, in seiner Person und seinem Geschick, *Ereignis* wurde: Das Wort, das im Anfang bei Gott und selbst Gott war, durch das alle Dinge geschaffen sind, wurde *Fleisch* in ihm (Joh 1). „Gott war *in* Christus und versöhnte die Welt mit sich selbst" (2.Kor 5,19). Das kann nicht nur so verstanden werden, daß Jesus als der wahre Mensch das rechte *Verhalten des Menschen zu Gott* exemplarisch gelebt und dadurch seinen Nachvollzug ermöglicht hätte. Es muß primär so verstanden werden, daß in Jesus das befreiende *Verhalten Gottes zu uns*, sein Kommen zu uns Ereignis wurde. Und *dies* begründet die Möglichkeit, uns als die mit Gott Versöhnten zu glauben.
Dem entspricht, was die Evangelien von der Verkündigung und dem Verhalten des irdischen Jesus berichten. Wohl sehen wir da den Menschen, der sich Gott ganz hingibt; aber zugleich den, der selbst im Namen Gottes zu reden und zu handeln beansprucht. Jesus hat die *Forderung* Gottes so vertreten, daß er sein Wort *über* die Autorität des geschriebenen Gesetzes stellte (Mt 5,31ff.; Mk 10,5ff.); er hat also beansprucht, den Willen Gottes so zu kennen und geltend zu machen, wie Gott ihn selbst kennt. Jesus hat in der Zusage bedingungslos gewährter *Vergebung* getan, was allein die Sache Gottes sein kann; er hat beansprucht, mit seinem Verhalten zu den durch Schuld von Gott

getrennten Menschen Gottes eigenes befreiendes Verhalten zu vertreten. Jesus hat das *Kommen des Gottesreiches* so angesagt, daß er die Teilhabe an ihm denen zusprach, die ihn und seinen Ruf annehmen; er hat also beansprucht, daß darin zugleich Gottes Entscheidung über die endgültige Zukunft der Menschen sich vollzieht.

Hat Jesus beansprucht, im Namen und an der Stelle Gottes zu *handeln*, so impliziert dieses Handeln aber im entscheidenden Angelpunkt die Vertretung des *Seins* Gottes mit uns, seiner Gemeinschaft gewährenden *Präsenz*. Dieser Angelpunkt liegt in der Zusage: Denen, die durch ihr faktisches Leben von Gott getrennt sind, wird zugesprochen, daß diese Trennung aufgehoben ist, daß sie sich nun als die bedingungslos Angenommenen und Geliebten wissen dürfen. Sich geliebt und angenommen wissen bedeutet aber: nicht mehr allein sein, den Liebenden *mit* sich wissen und nun in und aus seiner Gegenwart leben. Die Zusage des Angenommenseins durch Gott bedeutet nicht weniger als die Gemeinschaft gewährende Präsenz Gottes selbst bei denen, denen sie gilt; sein Kommen zu denen, die in der Abkehr von ihm und darin mit sich selbst und der Welt allein gelebt haben. Dieses Kommen Gottes zu denen, die fern von ihm waren, hat Jesus nicht nur mit Worten, sondern in der Solidarität seiner Person mit den Sündern vollzogen. Insofern hat er nicht nur in seinen Worten die *Worte* Gottes geredet (das würde über einen prophetischen Anspruch noch nicht hinausführen). Er wurde in dem Zusammensein seiner selbst mit den Menschen der Träger des *Seins* Gottes mit ihnen. Dann ist aber auch die Forderung Gottes, die er vertreten hat, nicht die Kundgabe eines Gebots, zu dessen Erfüllung der Mensch sich selbst überantwortet wäre. Sie wird zu dem Aufgebot, in Kraft der Gemeinschaft mit Jesus und das heißt, aus der Gegenwart Gottes selbst in der Macht seiner Liebe zu leben und zu handeln. Und die Zukunft der Teilhabe am Reich Gottes kann denen, die sich von Jesus rufen lassen, darum zugesprochen werden, weil in ihm Gott selbst auf das Ziel dieser Zukunft hin mit ihnen wird.

Darin wird deutlich, daß und warum Person und Werk Jesu Christi eine Einheit sind. Das Wort Gottes, das ein Prophet auszurichten hat, ist von seiner Person ablösbar. Aber das Werk Jesu erfüllt sich gerade darin, daß er in seiner *Person* Gottes Gegenwart zu den von Gott Geschiedenen bringt. Und umgekehrt: Ist in der Person Jesu Gott selbst gegenwärtig, so ist er es im Geschehen dieses *Werkes*, im Vollzug seines Kommens zu den Gottlosen.

In diesem Zusammenhang muß nun an die christologische Konzeption Pannenbergs eine Frage gestellt werden. Sie richtet sich nicht darauf, daß er die Auferweckung Jesu als *Offenbarung* seiner Einheit mit Gott versteht. Aber kann man das *In-Kraft-Treten* dieser Einheit so auf das Ostergeschehen konzentrieren, daß sie in dem, wie der irdische Jesus Menschen begegnet, an ihnen handelt, für sie stirbt, gleichsam noch „in suspenso", über sie noch nicht entschieden ist? Pannenberg kann das so sagen, weil er das Einswerden Jesu mit Gott, sein Werden zu Gott dem Sohn mit seiner menschlichen Hingabe an den Vater in eins sieht, und diese mußte sich freilich bis ins letzte hinein erst bewähren. Ist die Einheit Jesu mit Gott aber nicht vielmehr in der umgekehrten Richtung, als die in seiner Person geschehende Hingabe Gottes an den Menschen zu sehen – und dann als im Ganzen seines Weges und Tuns und vor allem seines Sterbens und dann freilich auch seiner Auferweckung *aktuell* in Kraft stehend?

Wir vergessen dabei nicht das hinter seiner christologischen Konzeption stehende Anliegen Pannenbergs, die Gegenwart Gottes in Jesus so zu verstehen, daß das Menschliche seines Gegenübers zu Gott ungebrochen bleibt. Die Frage ist, ob es einen andern als den von ihm eingeschlagenen Weg geben kann, diesem Anliegen gerecht zu werden.

2.2. Das folgende ist der Versuch, einen solchen Weg zu finden. Wir versuchen, das Zugleich der Gegenwart Gottes in Jesus und seines menschlichen Gegenüber zu Gott nicht *substantial* als ontische Doppelbeschaffenheit seiner Person in sich selbst, sondern *relational* als das Miteinander zweier Beziehungen zu verstehen, die Jesus auf seinem Erdenweg von der Krippe bis zum Kreuz zukamen einmal in seinem eigenen Verhältnis zu *Gott*, und andererseits in dem Verhältnis, das Gott selbst in ihm zu *uns* eingegangen ist. (Was Jesu Auferstehung für sein eigenes Verhältnis zu Gott bedeutet, wird dann noch eigens zu bedenken sein.)

In seinem eigenen Verhältnis und Verhalten zu Gott war der unter uns auf dieser Erde lebende und sterbende Jesus als Mensch *unter* Gott; und zwar als der *wahre* Mensch in der Ganzheit vertrauender und gehorsamer Hingabe bis dahin, daß er sich von Gott an den Ort stellen ließ, der uns, den unwahren Menschen zukommt: unter das Todesgericht.

In seinem Verhältnis und Verhalten zu uns ist Jesus gewiß auch der *Mensch* mit uns Menschen, unser Bruder. Er *war* dies als der Irdische, er *bleibt* es als der Erhöhte. Aber zugleich vollzieht sich in ihm *Gottes* Verhalten zu uns, nämlich sein Kommen zu uns, das unsere Gottesferne aufhebt.

Zur Verdeutlichung mag der Vergleich mit der zweifachen Relation dienen, in der auch ein menschliches Vater-Sohn-Verhältnis stehen kann (ein Vergleich, der allerdings in einem wesentlichen Punkt dann überschritten werden muß): Ein Sohn kann in der Relation seines eigenen Gegenüber zum Vater ganz der gehorsam dem Willen des Vaters sich Unterstellende sein, in der Relation zu andern, Außenstehenden aber unter bestimmten Umständen zugleich der den Vater vollmächtig Vertretende, in seinem Namen Handelnde. Beides schließt sich nicht aus, sondern kann in Hinsicht der jeweiligen Relation *gleichzeitig* gelten.

Das Beispiel kann hilfreich sein, um die biblische Bezeichnung Jesu als „Gottes Sohn" – und wir können hinzunehmen: seine Bezeichnung als die „eikôn" (Ebenbild) Gottes – in einer *zweifachen* Bedeutung zu erfassen, die nicht einlinig verkürzt werden darf: In seiner Relation zu Gott dem Vater hat Jesus der wahre Mensch sich bewährt als „Sohn" und „Ebenbild" Gottes in dem Sinn, daß er dem Vater in völligem Vertrauen und Gehorsam antwortend entspricht; und in diesem Sinn ist er das „exemplum" der Sohnschaft, in die ihm nach auch wir gerufen werden, und der Ebenbildbestimmung, zu der wir geschaffen sind und in der wir „seinem Bilde gleichgestaltet" werden sollen. Das ist der Gesichtspunkt, den christologische Entwürfe wie diejenigen Schleiermachers und Gogartens an sich zutreffend, aber einseitig erfaßt haben. Denn: In seiner Relation zu uns ist Jesus zugleich „Sohn" und „Ebenbild" Gottes im Sinn der Vollmacht, das Sein und Tun des Vaters zu vertreten; und in *diesem* Sinn ist er das „sacramentum" der Gemeinschaft schenkenden Gegenwart Gottes selbst bei uns. *Darin* ist er „Sohn" und „Ebenbild" Gottes in einem ihm allein zukommenden Sinn: der „eingeborene" Sohn, das Ebenbild, das Gottes eigene doxa ausstrahlt (Hebr. 1,3).

Das „sacramentum" der Gegenwart Gottes, sagten wir, und berühren damit die Stelle, an der der menschliche Vergleich entscheidend versagt. Denn wenn ein menschlicher Sohn die Vollmacht hat, im Namen seines Vaters zu handeln, etwa einen Vertrag abzuschließen, so vertritt er den *abwesenden* Vater. Jesus aber ist in seinem Verhältnis und Verhalten zu uns nicht der Repräsentant eines abwesenden, sondern gerade des in, mit und unter seinem Sein mit uns *anwesenden* Gottes, so daß nicht nur gilt: *Wie* Jesus, *so* (auf einer höheren Ebene) auch Gott, sondern: *Wo* Jesus, *da* Gott selbst, und mit welchen Jesus, mit denen damit, daß *er* bei ihnen ist, auch Gott selbst. Auch der Begriff eines „Vertretens" oder „Repräsentierens", der bisher vorläufig gebraucht wurde, wird damit in seiner gewöhnlichen Bedeutung überschritten. Gott *läßt* sich nicht nur durch den Menschen Jesus repräsentieren. Besser sagen wir: Er *identifiziert* sich selbst in ihm für uns.

Man kann dann in der Tat sagen: Jesus ist das *Person-Sakrament* der die Sünder annehmenden Gemeinschaft Gottes mit den Menschen. Nur so kann er zugleich das exemplum eines aus der Kraft dieser Gemeinschaft neu werdenden Menschenlebens sein.

Ersetzen wir damit, entgegen dem ausdrücklichen Veto der alten Dogmatik, die unio *personalis* von Gott und Mensch in Jesus durch eine unio *sacramentalis?* Könnte man m.a.W. nun sagen: Wie das Brot im Sakrament als solches nicht Christus *ist*, wohl aber indem das Brot empfangen wird, in eins mit ihm auch Christus leibhaftig gegenwärtig ist und sich gibt, – so *ist* der Mensch Jesus nicht Gott, aber da *wo* Jesus ist, ist in eins mit ihm auch Gott der Vater? Nein. Ist Jesus wirklich in seiner *Person* das Sakrament der Gegenwart Gottes, so wird eben dadurch die Parallele einer bloßen unio sacramentalis von *Element* (Brot) und Gegenwart Christi gesprengt. In ihr können wir das unpersönliche Element, das Christi Gegenwart repräsentiert, bei allem Wissen darum, daß diese Gegenwart sich dem Empfang des Elementes ohne Vorbehalt zugesagt hat, von der Person des Christus praesens unterscheiden (wenn auch nicht scheiden). Hier, in Jesus selbst als dem Ursakrament, geht es aber um *Person* als Träger von Persongegenwart: um das *Du*, in dem Gott sein befreiendes Kommen zum Menschen festgemacht hat. Der „Ort" Gottes bei uns *ist* dieses Du. Darum ist es hier nicht mehr möglich, schlechthin zu sagen: Der Mensch Jesus ist nicht Gott. Sondern *für uns*, in dem Verhältnis, das Gott in ihm zu uns hin eingegangen ist, *ist* dieser Sohn ununterscheidbar Gott selbst in der Gestalt, in der er zu uns in unser Menschsein gekommen ist, und so in der Tat *Gott* der Sohn.

Das kann aber nun gesagt werden, ohne daß damit das Sein *unter* Gott, das Jesus in seinem irdischen Lebens- und Leidensweg bewährt hat, in seiner Menschlichkeit, seinem Betroffenwerden durch Anfechtung, seinem Angewiesensein auf Glauben verkürzt würde. Denn allerdings, ein substantial als eigenschaftliche Doppelbeschaffenheit der Person in sich selbst verstandenes Zugleich von Gott und Mensch kann in das Problem führen, ob hier nicht „Eigenschaft" mit „Eigenschaft" in einen Konkurrenzkonflikt geraten muß. Aber daß Jesus in der Relation, die Gott in seiner Person zu uns Menschen eingegangen ist, der Träger der Selbstgegenwart Gottes bei uns ist – und daß dies von Anbeginn an für das *Ganze* seiner Sendung gilt –, bricht dem nichts ab, daß er in seinem eigenen Verhältnis zum Vater auf seinem irdischen Weg ganz der Mensch *unter* Gott war. Daß Gott in Jesu Sein mit uns sein eigenes Sein mit uns festgemacht hat, bedeutet dann nicht, daß Jesus als Mensch für und in sich selbst zugleich göttliche Eigenschaften besessen haben müsse. Jesus konnte auf seinem irdischen Weg selbst ein *Wissen* um seine Sendung gehabt haben, in seinem Verhalten zu den Menschen Gottes Verhalten zu ihnen zu vollziehen, ohne daß dieses Wissen mit der Eigenschaft göttlicher Allwissenheit gleichzusetzen wäre.

Wir versuchten also, das Anliegen der Naturenchristologie: Ganz Gott selbst kommt in Jesus ganz zum Menschen, durch eine Relationschristologie zu interpretieren, und fassen zusammen:

Der irdische Jesus in seiner eigenen Relation zu Gott – der wahre Mensch, der sich Gott untergibt bis hin zum Übernehmen der Gottesferne des Kreuzes, und der damit an die Stelle tritt, die uns vor Gott zukommt.

Jesus in der Relation, die Gott in ihm zu uns her vollzieht, der Eine, in dem in Wahrheit Gott selbst mit uns wurde, auch dies bis hinein in die Gottesferne unseres Sterbens, so daß *sein* Hinabsteigen in diesen äußersten Ort *für uns* die Gottverlassenheit dieses Ortes aufhebt, die Gegenwart Gottes in unsern Tod hereinträgt und ihn zum Eingang in die Endgültigkeit des Zusammenseins Gottes mit uns verwandelt.

Das kann freilich nur gesagt werden im Glauben an die Auferweckung des Gekreuzigten von den Toten. Denn in ihr hat Gott seine Selbstidentifizierung mit dem Menschen Jesus und seiner Geschichte (nicht erst in Kraft gesetzt, aber) gegen den Widerspruch derer, die ihn als Gotteslästerer ans Kreuz brachten, bekräftigt und besiegelt. Die Auferweckung Jesu – darin ist Pannenberg recht zu geben – ist in der Tat die *Offenbarung* seiner Einheit mit Gott, und in dieser Vollendung seines irdischen Weges ist Jesus auch für ihn selbst, in seiner eigenen Relation zum Vater, in die Identität mit der Gottheit Gottes aufgenommen. Er bleibt, auch als der Erhöhte, der Mensch mit uns Menschen, aber nun nicht mehr der Mensch *unter* Gott. Der Vater ist nun nicht anders Gott als zugleich in diesem Sohn, durch dessen menschlichen Weg er seine eigene Heilsbewegung zu den im Unheil gefangenen Menschen vollzogen hat. So ist er auch für uns nicht *nur* der Mensch mit uns Menschen, sondern der Sohn, der mit dem Vater zugleich als Herr und Gott angerufen und gepriesen wird.

Exkurs zum Verständnis der Wunder Jesu
In unserer Besinnung auf das wirkliche Menschsein Jesu war gesagt worden, man solle sich den irdischen Jesus nicht als einen „Supermenschen" vorstellen, der kraft seiner Ausrüstung mit übernatürlichen Kräften alles Beliebige, auch das Menschenunmögliche, „gekonnt" hätte. Wie sind dann die Wunderberichte der Evangelien zu verstehen?
Mit der Abweisung jener Vorstellung vom „Supermenschen" soll nicht gesagt sein, daß alle diese Berichte für Legenden zu halten sind. Daß durch Jesus außerordentliche Taten, vor allem Taten der Hilfe und Heilung geschehen sind, ist nicht zu bestreiten. Und wenn andererseits nicht alles Wunderhafte, was von Jesus berichtet wird, als historischer Tatsachenbericht zu fassen ist, so sollte man jedenfalls nicht dies zum Kriterium der Unterscheidung zwischen wirklich Geschehenem und Legendärem machen, was in diesen Berichten allenfalls noch als Grenzfall des „Menschenmöglichen" verstanden werden kann und was dezidiert nicht mehr.
Viele Taten, die von Jesus berichtet werden, fielen, als Vorgänge an sich betrachtet, für die Menschen jener Zeit zwar aus dem Rahmen des Erklärbaren heraus, waren aber für sie dennoch nichts schlechthin Einmaliges – „Wundertäter" gab es in der antiken Welt auch sonst (und bislang wissenschaftlich unerklärbare, „okkulte" Fähigkeiten und Vorgänge gibt es ja auch heute). Wer dem Wort Jesu den Glauben versagte, konnte auch seine Taten für dämonische Wunder eines Verführers halten (Mt 12,24 parr.).
Aber diese Taten wollen nicht als wunderhafte Vorgänge an sich verstanden sein. Sie wollen verstanden sein in ihrem besonderen Zusammenhang mit der Verkündigung und Geschichte Jesu, mit dem, wozu Gott ihn und nur ihn gesandt hat; und in diesem Zusammenhang sind sie in der Tat ein *Einmaliges*, das im Rahmen der *allgemeinen* Frage, was „menschenmöglich" ist und was nicht, gar nicht beurteilt werden kann. Jesus selbst hat in seinen Taten die Zeichen des in seiner Sendung „nahe herbeigekommenen" Reiches Gottes gesehen (Mt 12,28). Nicht nur in seinen Worten, sondern auch in diesen seinen Taten sagt er die *Zukunft* der Gottesherrschaft an, die alle Unheilszwänge dieser Welt, unter die die Menschen geknechtet sind, überwinden wird. Ist in seiner Auferweckung von den Toten an ihm selbst diese Zukunft angebrochen, so werden nun für die Gemeinde, die ihn als den Auferstandenen glaubt, die Zeichen, die durch ihn geschehen sind, zu signa resurrectionis: Vorzeichen des neuen Lebens, das Gott aus dem Tod schaffen wird und das den ganzen Menschen, die ganze Schöpfung meint. Darum kann man sie nicht unter der allgemeinen Fragestellung beurteilen, ob es grundsätzlich so etwas wie Wunder – und dann auch die Wunder Jesu – in dieser unserer Welt je und dann „geben" kann; einerlei ob man diese Frage unter dem Eindruck antiker und moderner Berichte von „Wundertätern" vorsichtig zu bejahen geneigt ist oder entschlossen verneint. Was durch Jesus geschehen ist, ist Vorzeichen des *Neuen*, das es (in einem tieferen Sinn als die grundsätzlichen Bestreiter der Möglichkeit von Wundern dies meinen) im Lauf dieser Welt gerade noch nicht „gibt":

nicht Grenzfall der Möglichkeiten des Menschen, sondern Ansage der Zukunft Gottes.

Handelt Jesus in diesen Zeichen aus ungewöhnlichen Kräften seiner menschlichen Natur? Handelt er in göttlicher Allmacht? Sofern hier nicht nur „Wunder" an sich, wie sie auch sonst hie und da berichtet werden, sondern die Zeichen der Zukunft der Gottesherrschaft, die signa resurrectionis geschehen, kann man nur antworten: *Gott* ist es, der handelt (Joh 9,3). Gott allein führt über dieser Welt die Zukunft seines Reiches herauf, Gott allein hat den gekreuzigten Jesus von den Toten auferweckt als den „Erstling" dieser Zukunft (1.Kor 15,20); so kann auch nur Gott die Zeichen wirken, in denen diese Zukunft sich ansagt. Gewiß hat er sie gewirkt durch Jesus, als der in ihm für uns Gegenwärtige. Und es konnte sein, daß Gottes Wirken dabei außergewöhnliche Fähigkeiten in Dienst nahm, die Jesus als Mensch gegeben waren und die an sich vergleichbar sind mit außergewöhnlichen Fähigkeiten, die auch sonst hie und da Menschen eigen sind. Aber man wird das nicht einschränken dürfen zu der Behauptung: Gott *konnte* in Jesus die Zeichen seiner Zukunft nur durch solche Vorgänge wirken, die auch als Grenzfälle menschlicher Fähigkeiten verstehbar sind. Ist Gott der Wirkende in diesen Zeichen, so können wir *seinen* Möglichkeiten keine prinzipielle Grenze ziehen. Eben deshalb sollte man nicht das, was wir für den Grenzfall des noch Menschenmöglichen halten (aber wer legt das genau fest?), zum Kriterium dafür machen, welche Wunder durch Jesus tatsächlich geschehen sein können und welche Wunderberichte der Evangelien für legendär zu halten sind[6]. Aber wie und was immer Gott durch ihn wirkte – in keinem Fall handelte Jesus in diesen Zeichen als ein Mensch, der seine eigenen quasigöttlichen Kräfte einsetzt oder gar zur Schau stellt. In seiner menschlichen Relation zu dem Vater war er vielmehr selbst der Erbittende und Empfangende dessen, was Gott durch ihn wirken wollte (Joh 11,41; Mk 7,34).

3. Der Ursprung Jesu in Gott

Jesus inmitten einer Menschheit, die Gott nicht entspricht, der *wahre* Mensch, „versucht wie wir, doch ohne Sünde", und zugleich der Eine, in dessen Person Gott selbst zu den in den Widerspruch zu seinem Willen gefangenen Menschen gekommen ist – dies kann nicht „von unten", sondern wirklich nur „von oben" verstanden werden. Es kann

---

[6] Kriterium hierfür können konkrete Indizien werden, die sich etwa aus der problematischen textlichen Überlieferung eines solchen Berichts, aus dem Vergleich mit anderen neutestamentlichen Berichten (Dubletten, Widersprüche u. ä.), eventuell auch aus einem sachlichen Widerspruch dessen, was als theologische Aussageintention des Berichtes erkennbar wird, zu anderen wesentlichen Elementen der Christusverkündigung des Neuen Testaments ergeben.

nicht verstanden werden aus dem, wozu ein Mensch unter den Bedingungen, die menschliche Geschichte, Umwelt, Erziehung und individuelle Anlage vorgibt, *werden*, wozu er sich entwickeln kann. Dieser Mensch kann nur als neuschaffende Tat Gottes verstanden werden: *Er* schafft den Menschen, der ihm ganz entspricht, den „zweiten Adam", inmitten einer Menschheit, die diesen Menschen nicht aus sich hervorbringen konnte. Er selbst bestimmt sich dazu, in der Person dieses Menschen uns gegenwärtig zu sein. In seiner psychischen und körperlichen Entwicklung vom Kind zum Mann ist Jesus geworden wie wir alle. Aber als der, der er ist in seinem Verhältnis zu Gott und in dem Verhältnis Gottes in ihm zu uns, ist er nicht geworden, sondern *gekommen*, gesendet. Anders gesagt: in ihm geschieht nicht Apotheose, Aufstieg des Menschen zu Gott, sondern „Kondeszendenz", Herabsteigen Gottes zum Menschen. Darin liegt das eigentliche, aus menschlichen, weltlichen Bedingungen nicht erklärbare Geheimnis der Person Jesu Christi.

Im Neuen Testament werden verschiedene Ansätze sichtbar, dieses Ursprungsgeheimnis Jesu zu umschreiben. Von woher ist er der Sohn Gottes? Es finden sich Spuren einer frühen Vorstellung, Gott habe ihn in einem bestimmten Geschehen in die Sohnesvollmacht *eingesetzt:* in seiner Taufe durch Johannes (Lk 3,22 in der Lesart D), oder in seiner Auferweckung (Röm 1,4 – Paulus zitiert dort eine ältere christologische Formel). Diese Vorstellung wird in den neutestamentlichen Schriften aber überschritten zu der Einsicht, daß Jesus nicht zum Sohn erst geworden, sondern als der Sohn Gottes, der er vom Ursprung seines Seins her ist, „ins Fleisch" *gekommen* ist. Das sagen auf ihre Weise die Berichte von seiner Empfängnis durch Maria aus Gottes Schöpfertat ohne männliche Zeugung. Das umschreiben auf andere Weise die Aussagen von der Präexistenz, in der der Sohn bei Gott ist vor aller Zeit, in der er in der Schöpfung wirksam gegenwärtig war und aus der er zur erfüllten Zeit die „Knechtsgestalt" des Menschen annahm. Finden sich die Berichte des Geburtswunders nur im Matthäus- und Lukasevangelium, so nehmen die Präexistenzaussagen im Neuen Testament einen viel breiteren Raum ein, vor allem in den Paulusbriefen (1.Kor 8,5; Phil 2,5ff.; Kol 1,15f.) und im Prolog des Johannesevangeliums, aber neben diesen ausdrücklichen Aussagen des Präexistenzgedankens noch in einer Fülle anderer Stellen, in denen er vorausgesetzt ist. Beide Aussageweisen der Herkunft Jesu aus Gott müssen sich bei entsprechender Interpretation nicht unbedingt logisch widersprechen; sie sind ja in der kirchlichen Lehrentwicklung auch miteinander verbunden worden: Der präexistente Gottessohn ging in

den Mutterschoß der Maria ein, um durch sie als Mensch geboren zu werden. Auf ihre Entstehungsgeschichte gesehen, sind sie aber wohl alternative Ansätze, den Ursprung der Sohnschaft Jesu zu verstehen. Die Präexistenzaussage sieht diesen Ursprung in Gott von Ewigkeit her, die Geburtsberichte sehen ihn in der Gottestat der jungfräulichen Empfängnis (so jedenfalls dürfte Lk 1,35 zu verstehen sein).
Die Erzählungen von der wunderbaren Empfängnis und Geburt Jesu meinen auf keinen Fall, daß Gott im biologischen Sinn an die Stelle des menschlichen Vaters getreten sei, etwa so wie antike Mythologie von der Verbindung von Gottheiten mit menschlichen Frauen zu erzählen weiß. Sie sind mit religionsgeschichtlichen „Parallelen" dieser Art nicht in innere Verbindung zu bringen. Es gibt aber im neutestamentlichen Textbefund selbst konkrete Indizien, die es wahrscheinlich machen (mehr kann und sollte hier nicht behauptet werden), daß dieser Versuch, das Ursprungsgeheimnis Jesu zu umschreiben, legendären Charakter hat, auch nicht zu dem der Urgemeinde von Anfang an gemeinsamen Überlieferungsgut gehörte. Das vermutlich älteste Evangelium, Markus, enthält davon keine Spur, ebensowenig Paulus und Johannes, obwohl beide mehrfach und ausdrücklich vom Ins-Fleisch-Kommen des Sohnes sprechen und dabei Anlaß gehabt hätten, das Wunder seiner Geburt zu berühren. Mehrfach in der Evangelienüberlieferung wird Josef als der Vater Jesu bezeichnet. Die beiden Stammbäume, die in das Matthäus- und Lukasevangelium aufgenommen wurden, weisen in der unmittelbaren Abfolge der Zeugungen auf Josef (der seine Vaterschaft ausschaltende Nachsatz in Mt 1,16 ist textkritisch problematisch). Das spätere, offenbar zunächst verständnislose Verhalten der Familie, auch der Mutter Jesu zu seinem öffentlichen Auftreten (Mk 3,21, 31ff.) wäre unter der Voraussetzung, daß die Geburts- und überhaupt die Kindheitsgeschichten des ersten und dritten Evangeliums tatsächliche Vorgänge berichten, kaum zu verstehen[7]. Es können auch keine dogmatischen Gründe angeführt werden, aus denen die jungfräuliche Geburt Jesu als Tatsache zu postulieren wäre. Hat man später gemeint, nur so habe Jesus als der von *Erbsünde* Freie geboren werden können, so ist dabei übersehen, daß er auch durch die Mutter mit dem menschlichen Erbgang verbunden war – ganz abgesehen von der Fragwürdigkeit der Vorstel-

---

[7] Eine eingehende Diskussion der hier nur angedeuteten Argumente und möglicher Gegenargumente bei P. Althaus, Die christliche Wahrheit (7. Aufl. 1966), S. 440ff., und bei W. Trillhaas, Dogmatik (3. Aufl. 1972), S. 263ff.

lung, die Sünde würde wie eine Naturanlage durch den biologischen Zeugungsvorgang übertragen. Ebensowenig kann man sagen, nur auf diesem Wege habe Jesus als der *Sohn Gottes* geboren werden können. Kann man nicht behaupten, Gott habe ein solches Wunder nicht geschehen lassen *können*, so darf man ebensowenig behaupten, er habe die menschliche Vaterschaft ausschalten *müssen*, um in Jesus den Menschen zu schaffen, in dem er selbst uns gegenwärtig ist. *Hat* Gott dieses Wunder geschehen lassen, dann bleibt es als solches ein „Zeichen" seines eigentlichen Wunders, zu dessen Verwirklichung wir keinerlei ontologische Bedingungen erdenken können: daß in dem Menschen Jesus ganz er selbst ganz zu uns gekommen ist.

In diesem Sinn versteht auch Karl Barth das Geburtswunder als Zeichen. Er tritt allerdings leidenschaftlich dafür ein, daß dieses Zeichen als ein von Gott real gegebenes verstanden werden muß, und macht die Anerkennung dessen geradezu zum Merkmal einer rechtschaffenen Theologie.

Auf keinen Fall kann man die jungfräuliche Geburt Jesu als „Heilstatsache" auf einer Ebene sehen mit dem Geschehen seines Kreuzes und seiner Auferweckung. Sonst hätte nicht das ganze übrige Neue Testament, hätten weder Paulus noch Johannes von dieser Tatsache schweigen können. Die Frage, ob es sich wirklich um die Tatsache eines von Gott gewirkten *realen* Zeichens oder (was mir aus den genannten Indizien wahrscheinlicher ist) um ein im Glaubensdenken früher Christen erwachsenes *symbolisches* Zeichen für das Ursprungsgeheimnis Jesu handelt, sollte offen bleiben. Die Stellungnahme zu ihr sollte nicht zum Schibboleth der Rechtgläubigkeit gemacht und nicht mit der Frage gleichgesetzt werden, ob jemand an Jesus als den Sohn Gottes glaubt oder nicht. Auch wenn es sich nur um ein symbolisches Zeichen handelt, behält es für den Glauben seinen Sinn als Ausdruck der Wahrheit, daß Jesus der „eingeborene" Sohn ist, nicht aus menschlicher Möglichkeit geworden, sondern aus dem Willen und der Tat Gottes zu uns gekommen.

Denselben Sinn hat die Aussage der Präexistenz des Sohnes bei Gott vor aller Zeit. Mit diesem „Zuvor" des Sohnes bei Gott ist allerdings die Grenze unseres zeitlichen Vorstellungsvermögens überschritten. Könnte man sagen: Es gab eine Zeit, da war bei Gott dem Vater schon der Sohn, aber in dieser Vorzeit war er *noch nicht* Jesus? Man spürt an einer solchen Formulierung, daß es unangemessen ist, die Existenz des Sohnes „an sich" und seine Existenz als der Mensch Jesus in ein solches unserer innerweltlichen Zeitvorstellung verhaftetes Nacheinander zu bringen. Aber dies besagt der Präexistenzgedanke allerdings:

Der Sohn Gottes, der in Jesus zu uns gekommen ist und den wir in einem „an sich", gelöst von Jesus, in der Tat nicht vorstellen können, ist keine Veranstaltung Gottes „auf Zeit". In seiner aller Zeitmessung überlegenen Ewigkeit bestimmt Gott sich selbst dazu, uns in diesem Sohn gegenwärtig zu werden. Das besagt vor allem auch – und darauf weisen die Aussagen von der wirksamen Gegenwart des Sohnes in der Schöpfung hin –, daß man das Kommen Gottes zum Menschen in Jesus nicht als eine gewissermaßen nachträgliche Maßnahme verstehen soll, die Gott erst durch die Sünde des Menschen und zur Heilung des durch sie eingebrochenen Schadens abgenötigt worden wäre – als ob in einer ursprünglichen Absicht Gottes der Mensch auch ohne Jesus vor ihm hätte leben sollen. So gewiß durch die Sendung des Sohnes nun, da wir Sünder sind, in der Tat unsere Versöhnung mit Gott durch Gott selbst geschieht – es geschieht in ihr zugleich die Verwirklichung des Lebens im Zusammensein mit ihm selbst, zu dem Gott den Menschen von Anbeginn an gewollt und geschaffen hat. Das heißt aber: Gott in sich selbst war und ist nicht anders Gott als so, daß er in dem Sohn, der unser Mitmensch wurde, seine eigene Gemeinschaft mit den Menschen vollziehen will und also auch vollzogen hat. Die Sendung des Sohnes gehört mit der Gottheit Gottes zusammen. Wir sind damit von der Christologie her an die Schwelle des trinitarischen Gottesbekenntnisses herangeführt, an die uns die Pneumatologie ein zweites Mal heranführen wird.

Literatur: s. zu § 9.

§ 11. Das Kreuz Jesu Christi

„Person" und „Werk" Jesu Christi liegen in eins. Wurde bisher von der Gegenwart Gottes in dem Menschen Jesus gesprochen, so war damit das Thema aufgenommen, das die alte Dogmatik in ihrem locus „de persona Christi" verhandelt hatte. Wir hatten dieses Thema aber so verstanden, daß darin auch schon der Vollzug des „Werkes" seiner Sendung zur Sprache kommt. Denn eben dies ist die Sendung Jesu Christi: In seiner Person die Gegenwart Gottes in das Leben des in seiner Gottesferne gefangenen Menschen hineinzutragen. Das Ende dieses Lebens ist der Tod, den wir als schuldige Menschen sterben werden. Wenn nun die Bedeutung des Sterbens Jesu zu bedenken ist, so geht es um den Endvollzug dieser Sendung an unsere „Stelle".
Wir stellen der eigenen Reflexion auch hier eine Übersicht über die

neutestamentlichen Aussagen und ihre Verarbeitung in der dogmatischen Tradition und in kreuzestheologischen Entwürfen der neueren Theologie voran.

1. Grundelemente der Deutung des Kreuzes im Neuen Testament

Die Hinrichtung Jesu war, auf ihre geschichtlich-menschliche Veranlassung gesehen, das Ergebnis eines Häresieprozesses, in dem *Menschen* über ihn zu Gericht gesessen haben. Das mußte für seine Jünger zunächst die radikale Infragestellung seiner Sendung und ihres Glaubens bedeuten. Durch die Ostererfahrung wurde dieser Glaube neu gegründet, so daß sie nun auch das Kreuz Jesu verstehen lernten nicht nur als den willkürlichen Abbruch seines Weges aus dem Willen seiner menschlichen Gegner, sondern als den notwendigen Endvollzug des Weges *Gottes* mit ihm. Von Gott her *mußte* das geschehen (vgl. das „dei" von Mt 16,21 par.; Lk 24,26).

Das Verständnis dieses Geschehens, wie es uns in den Schriften des Neuen Testaments entgegentritt, schließt mehrere Aussageelemente in sich zu einer Einheit zusammen:

1. Der Grund des Kreuzesgeschehens ist der Wille Gottes, den im Widerspruch zu ihm gefangenen Menschen nicht an seine Verlorenheit preiszugeben, sondern ihn in die Versöhnung mit sich selbst einzuholen. Das Kreuz Jesu ist die Tat der *Liebe* Gottes zu den Sündern, zu denen, die „Feinde waren" (Röm 5,8–10; ferner 2.Kor 5,19ff.; Joh 3,16; 1.Joh 4,10 u. a.).

2. Im Kreuz Jesu geschieht der Vollzug des *Gerichtes* Gottes über die Sünde aller Menschen. Gott „hat den, der von keiner Sünde wußte... zur Sünde gemacht" (2.Kor 5,21; ferner Röm 8,3; Gal 3,13 u. a.).

3. Der Vollzug dieses Gerichts an Jesus hat *stellvertretende* Kraft: Er ist „für uns" gekreuzigt, um uns aus der Bindung an die Schuld und Macht der Sünde zu befreien.

Diese stellvertretende Kraft des Todes Jesu wird im Neuen Testament auf verschiedene Weise verdeutlicht:
in der Terminologie des *Opferkultes* – das für die Sünde aller dargebrachte vollkommene Sühneopfer (Joh 1,29; Röm 3,25 u. a.);
in der Terminologie des *Strafrechts* – die anstelle der Schuldigen von dem Schuldlosen übernommene Strafe nach dem Spruch des Gesetzes (Gal 3,13; Kol 2,14 u. a.);
in der Terminologie des *Besitzrechts* – der Loskauf der Versklavten aus der Herrschaft der Verderbensmacht, der sie verfallen waren (Kol 1,13f. u. a.).

Den gemeinsamen Sinn dieser verschiedenen Aussageweisen könnte man in den Satz fassen: Dadurch, daß dieser Eine in die tödliche Unheilssituation der Menschen eintrat, wird diese Situation gesprengt, das Unheil aufgehoben.

4. Die stellvertretende Kraft dieses Geschehens wirkt nicht an der Teilhabe des Menschen vorbei. Sie ist so für uns wirksam, daß wir im Glauben Jesus als den für uns Gekreuzigten wahrhaben (Röm 3,25, *„dia pisteôs* en tô haimati autou") und in das für uns Geschehene *einbezogen* werden: Er ist *für* uns gekreuzigt, damit wir *mit* ihm gekreuzigt werden, jedoch nicht zu unserm Verderben, sondern zu unserm wahren Leben (Gal 2,19; 6,14; Röm 6,6ff.; 7,4ff.; 2.Kor 5,14).

Tat Gottes aus dem Grund seiner *Liebe* zu den Sündern; Vollzug seines *Gerichtes* über die Sünde; *stellvertretend* für uns geschehen im Übernehmen unseres *Unheils;* doch so, daß wir zu unserm *Heil* in dieses Geschehen *einbezogen* werden – eine Interpretation, die dem biblischen Zeugnis vom Kreuz Jesu Christi verpflichtet bleibt und in der (gerade hier gewiß notwendigen) „Übersetzung" biblischer und dogmatisch-traditioneller Begriffe nicht willkürliche Wege gehen will, wird keines dieser vier Grundelemente unterschlagen dürfen. Sie muß sie, wie immer „übersetzend", beisammen halten.

2. *Die Satisfaktionslehre*

Die Christologie der altkirchlichen Theologie konzentrierte sich auf das Thema der gottmenschlichen *Person* Jesu Christi. Eine Lehre vom Kreuz war noch nicht schulmäßig ausgebildet, sondern erst in Ansätzen gegeben, die unter sich verschieden waren. Im Mittelpunkt stand zunächst der Gedanke, daß Christus durch seine eigene Preisgabe an den Tod in den Machtbereich des Todes und des Teufels eingedrungen ist und die Menschen, die in diesem Machtbereich gefangen waren, aus ihm losgekauft hat. Durch die Sünde hat der Teufel ein Recht auf den Menschen gewonnen und hält ihn in seiner Todesherrschaft. Nun gibt Christus dem Teufel sich selbst als Lösegeld für die Sünder. Aber an ihm hat der Satan kein Recht, kann ihn nicht halten, und so führt Christus die Gefangenen mit sich in die Freiheit. Bei einzelnen altkirchlichen Theologen tritt aber auch der Gedanke hervor, daß durch das Kreuz Befreiung aus dem Zorngericht *Gottes* geschieht; das Lösegeld ist nicht dem Teufel, der als solcher überhaupt keinen Rechtsanspruch hat, sondern Gott bezahlt worden.

In der abendländischen Theologie trat dieser Gedanke: das Kreuz Jesu als die Gott selbst zu erbringende „Genugtuung", beherrschend in den Vordergrund. Maßgebend für seine Ausgestaltung wurde die Schrift *Anselms von Canterbury* (1033–1109) „Cur Deus homo".

Anselm geht in dieser Schrift aus von dem Gedanken: Die Sünde des Menschen ist als Angriff auf die Majestät Gottes von unendlichem Gewicht. Dieser Angriff erfordert nach der Ordnung des Gesetzes, die Gott um seiner Gottheit willen nicht aufheben kann, eine seinem unendlichen Gewicht entsprechende Wiederherstellung. Dafür gibt es nur die Alternative: aut *poena* – Bestrafung, d.h. Vernichtung des Menschengeschlechts – aut *satisfactio* d.h. nach dem Sprachgebrauch Anselms: eine die Sünde aufwiegende Ersatzleistung. Diese muß freiwillig und ungeschuldet sein, und sie muß als positiver Wert den negativen der Menschheitssünde überwiegen. Da das Gewicht der Sünde unendlich ist, kann es nur durch eine Ersatzleistung aufgehoben werden, die erst recht von unendlichem Gewicht ist.

Gott mußte zur Wiederherstellung der verletzten Ordnung den Weg der satisfactio wählen, denn poena, Vernichtung des Menschengeschlechts würde bedeuten, daß der auf Heil gerichtete Schöpfungswille Gottes mit dem Menschen zunichte wird. Das würde der Ehre Gottes ebenso widersprechen wie der Verzicht auf die Wiederherstellung der durch die Sünde gestörten Ordnung der Gerechtigkeit. Die Ersatzleistung muß von der Menschheit her dargebracht werden. Wir als bloße Menschen sind dazu außerstande, weil wir Gott ohnehin alles schulden, und weil überdies nichts, was wir darbringen könnten, den unendlichen Wert haben könnte, der allein das Gewicht der Sünde aufhebt.

Darum mußte Gott in der Person des Sohnes selbst Mensch werden, um als der Gottmensch Gott dem Vater sein Leben als satisfactio für die Sündenschuld der Menschen darzubringen. Diese wird nun in der Tat aus den Reihen der Menschheit erbracht; aber als Lebensopfer des Schuldlosen (der als solcher den Tod als „der Sünde Sold" nicht hätte erleiden müssen) ist sie eine ungeschuldete, überpflichtige Leistung, und als Selbstdarbringung des *Gott*menschen ist sie eine solche von unendlichem Gewicht.

Die *altprotestantische* Theologie ist diesem Modell des Kreuzesverständnisses im Grundschema gefolgt: Die Verletzung der Majestät Gottes durch die Sünde fordert das Lebensopfer Jesu, weil Gnade nicht wirksam werden kann unter Hinwegsetzung über die Ordnung des göttlichen Gesetzes. Aber anders als Anselm (und darin dem biblischen Denken sicher näher) verstehen die altprotestantischen Theologen das Kreuz nicht als stellvertretende Darbringung einer die Strafverhängung ablösenden *Ersatzleistung*, die Gott gegen die Menschheitssünde als Verdienst aufrechnet, sondern als das stellvertretende Erleiden der *Strafe* selbst, mit der der Zorn Gottes die Menschheit treffen müßte.

Der Terminus „satisfactio" wird übernommen, er bedeutet hier aber Genugtuung nicht durch Ersatzleistung, sondern durch Übernahme der Strafe. Auch die altprotestantische Theologie mußte unter dem rationalisierenden Druck dieses Modells die Frage nach der Äquivalenz des Gewichtes aufnehmen. Sie mußte jetzt lauten: Inwiefern kommt das zeitlich doch begrenzte Leiden des Einen am Kreuz der ewigen Verdammnis aller Menschen, für die es genugtuend eintritt, an Schwere gleich?

Von den Grundelementen der neutestamentlichen Aussagen über das Kreuz her urteilend, wird man sagen können: Die Kreuzestheologie in Gestalt der Satisfaktionslehre hat das Moment der Stellvertretung kräftig zur Geltung gebracht, und damit auch (wenn man von der spezifisch Anselmschen Fassung satisfactio *statt* poena absieht) das Moment des Verständnisses des Kreuzes als Vollzug des Gerichtes Gottes über die Sünde. Das Moment seines Verständnisses als Tat Gottes, die aus dem Grund seiner voraussetzungslos den Sündern sich zuwendenden Liebe entspringt, wird hier zwar nicht verneint, aber doch verdunkelt durch das rationalisierende Schema, hier müsse Gott etwas geleistet werden, *damit* er Liebe zuwenden kann. Es kann ferner im Rahmen dieser Lehre nur schwer verdeutlicht werden, inwiefern das Kreuzesgeschehen in unser eigenes Verhältnis zu Gott verändernd eingreift – das Moment der Einbeziehung kommt nicht recht zum Tragen. Das Ganze kann erscheinen wie ein objektiver Verrechnungsvorgang zwischen Gottes Gerechtigkeit und Barmherzigkeit, der sich fernab unserer eigenen Existenz vollzogen hat.

3. Deutungen des Kreuzesgeschehen in der neueren Theologie

3.1. Die Satisfaktionslehre wurde in der neueren Theologie eines der besonders umstrittenen Themen. In Grundmotiven wurde Protest gegen sie bereits von den Sozinianern des späteren 16. Jh. vorgebracht: Wenn Gott nicht vergeben kann, ohne daß ihm zuvor Genugtuung dargebracht wird, so widerspricht das seiner Güte. Schuld wie Verdienst im ethischen Sinn haften der Person an, sind nicht wie sachliche Obligationen und „Schulden" von einem auf einen andern übertragbar. Der Gedanke einer Übertragung der Strafe, die wir zu übernehmen hätten, auf Christus und der Genugtuung, die er erbracht hat, auf uns ist gefährlich, denn er verleitet zu einer sittlich gleichgültigen Haltung – es ist ja alles beglichen. Die rationalistische Theologie des 18. Jh. hat diese Einwände aufgenommen. Sie wur-

den mehr oder weniger modifiziert auch in der liberalen Theologie des 19. Jh. geltend gemacht.
Albrecht *Ritschl* stellte in seinem Hauptwerk „Rechtfertigung und Versöhnung" (1874) der Satisfaktionslehre einen Gegenentwurf entgegen, der damals weithin repräsentative Bedeutung gewann. Auch er kritisiert, daß in dieser Lehre das gesetzliche Vergeltungsschema als Rahmenbedingung des Handelns Gottes in Christus verstanden und so zum beherrschenden Faktor der Gottesvorstellung wird. Er stellt dem die These gegenüber: Die Sendung Jesu überhaupt und so auch sein Sterben muß als Manifestation der vorbehaltlosen Liebe Gottes des Vaters verstanden werden. Diese Liebe gilt auch dem Sünder – in Gott selbst ist kein Zorn, der zuerst versöhnt werden müßte, sondern grenzenlose Vergebungsbereitschaft. Es ist vielmehr der Mensch, der sich als innere Folge seiner Sünde einen gesetzlichen und zornigen Gott vorstellt und so in glaubenslosem Mißtrauen gegen Gott lebt – und gerade auch dieses Mißtrauen ist Sünde. Nicht Gott also mußte mit dem Menschen versöhnt werden, sondern der Mensch muß mit Gott versöhnt, d. h. aus seinem Mißtrauen befreit werden. Das geschieht durch die ganze Verkündigung Jesu, die uns die Liebe Gottes offenbart, und so auch durch sein Sterben, mit dem er diese Verkündigung besiegelt hat.
Hier ist zwar die Liebe Gottes zu den Sündern als das die Sendung Jesu *Begründende*, nicht erst durch Genugtuung Ermöglichte, betont. Aber das Moment des Gerichts über die Sünde ist in diesem Verständnis des Kreuzesgeschehens nicht nur verdunkelt, sondern geradezu eliminiert; und damit auch das Moment der Stellvertretung. Auch der Versuch dieser Deutung, die Bedeutung des Kreuzes für die Veränderung des inneren Verhältnisses des Menschen zu Gott zu erhellen, geht an dem Moment der Einbeziehung im neutestamentlichen Sinn – im Glauben sterben auch wir mit Christus zu unserm wahren Leben – verflachend vorbei.
3.2. Rudolf *Bultmanns* Kritik an der Satisfaktionslehre geht einen andern Weg[1]. Auch er lehnt die Vorstellung, das Faktum des Todes Jesu sei als solches stellvertretendes Strafleiden, als im Wortsinn nicht mehr nachvollziehbare mythologische Redeweise ab. Sie führe im übrigen – dies ist die theologische Zuspitzung seines Einwands gegen

---

[1] So vor allem in seiner Schrift „Neues Testament und Mythologie. Das Problem der Entmythologisierung der neutestamentlichen Verkündigung" (1941); abgedruckt in: Kerygma und Mythos Hg. H. W. Bartsch, Bd. I (4. Aufl. 1960).

die traditionelle Lehre – lediglich auf eine äußerliche Amnestierung von den Straffolgen der Sünde hin und bringe nicht zum Ausdruck, inwiefern die Botschaft vom Kreuz den Menschen innerlich von der Sünde löst, sein persönliches Verhalten zu Gott verändert. Insoweit nimmt auch Bultmann die Einwände der liberalen Theologie des 19. Jh. auf. Aber im Unterschied zu Ritschl versteht er das Kreuz als Offenbarung nicht nur der Liebe Gottes zu den Sündern, sondern auch seines Gerichtes über die Sünde. Freilich ist nach seinem Verständnis diese Offenbarung nicht in dem zu suchen, was in der Kreuzigung Jesu als historischem Faktum *einst* geschehen ist. Sie geschieht vielmehr durch das *Wort* vom Kreuz, durch das uns seine „Bedeutung" je heute zugesprochen wird. Durch das Wort vom Kreuz *gibt* Gott ihm diese Bedeutung. Er offenbart sein Gericht über alles eigenmächtige Leben des Menschen aus dem welthaft „Verfügbaren" und ruft uns eben damit in die Selbstpreisgabe an seine freie Gnade als den wahren Grund unseres Lebens. In sie hinein sollen und können wir unser Streben nach eigenmächtiger Selbst- und Weltverfügung in den Tod geben. So wird uns im Wort vom Kreuz das zum neuen Leben aus Gott *befreiende* Gericht zugesprochen.

Es ist Bultmann gelungen, in seiner Kreuzestheologie Gnade und Gericht Gottes zusammenzudenken. Es ist ihm auf seine Weise auch gelungen, unsere Einbeziehung in das Kreuzesgeschehen zur Geltung zu bringen. Aber – ist hier überhaupt noch von einem *Geschehen* die Rede? Was einmal, „sub Pontio Pilato", an Jesus geschehen ist, wird in diesem Entwurf offenbar gewichtslos – Bultmann kann ja gelegentlich soweit gehen zu sagen, für den Glauben sei es unerheblich, warum und wie Jesu damals starb, weil es einzig darauf ankommt, was Gott je heute als Bedeutung des Kreuzes zuspricht. Es wird nicht mehr deutlich, was das Sterben Jesu als *Ereignis* mit der Bedeutung des Kreuzes für uns zu tun hat; inwiefern in ihm *für uns* geschehen ist, was unser Vertrauenkönnen in Gottes Gnade und so auch das Annehmenkönnen seines Gerichtes allererst begründet. Damit aber ist das Moment des Stellvertretenden des Todes Jesu, das mit dem neutestamentlichen Kreuzeskerygma ebenso untrennbar verbunden ist wie daß in ihm Gottes Gnade und Gericht offenbar wird, anstatt in diese „existentiale Interpretation" mit aufgenommen zu werden, der Abweisung seiner mythologischen Ausdrucksformen zum Opfer gefallen.

Dagegen hat Dorothee *Sölle* gerade das Motiv der Stellvertretung zum Thema eines eigenen theologischen Entwurfs gemacht[2]. Sie versteht das Sterben Jesu als den konsequenten Endvollzug des Lebens menschlicher Hingabe, die er uns voraus verwirklicht hat. Jesus ist damit zunächst an die Stelle *Gottes* getreten – nämlich des metaphysischen Allmachtsgottes, der menschliches Leiden nicht übernimmt, sondern verhängt. Dieser Gott ist tot, gleichsam durch Jesus abgelöst – was für uns allein noch „Gott" heißen kann, ist die Kraft der Hingabe, die Jesus vorgelebt hat und zu entbinden vermag. Er ist darin auch an *unsere* Stelle getreten, aber nicht um unsere Hingabe durch die seine zu ersetzen und überflüssig zu machen, sondern um ihr „die Stelle offen zu halten", damit wir nachfolgend in sie eintreten. Von einem Handeln *Gottes* im Kreuz Jesu ist hier im Grunde nicht mehr die Rede, weder von seiner Gnade noch von seinem Gericht. Die Bedeutung des Kreuzesgeschehens für das Gegenüber und Verhältnis von Gott und Mensch ist zum Verschwinden gekommen.

3.3. Karl *Barths* Kreuzestheologie bleibt, im Unterschied zu den soeben besprochenen Neuinterpretationen, in viel größerer Nähe zu den biblischen Aussagen. Dabei gelingt es ihr, das gesetzliche Grundschema der Satisfaktionslehre mit ihrer Überordnung des Prinzips einer Gerechtigkeit, der durch die Hingabe des Gottmenschen die Versöhnung Gottes mit dem Menschen erst abgewonnen werden mußte, zu überwinden. Der Ansatz dazu liegt in Barths Christologie. Im Einspruch gegen den Gedanken der Unveränderlichkeit und Leidensunfähigkeit göttlicher Natur war dort ja gerade *Gott* in Christus als das *Subjekt* der Hingabe in die Erniedrigung verstanden worden: „Der Herr wird Knecht" und erweist eben darin seine göttliche Allmacht, daß er der „Veränderung" fähig und willens ist, menschliches Leiden und Sterben auf sich zu nehmen, ohne aufzuhören Gott zu sein. Barth kann nun durchaus festhalten, daß Gott am Kreuz sein Gericht über die Sünde vollstreckt und damit offenbart hat, was rechtens dem Menschen als Sünder zukommt. Aber das heißt nun nicht mehr, daß Gott hier der Empfänger einer Leistung wird, damit an die Stelle seines Zornes seine gnädige Zuwendung treten kann. Gott hat vielmehr in dem Gekreuzigten sein Zorngericht über die Sünde so vollstreckt, daß er es in der Person des Sohnes *auf sich selbst* genommen hat. Gott geht an dem Gericht nicht vorbei; aber für den *Menschen*, den es treffen müßte, hat er die Befreiung, die Losspre-

---

[2] D. Sölle, Stellvertretung. Ein Kapitel Theologie nach dem „Tode Gottes" (1965).

chung gewählt, für sich selbst aber in Christus die Strafe – Barth sagt geradezu: die Verwerfung.

Barth legt großes Gewicht auf die Objektivität dieses Geschehens. Im Kreuz Jesu *ist* das Gericht über die Sünde durch Gott an seinem Sohn vollstreckt und damit ein für allemal von uns weggenommen. Das gilt für *alle* Menschen unabhängig davon, ob sie schon glaubend darum wissen oder nicht. Die gesamte Menschheit *ist* in Christus durch Gott selbst mit ihm versöhnt. Gewiß soll das nun verkündigt und geglaubt werden – aber die Verkündigung *vollzieht* nicht Versöhnung, sie sagt über die einmal für alle aufgerichtete Wirklichkeit ihres Versöhntseins *Bescheid*. Und glauben bedeutet nicht an dieser Wirklichkeit erst teilbekommen, sondern schlicht: sich den Bescheid über unsere allen unsern inneren Akten schon vorgegebene Teilhabe an ihr gesagt sein lassen.

Hier ist das Kreuzesgeschehen so ausgelegt, daß es ganz als die spontane Tat der zuvorkommenden Gnade Gottes zu erkennen ist, ohne daß der Vollzug des Gerichtes aus diesem Geschehen eliminiert würde. Das Gottesverständnis, das sich hier ausspricht, ist weder das der ausgleichenden Gerechtigkeit noch das einer problemlosen Liebe, der die Sünde sozusagen „nichts ausmacht". Man kann sagen: Es ist das der leidenschaftlichen, am Widerspruch der Sünde zum Zorn bewegten Liebe, die aber frei und mächtig genug ist, diesen tödlichen Widerstreit in sich selbst auszutragen und ihn so für uns zu überwinden.

Damit ist das Moment der im Kreuz Jesu geschehenen *Stellvertretung* so radikal wie möglich zur Geltung gebracht. Nicht ebenso deutlich kommt das Moment unseres *Einbezugs* in dieses Geschehen zur Geltung. Im Zusammenhang seiner Aussage von der objektiv und für alle gültigen Wirklichkeit der Versöhnung spricht Barth es an, wenn er sagen kann: Wir als der „alte Mensch" *sind* im Sterben Jesu ebenso wirklich schon mitgekreuzigt und gestorben wie wir zu einem neuen Menschsein in ihm versöhnt sind – ob wir dies schon erkennen oder nicht. Man kann die radikale Abhebung dessen, was durch das Ereignis des Kreuzes *an* uns geschehen ist, von dem, was in der Begegnung mit der Verkündigung *in* uns geschieht und erfahren wird, die Barth hier vornimmt, verstehen aus seinem Protest gegen Bultmann, bei dem umgekehrt das Ereignis *für* uns in das Geschehen *in* uns, Stellvertretung in Einbeziehung aufgehoben erscheint. Aber entspricht diese radikale Abhebung dem neutestamentlichen Zeugnis? Geschieht nach ihm durch das Wort vom Kreuz, indem es dem für uns Gekreuzigten und Auferstandenen Glauben wirkt, nicht mehr als nur Kundgabe einer objektiv schon bestehenden Teilhabe – nämlich *Einholung* in diese Teilhabe? Und erschwert Barths Abhebung dessen, was an uns geschehen ist, von aller Erfahrung eines in uns Geschehenden nicht das Verstehen dieses Eingeholtwerdens?

3.4. Einige neuere kreuzestheologische Entwürfe führen die Einsicht weiter, daß Gott selbst in Christus als der sich für uns Hingebende verstanden werden muß. Eberhard *Jüngel* spricht von einem Eintreten Gottes in unsern Tod, der uns als „der Sünde Sold" in die völlige Verhältnislosigkeit, den Abbruch aller Beziehung zu Gott und Menschen stoßen müßte. Indem Gott selbst das Elend dieses Todes mit dem Menschen teilt, hebt er diese Beziehungslosigkeit auf und macht unsern Tod zum Eingang in das Leben eines neuen Verhältnisses zu ihm selbst[3].

Ähnlich versteht Jürgen *Moltmann*[4] das Kreuz Jesu als das Eintreten Gottes selbst in den Tod des Menschen. In der Person des Gekreuzigten nimmt er die Gottverlassenheit dieses Todes auf sich, um so ein für allemal bei den elenden, leidenden, sterbenden Menschen zu sein und darin *ihre* Gottverlassenheit aufzuheben. Moltmanns Nachdenken richtet sich nun besonders auf das Paradox: *Gott* in dem Gekreuzigten, von *Gott selbst* verlassen, also „stasis" (= Auseinandertreten, Entzweiung) in Gott selbst. Möglich ist diese Aussage nur, wenn nicht monolithisch, sondern trinitarisch von Gott gedacht wird: In Gott sind Vater und Sohn sich gegenüber, nur darum kann es zu jenem Auseinandertreten kommen, in dem Gott von Gott verlassen wird. Dabei legt Moltmann alles Gewicht darauf, daß diese „stasis" in Gott nicht so verstanden werden darf, als ob nur der Sohn leidet, der Vater aber den starren Gerechtigkeitsgott repräsentiert, der den Sohn preisgibt, damit ihm Genugtuung wird. Vielmehr leidet in der Preisgabe des Sohnes ebenso auch der Vater, dem dieser Sohn in inniger Gemeinschaft zugehört. Gott mußte sein eigenes Herz zerreißen, um sich der Gottverlassenheit des Menschen annehmen zu können.

Eine sehr eigenartig formulierte, in der Sache aber den soeben besprochenen Entwürfen nahestehende Kreuzestheologie hat der japanische Theologe Kazo *Kitamori* in seinem Werk „Theologie des Schmerzes Gottes"[5] vorgelegt. Auch er versteht das Kreuz als Bewegung Gottes selbst in die Übernahme des Leidens, und zwar aus dem Grund seiner Liebe. Aber an dem Widerspruch des Menschen mußte diese Liebe zum Zorn werden: Gott muß die Sünde hassen und kann den Sünder

---

[3] E. Jüngel, Tod (Themen der Theol. Bd. 8, 3. Aufl. 1973), vgl. bes. S. 138ff.
[4] J. Moltmann, Der gekreuzigte Gott (1972).
[5] Erschienen 1958, in dt. Übersetzung 1972.

nicht ertragen. Aber nun geschieht es, daß Gott diesen Menschen, der nicht geliebt werden kann, dennoch nicht aufhört zu lieben. Daran wird sein Zorn zum *Schmerz* um den Menschen, und aus dem Schmerz bricht die Liebe aufs neue hervor, nicht als eine Güte, „als ob nichts geschehen wäre", sondern als Liebe, die durch das Leiden an der Unannehmbarkeit des Menschen hindurch ihn dennoch annimmt. Das konnte nur so geschehen, daß Gott den Zorn, den er nicht gleichgültig beiseitesetzen kann, an dem einziggeliebten Sohn sich auswirken lassen, ihn also opfern und darin sich selbst zerreißen mußte, um seine Liebe zu den Menschen zum Ziel zu bringen.

Die in 3.3. und 3.4. besprochenen Entwürfe haben der orthodoxen Satisfaktionstheorie wie der liberalen Vereinfachung gegenüber den großen Vorzug, den Elementen der neutestamentlichen Deutung des Kreuzes umfassender gerecht zu werden. Es gelingt ihnen, das Kreuz als die aus seinem Rettungswillen zum Menschen entspringende Liebestat Gottes zu deuten, ohne das Moment des Gerichts über die Sünde zu verharmlosen. Schwierigkeiten können sie der verstehenden Aneignung bieten durch ihre z. T. stark mythische, ans Spekulative grenzende Sprache.

4. Versuch einer Interpretation

Aus der Auseinandersetzung mit den kreuzestheologischen Entwürfen in ihrem Verhältnis zu den Grundelementen der neutestamentlichen Kreuzesverkündigung ergeben sich zwei Fragen, denen der Versuch einer theologischen Neuauslegung sich stellen muß.

Erstens: Wie kann das Kreuz Jesu als die Tat der bedingungslosen *Zuwendung* Gottes zu den Sündern und zugleich als die Vollstreckung seines *Gerichtes* über die Sünde verstanden werden – ohne daß dieses Gericht nun doch als die Bedingung erscheint, die solche Zuwendung erst „gesetzmäßig" möglich macht? Warum mußte der Weg der Liebe Gottes zu den von ihr getrennten Menschen durch den Vollzug dieses Gerichtes gehen?

Zweitens: Wie kann verstanden werden, daß das Gericht von dem Schuldlosen stellvertretend für die Schuldigen übernommen wurde – ohne daß dies als ein äußerlicher Amnestierungsvorgang erscheint, der ihre Beteiligung aufhebt, statt sie zu begründen? Inwiefern kann das, was „damals" an *Jesus* geschehen ist, unser Leben heute vor Gott, *unsere* Sünde und unsere Lösung von ihr wirksam betreffen?

Kurz gefaßt und auf die neutestamentlichen Grundelemente bezogen:

Wie verhält sich im Geschehen des Kreuzes Jesu Gottes Liebe zu seinem Gericht?
Wie verhält sich das Stellvertretende dieses Geschehens zu seiner Kraft, uns in sich einzubeziehen?
Damit sind zwei Fragen bezeichnet, die sicher auch der folgende Versuch einer theologischen Auslegung nur unvollkommen beantworten kann.

4.1. Der Weg der Liebe Gottes durch das Gericht

Man könnte zunächst versuchen, diesen Weg unter dem Gesichtspunkt des Kreuzes als Vollzug *menschlichen* Gerichtes zu verstehen: Der Gerichtstod als vom Gesetz Verfluchter – das war das, was seine menschlichen Richter Jesus angetan haben. Weil er es gewagt hatte, gegen das Gesetz mit den Gesetzlosen Gemeinschaft zu halten und ihnen die Annahme Gottes zuzusagen, *mußte* er mit den Gesetzeslehrern in Konflikt geraten und, in ihren Augen ein religiöser Libertinist und Verführer des Volkes, selbst dem Spruch des Gesetzes verfallen. Das war die unausweichliche Konsequenz dessen, was er im Namen Gottes zu vertreten gewagt hatte. Man könnte das weiterführen: Indem Jesus aus dem Willen seiner *Feinde* das, was in ihren Augen gotteslästerliche Anmaßung war, mit dem Tode bezahlen mußte, mußte er dies zugleich im Gehorsam gegen den Willen des *Gottes*, der ihn sandte, erleiden. Denn gerade wenn er wirklich im Namen Gottes gehandelt hatte, durfte er vor dem Gericht der Menschen nicht ausweichen und von seinem Weg abbiegen, sondern mußte auch die letzte Konsequenz auf sich nehmen, um zu bekräftigen: Was er vertreten hat, war nicht seine Anmaßung (von der er zurücktreten könnte), sondern Gottes Sendung (von der er nicht zurücktreten kann).
Handelt es sich dabei zunächst um das Gericht der Menschen über Jesus und was er als Willen Gottes vertreten hat, so könnte man auch indirekt darin auch Gottes Gericht über die Sünde der Menschen sehen. Denn indem die Menschen im Namen des falsch verstandenen Gottes in Jesus über den wahren Gott zu Gericht sitzen, sprechen sie sich selber das Gericht. In der Auferweckung wird das klar, denn in ihr hat Gott Jesus ins Recht gesetzt. So wird das Kreuz Jesu indirekt zur Verurteilung einer Menschheit, die den Zeugen der Gnade und Wahrheit Gottes in ihrer Mitte nicht ertragen konnte.
Dieser Gedankengang hat nicht unrecht – vorausgesetzt, daß mit dem menschlichen Gericht, das sich mit seinem Urteil über Jesus selbst unter Gottes Verurteilung stellt, nicht isoliert die Juden als solche belastet werden, vielmehr erkannt wird, daß in ihnen die Selbstgerechtigkeit und Ungerechtigkeit des *Menschen*, der wir alle sind, Jesus ans Kreuz gebracht hat. Aber mit dem Verweis auf das menschliche Gericht, das sich daran, daß Gott für Jesus eintritt, als Verurteilung der Menschheitssünde erweist, kann nicht alles gesagt

sein, was hier zu sagen ist. Denn das neutestamentliche Kreuzeszeugnis besagt ausdrücklich, daß Gottes Gericht über die Menschheitssünde an Jesus selbst vollstreckt, daß *er* von Gott für uns „zur Sünde gemacht" wurde.

Wir halten fest: Es ist der Weg der *Liebe* Gottes zu den Menschen, der Jesus unter das Gericht führt, das seinen Zorn „über alles gottlose Wesen und Ungerechtigkeit der Menschen" offenbart (Röm 1,18). Wenn in unsern Kirchenliedern oft gesagt wird: „... hat versöhnt des Vaters Zorn", so darf das jedenfalls nicht so verstanden werden, als ob der liebend sich opfernde Jesus den zornigen Vatergott erst habe befriedigen müssen. Das Neue Testament sagt das anders: Gott selbst, der Vater, war in Christus und hat die Welt mit sich versöhnt (2.Kor 5,19), weil er sie „so geliebt hat" (Joh 3,16). Warum mußte der Weg dieser Liebe Gottes durch die Offenbarung seines Zornes gehen?
Daß Gott Liebe ist – wir hatten das bereits in der Besinnung zu Gottes „Wesen" und „Eigenschaften" (§ 7) berührt –, darf nicht von dem her verstanden werden, was Menschen sich unter diesem viel gebrauchten und mißbrauchten Wort vorstellen können. Gerade weil in ihm der unbedingte Liebeswille ist, aus dem er den Menschen für das Leben im Zusammensein mit ihm selbst beansprucht, kann die Sünde, die sich diesem Leben verweigert, Gott nicht unberührt lassen. Gottes Liebe wäre sonst nicht Liebe, sondern abständige Gutmütigkeit, um nicht zu sagen Gleichgültigkeit. An der Verweigerung des Menschen muß sie zum Zorn werden. Aber auch, was in Gott Zorn heißt, darf nicht einfach aus dem verstanden werden, was wir als menschlichen Zorn kennen. *Wir* kennen den Zorn der Rachsucht, der mit seinem Gegner „fertig ist", ihn wegwerfen und vernichten will und darin in der Tat seine „Befriedigung" sucht. Wir kennen auch Liebe, die gerade als solche sich da, wo sie enttäuscht wurde, in verzehrenden Haß verwandeln kann und in ihm untergeht. Aber das gehört zu den Dämonien des egoistischen Zornes und der ebenso egoistischen Liebe des abseits von Gott lebenden Menschen. *Gottes* Zürnen muß von seinem Lieben her verstanden werden. Weil es der Liebeswille, nicht eine abstrakte Gerechtigkeitsordnung ist, der durch die Verweigerung des Menschen getroffen wird, darum kann in der Tat mit Kitamori gesagt werden: Gottes Zorn ist zugleich sein *Schmerz* um diesen Menschen, nicht Haß und Tötungswille, der sich im Wegwerfen befriedigt. Weil dieser Liebeswille im Zorn nicht untergeht, so wie unser Lieben sich in Hassen verwandeln kann, darum ist Gott mit dem Menschen gerade nicht „fertig". Gott setzt sein Nein gegen die Sünde nicht beiseite. Darum führt der Weg Jesu zu dem Menschen, der in der Sünde ist,

unter das Gericht. Aber Gott gibt diesen Menschen nicht auf, sondern beharrt in seinem Willen, ihn zu sich einzuholen. Darum vollzieht er sein Gericht über die Sünde im Tod Jesu, nicht im Tod der Sünder.
Aber wie ist der innere Zusammenhang zwischen Sünde, Tod und Gericht Gottes zu verstehen? Und wie kann der Sinn des Sterbens Jesu in diesem Zusammenhang verstanden werden? Was ist überhaupt Sünde – *die* Sünde in allem, worin Menschen sündigen? In Grundzügen muß hier vorweggenommen werden, was nach der Gliederungsanlage dieser Dogmatik erst in ihrem zweiten Hauptteil, der theologischen Anthropologie, eingehend bedacht werden kann. Was Sünde ist, wird im Gegenbild erkennbar an dem, wie Jesus das wahre, Gott entsprechende Menschsein gelebt hat: Leben im Zusammensein mit Gott, aus der Macht seiner Liebe und darum in der Freiheit, zu den Menschen und in die Welt hinein Liebe weiterzugeben. Daran kommt heraus, was die Sünde in aller Sünde ist: der Wille des Menschen, aus und für sich selbst zu leben, und aus ihm heraus Gleichgültigkeit des Menschen gegen den Menschen, weil Verschlossenheit in der Selbstsorge, die Gott das Vertrauen des Glaubens versagt. Luther hat das die Verkrümmung des Menschen in sich selbst genannt: In der Abkehrung von Gott und im Versagen menschlicher Bruderschaft Isolierung des Menschen in sich selbst und seiner eigenen Sache (die nicht nur private, sondern auch gruppenegoistische Gestalt haben kann).
Und was hat die Sünde mit dem Tod, mit unserm und dem Tod Jesu zu tun? Man sollte das nicht am menschlichen Strafrecht ablesen wollen, das bestimmten Fehlhandlungen bestimmte, an sich mit diesen Handlungen in keinem inneren Zusammenhang stehende Strafmaßnahmen von außen zuordnet. Das Grundverhalten der Sünde trägt *in sich* den Tod, es hat Dynamik und Tendenz auf den Tod deshalb, weil Gott Leben dazu gibt, daß es in der Kraft, im „Raum" seiner Liebe gelebt wird, und weil das Leben, das sich diesem „Raum" entzieht, sich seinem Grund entzieht und daran sterben *muß:* Die Sünde zahlt den Tod aus als ihre eigene innere Konsequenz. Und zwar Tod als das endgültige Hinaussterben aus aller Gemeinschaft in den völligen Verlust aller Beziehung mit Gott und den Menschen. Der Tod, den die Sünde auszahlt, ist, wie Jüngel sagt, die Versteinerung in vollendeter Beziehungslosigkeit; Sterben als Hinausfallen in das Verlassensein von Menschen und von Gott.

Die Hölle, meint Sartre, das sind „die andern". Sollte man nicht eher sagen: Die Hölle, das bin ich – endgültig und ganz mit mir allein gelassen?

Dieser Tod, den die Sünde aus sich heraussetzt, ist ihr Gericht. Er ist ihre eigene innere Konsequenz. Aber da die Sünde Widerspruch gegen den Gemeinschaftswillen Gottes ist und darum keine andere Konsequenz haben kann als den Tod, ist diese ihre eigene Konsequenz zugleich Gottes Gericht, die Auswirkung des Nein, mit dem Gott dem gegen das Zusammensein mit ihm selbst und darin gegen die Liebe gelebten Leben widersteht und dieses Leben verwerfen muß.

Ich bin mir bewußt, daß diese sehr gerafften Überlegungen zum Zusammenhang von Sünde, Tod und Gericht viele Fragen offen lassen. Ist Sünde so, wie ihr „Wesen" hier in Kurzfassung angesprochen wurde, zureichend erfaßt? Ist sie so wie hier angesprochen wirklich das, was alle Menschen gemeinsam betrifft – gibt es z. B. *nur* Gleichgültigkeit des Menschen gegen den Menschen, nicht auch, mit oder ohne Glauben an Gott, Hingabebereitschaft? Kann Leben in vertrauenslosem Abseits von Gott Schuld sein da, wo Gottes Wort gar nicht gehört wurde oder wo das Verhalten der menschlichen Umwelt jede Vertrauensfähigkeit erstickt? Schließlich: Ist der Tod *nur* als Konsequenz der Sünde zu verstehen, kann er nicht auch als ein „natürliches" Geschick des kreatürlichen Lebens verstanden werden? Diese Fragen können hier nur genannt werden. Die Entfaltung des Themas Sünde und Tod im anthropologischen Teil dieser Dogmatik wird ihnen nachzudenken haben.

Wir bedenken nun das Sterben Jesu in den beiden Relationen, in denen wir versucht hatten, das Geheimnis seiner Person und Geschichte zu verstehen, und nehmen dabei Gedanken auf, die dort bereits angedeutet waren (s. o. § 10, 2.2). In seiner eigenen Relation zu Gott bleibt Jesus auch in seinem Sterben der wahre Mensch, der unter den von der Sünde bestimmten Bedingungen unseres wirklichen Menschseins das Gott antwortend entsprechende Menschsein bewährt hat. Sein Sterben ist der Endvollzug dieser Bewährung. Denn hier kommt er an den Endort des von der Sünde bestimmten Lebens. Er, der Sündlose, erfährt den Tod so, wie er die innere Konsequenz der Sünde ist, das Hinaussterben in das völlige Verlassensein – verlassen nicht nur von den Menschen, sondern auch von Gott. Das kann und muß gesagt werden, wenn der Schrei des Gekreuzigten: „Eli, Eli..." ernst genommen wird; und nur so kann gesagt werden, inwiefern in diesem Sterben das Gericht über die Menschheitssünde erfahren wird. Jesus hat sich bis in dieses Ende hinein auf die Seite des wirklichen Menschen stellen lassen und ist so wirklich bis zum letzten an unsere Stelle gekommen – an den Ort, an dem wir im Ende unseres Lebens ankommen müßten. Er hat gerade auch im Annehmen dieses Letzten Gott antwortend entsprochen. Indem er den Tod des Gerichts angenommen hat, hat er das Nein, das Gott über das gegen seine

Liebe gelebte Leben sprechen muß, angenommen und Gott gegen die Sünde der Menschen rechtgegeben. In seinem Kreuz ist dieses Nein für alle Zeiten gegen alle menschliche Selbstgerechtigkeit und Selbstrechtfertigung aufgerichtet.

Aber nun gilt zugleich: In der Relation, die Gott in Jesus zu uns eingegangen ist, ist in ihm Gott selbst *mit uns* geworden. Wenn wir sagen dürfen: Wo und mit welchen Jesus, da und mit denen in seiner Person Gott selbst, dann gilt das auch an diesem äußersten Ort, bis zu dem Jesus an unsere Stelle gekommen ist. Dann ist also in dem Menschen, der an unserer Stelle das Gericht der Gottverlassenheit erfährt, Gott selbst in dieses Gericht hereingekommen. In der Person des gekreuzigten Jesus ist Gott in unserm *Tod* mit uns geworden. Dann aber ist die Konsequenz der Gottverlassenheit aus unserm Tod herausgebrochen. Gott hat sein Nein gegen die Sünde so aufgerichtet, daß er es an Jesus vollstreckte und damit von uns wegnahm, weil in Jesus er selbst auf unserer Seite ist – auch in seinem Gericht. Er ist in Jesus den Weg ans Kreuz gegangen, weil er die Sünde verwerfen muß, mit dem Sünder aber gerade nicht „fertig ist", sondern darin beständig und sich selbst treu bleibt, daß er von seinem Ziel nicht abläßt, ihn in das Zusammensein mit sich zurückzuholen.

In einem Bild gesprochen: Gott macht der Sünde des Menschen so den Prozeß, daß er im Vollzug des Urteilsspruchs sich selbst auf die Seite des Angeklagten stellt, als sein Verteidiger *mit* ihm wird und so seine Verwerfung, indem sie ausgesprochen werden muß, zugleich aufhebt in seine Annahme. Eben das hat sich in Jesus, den wir als das Person-Sakrament des Kommens Gottes zu den von ihm geschiedenen Menschen verstanden haben, ereignet, und zwar auf seinem ganzen Weg von der Krippe bis zum Endvollzug am Kreuz.

4.2. Der Weg des Gekreuzigten mit uns

Wir wenden uns der zweiten der beiden Frage zu, die wir an den Anfang dieser Besinnung gestellt hatten: Wie kann die im Kreuz Jesu geschehene Stellvertretung so verstanden werden, daß sie nicht als ein Vorgang erscheint, der „damals" und sozusagen mit objektiver Rechtswirksamkeit für alle Zukunft erledigt wurde, ohne in unser heute gelebtes Verhältnis zu Gott verändernd einzugreifen? Das Neue Testament spricht ja davon, daß im Glauben an den Einen, der für uns gestorben ist, wir alle gestorben sind, um mit ihm neu zu leben. Die verschiedenen Verdeutlichungen, die im Neuen Testament für die am

Kreuz vollbrachte Stellvertretung gebraucht werden, können also nicht in dem Sinn gemeint sein, in dem z. B. Bultmann ihre „mythologische" Sprache kritisiert: als Faktum verstanden, würden sie nur eine Amnestie von den Straffolgen der Sünde besagen, ohne zur Sprache zu bringen, inwiefern die Botschaft vom Kreuz uns von der Sünde selbst löst. Gewiß, für die Menschen der neutestamentlichen Zeit konnten diese Verdeutlichungen unmittelbarer und in tieferer Weise sprechend sein als für Menschen der Gegenwart. Die Kultordnung, daß zur Sühne Opferblut fließen muß, ist für uns etwas Fernes und Fremdes geworden. Auch die Rechtsordnung, die auf Vergehen Strafen setzt, erst recht die Eigentumsordnung, nach der eine Schuldobligation sei es vom Schuldner selbst oder von jemand, der für ihn bürgt, durch Bezahlung beglichen werden muß, kann uns als äußerlicher Vorgang erscheinen, der ein gesetzesgemäßes Verhältnis wiederherstellt, ohne daß er das Verhalten des Menschen verändern müßte. Die Satisfaktionslehre in ihrer traditionellen Gestalt kann diesen Eindruck kaum entkräften. Der Gegenentwurf Bultmanns scheint umgekehrt durch das Wort vom Kreuz das *Ereignis* des Kreuzes in seiner stellvertretenden Kraft aus dem Auge zu verlieren. Wie kann hier Stellvertretung mit Einbeziehung, das für uns Geschehene mit dem an und in uns Geschehenden zusammengesehen werden, ohne daß das eine durch das andere verdunkelt wird?

Wir versuchen diesen Zusammenhang von daher zu erhellen, daß im neutestamentlichen Zeugnis das Kreuz Jesu verstanden wird als das Geschehen, in dem Gott den vor ihm schuldigen Menschen mit sich selbst *versöhnt*. Versöhnung geschieht durch das Anerkennen von Schuld hindurch. Unter Menschen wird das zumeist bedeuten, daß beide Schuld zu erkennen und einander einzugestehen haben. Sich als den Schuldiggewordenen zu sehen und anzuerkennen ist schwer, wir müssen ja uns selbst annehmbar bleiben, um leben zu können. Sich mit seinem ganzen Leben als Schuldigen zu sehen ist menschlich unmöglich – solange man sich selbst annehmbar bleiben muß, um leben zu können.

Nun hatten wir gesagt: Jesus hat seinen Tod als das Gericht erfahren, das die letzte Konsequenz des abseits von Gott und gegen die Liebe gelebten Lebens ist. Er hat darin uns allen vorweg die Menschheitsschuld anerkannt und bekannt, dem Nein Gottes gegen sie Recht gegeben, indem er sich selbst darunter stellen ließ. Er hat dies an der uns zukommenden Stelle getan. Wenn wir das, was er an unserer Stelle vor Gott übernommen hat, aber so verstehen, dann ist das ja nicht etwas, was unserm eigenen Verhältnis zu Gott gegenüber äußer-

lich bliebe und für uns so erledigt wäre, daß wir nichts mehr damit zu tun haben. Das Annehmen unser selbst als der Schuldiggewordenen, das Rechtgeben dem Nein Gottes gegen unsere Schuld gehört innerlich und wesentlich auch zu unserem Eingeholtwerden in die Versöhnung mit Gott. Es ist der Weg, auf dem der Gekreuzigte uns über die Zeiten hinweg mit sich nehmen, uns lösen will von dem Zwang der Selbstrechtfertigung, des Sich-selbst-annehmbar-bleiben-müssens. Diese Umkehr von dem Weg der Selbstrechtfertigung, eine Umkehr, mit der ein Mensch sein Leben lang und bis in die Stunde seines eigenen Todes nie „fertig" sein wird, in der man immer wieder nur das eigene, unvollkommene Sehen und Anerkennen von Schuld in Jesu vollkommenes Bekenntnis hineinlegen und von ihm tragen lassen kann, ist unsere Teilhabe an seinem Kreuz. So können wir das „Mitsterben" und „Mitgekreuzigtwerden", von dem Paulus spricht, verstehen – nicht als etwas, was im Kreuz Jesu bereits an uns geschehen wäre aller eigenen Beteiligung und Erfahrung vorweg. Der Gekreuzigte ruft uns nach in das Wahrhaben von Schuld und Gericht, das er uns voraus vollzogen hat. Das ist der „inklusive" Sinn der Stellvertretung, die er in seinem Sterben übernommen hat.
Aber in einem anderen Sinn bleibt diese Stellvertretung „exklusiv": Jesus hat in seinem Sterben das Verlassensein von Gott erfahren, das die letzte Konsequenz der Sünde ist, damit wir nicht in diesem Verlassensein sterben sollen. Denn ist er an unserer Stelle vor Gott der wahre Mensch, der sich zu der Schuld der Menschheit bekannt hat und uns darin nachholen will, so ist er an Gottes Stelle für uns zugleich der Eine, in dem Gott selbst ganz mit uns geworden ist: Gott mit uns in unserm Tod. Das ist uns in Jesu Tod ein für allemal vorausgegeben und trägt uns in dem, worin wir ihm nachkommen sollen. Denn als die Schuldigen können wir uns da bekennen und annehmen, wo uns eine Bejahung zugesprochen ist, in der wir zuvorkommend, auch als die Unannehmbaren, angenommen *sind*. In sie hinein kann der Zwang, sich vor sich selbst annehmbar bleiben zu müssen, preisgegeben werden. Denn nun können wir, selbst wenn im Sterben die Sünden unseres ganzen Lebens über uns herfallen sollten, in kein Gericht, keinen Tod und keine Gottverlassenheit geraten, in der nicht der gekreuzigte Jesus uns schon voraus auf unserer Seite ist und in ihm Gott selbst, der uns annimmt. So gibt er sich zum Grund des *Glaubens*, in dem das „Mitsterben", die Umkehr aus der Selbstbehauptung und Selbstrechtfertigung möglich wird. Glauben heißt in letzter Bewährung: sich in den eigenen Tod fallen lassen in dem Vertrauen, daß in Jesu Tod Gott für uns da ist und uns auf-

nimmt, und daß wir darum nicht in Gottverlassensein, sondern ins Leben hinein sterben werden.
Dies wie alles, was hier zur Bedeutung des Todes Jesu gesagt wurde, kann freilich nur gesagt werden, weil der Gekreuzigte auch der Auferstandene ist.

Literatur

Neben den in den Anmerkungen schon genannten Werken ist hinzuweisen auf H. Alpers, Die Versöhnung durch Christus (1963) – G. Gloege, Zur Versöhnungslehre Karl Barths, in: Ders., Heilsgeschehen und Welt, Theol. Traktate Bd. I (1965), S. 133 ff. – H. Kessler, Die theologische Bedeutung des Todes Jesu (1970) – H.-R. Weber, Kreuz. Überlieferung und Deutung der Kreuzigung Jesu im neutest. Kulturraum (TT Ergänzungsband, 1975) – P. F. Momose (kath.), Kreuzestheologie. Eine Auseinandersetzung mit J. Moltmann (1978), ferner auf folgende dem Thema gewidmeten Sammelbände: Das Kreuz Jesu Christi als Grund des Heils, Hg. Fr. Viering (3. Aufl. 1969, Aufsätze von E. Bizer, W. Fürst, J. F. G. Goeters, W. Kreck, W. Schrage) – Diskussion um Kreuz und Auferstehung, Hg. B. Klappert (4. Aufl. 1971, Sammlung von Texten aus den Arbeiten neuerer und heutiger Theologen zum Thema, mit Einleitung und Kommentierung durch den Hg.).
Aus der älteren Literatur ist als sehr instruktiv hervorzuheben die Darstellung und dogmatisch-kritische Würdigung verschiedener Ausprägungen der Versöhnungslehre durch G. Aulén, Die drei Haupttypen des christlichen Versöhnungsgedankens (ZsyTh 1931, S. 501 ff.), ferner Ders., Christus victor (London 1934). – G. Wenz, Geschichte der Versöhnungslehre in der evang. Theologie der Neuzeit (Bd. 1 1984, Bd. 1986).

§ 12. Jesus Christus der Auferstandene

Jesu Weg in unsern Tod wäre nicht *Gottes* befreiendes Kommen in diesen Tod ohne das *Leben*, das gerade hier seinen Ursprung hat. Jesu Kreuz und Jesu Auferstehung gehören zusammen, für ihn selbst und für das Heil der Menschen. Seine Auferweckung darf nicht verstanden werden als eine „Rehabilitierung", die nach seiner vollbrachten Sendung nur ihm allein zuteilgeworden wäre (und über deren Wesen und Bedeutung man dann, ohne daß das den Grund des Glaubens berühren müßte, auch geteilter Meinung sein könnte). Nach dem neutestamentlichen Zeugnis hat dieses Ziel, das Gott dem Weg Jesu gegeben hat, vielmehr geradezu konstitutive Bedeutung dafür, daß dieser Weg überhaupt der Weg Gottes zu uns war und ist, der dem Glauben

Grund gibt. Am deutlichsten sagt das Paulus in 1.Kor 15,17: „Ist Christus nicht auferweckt, so ist euer Glaube ein leerer Wahn, so seid ihr noch in euren Sünden."
Dieses Zielereignis entzieht sich allerdings aller Vorstellbarkeit und Einordnung in das, was wir als wirkliche oder mögliche Ereignisse irdischer Geschichte kennen. Ist der Weg Jesu bis zum Kreuz als ein Stück solcher Geschichte auch „historisch" grundsätzlich faßbar (wenn auch faktisch nicht restlos erhellbar), so wird hier die Grenze dessen, was wir als innerweltliches Geschehen fassen können, überschritten. Das zeigt sich an der Eigenart der neutestamentlichen Osterberichte; und daran sind in der neueren Theologie über die Frage, wie man den eigentlichen Sinn der Osterbotschaft zu verstehen habe, heftige Diskussionen entstanden. Beides haben wir uns zunächst zu vergegenwärtigen.

1. Zu den Osterberichten des Neuen Testaments

Das Ereignis der Auferstehung Jesu wird im Neuen Testament (im Unterschied etwa zu dem apokryphen Petrusevangelium) nirgends beschrieben. Berichtet wird nur einerseits von einer Reihe von Widerfahrnissen, in denen Jesus als der Auferstandene sich Menschen zeigte, die dem Kreis seiner Jünger angehört hatten, und andererseits davon, daß das Grab, in das man ihn am Abend des Todestages gelegt hatte, am dritten Tag danach leer gefunden wurde. Als Tatsache wird auch der kritische Historiker nicht bestreiten, daß Menschen aus dem Kreis der Anhänger Jesu Erlebnisse hatte, die sie jedenfalls als Selbstbekundungen des auferstandenen Jesus verstanden haben. Durch 1. Kor 15,1ff., wo Paulus Zeugen dieser Erscheinungen aufzählt, die zu jener Zeit noch lebten, steht das fest. Und ebenso unbestreitbar ist die Tatsache, daß aus einer am Karfreitag zerstreuten, mutlos und hoffnungslos gewordenen Jüngerschar im Gefolge dieser Erlebnisse die ersten Prediger des Evangeliums von Jesus Christus wurden, ungeachtet des Widerspruchs und der Verfolgung, die sie von seiten seiner Gegner zu erwarten hatten. Die Wirklichkeit des Geschehens, dessen sie durch diese Erfahrungen gewiß wurden und das nun zum Grund und Inhalt ihrer Glaubensverkündigung wurde, die Gottestat der Auferweckung Jesu von den Toten, bleibt freilich den Kriterien des Historikers entzogen.

Die Berichte der Evangelien von dem leer gefundenen Grab, das von Paulus nicht erwähnt wird, werden im Unterschied zu der Tatsache, daß Erscheinungserlebnisse geschahen, z.T. als legendär beurteilt. Daß Paulus das leere Grab nicht erwähnt, muß allerdings nicht heißen, daß er nichts davon gewußt hat. Und der Beurteilung als legendär kann entgegengehalten werden, daß eine Verkündigung der Auferstehung in Jerusalem kaum denkbar gewesen wäre, wenn sie durch den Augenschein des *nicht* leeren Grabes von den Gegnern widerlegt werden konnte. Auch scheinen diese Gegner, da sie vom Raub des Leichnams durch die Jünger sprachen, selbst von der Leerfindung des Grabes gewußt zu haben. Aber auch wenn diese als Tatsache zu sichern wäre, wäre dies kein historischer Beweis für die Tatsache der Auferstehung. Ein Grab kann aus mancherlei Gründen leer werden, und wer nur „irdische" Gründe gelten läßt, wird solche auch finden oder als Möglichkeit ausdenken können.

Aber auch die Berichte der Erscheinungswiderfahrnisse in den Evangelien sind unter sich in mancher Hinsicht so verschieden, daß sich ein einheitliches historisches Bild ihres Verlaufs hinsichtlich des Ortes und der Reihenfolge derer, denen sie zuteil wurden, nicht rekonstruieren läßt. Das muß im einzelnen hier nicht aufgewiesen werden, es zeigt sich bei jedem vergleichenden Lesen der Ostergeschichten. Wichtiger als diese Fragen hinsichtlich des äußeren Ablaufs der Geschehnisse erscheint eine sachliche Spannung innerhalb der Berichte. Sie betrifft die Frage der Leiblichkeit, in der der Auferstandene sich zeigte. In einigen dieser Berichte wird auf ihre Andersartigkeit gegenüber der irdischen Gestalt hingewiesen: Der Auferstanden wird nicht einfach an seinem Aussehen wiedererkannt, Maria Magdalena hält ihn für den Gärtner, die Emmausjünger wissen zunächst nicht, wer der Fremde ist, der da mit ihnen geht. Erst durch sein anredendes Wort gibt er sich Maria, durch den Gestus des Brotbrechens in Emmaus zu erkennen. Sie sehen ihn also nicht einfach in der Identität der Gestalt, in der sie ihn gekannt haben – durch ein Zeichen offenbart er sich ihnen (um, so in Emmaus, ihren Augen alsbald zu entschwinden). Zumindest in einem gewissen Kontrast dazu stehen andere Berichte, so in Lk 24 sogar im unmittelbaren Anschluß an die Emmauserzählung, in Joh 20 im Bericht der Erscheinung vor dem ungläubigen Thomas, in denen der Auferstandene sich gerade in der Greifbarkeit seiner Leiblichkeit zu erkennen gibt. Er läßt sich betasten, er nimmt vor den Augen der Jünger Speise zu sich. Sie sollen erkennen, daß was sie sehen kein „Gespenst" ist, sondern er selbst in seiner Identität mit dem irdischen, gekreuzigten Jesus. Die Redaktoren der Evangelien in ihrer uns vorliegenden Endgestalt haben darin offenbar keinen Widerspruch empfunden, aber sie haben ja verschiedene Traditionen aufgenommen, und die Frage legt sich nahe, ob nicht in deren Entwicklung auch mit Zuwachs in Richtung einer „massiveren" Vorstellung der Erscheinungen des Auferstandenen zu rechnen ist. In diesem Zusammenhang ist auch bemerkenswert, wie Paulus in 1.Kor 15,33ff. die Frage, in welchem Leibe denn die Toten auferstehen werden, beantwortet. Er betont dort die völlige Andersartigkeit des „pneumatischen Leibes" gegenüber der irdischen Gestalt. Das wird zwar nicht unmittelbar in bezug auf den auferstandenen Jesus gesagt, sondern auf die Frage, in welchem Leib *wir* auferstehen werden. Aber da Paulus gerade hier betont von dem Zusammenhang unserer Auferstehungshoffnung mit der Auferweckung Jesu her argumentiert, ist es fraglich, ob er selbst die Erscheinungen des Auferstandenen schon so verstanden haben kann, wie sie in jenen „massiven" Zügen der Evangelientradition erscheinen.

Einhellig sind die neutestamentlichen Osterberichte in der Bezeugung, *daß* der Auferstandene selbst in den Erscheinungswiderfahrnissen begegnet ist und sich in seiner Identität mit dem gekreuzigten Jesus zu erkennen gab. Ihre Unterschiede in der Darstellung des *Wie* dieses Geschehens können ein Hinweis werden auf sein aller Einordnung in innerweltliches Begegnen und Erkennen sich entziehendes Geheimnis.

2. Zur Diskussion in der neueren Theologie

In der älteren Theologie war weder das Ereignis der Auferweckung Jesu noch seine Bedeutung für den Glauben Gegenstand ausdrücklicher Auseinandersetzungen. Erst mit dem Aufkommen historischer Kritik wurden die Differenzen der Osterberichte, vor allem aber der Anstoß, den die Vorstellung einer leiblich-realen Auferstehung modernem Denken überhaupt bereitet, zum Anlaß verschiedener und miteinander im Streit liegender Deutungen. Auf das Wesentliche reduziert, stehen sich in der Frage, wie das Osterereignis und seine Bedeutung für den Glauben zu verstehen ist, drei Positionen gegenüber.

2.1. Ereignet haben sich die Erscheinungserlebnisse. Im Rahmen dessen, was wir überhaupt als Ereignisse menschlicher Erfahrung verstehen können, sind sie wohl als Visionen zu beurteilen. Das muß nicht heißen: als subjektive Einbildungen, als Illusionen ohne Wahrheitsgehalt. Ihre Bedeutung liegt darin, daß in denen, denen sie zuteil wurden, die Gewißheit erweckt wurde: Das Wort, das Gott in dem gekreuzigten Jesus gesprochen hat, bleibt in Kraft als das Wort, das eine neue Möglichkeit des Lebens eröffnet. Jesus lebt weiter darin, daß dieses Wort nun immer wieder durch die Verkündigung zugesprochen wird. So kann Rudolf *Bultmann* sich zu dem Satz bekennen, Jesus sei „ins Kerygma hinein auferstanden". (Er kann allerdings auch sagen, im Kerygma begegne Jesus selbst – wie ist das bei ihm gemeint?)[1] Eindeutiger sagt Willi *Marxsen:* Jesus als Person ist ein Vergangener – der für uns allein faßbare Sinn der Osterbotschaft ist: „Die *Sache* Jesu geht weiter"[2]. Selbstverständlich bestreitet niemand, daß diejenigen, denen die Erscheinungserlebnisse widerfuhren, der Überzeugung waren, Jesus in Person sei ihnen begegnet. Nach Marxsen *interpretierten* sie ihre visionären Erlebnisse im Rahmen der ihnen als Juden geläufigen Vorstellung einer leiblichen Totenauferweckung, die am Ende der Zeiten geschehen werde. Daß sie ihn gesehen haben, konnte für sie dann nur heißen, daß an ihm diese Totenauferweckung schon voraus geschehen ist (und nun alsbald auch für alle zu erwarten ist). Wir als heutige Menschen – so Marxsen – haben jenen Vorstellungsrahmen einer am Ende zu erwartenden Totenauferweckung nicht mehr und können uns daher auch jenes „Interpretament" der Ostererfahrung: Jesus in Person sei auferweckt, nicht mehr ohne weiteres zu eigen machen. Wir können die Erfahrung der Osterzeugen aber so verstehen, daß durch sie die Gewißheit entbunden wurde: Die Sache Jesu geht weiter. Und in der Tat ist aus ihr ja die Verkündigung entsprungen, durch die die Sache Jesu weitergetragen wurde.

2.2. Ein in der Frage, was die Osterbotschaft in bezug auf Jesus selbst bedeutet, wesentlich anderes Verständnis wird z. B. von Hans *Graß*, aber weithin auch sonst in der neueren Theologie vertreten. Auch hier werden die Erscheinungserlebnisse nicht als leibhaftige Begegnungen, sondern als visionäre Schau beurteilt. Daß die, denen sie zuteil wurden, darin Jesus selbst zu begegnen meinten, wird hier aber nicht als bloße Interpretation, die *sie* ihrem Erlebnis gaben, sondern als wirkliches Begegnen des Auferstandenen verstanden: Durch das Medium dessen, was wir, fragt man nach seinem Charakter als Ereignis in Raum und Zeit, als Visionen bezeichnen mögen, hat sich ihnen Jesus

---

[1] Textausschnitte aus Bultmanns Darlegungen zum Thema mit Quellennachweis bei H. Klappert (Hg.), Diskussion um Kreuz und Auferstehung (4. Aufl. 1971).
[2] Vgl. W. Marxsen, Die Auferstehung Jesu als historisches und theologisches Problem (1964), erneut abgedruckt in: Die Bedeutung der Auferstehungsbotschaft für den Glauben an Jesus Christus, Hg. F. Viering (1966).

selbst als der Lebendige und Gegenwärtige bekundet. Er in Person lebt, nicht nur seine Botschaft lebt weiter. Dabei wird aber hervorgehoben, daß seine Auferstehung nicht als „Ereignis" im historischen Sinn faßbar wird, auch nicht so, daß sie im irdischen Kontinuum dessen, was wir als Ereignisse fassen können, sich durch greifbare Spuren indirekt bemerkbar gemacht haben müsse. Die Vorstellung des leeren Grabes wird dann als in der Sache inadäquat empfunden, die Berichte darüber als legendär beurteilt. Das gilt natürlich erst recht von denjenigen Zügen der Osterberichte, in denen von einem leiblichen Sichgreifenlassen, Essen und Trinken des Auferstandenen erzählt wird.

2.3. Die soeben besprochenen Deutungen fanden und finden in der gegenwärtigen Theologie auch und z.T. leidenschaftlichen Widerspruch. Auf ein in sich völlig einheitliches „konservatives" Verständnis des Ostergeschehens läßt er sich nicht reduzieren – von Karl *Barth* bis Walter *Künneth* gibt es da manche Unterschiede. Gemeinsam ist aber jedenfalls der Einspruch gegen die Deutung der Osterwiderfahrnisse als Visionen, in deren Zusammenhang nur eine *psychische* Gewißheit entstand – sei es daß die Sache Jesu weitergeht, sei es daß Jesus selbst lebt. Ereignet hat sich vielmehr ein wirkliches, wenn auch nicht einfach mit der natürlichen Sichtbarkeit irdischer Dinge vergleichbares Sehen des leibhaft Auferstandenen. Das muß man festhalten, weil das Ereignis seiner Auferweckung, von dem her dieses Sehen geschenkt wird, als die in den realen, raumzeitlichen Wirklichkeitszusammenhang unserer Todeswelt wirklich *eingreifende* Tat Gottes verstanden werden muß. In diesem Zusammenhang kann dann auch das leere Grab theologisch wichtig werden. Da gibt es nun freilich Unterschiede. Barth versteht das leere Grab, ähnlich wie die Jungfrauengeburt, als ein von Gott real gegebenes Zeichen seiner Auferweckungstat, ohne eine ontologische Notwendigkeit dafür zu postulieren. Andere behaupten diese Notwendigkeit: Ist Christus wirklich leibhaft auferstanden und gesehen worden, dann *mußte* sein Grab leer sein. Auch von konservativen Theologen wird das nicht so verstanden, daß der Leib in seiner irdischen Organisation „wiederhergestellt" wurde; niemand stellt die Andersartigkeit des Auferstehungslebens gegenüber der irdischen Leibesform in Abrede. Konnte der Auferstandene real gesehen werden, so nicht darum, weil sein wiedererweckter Leib für alle so sichtbar gewesen wäre wie zuvor, sondern weil er sich aus dem Geheimnis seines neuen Lebens heraus seinen erwählten Zeugen – und nur ihnen – sichtbar *machte*, sich von ihnen greifen *ließ*. Aber man kann es dann so sehen: Wenn der irdische Leib in den pneumatischen des Auferstehungslebens verwandelt wurde, dann kann er jedenfalls als der irdische Leib, als Leichnam nicht mehr da sein. Sonst wäre die die Person Jesus in ihrer Ganzheit und so auch seinen Leib betreffende *Realität* seiner Auferweckung, die personhafte *Identität* des Auferstandenen mit dem getöteten Jesus in Frage gestellt. Wird so zwischen der Realität der Auferweckung und dem leer gewordenen Grab ein notwendiger Zusammenhang gesehen, so besagt das auch für den Theologen, der diese Auffassung vertritt, nicht, daß das leere Grab ein handgreiflicher *Beweis* der Auferweckung wäre – es könnte ja auch auf andere Weise entleert worden sein. Aber er würde vielleicht sagen: Das *nicht* leere Grab Jesu wäre ein Beweis *gegen* seine Auferweckung.

3. Die Bedeutung des Ostergeschehens

Wir stellen eine Auseinandersetzung mit den quasi-ontologischen, das Wie der Auferstehung betreffenden Fragen vorerst ganz zurück. Wichtiger als der Streit um solche Fragen ist es, zu verstehen, was es nach dem neutestamentlichen Zeugnis für das Leben und die Hoffnung der Christen bedeutet, Jesus als den Auferstandenen zu glauben.

3.1. Jesus Christus, der Gegenwärtige

Das Ende Jesu am Kreuz mußte für die, die seine Jünger gewesen waren, ja zunächst den Zusammenbruch ihres Glaubens und ihrer Hoffnung bedeuten. Besagte dieses Ende nicht die Widerlegung seiner Botschaft und seine Verwerfung durch den Gott, der es dazu kommen ließ? Aber nun zeigt sich ihnen der Gekreuzigte als der Lebendige, Auferstandene. Das heißt in der Tat: Die „Sache", die Jesus vertreten hat, ist nicht zu Ende. Gott selbst hat sich dazu *bekannt*, daß und wie er ihn zu vertreten gewagt hatte als den Gott, der Sündern die Annahme zu seinem Reich gewährt. Er hat nicht das Urteil der Vertreter des Gesetzes, die seine Richter wurden, sondern den von ihnen Verurteilten bestätigt. „Gott *war* in Christus" – auch und gerade in dem Gekreuzigten. Gott hat sich als der Gott nicht der vergeltenden, sondern der schöpferischen, sich schenkenden Gerechtigkeit erwiesen, der die Sünde so verwirft, daß er die Sünder zu Angenommenen macht und aus Tod Leben schafft.

Man kann die Rechtfertigungsverkündigung des Paulus nur von daher verstehen, daß er vor Damaskus zu der Gewißheit kam, Gott habe den Gekreuzigten auferweckt. Das hat seine bisherigen theologischen Überzeugungen über die Art, wie Gott seinen Prozeß mit den Menschen zum Austrag bringen will, auf den Kopf gestellt. Darum kann er nun sagen: „Er ist um unserer Rechtfertigung willen auferweckt" (Röm 4,25) und umgekehrt: „Ist Christus *nicht* auferweckt, so seid ihr noch in euren Sünden" (1.Kor 15,17).

Man muß aber nun hinzufügen: Für den Glauben, der sich im Christuszeugnis des Neuen Testamentes ausspricht, ist es unvorstellbar, die von Gott bestätigte Sache Jesu von seiner Person zu abstrahieren. An ihm selbst hat Gott bestätigt, was Jesus in seinem Namen vertreten hatte, indem er *ihn* nicht im Tod ließ – das kann nicht als ein nur mythisch-personhaft formulierter Ausdruck für eine in Kraft bleibende Geltung dessen verstanden werden, was *einst* der Mensch Jesus von Nazareth vertreten hatte. Jedenfalls kann man nicht meinen, mit solchem Verständnis nur eine zeitbedingte Vorstellungsweise abstreifend den „eigentlichen" Sinn der neutestamentlichen Osterverkündigung zu behalten. Denn sie ist zuinnerst bestimmt durch die Erfahrung, daß die Gemeinschaft der Glaubenden mit Jesus selbst nicht in der Vergangenheit versunken, sondern ihnen neu geschenkt ist und sie in alle Zukunft hin tragen wird. Von Ostern her glauben und nun auch diesen Glauben in die Welt hinein verkündigen ist für sie eben darin begründet, daß er selbst, Jesus, nicht in der Vergangenheit, sondern als der Auferstandene neu und Zukunft eröffnend gegenwärtig ist. Alles geschieht nun in seiner Präsenz, Führung und Kraft: *Er* sendet aus zu verkündigen, *er* ist das Haupt seiner Gemeinde, von dem sie ihr Leben hat und immer neu empfängt.

Bei allen Fragen, die die Auferweckung Jesu als Ereignis umgeben mögen, wird auch eine heute zu verantwortende Theologie die Aussage dieser Präsenz des Auferstandenen nicht preisgeben dürfen. Wir würden damit das ganze Verständnis der Sendung und des Weges Jesu preisgeben, zu dem wir in der bisherigen Besinnung gelangt waren. Denn so hatten wir ja seine Sendung verstanden: Er ist nicht nur in seinen Worten der Prediger des Wortes Gottes, sondern in seinem Sein mit den Menschen das Personsakrament des Kommens Gottes zu den von ihm Getrennten geworden – Werk und Person sind hier eines. Das gerade war seine „Sache", mit sich selbst der Träger dieses Kommens Gottes zu sein. Ja es ist *Gottes* eigenste Sache, in ihm mit uns geworden zu sein. Gott hätte sich selbst als Gott-mit-uns zur Vergangenheit gemacht, wenn er Jesus in der Vergangenheit zurückgelassen hätte, er hätte seinen eigenen Weg zu uns wieder aufgehoben. So aber ist der auferstandene Christus der nicht abgebrochene, sondern bleibende und in die Zukunft führende „Weg" Gottes zum Menschen. Man kann nicht sagen: Jesus ist tot, aber seine Sache geht weiter. Es kann nur heißen: Jesus lebt, und darum geht seine Sache, Gottes Sache in ihm weiter.

3.2. Jesus Christus, der Bürge der Zukunft

Erfahrung neu geschenkter Gemeinschaft mit dem Gekreuzigten, der als der Auferstandene den Seinen bleibend gegenwärtig ist – damit ist nicht alles gesagt. Die Gottestat seiner Auferweckung von den Toten wird in ihrer neutestamentlichen Bezeugung – soweit ist Marxsen recht zu geben – verstanden im Horizont der Erwartung eschatologischer *Zukunft*, die Gott über dieser Welt heraufführen wird: Jesus der „Erstling" des neuen Lebens im Reich Gottes. Freilich wird diese Erwartung so, wie sie im damaligen Judentum lebte, damit, daß sie nun in dem auferstandenen Jesus ihren Grund und ihre Ausrichtung empfängt, entscheidend verändert; was „Reich Gottes" heißt und wie Gott Teilhabe an ihm eröffnet, das wird nun von daher bestimmt, wie Jesus die Nähe dieses Reiches angesagt und vertreten hat. Genauer wird das im Zusammenhang des Themas Eschatologie darzulegen sein. Hier ist zunächst festzuhalten, daß das Osterzeugnis des Neuen Testaments nicht verstanden werden kann unter Absehen von dieser ihm wesentlich zugehörenden Beziehung auf eschatologische Erwartung. Würde man fragen: *Wohin* ist Jesus auferstanden?, so könnte die diesem Zeugnis entsprechende Antwort nicht lauten: in das je gegenwärtige Kerygma hinein; auch nicht: als „unsterbliche Seele" in den Himmel einer quasiräumlich gedachten Überwelt. Sie kann nur heißen: Er ist auferstanden in das Leben der *Zukunft*, die Gott *dieser* Welt geben wird. An ihm ist diese Zukunft angebrochen, die wir erwarten dürfen, oder mit den im Neuen Testament gebrauchten Begriffen: In seiner Auferweckung hat der „Neue Äon" auf den Lauf des „alten" vorgegriffen. Ist der Auferstandene uns gegenwärtig, so ist er es von dem Leben dieser Zukunft her, in das er vorausgegangen ist, und mit der Macht, den Weg unseres Lebens in der Welt in sie einzubringen. So wird er auch am Ende aller Wege gegenwärtig sein als der, an dem kein Weg mehr vorbeiführen wird, an dem vorbei es keine Zukunft geben kann.

Wir hatten gesagt: Ist Jesus das „Personsakrament", in dem Gott sein eigenes Sein mit uns festgemacht hat, so wäre ein im Tod vergangener

Jesus das Ende dieser Gottesgegenwart, Gott hätte seinen eigenen Weg zu uns wieder aufgehoben. Ein vergangener Jesus wäre aber auch das Ende seiner Sendung als der *wahre Mensch*, der an unsere Stelle getreten ist, nicht damit wir die bleiben sollen, die wir sind, sondern damit wir ihm nachgebracht werden sollen in die Wahrheit auch unseres Menschseins. Ein Osterglaube, der nicht *seine* Auferweckung in das Leben der Zukunft glaubte, sondern nur eine Fortwirkung seines Erdenwirkens ohne ihn selbst, könnte auch für unser Leben keine den Tod übergreifende Hoffnung haben. Für ihn könnte die christliche Botschaft nur noch Lebenshilfe und verpflichtende Weisung für *dieses* Leben bedeuten, das mit dem Tod endet. Man mag sagen, auch das sei nicht wenig. Aber werden wir in diesem Leben bis zum Tod die wahren und neuen Menschen geworden sein, die zu werden uns durch das Kommen Gottes zu uns in Jesus zugesagt ist? Werden wir im Sterben etwas anderes sein als: simul peccatores? Auch *unsere* Sache, die zu führen Gott in Jesus zu seiner Sache gemacht hat, würde zurückgelassen in ihrer ganzen irdischen Gebrochenheit, wenn Gott Jesus im Tod zurückgelassen hätte. Ist aber er, der wahre Mensch, uns voraus im Leben mit Gott, so ist er es als der Bürge dafür, daß auch unser Leben durch den Tod hindurch ihm nachgebracht wird in die ungebrochene Wahrheit seiner Bestimmung. „Sterben wir mit, so werden wir mit leben."

3.3. *Jesus Christus, der erhöhte Herr*

Das Christuslied in Phil 2 sagt von dem, der sich aller Macht entäußerte bis zum Tod am Kreuz: Ihn hat Gott erhöht und hat ihm „den Namen gegeben, der über alle Namen ist", so daß sich alle Knie ihm beugen, menschliche und übermenschliche Mächte erkennen und bekennen werden: Herr ist Jesus Christus. „Er muß herrschen", sagt Paulus von dem Auferstandenen, „bis er alle seine Feinde unter seine Füße getan hat" (1.Kor 15,25). Auch andere neutestamentliche Aussagen sprechen von seiner Erhöhung zum Herrn über alle Mächte. Als der Kyrios wird er von seiner Gemeinde angerufen. Seine Erhöhung zu königlicher Herrschaft ist mit seiner Auferweckung aus dem Tod im Osterzeugnis des Neuen Testamentes unmittelbar verbunden.
Wie ist dies zu verstehen? Im Blick auf Jesu eigenes Verhältnis zu Gott werden wir sagen dürfen: Er, der auf seinem irdischen Weg als Mensch *unter* Gott war bis hin zum Erleiden der Gottverlassenheit im Tod, ist nun *in* Gott, „zur Rechten des Vaters". So ist seine Auferweckung

zugleich seine Erhöhung zum Herrn über alles in Einheit mit Gott dem Vater. Aber darf die Auferweckung nicht als eine die Person Jesu für sich allein betreffende „Belohnung", soll sie vielmehr als Grund *unseres* Glaubens und Hoffens verstanden werden, so ist nun zu fragen: Was besagt das Bekenntnis zu ihm als dem erhöhten Herrn für dieses Glauben und Hoffen?

Es besagt Hoffnung für die *Welt*. Daß der Auferstandene in das Leben der Zukunft vorangegangen ist, um uns ihm nachzubringen, haben wir bisher nur unter dem Gesichtspunkt des je persönlichen Lebens bedacht: Ein Mensch, der bis in seinen Tod der Gebrochenheit des simul peccator verhaftet blieb – das soll und wird nicht das letzte Wort über diesem Leben sein. Aber wir sind keine weltlosen Individuen, Mensch und Welt, Mensch und Schöpfung gehören zusammen. Der Widerspruch des Menschen zu seiner geschöpflichen Bestimmung wirkt sich zerstörend aus an der Welt, in der er sein Leben hat. Er wird auch zum Widerspruch der „Gestalt dieser Welt" gegen das, was sie als Gottes Schöpfung sein sollte. Und die Entstellung der Schöpfung schlägt zerstörend zurück auf das Leben des Menschen. Das ist *ein* Zusammenhang. Er manifestiert sich in den Unheilszwängen menschlicher Geschichte, die aber auch die außermenschliche Kreatur in sich hineinziehen, heute deutlicher erkennbar als in Zeiten, in denen es noch nicht zu so globaler Verflechtung und Auswirkung der geschichtlichen Prozesse gekommen war. Was Paulus sagt vom Seufzen der Kreatur, die dem Verderben unterworfen ist und sich sehnt, daß die Freiheit der Söhne Gottes offenbar werde (Röm 8,19ff.), ist keine Mythologie, die mit der Wirklichkeit nichts zu tun hätte. Nicht nur das ist die Frage, was je aus mir im Tod wird, sondern ob es für diese Welt eine andere Zukunft geben kann als den Untergang in Zerstörung.

Der auferstandene Christus ist Gottes Antwort auch auf diese Frage. Ist er erhöht zum Herrn über alles, so heißt das: Der Lebenszukunft, in die er vorausgegangen ist, wird er nicht nur unser je eigenes Leben zubringen, sondern diese ganze Welt, der unser Leben eingehört. Er, den die Welt aus sich hinausgekreuzigt hat, ist der Herr ihrer Zukunft. Er und in ihm die Macht der Liebe, die er in dieser Welt vertreten hat und die in ihr nur ohnmächtig und erfolglos erscheinen kann, wird das letzte Wort behalten, und keinerlei menschliche Mächte oder übermenschliche Zwänge dieser Welt werden ihm widerstehen. Nicht nur ein Mensch, der bis in den Tod der Gebrochenheit des simul peccator verhaftet bleibt – auch eine Welt, die dem widerspricht, was sie als Schöpfung Gottes sein soll und daran untergeht, wird *nicht* das letzte Wort sein. Jesus Christus der zum Herrn über alles Erhöhte – Hoffnung für die Welt.

Freilich, *wie* diese Hoffnung verwirklicht werden wird, das entzieht sich der an menschliche Verwirklichungsmöglichkeiten gebundenen Vorstellung ebenso wie das Leben in eschatologischer Vollendung überhaupt. Man sollte sich die „Königsherrschaft" Jesu Christi nicht nach Analogie einer politischen Regierung vorstellen, selbst wenn diese als ideale Verwirklichung einer in dieser Welt möglichen Ordnung gedacht würde. Mit Bedacht wurde bisher die Formulierung gebraucht: In das *Leben der Zukunft* ist Christus vorausgegangen, um uns und die ganze Schöpfung in diese Zukunft einzubringen. Unter der Gegenwartsgestalt dieser Welt bleibt die Gegenwart des Erhöhten und die Kraft seines Wirkens noch verborgen. Daß *er* der Herr ist, dem alle Knie sich beugen werden, bleibt noch verborgen unter einem Weltgeschehen, das seine Herrschaft ignoriert, ja das man eher als seine fortgesetzte Verwerfung und Kreuzigung bezeichnen muß. Er ist nicht wirkungslos gegenwärtig; aber sein Wirken durch Menschen, die er zum Glauben und im Glauben zu einem Tun seines Wortes bewegt, tritt nicht als machtvoll sich durchsetzende Weltveränderung in Erscheinung. Es bleibt, an weltlichen Erfolgsmaßstäben gemssen, ohnmächtig und schwach. Nicht so bewegt er die Welt ihrer Zukunft zu, daß sie sich in einem sichtbaren „Fortschritt" zu einem immer besseren Zustand und schließlich zum Reich Gottes „entwickeln" würde. Jesus Christus der auferstandene und erhöhte Herr: Hoffnung für die Welt – das ist wahrhaftig Hoffnung gegen allen Augenschein, ein „Hoffen dessen, was wir nicht sehen" (Röm 8,25). Daß diese Hoffnung nicht den Verzicht der Christen auf tätiges Engagement für bessere, gerechtere Verhältnisse in dieser Welt, sondern Bewegung und Ermutigung zu solchem Engagement bedeutet, davon wird in dem Kapitel zur Eschatologie zu reden sein.

Das Bekenntnis zu dem auferweckten Jesus Christus als dem zur Rechten Gottes erhöhten Herrn schließt den Sinn der Aussage seiner „Himmelfahrt" in sich. Wird in der Exegese in Frage gestellt, ob die im Neuen Testament nur in den beiden lukanischen Schriften beggenenden Berichte der Himmelfahrt Jesu ein tatsächliches und dem Ostergeschehen gegenüber besonderes Ereignis wiedergeben, so ist dies m. E. für die dogmatische Besinnung ohne Relevanz. Denn für das Glauben und Hoffen der Christen kann die Himmelfahrtsverkündigung nicht mehr, aber auch nicht weniger besagen als die Osterbotschaft in ihrer vollen, die Zukunft von Welt und Mensch umgreifenden Bedeutung.

4. Das Ereignis der Auferweckung Jesu

Wir haben uns vergegenwärtigt, was Glauben an den auferstandenen Jesus Christus im Osterzeugnis des Neuen Testamentes besagt, und wenden uns nun der Frage zu, wie das diesen Glauben begründende Geschehen, die Auferweckung Jesu als *Ereignis*, verstanden werden kann, bzw. ob sie überhaupt in dem Sinn, den wir mit „Ereignis" zu verbinden pflegen, verstanden werden kann.

Soviel darf und muß gesagt werden: Was an Jesus geschehen ist zwischen Tod und neuem Leben, ist *Gottes* Tat. Und dies in einem einmaligen Sinn, nicht so wie wir auch, was im geschöpflichen Wirkungszusammenhang und durch geschöpfliche Werkzeuge geschieht, im Glauben als ein Tun Gottes erfahren können: etwa, daß Eltern ein Kind oder einem Kranken Genesung geschenkt wird. Die Gottestat der Auferweckung des Gekreuzigten ist nur der Tat der Schöpfung „im Anfang" vergleichbar: Aus dem Nichts ruft Gott Leben ins Dasein; aus dem Tod schafft er das neue Leben. Wenn wir dem neutestamentlichen Osterzeugnis folgen, ist hinzuzufügen: Dies ist die schlechthin *neue* Tat Gottes, mit der er anbrechen ließ, was im Lauf dieser Welt noch nicht ist und geschieht, der Anbruch der Zukunft, die Gott seiner Schöpfung bestimmt hat. Wird dies bedacht, so ist es in der Tat unmöglich, zu sagen: Die Auferweckung Jesu ist *nicht* „Ereignis". Es ist aber ebenso unmöglich, *dieses* Ereignis in Kategorien verstehen zu wollen, nach denen wir im Rahmen unserer Welterfahrung von Ereignissen sprechen bzw. beurteilen, ob etwas sich ereignet hat oder nicht.

Macht man sich das klar, so werden manche umstrittenen Fragen in bezug auf das Ostergeschehen gegenstandslos. Ist der Gekreuzigte als der durch Gottes Tat Lebendige *begegnet*, so hat der Einspruch gegen die Deutung der Erscheinungswiderfahrnisse als nur innerpsychischer Ereignisse gewiß recht. Aber wir sollten darauf verzichten, den „Modus" dieses Begegnens überhaupt kategorial bestimmen zu wollen – weder als Visionen noch als ein körperliches Sehen und Greifen von der Art, wie wir Personen in weltlicher Körperlichkeit sehen und greifen können. Es ist an sich auch berechtigt, wenn im Streit um das leere Grab gesagt wird, hier gehe es nicht um die angebliche Unsterblichkeit einer vom Leibe befreiten, ihn im Grab zurücklassenden „Seele" – der *ganze* leibhaftige Mensch ist vom Tod getroffen, und diesen *ganzen* Menschen hat Gott zum Leben der Zukunft erweckt. Ist es aber das Leben der Zukunft, so ist sein Werden aus dem Tod jeder Faßbarkeit in den biologischen Kategorien, in denen wir irdische

Lebens- und Verwandlungsvorgänge verstehen, entzogen. Man wird dann jedenfalls für das leere Grab keine Notwendigkeit behaupten können derart, daß es zwar die Auferweckung nicht beweise, das nicht leere Grab sie aber als nicht geschehen beweisen würde. Steht dahinter nicht die vielleicht unreflektierte Vorstellung, Auferweckung könne nur so gedacht werden, daß die irdische Leibesmaterie als solche in eine neue Gestalt verwandelt wird und darum da nicht mehr sein kann, wo sie zuvor war? Aber auch dies hieße doch, etwas über jenes „Wie" des Auferstehungsereignisses wissen wollen, es in Kategorien denken, in denen wir irdische Vorgänge begreifen. Sind wir genötigt, die Identität, in der Gott den ganzen, leibhaftigen Jesus aus seinem Ende im Tod in das eschatologische Leben ruft, als gebunden an einen die Leibesmaterie betreffenden Verwandlungsvorgang zu denken? (Müssen wir uns die Identität, in der Gott *uns* zu jenem Leben erwecken wird, als gebunden denken an einen solchen Vorgang mit dem, was einmal die Materie unseres irdischen Leibes war?) Ich halte es für richtiger, auf die dogmatische Konstruktion eines notwendigen Zusammenhangs zwischen der Gottestat der Auferweckung Jesu und dem leeren Grab zu verzichten. Ist das Grab Jesu leer gefunden worden, so darf dies als ein begleitendes *Zeichen* verstanden werden, das Gott dieser seiner in keine Vorstellung faßbaren Tat mitgegeben hat, nicht aber als ein ontologisch notwendiges Implikat, ohne das sie nicht geschehen sein kann.

Der Glaube bedarf keiner Vorstellung über das Wie der Auferstehung. Ihn trägt das Zeugnis, *daß* Gott Jesus Christus auferweckt hat von den Toten, und die Gewißheit: Er ist gegenwärtig, der Herr unserer Zukunft, der Grund unserer Hoffnung für die Zukunft der Welt. Daß wir jenes Wie nicht vorstellen können, kann dieser Gewißheit nichts nehmen, und wäre uns eine Vorstellung davon gegeben, so könnte sie ihr nichts hinzufügen.

Literatur

W. KÜNNETH, Theologie der Auferstehung (5. Aufl. 1968) – G. KOCH, Die Auferstehung Jesu Christi (1959) – H. GRAß, Ostergeschehen und Osterberichte (4. Aufl. 1970) – H. VON CAMPENHAUSEN, Der Ablauf der Osterereignisse und das leere Grab (4. Aufl. 1966) – Die Bedeutung der Auferstehung Jesu für den Glauben an Jesus Christus, Hg. F. VIERING (1966, Sammelband) – W. MARXSEN, Die Auferstehung Jesu von Nazareth (1968) – U. WILCKENS, Auferstehung (1970, TT Bd. 4) – A. GEENSE, Auferstehung und Offenbarung (1971). Außerdem die in den Anmerkungen genannte Literatur.

III. Kapitel: Gott wirkend in seinem Geschöpf – der Heilige Geist

Vorbesinnung

Vom Heiligen Geist spricht die kirchliche Lehrtradition explizit im Zusammenhang der Trinitätslehre, und implizit dann in der Lehre von Kirche und Amt (so mit Schwerpunkt in der katholischen Theologie) und in der Lehre von der Schrift, vom Wort Gottes und der Heilszueignung an den Einzelnen (so besonders in der Theologie der aus der Reformation entstandenen Kirchen). Aber als eigenständiges, etwa mit der Christologie vergleichbares Thema ist eine Pneumatologie zumindest in der Theologie der westlichen Kirchen kaum entwickelt worden[1]. So erübrigt sich hier ein besonderer Abschnitt über die kirchliche Lehrtradition; was sie vom Heiligen Geist im Zusammenhang der Trinitätslehre sagt, werden wir im nächsten Kapitel aufzunehmen haben.

Das theoretisch wenig reflektierte Thema wurde aber durch die Geschichte der Kirche hindurch in vielen Wiederholungen zum praktisch-ekklesiologischen Problem, und daran kann die dogmatische Besinnung nicht einfach vorbeigehen. Von der altkirchlichen Zeit bis heute entstanden gewissermaßen am Rand der Großkirche bzw. dann der großen Konfessionskirchen immer wieder Bewegungen, die das lebendige Wirken des Heiligen Geistes im verkirchlichten Christentum vermißten und als ihre eigene, besondere Erfahrung beanspruchten. So, um nur einige unter vielen zu nennen, im 2. Jh. der *Montanismus*, dessen Begründer Montanus der in den Abschiedsreden des Johannesevangeliums verheißene Paraklet zu sein und neue Offenbarungen zu bringen behauptete. So im 13. Jh. die von dem Abt Joachim von Fiore ausgehende *joachimitische* Bewegung, die ein Zeitalter des Heiligen Geistes erwartete, das nach dem des Vaters (im Alten Testament) und dem des Sohnes (in der bisherigen Geschichte der Kirche) nunmehr anbrechen und die Christenheit erst in die Vollgestalt ihres geistlichen Lebens bringen werde. So dann wieder im 16. Jh. die von Luther „Schwärmer" genannten *spiritualistischen* Gruppen, die sich

---
[1] In der ostkirchlichen Theologie ist das pneumatologische Thema vergleichsweise stärker gegenwärtig.

z. T. gegen das Hängen am „äußerlichen" Wort der Schrift auf innere Erleuchtung durch den Geist beriefen und sich darin als die eigentlichen Vollender der reformatorischen Bewegung verstanden. Man wird die im 19. Jh. in Amerika entstandene und seither weit verbreitete *Pfingstbewegung* nicht einfach mit den bisher genannten Gruppen, die ja auch untereinander sehr verschieden waren, in eine Linie stellen dürfen; aber auch sie entstand aus dem Verlangen nach unmittelbarer Geisterfahrung und weiß sich im Besitz solcher Erfahrung, insbesondere der Gabe des Redens in „Zungen". Heute kann von einer starken Ausbreitung der Geistbewegung innerhalb der Christenheit gesprochen werden. Sie stellt sich in mannigfachen Gestalten und Gruppenbildungen dar, die weit über die Pfingstbewegung im engeren Sinn hinaus reichen.

Solche Bewegungen konnten und können sich und ihre Aufgabe als innerkirchliche Erneuerung verstehen. Sie haben aber oft auch zur Sektenbildung geführt, die die „verfaßte" Kirche negierte und fragwürdige Theologumena entwickelte; fragwürdig vor allem da, wo man behauptete, durch den Geist über das Christuszeugnis der Heiligen Schrift hinausführende Offenbarungen zu empfangen. Auch die Wiederbelebung enthusiastischer Erscheinungen der Urchristenheit wird da problematisch, wo sie das exklusive Merkmal der Geistbegabung zu sein beansprucht und sich vom biblischen Wort und der kirchlichen Gemeinschaft emanzipiert. Das rief kirchliche Abwehr hervor und konnte die relative Sprödigkeit und Zurückhaltung der kirchlichen Theologie in bezug auf das pneumatologische Thema verstärken. So besonders in der altprotestantischen Theologie, die von ihrer Entstehungszeit her durch die Abwehr gegen die „Schwärmer" geprägt war. Aber bei allem Fragwürdigen und Abwegigen wird man in solchen spiritualistischen Bewegungen auch Symptome eines wirklichen Defizits in Leben und Lehre der Kirche wahrzunehmen haben. Mit bloßer Abwehr – und für die Dogmatik heißt das: mit bloßer Zurückhaltung in der Behandlung des pneumatologischen Themas – ist ihnen nicht zu begegnen. In der gegenwärtigen katholischen und evangelischen Theologie wird das weithin empfunden. Es gibt Ansätze dazu, die Lehre vom Heiligen Geist stärker und im Rückgriff auf das sehr reiche und vielfältige biblische Zeugnis vom Geist auch unter bisher vernachlässigten Gesichtspunkten zu entwickeln[2].

Eine Vergegenwärtigung dieses Zeugnisses stellen wir auch hier der

---

[2] Vgl. dazu die in der Literaturangabe zu § 13 genannten Monographien. Auch E. Schlink entfaltet in seiner Ökumenischen Dogmatik (1983) die Lehre vom

dogmatischen Reflexion voran. In den beiden vorausgehenden Kapiteln geschah dies in Form eines Nacherzählens der in der Schrift bezeugten Geschichte: der Geschichte Gottes mit Israel auf sein Kommen in Jesus hin, und dann der Geschichte Jesu selbst. Das Wirken des Geistes Gottes ist überall in dieser Geschichte gegenwärtig, und es gibt sich dann in die Geschichte der durch die Verkündigung des gekreuzigten und auferstandenen Christus gesammelten Gemeinde hinein. Durch ein Nacherzählen ist das kaum wiederzugeben, jedenfalls nicht in der hier gebotenen Kürze. Statt dessen beschränken wir uns auf eine zitatweise und zunächst auf jede Kommentierung verzichtende Zusammenstellung alt- und neutestamentlicher Aussagen. Sie soll die Vielfalt der Beziehungen und zugleich den heilsgeschichtlichen Duktus des biblischen Redens vom Geist Gottes vor Augen bringen. Die durch Absätze gekennzeichnete Gruppierung dieser Aussagen folgt in erster Linie nicht historischen (Entstehungszeit, Verfasserschaft usw.), sondern sachlich-theologischen Gesichtspunkten.

Aus dem Alten Testament
Am Anfang schuf Gott Himmel und Erde. Und die Erde war wüst und leer, und es war finster auf der Tiefe; und der Geist Gottes schwebte auf dem Wasser (Gen 1,1f.).
Der Himmel ist durch das Wort des Herrn gemacht, und all sein Heer durch den Geisthauch seines Mundes (Ps 33,6).
Der Geist Gottes hat mich gemacht, und der Odem des Allmächtigen hat mir das Leben gegeben (Hiob 33,4).
Wenn er... seinen Geist und Odem an sich zöge, so würde alles Fleisch miteinander vergehen, und der Mensch würde wieder zu Staub werden (Hiob 34,14).

Der Herr redete mit Mose und sprach: Siehe, ich habe mit Namen berufen Bezalel, den Sohn Uris... und habe ihn erfüllt mit dem Geist Gottes, mit Weisheit, Verstand und Erkenntnis und mit aller Geschicklichkeit, kunstreich zu arbeiten in Gold, Silber, Kupfer, kunstreich Steine zu schneiden und einzusetzen und kunstreich zu schnitzen in Holz... (Ex 31,1–5).

Da schrien die Israeliten zu dem Herrn, und der Herr erweckte ihnen einen Retter,... Othniel, den Sohn des Kenas... Und der Geist des Herrn kam auf ihn, und er wurde Richter in Israel und zog aus zum Kampf (Ri 3,9f.).
Als nun alle Midianiter und Amalekiter und die aus dem Osten sich versammelt hatten, zogen sie herüber und lagerten sich in der Ebene Jesreel. Da erfüllte der Geist des Herrn den Gideon, und er ließ die Posaune blasen... (Ri 6,33f.).
Da nahm Samuel sein Ölhorn und salbte David mitten unter seinen Brüdern. Und der Geist des Herrn geriet über David von dem Tag an und weiterhin.

Heiligen Geist eingehender, als das vielfach bisher geschehen war; ebenso G. Ebeling in Bd. III seiner Dogmatik des christlichen Glaubens (1979).

...Der Geist des Herrn aber wich von Saul, und ein böser Geist vom Herrn ängstigte ihn (1.Sam 16,13f.).

Ägypten ist Mensch und nicht Gott, und seine Rosse sind Fleisch und nicht Geist (Jes 31,3).
Es soll nicht durch Heer oder Kraft, sondern durch meinen Geist geschehen, spricht der Herr Zebaot (Sach 4,6).

Ich aber bin voll Kraft und Geist des Herrn, daß ich Jakob seine Übertretung und Israel seine Sünde anzeigen darf (Micha 3,8).
Und der Geist Gottes ergriff Sacharja, den Sohn des Priesters Jojada. Der trat vor das Volk und sprach zu ihnen: So spricht Gott: Warum übertretet ihr die Gebote des Herrn, so daß ihr kein Gelingen habt? Ihr habt den Herrn verlassen, darum wird er euch auch verlassen (2.Chron. 24,20).
Sie machten ihre Herzen hart wie Diamant, daß sie nicht hörten... die Worte, die der Herr Zebaot durch seinen Geist sandte durch die früheren Propheten (Sach 7,12).

Ich will euch ein neues Herz und einen neuen Geist in euch geben und will das steinerne Herz aus eurem Fleisch wegnehmen und euch ein fleischernes Herz geben. Ich will meinen Geist in euch geben und will solche Leute aus euch machen, die in meinen Geboten wandeln und meine Rechte halten und danach tun (Ez 36,26f.).
Das soll der Bund sein, den ich mit dem Haus Israel schließen will nach dieser Zeit, spricht der Herr: Ich will mein Gesetz in ihr Herz geben und in ihren Sinn schreiben, und sie sollen mein Volk sein, und ich will ihr Gott sein. Und es wird keiner den andern noch ein Bruder den andern lehren und sagen: Erkenne den Herrn, sondern sie sollen mich alle kennen, klein und groß. Denn ich will ihnen ihre Missetat vergeben und ihrer Sünde nimmermehr gedenken (Jer 31,33f.).
Und nach diesem will ich meinen Geist ausgießen auf alles Fleisch, und eure Söhne und Töchter sollen weissagen, eure Alten sollen Träume haben und eure Jünglinge sollen Gesichte sehen. Auch über Knechte und Mägde will ich zu jener Zeit meinen Geist ausgießen (Joel 3,1f.).
Es wird ein Reis hervorgehen aus dem Stamm Isais und ein Zweig aus seiner Wurzel Frucht bringen. Auf ihm wird ruhen der Geist des Herrn, der Geist der Weisheit und des Verstandes, der Geist des Rates und der Stärke, der Geist der Erkenntnis und der Furcht des Herrn (Jes 11,1f.).
Schaffe in mir, Gott, ein reines Herz und gib mir einen neuen, gewissen Geist. Verwirf mich nicht von deinem Angesicht und nimm deinen heiligen Geist nicht von mir (Ps 51,12f.).

Aus dem Neuen Testament
Der heilige Geist wird über dich kommen und die Kraft des Höchsten wird dich überschatten. Darum wird das Heilige, das aus dir geboren wird, Gottes Sohn genannt werden (Lk 1,35).
Als Jesus getauft war, stieg er sogleich aus dem Wasser. Und siehe, da tat sich ihm der Himmel auf, und er sah den Geist Gottes wie eine Taube herabschwe-

ben und über sich kommen. Und eine Stimme vom Himmel sprach: Das ist mein lieber Sohn, an dem ich Wohlgefallen habe (Mt 3,16f.).
...Jesus Christus, unser Herr, geboren aus dem Geschlecht Davids nach dem Fleisch, kräftig erwiesen als Sohn Gottes nach dem Heiligen Geist durch die Auferstehung von den Toten (Röm 1,3f.).
„Der Geist des Herrn ruht auf mir, weil er mich gesalbt hat, den Armen das Evangelium zu verkündigen; er hat mich gesandt, den Gefangenen zu verkünden, daß sie frei sein sollen, und den Blinden, daß sie sehen werden, und den Zerschlagenen, daß sie frei und ledig sein sollen, und zu verkünden das Gnadenjahr des Herrn" (Lk 4,18f., vgl. Jes 61,1f.).

Wo gibt es bei euch einen Vater, der seinem Sohn, wenn er ihn um Brot bittet, statt dessen einen Stein gibt... Wenn schon ihr, die ihr doch böse seid, euern Kindern gute Gaben geben könnt, wieviel mehr wird der Vater im Himmel denen den heiligen Geist geben, die ihn darum bitten! (Lk 11,11.13).
Wenn sie euch nun ausliefern werden, so sorget nicht, wie oder was ihr reden sollt; denn es soll euch in dieser Stunde gegeben werden, was ihr reden sollt. Denn nicht ihr seid es, die dann reden, sondern der Geist eures Vaters ist es, der durch euch redet (Mt 10,19f.).
Ich will den Vater bitten, und er wird euch einen andern Beistand geben, der für immer bei euch bleiben soll: den Geist der Wahrheit, den die Welt nicht empfangen kann, denn sie sieht ihn nicht und kennt ihn nicht. Ihr aber kennt ihn, denn er bleibt bei euch und wird in euch sein. Ich will euch nicht verwaist zurücklassen; ich komme zu euch (Joh 14,16–18).
Wenn aber jener, der Geist der Wahrheit, kommen wird, wird er euch in alle Wahrheit führen. Denn er wird nicht aus sich selber reden; sondern was er hören wird, wird er reden, und was zukünftig ist, wird er euch verkünden. Er wird mich verherrlichen; denn von dem, was mein ist, wird er's nehmen und euch verkündigen (Joh 16,13f.).
Wer an mich glaubt, aus dessen Innerstem werden Ströme lebendigen Wassers fließen. Damit meinte er den Geist, den alle empfangen sollten, die an ihn glaubten; aber der Geist war noch nicht da, weil Jesus noch nicht verherrlicht war (Joh 7,38f.).
Da sagte Jesus zu ihnen: Friede sei mit euch! Wie mich der Vater gesandt hat, so sende ich euch. Und... er blies sie an und sagte zu ihnen: Nehmet hin den heiligen Geist! Wem ihr die Sünden erlaßt, dem sind sie erlassen; und wem ihr sie anrechnet, dem sind sie angerechnet (Joh 20,21–23).
Als der Pfingsttag gekommen war, waren sie alle an einem Ort versammelt. Da kam plötzlich ein Brausen vom Himmel wie von einem gewaltigen Sturm und erfüllte das ganze Haus, in dem sie saßen. Und es erschienen ihnen Zungen wie von Feuer, die sich verteilten und sich auf jeden von ihnen setzten, und sie wurden alle mit dem heiligen Geist erfüllt und fingen an in andern Sprachen zu predigen, wie der Geist es ihnen eingab (Apg 2,1–4).
Und als sie so gebetet hatten, erbebte der Ort, an dem sie versammelt waren, und sie wurden alle mit dem heiligen Geist erfüllt und verkündigten das Wort Gottes unerschrocken (Apg 4,31).

Als die Apostel in Jerusalem hörten, daß Samarien das Wort Gottes angenommen hatte, sandten sie Petrus und Johannes zu ihnen. Die kamen hinab und beteten für sie, daß sie den heiligen Geist empfingen. Denn er war noch auf keinen von ihnen gefallen, sondern sie waren nur auf den Namen des Herrn Jesus getauft. Da legten sie ihnen die Hände auf, und sie empfingen den heiligen Geist (Apg 8,14–17).
Während Petrus noch redete, fiel der heilige Geist auf alle, die dem Wort zuhörten. Und die Gläubigen jüdischer Herkunft, die mit Petrus gekommen waren, gerieten außer Fassung, weil auch auf die Heiden die Gabe des heiligen Geistes ausgegossen wurde; denn sie hörten, daß sie in Zungen redeten und Gott hoch priesen. Da antwortete Petrus: Kann denn jemand denen das Wasser zur Taufe verweigern, die ebenso wie wir den heiligen Geist empfangen haben? Und er befahl, sie im Namen Jesu Christi zu taufen (Apg 10,44–48).
Unsere Predigt des Evangeliums kam zu euch nicht nur in Worten, sondern auch in der Kraft und im heiligen Geist und in großer Gewißheit ... und ihr habt das Wort unter großer Bedrängnis angenommen mit Freude im heiligen Geist (1.Thess 1,5f.).
Mein Wort und meine Predigt geschah nicht mit überredenden Worten menschlicher Weisheit, sondern durch den Erweis des Geistes und der Kraft, damit euer Glaube nicht auf Menschenweisheit beruhen sollte, sondern auf Gottes Kraft (1.Kor 2,4f.).
„Was kein Auge gesehen und kein Ohr gehört hat und in keines Menschen Herz gekommen ist" – uns hat es Gott offenbart durch seinen Geist; denn der Geist erforscht alle Dinge, auch die Tiefen der Gottheit. Denn was im Menschen ist, weiß niemand als allein der Geist des Menschen, der in ihm ist. So weiß auch niemand, was in Gott ist, als allein der Geist Gottes. Wir aber haben nicht den Geist der Welt empfangen, sondern den Geist aus Gott, so daß wir wissen können, was uns von Gott geschenkt ist (1.Kor 2,9–12).
Niemand, der durch den Geist Gottes redet, kann Jesus fluchen; und niemand kann Jesus den Herrn nennen außer durch den heiligen Geist (1.Kor 12,3).
Ihr Lieben, glaubt nicht jedem Geist, sondern prüft die Geister, ob sie von Gott sind; denn es sind viele falsche Propheten in die Welt gekommen. Daran sollt ihr den Geist Gottes erkennen: Jeder Geist, der bekennt, daß Jesus Christus als Mensch gekommen ist, der ist von Gott; und jeder Geist, der Jesus nicht bekennt, der ist nicht von Gott (1.Joh 4,1–3).
Gott ist es, der uns samt euch in Christus fest macht und der uns gesalbt und versiegelt und den Geist als Unterpfand in unsere Herzen gegeben hat (2.Kor 1,21f.).
Wer dem Herrn anhängt, der ist ein Geist in ihm (1.Kor 1,17).
Ihr aber seid nicht vom Fleisch bestimmt, sondern vom Geist, wenn wirklich der Geist Gottes in euch wohnt. Wer aber den Geist Christi nicht hat, der gehört nicht zu ihm (Röm 8,9).
Der Herr aber ist der Geist; und wo der Geist des Herrn ist, da ist Freiheit (2.Kor 3,17).
Die der Geist Gottes treibt, die sind Gottes Kinder. Denn nicht den Geist von

Knechten habt ihr empfangen, daß ihr euch... fürchten müßtet, sondern den Geist von Kindern, durch den wir rufen: Abba, lieber Vater! Der Geist selbst bezeugt unserm Geist, daß wir Gottes Kinder sind (Röm 8,14–16).
Weil ihr nun Kinder seid, hat Gott den Geist seines Sohnes in eure Herzen gesandt, der ruft: Abba, lieber Vater! So bist du also nicht mehr Knecht, sondern Kind; wenn aber Kind, dann bist du auch Erbe durch Gott (Gal 4,6f.).
Die Liebe Gottes ist ausgegossen in unser Herz durch den heiligen Geist, der uns gegeben ist (Röm 5,5).
Die Frucht des Geistes ist Liebe, Freude, Friede, Geduld, Freundlichkeit, Güte, Treue, Sanftmut, Selbstbeherrschung (Gal 5,22).
Das Reich Gottes ist nicht Essen und Trinken, sondern Gerechtigkeit und Friede und Freude im heiligen Geist. Wer Christus so dient, der ist Gott wohlgefällig und bei den Menschen geachtet (Röm 14,17f.).

Führt euer Leben im Geist, so werdet ihr nicht vollbringen, wonach das Fleisch verlangt. Denn das Fleisch widerstrebt dem Geist und der Geist dem Fleisch; die beiden liegen im Streit widereinander... (Gal 5,16f.).
Die aber Christus Jesus gehören, die haben ihr Fleisch samt allen Leidenschaften und Begierden gekreuzigt. Wenn wir im Geist leben, so wollen wir auch dem Geist folgen (Gal 5,24f.).
Irret euch nicht, Gott läßt sich nicht spotten; denn was der Mensch sät, das wird er ernten. Wer auf das Fleisch sät, der wird vom Fleisch das Verderben ernten; wer aber auf den Geist sät, der wird vom Geist das ewige Leben ernten (Gal 6,7f.).
Der Geist hilft unserer Schwachheit auf. Denn wir wissen nicht, was wir beten sollen, wie sichs gebührt; aber der Geist selbst tritt für uns ein mit unaussprechlichem Seufzen. Der aber die Herzen erforscht, der weiß, was der Geist meint; denn er tritt für die Heiligen ein, wie es Gott gefällt (Röm 8,26f.).

Es gibt mancherlei Gnadengaben, aber es ist ein Geist. Und es gibt verschiedene Dienste, aber es ist ein Herr. Und es gibt verschiedene Kräfte, aber es ist ein Gott, der alles in allen wirkt. Jedem einzelnen wird die Offenbarung des Geistes gegeben zum Nutzen aller. Dem einen wird durch den Geist gegeben, von der Weisheit zu reden; dem andern wird gegeben, von der Erkenntnis zu reden nach demselben Geist; einem andern Glaube in demselben Geist; einem andern die Gabe, gesund zu machen, in dem einen Geist; einem andern die Kraft, Wunder zu tun; einem andern prophetische Rede; einem andern die Gabe, die Geister zu unterscheiden; einem andern verschiedene Arten von Zungenrede; einem andern die Gabe, sie auszulegen. Dies alles aber wirkt derselbe eine Geist und teilt jedem das Seine zu, wie er will (1.Kor 12,4–11).
Ertragt einander in Liebe und bemüht euch, die Einigkeit im Geist zu wahren durch das Band des Friedens: ein Leib und ein Geist, wie ihr auch durch eure Berufung zu einer Hoffnung berufen seid; ein Herr, ein Glaube, eine Taufe; ein Gott und Vater aller, der da ist über allen und durch alle und in allen (Eph 4,3–6).

Solange wir in dieser Hütte sind, seufzen wir und sind beschwert, weil wir lieber nicht entkleidet, sondern überkleidet werden wollen, damit das Sterbliche vom Leben verschlungen wird. Gott aber ist es, der uns dazu bereitet hat und der uns als Unterpfand den Geist gegeben hat (2.Kor 5,4f.).
Wenn der Geist dessen, der Jesus von den Toten auferweckt hat, in euch wohnt, so wird er, der Christus von den Toten auferweckt hat, auch eure sterblichen Leiber lebendig machen durch den Geist, der in euch wohnt (Röm 8,11).
Der Gott der Hoffnung erfülle euch mit aller Freude und Frieden im Glauben, damit ihr vollkommene Hoffnung habt durch die Kraft des heiligen Geistes (Röm 15,13).

Alle diese Worte reden vom „Geist" Gottes; nicht nur die deutsche Übersetzung gebraucht dieses selbe Wort, auch in den biblischen Ursprachen verhält es sich entsprechend: In allen alttestamentlichen Aussagen, die hier angeführt wurden, erscheint „ruach", in den neutestamentlichen „pneuma", womit schon in der Septuaginta das alttestamentliche ruach wiedergegeben war. Angesichts der unübersehbaren inhaltlichen Unterschiedenheit dieser Aussagen drängt sich aber die Frage auf, ob da mit demselben Wort auch von derselben Sache geredet wird. Kann der Geist (oder Odem) Gottes, von dem in den zuerst angeführten alttestamentlichen Worten gesagt wird, daß durch ihn der Mensch überhaupt sein Leben hat, identisch sein mit dem Heiligen Geist, der nach dem neutestamentlichen Zeugnis von Jesus Christus ausgeht und durch den wir, mit Christus verbunden, ein *neues* Leben empfangen? Kann der Geist, der Inspiration und Geschick zu allerlei „kunstreicher" Arbeit in Schnitzwerk und Edelsteinen verleiht (Ex 31,1–5), etwas zu tun haben mit dem Geist, von dessen Gnadengaben in 1.Kor 12 geredet wird? Aber schon innerhalb der alttestamentlichen Aussagen große Spannungen, um nicht zu sagen Widersprüche: Der Geist, der einen Othniel oder Gideon zum kriegerischen Aufbruch „begeistert" – ist das derselbe, von dem der Herr durch Sacharja spricht, es solle durch seinen Geist und *nicht* durch Heer oder Kraft geschehen? Derselbe Geist, von dem Paulus sagt, daß durch ihn die Liebe Gottes ausgegossen ist in unsern Herzen?
In der Tat werden wir mit einer Geschichte des in der Bibel sprechenden Verständnisses des Geistes Gottes zu rechnen haben. Da können frühe Vorstellungen durch neue Erfahrung und Erkenntnis nicht nur erweitert und vertieft, sondern auch überholt und zurückgelassen werden. Und nun verstanden wir ja die biblischen Zeugnisse als den Niederschlag der Glaubensgeschichte, die Gott selbst auf sein Kommen in Christus hin gewirkt und in ihm erfüllt hat. Dann aber

geht es in der historisch festzustellenden Entwicklung und Veränderung menschlicher *Vorstellungen* vom göttlichen Geist zugleich um einen Geschichtsweg, den *Gott selbst* in der Offenbarung und im Wirken seines Geistes gegangen ist auf Christus hin. Darum werden wir von Christus her, im Licht des neutestamentlichen Evangeliums, zu verstehen haben, was Heiliger Geist bedeutet. Es fragt sich dann, inwiefern dem auch das Mannigfache und bisweilen sehr Fremdartige anderer, alttestamentlicher Geistaussagen zugeordnet werden kann. Die Möglichkeit solcher Zuordnung sollte nicht von vornherein ausgeschlossen, das biblische Reden vom Geist Gottes vielmehr in seiner ganzen Weite gesehen und bedacht werden. Es könnte sein, daß dadurch auch das Verständnis dessen, was die Lebensmacht des Geistes im Zusammenhang des Christusgeschehens bedeutet, vertieft und die dogmatische Reflexion vor einer zu eng geführten Pneumatologie bewahrt wird. Gehen wir nun zu dieser Reflexion über, so stellt sich die Frage, wie sie gegliedert werden kann. Die Bibel beider Testamente spricht allenthalben davon, was durch den Geist *geschieht*. Wir finden in ihr kaum unmittelbare Aussagen darüber, was der Heilige Geist *ist*. Was als sein Wirken bezeugt wird, weist darauf nur mittelbar hin. In diesem ersten Teil der Dogmatik, dessen Thema die Wirklichkeit Gottes selbst ist, und in diesem dritten Kapitel nun: Gottes Wirklichkeit als Heiliger Geist, geht es allerdings gerade um die Frage: Was ist der Heilige Geist, inwiefern *Gott* Heiliger Geist, und in welchem Verhältnis zu dem, was wir im Menschen „Geist" nennen? Wir werden aber auch in der dogmatischen Besinnung, dem durch das biblische Zeugnis gewiesenen Weg folgend, zunächst bedenken, was durch den Geist geschieht. Dann und von daher suchen wir Antwort auf die Frage seines Seins im Zusammenhang der Wirklichkeit Gottes und zugleich im Bezug zu der des Menschen. Das ergibt eine zweiteilige Gliederung: 1. Das Wirken des Heiligen Geistes, 2. Die Wirklichkeit Gottes des Heiligen Geistes. Von beidem wird nicht geredet werden können, ohne Grundelemente der theologischen Anthropologie, deren Entfaltung dem zweiten Teil dieser Dogmatik vorbehalten bleibt, schon vorweg anzusprechen.

§ 13 Das Wirken des Heiligen Geistes

Wir gehen zunächst der Vielfalt biblischer Aussagen über das Wirken des Geistes entlang und versuchen sie nach ihren unterschiedlichen Bezügen und Inhalten zu ordnen. Dabei stellen wir die alttestamentlichen Geistaussagen voran. Danach ist das neutestamentliche Zeugnis von der „Ausgießung" und dem Wirken des Geistes in der Gemeinde Jesu zu bedenken. Bei aller Polyphonie auch des neutestamentlichen Redens vom Geisteswirken und den Geisteswirkungen ist hier gemeinsamer cantus firmus: Was der Geist wirkt, kommt von Christus her, hat in ihm seinen Grund und verbindet mit ihm. Hier wird die dogmatische Besinnung jedenfalls den Schlüssel für das Verständnis des Wirkens und der Wirklichkeit Gottes als Heiliger Geist zu suchen haben. Danach soll gefragt werden, ob und wieweit auch solche alttestamentlichen Aussagen vom Geisteswirken, die dem, was Heiliger Geist im Kraftfeld des Christusgeschehens bedeutet, zunächst abgelegen scheinen, in einem Zusammenhang mit ihm verstanden werden können.

1. Das Wirken des Geistes im Erfahrungszeitraum der Glaubensgeschichte Israels

1.1. Der Geist, die Leben wirkende Schöpferkraft

Wir finden im Alten Testament Aussagen – einige von ihnen wurden in der ersten Gruppe unserer Zusammenstellung angeführt –, die das Wirken des Geistes Gottes ganz allgemein mit Gottes *Schöpferwirken* gleichsetzen. Sein Geist schwebt in jenem Anfang, in dem Himmel und Erde geschaffen werden, über der noch ungestalteten Tiefe (Gen 1,2). Durch sein Wort – und zugleich wird gesagt: durch den Geisthauch seines Mundes wird „der Himmel und sein Heer", der Kosmos der Gestirne ins Sein gerufen (Ps 33,6); das schöpferische Wirken des Geistes wird hier also universal auf die Schöpfung überhaupt bezogen. Mit besonderem Nachdruck aber wird es auf das Leben des *Menschen* bezogen: Gott bläst dem Erdenkloß den „Lebensodem" in die Nase, und so wird ein lebendiger Mensch (Gen 2,7). Und dies gilt nicht nur von dem Ersterschaffenen, als ob dieser das ihm einmal verliehene Leben dann autark in sich trüge und weitergeben würde; vielmehr jeder Mensch lebt *jederzeit* davon, daß „der Odem des Allmächtigen" in ihm Leben wirkt – zieht Gott seinen Geisthauch zurück, so wird er wie alles Fleisch zu Staub (Hiob 33,4; 34,14).

Das hebräische Wort „ruach" wie übrigens auch das griechische „pneuma" hat zunächst die konkrete Bedeutung von Wind, Lufthauch, auch von Atemhauch. Sie ist in diesen Aussagen noch deutlich wahrzunehmen. Im Atmen des Lebewesens zeigt sich seine Lebendigkeit; steht der Atem still, so ist das Leben entflohen. So kann der Atem selbst als die Lebenskraft, und dann auch das Leben erzeugende und erhaltende Wirken Gottes als ein Einhauchen *seines* Atems, sein schöpferischer Geist als sein Atem vorgestellt werden. Das Wörtliche dieser Vorstellung ist im Alten Testament wohl schon weithin überschritten, besonders deutlich da, wo auch von den Gestirnen gesagt werden kann, sie seien „durch den Geisthauch seines Mundes", im selben Atemzug aber, sie seien „durch sein Wort" ins Sein gerufen. Immerhin kann auch die bildlich gewordene Rede vom Gotteswind oder Gottesatem noch darauf hinweisen, daß das biblische Verständnis vom Geist Gottes nicht mit „geistig" in Entgegensetzung zu „leiblich" oder gar mit „intellektuell" in Entgegensetzung zu „emotional" in Verbindung zu bringen ist. Geist ist dynamische, um nicht zu sagen stürmische Realität; Bewegung, die Bewegung wirkt, und hier nun ganz elementar: die Gotteskraft, die *Leben* hervorruft, und zwar das geschöpfliche Leben in der leiblich-seelischen Ganzheit, als die es in der Bibel überall verstanden wird. Gerade auch in seiner Leiblichkeit als lebendiges Wesen ist es geistgewirkt.

Der Geist Gottes, das ist Gott selbst, sofern er *in* seinem Geschöpf und zumal im Menschen die Kraft zu dessen Leben ist. Mit der Vorstellung einer Begottung oder Göttlichkeit des Menschen hat das ganz und gar nicht zu tun; nirgends ist die strenge Unterscheidung von Schöpfer und Geschöpf, die den Glauben Israels durchdringt, so deutlich wie gerade in diesen Aussagen. Nirgends wird auch so deutlich das Verständnis des Schöpferwirkens als creatio *continua*, aus der kreatürliches Sein sich beständig aktuell empfängt und ohne die es keinen Augenblick Bestand haben könnte. Der Mensch wird hier ja nicht gesehen als in sich zentriertes Selbst, das göttliche Kraft, nachdem sie ihm einmal „eingehaucht" wurde, nun in sich trägt, als Eigenschaft über sie verfügt – im Gegenteil: Er wird hier pointiert „exzentrisch" verstanden. Eben nicht sein Selbst, sondern der Geist Gottes ist in ihm das Subjekt der Kraft zu seinem Leben.

1.2. Besondere Geistbegabungen und Geisteswirkungen – die Charismatiker in Israel

Dazu kommen im Alten Testament nun Aussagen, in denen besondere Fähigkeiten und Taten einzelner Menschen als besondere, gerade ihnen zuteil gewordene Einwirkungen des Geistes Gottes angesprochen werden. Das kann sich auf hervorragende künstlerische Befähigung beziehen: der Geist Gottes wirkt sie in denen, die zur Herstellung der Stiftshütte und der Geräte zum Dienst im Heiligtum berufen werden (Ex 31,3; 35,31). Es kann sich auf politische Befähigung und Regierungskunst beziehen: Zum königlichen Amt wird dem Saul der Geist Gottes gegeben und wieder genommen; er wird dann dem David verliehen (1.Sam 16,13f.). Es kann sich aber auch einfach auf Lebensweisheit beziehen: nicht das Alter bringt sie von selber mit sich, sondern „der Geist ist es in den Leuten und der Odem des Allmächtigen, der sie verständig macht" (Hiob 32,8).

Solche Geistbegabungen können den Aspekt einer auf eine gewisse Dauer verliehenen und nicht unbedingt von Phänomenen abnormen Verhaltens begleiteten Befähigung haben. Daneben stehen auch Aussagen, nach denen der Geist Gottes plötzlich, fast überfallartig, Menschen überkommt und sie in bestimmter Situation zu unerhörten Kraftakten treibt, um nicht zu sagen überwältigt. So etwa die „Richter" – Othniel, Gideon, Jephta, Simson – in menschlich hoffnungsloser Lage zum Angriff und Sieg über übermächtige Feinde Israels. Hier wird am Geisteswirken ein ekstatisches Element sichtbar. Es zeigt sich noch deutlicher in den besonders den älteren Teilen des alttestamentlichen Schrifttums angehörenden Berichten von Prophetenscharen, die vom Geist zu ekstatischer Rede und Tanz getrieben werden. So etwa 1.Sam 19,19ff.: Auf die Boten, die Saul zu wiederholten Malen ausschickt, um David zu fangen, fällt, sowie sie dort anlangen, der Geist Gottes, so daß sie, statt ihren Auftrag auszuführen, in verzücktes Reden und Verhalten geraten, und als Saul schließlich selbst nachkommt, widerfährt ihm dasselbe bis dahin, daß er zuletzt seine Kleider auszieht und einen Tag und eine Nacht lang am Boden liegt. Hier wirkt der Geist, auf eine sehr sonderbare Weise, *Verhinderung* eines Geschehens, das der Geschichtsabsicht Gottes zuwiderläuft.

Sicher können alle diese Aussagen weder nach ihrer Entstehungszeit auf eine Ebene gebracht noch nach ihrem Gehalt theologisch systematisiert werden. Einiges, was der Rede von besonderen Geistbegabungen und Geisteswirkungen in Israel gemeinsam ist, kann aber doch herausgestellt werden:

Es geht in diesen Aussagen nicht um Möglichkeiten eines Wirkens des Geistes Gottes in der Menschheit überhaupt, wie es jederzeit, überall und in allen Völkern geschehen würde. Alles, worauf sie sich beziehen, hat seinen Ort in dem besonderen Verhältnis Gottes zu *Israel*.

Aber auch in Israel ist der Geist nicht *allen* gegeben. Sein Wirken

wird auch nicht *jederzeit* erfahren. Es geschieht durch Einzelne, besonders Berufene und Ergriffene, und es wird oft nur in besonderen Situationen erfahren.
Wo das Wirken des Geistes eingreift, steht dies, wenn auch auf verschiedenste Weise, in besonderem Zusammenhang mit dem geschichtlich zielgerichteten *Handeln* Gottes an Israel. Nicht von jeder beliebigen künstlerischen Befähigung und Tätigkeit wird gesagt, sie sei durch Gottes Geist gewirkt, sondern von der Ausrüstung zur Herstellung des Heiligtums, das Gottes Gegenwart in der Mitte seines Volkes repräsentieren soll. Kriegerische Kraft wird nicht schon an sich als Geistbegabung verstanden, die zum Einsatz beliebiger militärischer Unternehmungen Israels zur Verfügung stünde. Wird sie durch den Geist gewirkt, dann da und nur da, wo Gott durch besonders berufene Retter aus äußerster Bedrängnis befreien und darin die Treue bekunden will, in der er zu seiner Verheißung steht. Der Geist ruht auf dem König, den Gott zum besonderen Werkzeug seines Geschichtshandelns mit Israel berufen hat, insbesondere auf David, aber er kann einem König genommen und einem andern gegeben werden; er ist nicht an die Legitimität dynastischer Erbfolge gebunden. In alledem kommt überaus stark die Unverfügbarkeit des Geistes Gottes zum Ausdruck. Er ergreift Menschen, wann und wo Gott will – er wird nicht zu ihrem Besitz.
Es besteht eine eigentümliche, m.W. im Alten Testament nirgends reflektierte Differenz zwischen jenen Aussagen, nach denen das Leben aller Menschen, ja aller Lebewesen aus dem beständigen Wirken des Geistes hervorgeht, und den Aussagen, nach denen gerade in Israel, dem aus allen Völkern heraus in eine besondere Geschichte mit Gott gerufenen Volk, das Wirken des Geistes keineswegs als mit dem Leben selbst schon alle erfüllend erfahren wird. Es bleibt vielmehr zunächst Ausnahme und an besonderes göttliches Eingreifen gebunden. Über diese Differenz wird nachzudenken sein.

1.3. Der Geist in der prophetischen Gerichts- und Heilsansage

In der späteren Prophetie, die wir vor allem durch die kanonischen Prophetenbücher kennen, erscheint der vom Geist ergriffene Charismatiker in einer neuen Gestalt. Geist Gottes und *Wort* Gottes treten jetzt eng zusammen, Geistphänomene, die nichts mit Ausrichtung eines Wortes Gottes an Israel zu tun hätten, treten zurück. Gerade dies geschieht dem Propheten, wenn Gottes Geist ihn ergreift: Er hört solches Wort und muß es – oft gegen sein eigenes menschliches Wünschen – als Wort Jahwes dem Volk und seinen Führern ausrichten. Nur hie und da, vor allem bei Ezechiel, sind mit diesem Ergriffenwerden zur Ansage des Gottesspruchs auch äußere Merkmale ekstatischen Verhaltens verbunden.

Anders ist vor allem geworden, *was* der vom Geist Ergriffene nun zu vertreten hat. Hier werden dem Volk nicht mehr Helden und Könige zu notwendender Tat der Hilfe ausgerüstet; hier werden Männer genötigt, *gegen* das Volk und seine Führer aufzustehen. Der Geist macht sie zum Mund der *Anklage* Gottes gegen sein Volk. „Ich bin erfüllt mit Kraft und Geist des Herrn, daß ich Jakob seine Übertretung und Israel seine Sünde anzeige", sagt Micha (3,8). Und schließlich kann und darf Jeremia nichts anderes mehr ansagen als den Beschluß Gottes zu Gericht und Untergang: Das Heiligtum, zu dessen Schmuck der Geist einst Gaben gewirkt hatte, wird zerstört werden; die politische Existenz des Volkes, zu deren Rettung und Bewahrung der Geist Richtern und Königen verliehen worden war, wird vernichtet werden; aus dem Land, in das Gott dieses Volk einst geführt hatte, wird es vertrieben werden. In ein Israel, in dem der Wille Gottes nicht geschieht und das sich trotzdem im Tempel der Heilsgegenwart dieses Gottes versichert glaubt und von seinen „Heilspropheten" in dieser Sicherheit bestärkt wird, muß die in Wahrheit vom Geist Gottes gewirkte Prophetie nun hineinrufen: Gott steht *gegen* sein Volk, mitsamt dem Tempel und allem, worauf dieses Volk sich verließ. Da geschieht nicht mehr Bundesbestätigung, sondern Aufdeckung des gebrochenen Bundes, der Nichtentsprechung des Volkes zu dem Gemeinschaftswillen Gottes. Der Geist macht den tödlichen Konflikt zwischen Israel und seinem Gott offenbar.

Das Gericht wird vollstreckt, wie es angekündigt war, aber damit ist die Geschichte Gottes mit seinem Volk nicht zu Ende. Auch die Prophetie ist nicht zu Ende; sie wird jetzt zur Ansage der Zukunft eines neuen, alles bisher Geschehene überbietenden Geisteswirkens ermächtigt. Nicht mehr „durch Heer oder Kraft" wird geschehen, was der Geist Gottes wirken kann (Sach 4,6). Nicht nur einzelne, besondere Gaben und Kräfte werden von neuem gegeben werden; Gott wird durch seinen Geist ein „neues Herz" schaffen – den im innersten Grund seines Wollens und Tuns anders, neu gewordenen *Menschen*, der „in seinen Geboten wandelt und seine Rechte hält und danach tut" (Ez 36,26f.). Den Menschen, dem der Gotteswille nicht mehr von außen vorgeschriebenes Gesetz, sondern „ins Herz gegeben" ist, so daß er ihn in Freiheit tut, weil er durch den Geist in dem Willen und der Liebe Gottes *lebt* – den Menschen, der in einem „neuen Bund" mit Gott zusammensein wird (Jer 31,33 f.).

Da werden nach dem Joelspruch (3,1 f.) auch nicht mehr nur Einzelne – Priester, Könige, Propheten – die Träger des Geistes sein. Der Unterschied zwischen Charismatikern und „Laien" wird aufgehoben. Auf *alle* wird Gott seinen Geist ausgießen, auf Alte und Junge, Große und Kleine, bis zu den Knechten und Mägden, die nach der menschlichen Rangordnung unten stehen – in der Teilhabe an Gottes Geist wird es keine Rangordnung mehr geben. „Es wird keiner den andern noch ein Bruder den andern belehren und sagen: Erkenne den Herrn, sondern sie sollen mich alle kennen, klein und groß" (Jer 31,34).

Überaus eindrücklich ist das Bild, in dem Ezechiel die Zukunft dieses neuschaffenden Geisteswirkens gesehen hat: Ein weites Feld voll verdorrter Totengebeine. Aber der Herr spricht: „Ruach, fahre hinein und blase diese Toten an, daß sie wieder lebendig werden." Da geschieht ein Rauschen durch das Feld, die Gebeine stehen auf und werden zu lebendigen Menschen, eine unabsehbar große Schar (Ez 37).

Fragt man: Was heißt in der Zukunft, die hier angesagt wird, Wirken des Heiligen Geistes, so kann die Antwort nur sein: Macht Gottes, aus einer Menschheit, die ihm nicht entspricht und nicht entsprechen kann, selbst den Menschen zu schaffen, der in seiner Wahrheit und Gemeinschaft lebt. Und auch dies scheint in dieser Zukunftsvision des Geisteswirkens jetzt auf, daß ein neu geschaffenes Israel nicht allein bleiben wird mit seinem Gott; die „Völker" werden herzukommen. In Gottes Geschichte mit Israel geht es um seine Geschichte mit dem Menschen, der Menschheit.

So kehrt in der Universalität der Zukunftsaussage die Universalität der Geistaussage des Anfangs wieder, über die Distanz eines nur im Ausnahmefall und durch besonders Berufene geschehenen Geisteswirkens hinweg. Diese durch die Zurückhaltung des Geistes angezeigte Distanz zwischen dem Schöpfer und seinem Geschöpf wird durch Gott selbst überwunden. Dort: Der Heilige Geist – die Kraft Gottes, aus dem Nichts das Leben überhaupt zu schaffen und zu erhalten. Hier: die Kraft Gottes, aus dem mißbrauchten, verdorbenen und erstorbenen Leben das neue Leben zu schaffen.

2. Das Wirken des Heiligen Geistes in Jesus Christus und seiner Gemeinde

2.1. Der Heilige Geist in Jesus Christus selbst

In der alttestamentlichen Prophetie findet sich neben der Erwartung zukünftiger Geistausgießung auf alle auch die Ansage eines einzelnen Kommenden, der Geistträger kat' exochên sein wird (Jes 11,1f.), ohne daß eine unmittelbare Verbindung dieser beiden Erwartungen zu erkennen wäre. Das Neue Testament sieht die Erwartung des einen Kommenden, auf dem der Geist Gottes in der Fülle ruhen wird, in Jesus Christus erfüllt, und es sieht die Verheißung der Geistausgießung auf alle im Pfingstgeschehen erfüllt. Und hier wird nun beides aufeinander bezogen: *Durch* Jesus Christus, sein in der Vollmacht des Geistes vollbrachtes Werk kommt der Heilige Geist über alle, die an ihn glauben. Es sind zunächst die Aussagen der Evangelien über Gegenwart und Wirken des Geistes in Jesus selbst zu bedenken.

Sie besagen: Durch den Heiligen Geist ist Jesus der, *der er ist*, der Sohn Gottes. Auf verschiedene Weise wird das im Neuen Testament angesprochen: Der Geist waltet über seiner Empfängnis und Geburt (Lk 1,35) – getauft durch Johannes sieht er den Geist Gottes über sich kommen (Mt 3,16) – er ist als Sohn Gottes erwiesen im Heiligen Geist durch seine Auferweckung von den Toten (Röm 1,3f.). Das sind verschiedene Aussageweisen, die wohl auch verschiedenen Elementen urchristlicher Überlieferung zuzuordnen sind. Die dogmatische Besinnung sollte sie nicht als einander ausschließende Alternativen betrachten unter der Fragestellung: Ab wann ist Jesus durch den Geist der Sohn – schon in seiner Geburt? erst von seiner Taufe an? oder erst als der Auferstandene? Zu fragen ist nach der den verschiedenen Aussageweisen gemeinsamen Aussageabsicht. Sie alle wollen zum Ausdruck bringen: Nicht aus menschlichen Bedingungen ist in dem Menschen Jesus das entstanden, was ihn den Sohn Gottes sein läßt. Er ist, der er ist, durch den Heiligen Geist, d.h. durch Gottes Schöpfermacht. Inmitten der ihrer geschöpflichen Bestimmung widerstreitenden Menschheit schafft Gott den wahren Menschen, der ihm ganz entspricht, und läßt ihn zugleich den Träger seines eigenen, den Widerstreit überwindenden Kommens zum Menschen sein. In beidem ist er der Sohn Gottes nicht aus geschöpflichen Voraussetzungen, sondern aus Gottes das Neue schaffender Tat. Und er ist dies in seiner ganzen Existenz und Geschichte, in der Person und

Werk nicht zu trennen sind und darum auch nicht gefragt werden kann: Wann war er dieser Sohn noch nicht, ab wann wurde er dazu? Kommt Jesus Christus als der, der er ist, aus der Schöpfermacht des Geistes Gottes, so erweist er sich nun in dem, was durch ihn *geschieht*, als der vollmächtige *Träger* dieses Geistes. Die Aussagen der Evangelien lassen erkennen, daß Jesus in einer von bisherigen Geistbegabungen unterschiedenen Weise als vom Geist Gottes erfüllt und in seiner Kraft handelnd erfahren wurde. Die Propheten des Alten Bundes redeten und handelten im Geiste, *wenn* sie von ihm ergriffen wurden, und sie taten dann, wozu sie je einen besonderen Auftrag empfingen. Jesus redet und handelt, *weil* er vom Geist erfüllt ist, und seine ganze Existenz, sein ganzer Lebensvollzug bis hin zum Kreuz *ist* der ihm gegebene Auftrag. Die menschliche Person des Propheten kann man in einem gewissen Sinn von seinem Wirken *als* Prophet unterscheiden: nicht was er aus sich heraus sagt und tut, ist damit, daß er es tut, schon durch den Geist gewirkt. Die Person Jesu kann man von seinem Erfülltsein durch den Geist Gottes nicht unterscheiden.

Am deutlichsten wird das an seiner Verkündigung. Er redet das Wort Gottes „in Vollmacht und nicht wie die Schriftgelehrten" (Mt 7,29), d. h. nicht so, daß er sich auf vorgeordnete Autoritäten berufen müßte, um die Geltung seiner Worte zu belegen, auch nicht auf einen ihm jeweils erst zuteil gewordenen Gottesspruch. Die geistgewirkte prophetische Rede ist gekennzeichnet durch die Ansage: „So spricht (nicht ich, sondern) Jahwe". Jesus dagegen: „Amen, *ich* sage euch...". So spricht entweder unerhörte menschliche Anmaßung, oder der Eine, der als er selbst der vom Geist Gottes Erfüllte ist, in dessen *Person* Gott selbst spricht. Und was von dem Wort Jesu gilt, gilt auch von seinen Taten: In der Kraft des Geistes Gottes geschehen durch ihn die Zeichen der die Unheilszwänge dieser Welt aufhebenden kommenden Gottesherrschaft (Mt 12,28), und wer diese Zeichen als Taten eines dämonischen Verführers lästert, lästert den Heiligen Geist (12,31).

Als der Träger des Geistes kat' exochên steht der irdische Jesus zunächst allen, auch denen, die ihm nachfolgen, gegenüber und voran. Aber den Glaubenden spricht er zu, daß auch sie vom Heiligen Geist erfüllt sein werden. Nur andeutend sprechen davon die synoptischen Evangelien: Der Vater wird seinen Geist geben denen, die ihn bitten (Lk 11,11 ff.); wenn sie vor menschlichen Gerichten zur Verantwortung gezogen werden, so wird der Geist ihnen geben, was sie sagen sollen (Mt 10,19f.). Deutlicher wird im Johannesevangelium die Vollmacht Jesu angesprochen, den Seinen ihre künftige Teilhabe an der

Geisterfüllung zuzusprechen. Das besagen vor allem die Worte von der Sendung des Parakleten in den Abschiedsreden (Joh 14,16–18; 16,13f.); noch unmittelbarer der Bericht von der Geistmitteilung an die Jünger (Joh 20,22f.), in dem der Auferstandene selbst als der Spender des Geistes erscheint. Aber dies wird nachösterliches Geschehen sein. Das Ausgehen des Geistes von Jesus auf seine Gemeinde ist die Frucht seines *vollbrachten* Werkes. Das Leben der vom Heiligen Geist erfüllten Gemeinde ist Leben aus der Wirklichkeit der Versöhnung, die Gott durch das Sterben und die Auferweckung des Sohnes aufgerichtet hat.

2.2. Sammlung und Sendung der Christusgemeinde durch den Heiligen Geist

Der Karfreitag hinterließ eine hoffnungslos gewordene Jüngerschar, die sich hinter verschlossenen Türen versteckte. Bald darauf tritt diese selbe Jüngerschar mit der Verkündigung des gekreuzigten Jesus als des von Gott auferweckten Christus offen ans Licht. Ihre Verkündigung findet trotz der zu ihrer Unterdrückung einsetzenden Maßnahmen Glauben bei Vielen. Sie sammelt eine rasch wachsende Gemeinde, überschreitet bald auch die jüdischen Grenzen, wird zur missionarischen Bewegung in die Weite des römischen Reiches, in die hellenistische Kultur- und Religionswelt hinein. Dieser Vorgang ist als geschichtliches Phänomen nicht zu bestreiten, auch wenn seine Darstellung durch die Apostelgeschichte des Lukas in manchem stilisierend geformt und gerafft sein mag.

Welches Geschehen konnte diese Wende aus verzagtem Sichverbergen zu offener Christusverkündigung bewirken? Die erste und grundlegende Antwort liegt in der Ostererfahrung: Den hoffnungslos Gewordenen hat sich der Gekreuzigte als ihr auferstandener, lebendiger Herr selbst bezeugt. Der Bericht des Lukas gibt noch eine zweite Antwort: Die Ausgießung des Heiligen Geistes, die ihnen am Pfingsttage zuteil wurde, ermächtigte sie, ihrerseits diesen Herrn der Welt zu bezeugen.

Es ist nicht die Aufgabe der Dogmatik, den historischen Fragen nach Ort und Zeitpunkt des in Apg 2 geschilderten Pfingstereignisses und nach seinem zeitlichen Verhältnis zu den Erfahrungen der Selbstbekundung des Auferstandenen nachzugehen. Ob es, wie von Lukas dargestellt, erst nach dem Ende der auf einen Zeitraum von vierzig Tagen begrenzten Osterbekundungen oder (was sich von 1.Kor

15,1ff. her näherlegt) inmitten noch weiterer solcher Bekundungen geschah, kann dahingestellt bleiben. Daß in jener Ursprungszeit das Erfülltwerden mit dem Heiligen Geist als ein unerhörte Freudigkeit und Aktivität freisetzendes Ereignis erfahren wurde, muß deshalb nicht bezweifelt werden. Klar ist auch, daß dieses Ereignis sachlich sowohl im engsten Zusammenhang mit der Ostererfahrung wie auch in einer gewissen Unterschiedenheit von ihr zu sehen ist. Im Zusammenhang mit ihr, denn die Gewißheit, daß Gott den Gekreuzigten auferweckt und zum Herrn über alles gemacht hat, gibt der Verkündigung, die durch das Pfingstgeschehen entbunden wird, ihren alleinigen Grund und zentralen Inhalt. Die Besonderheit des Geistwiderfahrnisses gegenüber dem der Erscheinungen des Auferstandenen liegt darin, daß dort er es ist, der ihnen als der Lebendige begegnet, hier sie an sich selbst die von seinem Leben ausgehende Macht der Veränderung ihres eigenen Lebens erfahren.

Der Pfingstbericht von Apg 2 weist jedenfalls auf die stürmische Gewalt dieses Widerfahrnisses hin: Ergriffen werden von einer Gottesmacht, die *in* den Ergriffenen einen Aufbruch bewirkt, der nicht *aus* ihrer eigenen inneren Möglichkeit kommt, zu dem sie sich nicht selbst bewegen konnten, nun aber bewegt werden. Daß mit diesem ersten Aufbruch und dann weiterhin mit der Geisterfahrung der ersten Christenheit auch ekstatische Erscheinungen verbunden waren, ist nicht zu bezweifeln (auf die Frage der Befremdlichkeit dieser Erscheinungen für die „Normalität" späteren und heutigen kirchlichen Lebens werden wir zurückkommen). Aufbruch wozu und wohin? Die Antwort ist eindeutig: Der Geist treibt die von ihm Ergriffenen dazu, den „Namen" Jesu öffentlich auszurufen. Er überwindet in ihnen die Furcht vor den Gegnern, wirkt die Freimütigkeit des Bekenntnisses. Er wirkt alsbald auch den Impuls zur Mission: Der Name dieses Herrn muß in die Welt hinein ausgebreitet werden. Das Heil, das Gott in ihm gewirkt hat, will zu den Menschen aller Völker kommen (das „Sprachenwunder" der Pfingstgeschichte weist darauf hin). Geistempfang bedeutet Vergemeinschaftung im Bekenntnis zu Jesus Christus und damit gewiß auch Sammlung zu einer besonderen, markant neuen Lebensgestalt inmitten dieser Welt. Er bedeutet aber ineins damit *Sendung* in die Welt. Das neue Leben ist nicht zum Verbrauch einer abgeschlossen sich selbst genügenden Gruppe bestimmt – die Christusgemeinde lebt in der Bewegung des Geistes, indem sie ihre Grenzen überschreitet, indem Menschen, die bisher fern waren, in sie eingeholt werden.

Im Vollzug der urchristlichen Mission, so wie dies in den Acta dargestellt und im wesentlichen durch die Paulusbriefe bestätigt wird, setzt das Pfingstgeschehen sich fort: Der Geist treibt zur Verkündigung, oft auch in konkreten Erfahrungen seiner Leitung zur Überschreitung bisher eingehaltener Grenzen in neue Bereiche hinein (Apg 10,19f.; 16,6ff.). Der Geist wirkt Glauben in denen, die das Wort hören, und indem sie zum Glauben kommen, werden auch sie mit dem Heiligen Geist erfüllt.

Einiges in den Berichten der Apg gibt Anlaß zu Fragen. In dem Corneliusbericht Apg 10 erscheint der Geistempfang unmittelbar mit dem Glauben verbunden, der durch die Predigt des Petrus in den Hörern geweckt wird, woraufhin sie nun getauft werden. Apg 8,14ff. hören wir von Leuten aus Samaria, die „das Wort angenommen" hatten, auch auf den Namen Jesu getauft worden waren, den Geist aber noch nicht empfangen hatten – er wird ihnen erst nachträglich durch die Handauflegung der Apostel zuteil. Apg 19,1ff. wird erzählt, Paulus habe in Ephesus Jünger angetroffen, die auf seine Frage, ob sie, als sie zum Glauben kamen, auch den Heiligen Geist empfangen hätten, antworteten, sie wüßten nicht, was das sei. Es stellt sich heraus, daß sie nur mit der „Taufe des Johannes" getauft waren. Paulus tauft sie auf den Namen Jesu, und nun empfangen sie den Geist. Die Taufe auf den Namen Jesu erscheint hier also einmal (Apg 10) als Konsequenz aus dem Geistempfang, einmal (Apg 19) als seine Voraussetzung, einmal (Apg 8) ohne unmittelbare Beziehung zu ihm. Wir werden die Frage des Verhältnisses von Glauben, Taufe und Heiligem Geist erst im Zusammenhang der Lehre von der Taufe aufnehmen. Merkwürdig ist aber vor allem, daß Apg 8 und 19 von einem Glauben noch ohne den Geist sprechen (freilich kann und wird es dann bei diesem noch „geistlosen" Glauben nicht bleiben). Sollte Lukas unter dem, was hier erst nachträglich empfangen wurde, besondere ekstatische Wirkungen des Geistes (Zungenrede u. ä.) verstanden haben, die sich nicht immer sofort mit der Erweckung zum Glauben einstellten?

Wie immer vereinzelte Berichte von einem nachträglichen Geistempfang zu verstehen sind, grundsätzlich erscheint im Neuen Testament der Heilige Geist in festem Zusammenhang mit dem Geschehen der Verkündigung und des Glaubens, den sie weckt – er ist es, der dieses Geschehen wirkt. Paulus bezeugt dies, wenn er die Gemeinde in Thessalonich an ihre Entstehung erinnert: „Unsere Predigt kam zu euch nicht nur in Worten, sondern in der Kraft und im Heiligen Geist... und ihr habt das Wort angenommen mit Freude im Heiligen Geist" (1.Thess 1,5f.). Und ebenso eindeutig tritt im gesamten neutestamentlichen Zeugnis die unablösbare Verbindung dieses Geisteswirkens mit der Vergegenwärtigung des gekreuzigten und auferstandenen Jesus Christus hervor: Die geistgewirkte Verkündigung ist Christusverkündigung – nichts anderes. Der geistgewirkte Glaube ist

Christusglaube. Die durch die bewegende Macht des Geistes gesammelte und zugleich zur Überschreitung ihrer jeweiligen Grenzen ausgesandte Gemeinde ist die Gemeinde Jesu Christi; um ihn wird sie gesammelt und seinen Namen breitet sie aus. So kann, wo es auf die Unterscheidung der „Geister" ankommt, für Paulus das Bekenntnis zu Jesus als dem Herrn geradezu zum Kriterium dafür werden, was in Wahrheit aus dem Heiligen Geist kommt und was nicht (1.Kor 12,3).

2.3. Das Wirken des Heiligen Geistes in den Gliedern der Gemeinde

Wir wenden uns nun den neutestamentlichen Aussagen über das Wirken des Heiligen Geistes im Innern der Gemeinde und ihrer Glieder zu. Damit werden im Umriß Themen anzusprechen sein, die in der Lehre von der Kirche und von Rechtfertigung und Heiligung wiederkehren und gemäß dem Plan dieser Dogmatik erst in ihren späteren Teilen ausführlich behandelt werden können.
Vorweg ist zu sagen: *Alle* Glieder der Christusgemeinde haben nach dem neutestamentlichen Zeugnis teil am Erfülltsein durch den Heiligen Geist. Was im Raum der alttestamentlichen Glaubensgeschichte Verheißung und Erwartung blieb: daß Gott seinen Geist nicht nur einzelnen besonders und zu besonderem Tun Berufenen geben, sondern auf alle ausgießen werde, auf Alt und Jung, Mann und Frau, Hoch und Niedrig, das geht nach Apg 2 im Pfingstgeschehen in Erfüllung. In der Gemeinde des Neuen Bundes ist das alttestamentliche Gegenüber von (priesterlichen, königlichen, prophetischen) Geistträgern und der auf ihre Vermittlung angewiesenen Menge des Volkes – modern gesprochen das Gegenüber von „Geistlichen" und „Laien" – grundsätzlich aufgehoben. Alle Glieder seiner Gemeinden spricht Paulus in seinen Briefen an als pneumatikoi. Sie alle sind nach 1.Petr 2,9 „königliche Priesterschaft, heiliges Volk". Gewiß ist dann auch von einer Verschiedenheit besonderer Geistesgaben die Rede – nicht jedem Glied der Gemeinde wird jede dieser Gaben zuteil. Aber das sind verschiedene Ausprägungen, nicht verschiedene Grade der Teilhabe aller an dem einen Geist. Wir sprechen in diesem Abschnitt noch nicht von den besonderen Charismen, sondern von dem in allen Gliedern der Gemeinde gemeinsamen Wirken des Geistes.
Als Vorzeichen vor allem, was dazu im einzelnen gesagt werden kann, ist hier nochmals der unlösbare Zusammenhang des Geisteswirkens mit der lebendigen Gegenwart Jesu Christi herauszustellen. In den johanneischen Abschiedsreden verheißt Christus seinen Jüngern die

Sendung des Geistes, des „Parakleten"; aber das bedeutet gerade die Zusage seiner eigenen bleibenden Gegenwart in diesem Parakleten. „*Er* bleibt bei euch und wird in euch sein", das heißt sofort auch: „*Ich* will euch nicht verwaist zurücklassen, ich komme zu euch." (Joh 14,17f.). „Sein en pneumati" und „Sein in Christus" sind für Paulus sachlich gleichbedeutende Aussagen. Den Geist Gottes kann er im selben Atemzug auch den Geist Christi nennen: „Ihr seid nicht vom Fleisch bestimmt, sondern vom Geist, wenn anders der Geist *Gottes* in euch wohnt. Wer aber den Geist *Christi* nicht hat, der gehört nicht zu ihm" (Röm 8,9). Das heißt, positiv gewendet: Durch den Geist wirkt Christus die Zugehörigkeit zu sich selbst, holt hinein in die Teilhabe an seinem eigenen Sterben und Leben, macht einen Menschen mit dem biblischen Bild gesprochen zu einem Glied an seinem Leib. Wirken des Heiligen Geistes in den Gliedern der Gemeinde, das ist, so vielfältig es sich dann entfalten und konkretisieren mag, in seiner Wurzel dieses von Christus ausgehende Vergemeinschaftungsgeschehen. Indem er, der Sohn, Menschen mit sich verbindet, werden sie hineingenommen in die Gemeinschaft mit dem Vater; indem Gott in ihm versöhnend zu den Menschen gekommen ist, holt er sie durch ihre Annahme in die Gemeinschaft mit dem Sohn ein in die Gemeinschaft mit sich selbst. Heiliger Geist ist die Dynamik dieser Vergemeinschaftung mit Christus und in ihm mit dem Vater – „welche der Geist Gottes treibt, die sind Gottes Kinder" (Röm 8,14). Und das besagt zugleich ihre Vergemeinschaftung auch untereinander, zu einer Bruderschaft, die den Grund ihrer Verbundenheit nicht in weltlichen Gegebenheiten hat. Für sie können darum die Gruppenunterschiede und Interessengegensätze, in denen durch weltliche Vergemeinschaftungsfaktoren die einen von jeweils anderen distanziert werden, keine trennende Kraft mehr haben. Für die Verbundenheit der Glieder der Gemeinde mit Christus und durch ihn miteinander sind die Unterschiede von Geschlecht, Stand und Nation bedeutungslos geworden. In ihr gilt „nicht Jude oder Grieche, nicht Sklave oder Freier, nicht Mann oder Frau. Denn ihr seid allesamt eins in Christus Jesus" (Gal 3,28). Das bedeutet nach den Worten von Henrik Berkhof „die Verheißung der großen Zukunft, der Lebensweise, die Gott für die Menschheit bereitet hat... beginnende Erfüllung des Zieles: der Menschlichkeit und Freiheit, der Gleichheit und Brüderlichkeit in seinem Königreich."[3]
Verheißung dieser Zukunft, denn wirkt der Heilige Geist in der Gemeinde den Anfang einer neuen Menschheit Gottes, so lebt diese

---

[3] H. Berkhof, Theologie des Heiligen Geistes (dt. 1968), S. 63.

Gemeinde noch inmitten einer Welt des Widerstreits gegen Gott. Ja auch in ihren Gliedern, das wird vor allem von Paulus sehr klar gesehen und gesagt, lebt noch der „alte Mensch", der dem, wozu der Geist Gottes bewegt, widerstrebt. So bringt das Wirken des Geistes die, die es mit Christus, in ihm mit Gott und untereinander zur Gemeinschaft eint, zugleich und eben damit auch in *Streit* – nicht nur mit der Welt, sondern auch mit sich selbst. Sie erfahren in sich selbst den Kampf des Geistes gegen das „Fleisch" (Gal 5,16ff.). Auch und gerade darin werden sie mit Christus verbunden. Denn ist er um der Menschheitssünde willen gekreuzigt, so wird auch in denen, die er durch den Geist mit sich verbindet, das Wesen und Wollen des „alten Menschen" zum Sterben verurteilt, ihm nachgekreuzigt werden, und nur so werden sie dem neuen Leben zugebracht, das von dem Auferstandenen ausgeht.

Die Lebensgestalt, in die das von Christus ausgehende und mit ihm verbindende Wirken des Geistes hineinführt, kann am besten mit der Trias von 1. Kor 13 umschrieben werden: Glauben, Liebe, Hoffnung. Der Geist ist es, der *Glauben* wirkt. Das bedeutet zunächst: eine *Gewißheit* um die Wirklichkeit und Gegenwart Gottes, die nicht durch Argumente menschlichen Denkens erzeugt und aus der Anfechtung durch das, was gegen sie zu sprechen scheint, auch nicht durch solche Argumente heraus- und durchgehalten werden könnte. Nicht wir vergewissern uns und andere um Gott, nicht wir können uns und andere in dieser Gewißheit erhalten. Menschliches Wort von Gott und menschliches Annehmen dieses Wortes bleibt ganz und gar darauf angewiesen, daß Gott selbst durch dieses Wort redet und das Wahrnehmen und Wahrhaben seiner Gegenwart wirkt. Die Überzeugungskraft, die für Gott spricht, ist Gottes eigene Kraft, sein Geist. Dies meint Paulus, wenn er schreibt: „Mein Wort und meine Predigt geschah nicht mit überredenden Worten menschlicher Weisheit, sondern durch den Erweis des Geistes und der Kraft, damit euer Glaube nicht auf Menschenweisheit beruhe, sondern auf Gottes Kraft" (1. Kor 2,4f.).

In solcher Gewißheit ist der durch den Geist gewirkte Glaube *Erkenntnis* Gottes – ja wie Paulus im Anschluß an die eben zitierten Worte sagen kann, der Geist erschließt ihm die „Tiefen der Gottheit" (1. Kor 2,10). Aber damit ist nicht spekulative Theorie gemeint, sondern „daß wir wissen können, was uns von Gott *geschenkt* ist" (2,12): die Erschließung der Tiefe seines Herzens, seines Willens für unser Leben und gegen unser Verderben, seines auf die Erlösung seiner Schöpfung gerichteten Willens – Erkenntnis Gottes so, wie er uns in

Jesus Christus sich selbst geöffnet hat. Und darum ist der geistgewirkte Glaube vor allem die unbedingte *Zuversicht* zu diesem Gott, Leben im Vertrauen auf die Treue seiner Selbstzusage, so wie ein Kind dem Vater traut: „Nicht den Geist von Knechten habt ihr empfangen, daß ihr euch fürchten müßtet, sondern den Geist von Kindern, durch den wir rufen: Abba, lieber Vater!" (Röm 8,15).

Der Geist wirkt *Liebe*. „Die Liebe Gottes ist ausgegossen in unsern Herzen durch den Heiligen Geist, der uns gegeben ist" (Röm 5,5), und die Frucht, die er in denen hervorbringt, die durch ihn erfüllt werden, ist „Liebe, Freude, Friede, Geduld, Freundlichkeit, Güte..." (Gal 5,22). In 1.Kor 13 preist Paulus diese geistgewirkte Liebe als *das* Charisma in und über allen Charismen.

Über das Verständnis dieser Ausgießung der Liebe durch den Geist in den Menschenherzen gab es in der mittelalterlichen Theologie eine berühmte Kontroverse. Petrus Lombardus († 1160) vertrat die These: Diese Liebe *ist* der Heilige Geist selbst, der in uns wohnt, uns in unserm Selbst bewegt. In ihrer Mehrheit lehnte die scholastische Theologie diese Auffassung ab – es müsse eine Liebe gemeint sein, die, gewiß durch den Heiligen Geist gewirkt, doch dem Menschen zueigen wird als eine neue Qualität seiner Seele, die nun auch *seine* Liebeskraft ist und ihn zu Werken befähigt, die als *seine* Werke Lob und Lohn verdienen. Aber die These des Lombarden dürfte m. E. dem, was Paulus in Röm 5,5 sagen wollte, zumindest näher stehen als das Argument derer, die ihm widersprachen.

Paulus spricht von der *Gottes*liebe, die in die Herzen kommt. Die Macht der Liebe, die das Böse mit Gutem überwindet, ist Gottes Macht, ja Gott selbst ist Liebesmacht, Liebesbewegung. Heiliger Geist bedeutet die schöpferische Kraft Gottes, Menschen in die Bewegung seines Liebens hineinzuziehen. Gewiß sie selbst, so daß sie mitlieben – der Geist bewegt uns *in* unserm Wollen, nicht über unsern Kopf hinweg und an unserm Herzen vorbei. Aber das Lieben, zu dem er bewegt, kommt aus keinem, auch nicht aus einem durch den Geist in uns hineingelegten Selbstkönnen. Es ist aktuelles Bewegt*werden*, das zu empfangen wir immer wieder bedürftig bleiben. Und gerade aus diesem Bewegtwerden durch Gottes Liebeskraft, durch seinen Geist in unserm Geist entspringt die *Freiheit*, in der der Gotteswille dem Menschen nicht „Buchstabe", kein von außen vorgeschriebenes Gesetz mehr bleibt, weil er eingeholt wird zum *Leben* in der Liebe, die die Erfüllung alles Gesetzes ist und in der Gott selbst in uns der Erfüller seines Gesetzes wird. „Wo der Geist des Herrn ist, da ist Freiheit" (2.Kor 3,17). Hier zeigt sich gleichsam von innen, was es bedeutet, daß Gott Menschen durch seinen Geist mit Jesus Christus und in ihm mit sich selbst vergemeinschaftet, und was das für ihre Gemeinschaft untereinander bedeutet. Aber damit sind Zusammenhänge angesprochen – Glaube, Liebe und Werke, Gesetz und Evangelium –, die erst an späterer Stelle in extenso entfaltet werden können.

Der Geist wirkt *Hoffnung*. Neutestamentliche Geistaussagen sind immer auch eschatologisch ausgerichtet. Daß den Glaubenden jetzt der Heilige Geist gegeben ist, ist ihnen angesichts des Grauens vor dem Sterben das „Unterpfand" dafür, daß sie durch den Tod hindurch ins Leben gebracht werden (2.Kor 5,5), das „Angeld" ihrer Teilhabe an der Zukunft des Reiches Gottes (2.Kor 1,22; Eph 1,14). In Jesus, der den Tod des alten Menschen gestorben und aus dem Tod auferstanden ist, ist Gott auf diese Zukunft hin mit uns geworden; Leben in der Gegenwart der Versöhnung bedeutet Eingeholtwerden in die Zukunft der Erlösung. Ist der Heilige Geist die Kraft Gottes zur Vergemeinschaftung mit Christus und in ihm mit sich selbst, so ist er eben damit Gottes Zugriff, Menschen dieser Zukunft zuzubringen und ihr Hoffen auf sie hin auszurichten: „Wenn der Geist dessen, der Jesus von den Toten auferweckt hat, in euch wohnt, so wird der, der Christus von den Toten auferweckt hat, auch eure sterblichen Leiber lebendig machen durch den Geist, der in euch wohnt" (Röm 8,11). Darum kein Glaube ohne Hoffnung. Sie ist Hoffnung auf die Erlösung des eigenen Lebens von dem „Leib dieses Todes" und aus dem Widerstreit des „Fleisches" gegen den Geist zur Ganzheit des neuen Menschen (Röm 7,24f.). Sie ist aber nicht auf den individuellen Aspekt der eigenen Lebenszukunft eingeschränkt. Für Paulus verbindet sich die Erwartung der „Offenbarung der Söhne Gottes" mit Hoffnung für die ganze *Schöpfung* Gottes, auf ihre endliche Befreiung aus den Mächten der Zerstörung, denen sie jetzt unterworfen ist (Röm 8,19ff.). Die persönliche Hoffnung der Christen ist zugleich universale Hoffnung für das Ganze.

Das ist freilich Hoffen gegen allen Augenschein; „wir hoffen auf das, was wir *nicht* sehen, und warten darauf in Geduld", die sich durch das, was in massiver Sichtbarkeit entgegensteht, nicht beirren läßt (Röm 8,25). Die Gottesgewißheit des Glaubens wird nicht durch Argumente menschlichen Denkens begründet und erhalten. Die Liebe, zu der der Geist Gottes bewegt, wird nicht durch Faktoren weltlicher Gruppenzugehörigkeit bedingt und begrenzt. So wird auch die Hoffnung nicht gestützt durch das, was aufgrund weltlicher Entwicklungen und Prognosen zu hoffen stehen könnte. Von daher sieht sie sich vielmehr immer wieder in Frage gestellt und dem Illusionsverdacht ausgesetzt.

Der *Geist* wirkt Hoffnung, d.h. allein durch die Macht Gottes, in Menschen zu wirken, wird sie erweckt, erhalten und erneuert. Gerade so ist sie unbedingte Hoffnung, die durchhofft durch die Hoffnungslosigkeit dessen, was vor Augen ist.

2.4. Der eine Geist und die Vielfalt der Geistesgaben

Bis dahin war von dem allen Gliedern der Gemeinde gemeinsamen Wirken des Geistes die Rede. Daneben spricht das Neue Testament von *besonderen* Gaben, die der Geist in der Gemeinde wirkt und durch die Einzelne ausgerüstet werden, unterschiedliche Dienste wahrzunehmen. Eine nach Anzahl und Eigenart festgelegte „Ordnung" solcher Gaben mit genauer Abgrenzung ihrer Funktionen kann man den im Neuen Testament begegnenden Aufzählungen (Röm 12,6ff.; 1.Kor 12,4ff.; 28ff.; Eph 4,11ff.) nicht entnehmen[4]. In manchem, was da genannt wird, könnte man natürliche menschliche Begabungen (z.B. Lehrgabe, Verwaltungsgeschick u.ä.) erkennen, wie sie an sich auch anderswo gegeben sein und sehr verschieden eingesetzt werden können – Gaben des Geistes werden sie, indem der Geist sie für das Leben der Christusgemeinde in Dienst nimmt. Anderes, wie die Berufung zum Apostel, die in ihrer Gemeinde gründenden Bedeutung eine Sonderstellung einnimmt, aber etwa auch die Gabe prophetischer Verkündigung, hat seinen Ort ganz im Zusammenhang der Entstehung und des Lebens der Gemeinde, auch ohne daß eine natürliche Veranlagung zugrunde liegen müßte (Paulus z.B. scheint nach dem Urteil seiner Kritiker in Korinth keineswegs über ein hervorragendes Rednertalent verfügt zu haben). Der Geist ist frei, menschliche Voraussetzungen in Dienst zu nehmen und ebenso, ohne solche „Vorgaben" neue Kräfte zu wecken.

Besondere und unterschiedliche Geistesgaben – das kann zur Gefahr für die Einheit der Gemeinde werden, wenn elitäres Denken um sich greift, geringere gegen höhere Gaben abgewertet werden, ein Überlegenheitsbewußtsein der einen in andern das Gefühl erzeugt, nur als Christen zweiter Ordnung zu gelten. Diese Gefahr ist offenbar sehr früh akut geworden; Paulus setzt sich mit ihr in 1.Kor 12–14 nachdrücklich auseinander. Er macht dort deutlich, daß die *Verschiedenheit* der Geistesgaben nicht als hierarchische *Abstufung* von Gaben

---

[4] Abgesehen davon, daß da, wo es genannt wird, das Apostelamt an der Spitze steht.

größerer und geringerer pneumatischer Qualität und Bedeutsamkeit verstanden werden soll. Vielmehr hat in gegenseitiger Dienstbarkeit und Ergänzung jede dieser Gaben, auch die äußerlich unscheinbare, gleiche Würde und Notwendigkeit für das geistliche Leben der Gemeinde. Es ist ja der *eine* Geist, der sie alle wirkt, und sie werden „geistlos", ihrem Ursprung und ihrer Bestimmung entfremdet, wenn sie zum Anlaß einer Überheblichkeit werden, die die Einheit und Bruderschaft der Gemeinde zerstört. Daß *besondere* Gaben gegeben werden, besagt auch nicht, daß ein besonderer Stand ihrer Träger exklusiv andern gegenüberstünde, denen solche Gaben überhaupt versagt bleiben; Paulus rechnet offenbar damit, daß jedes Glied eine Gabe empfängt, mit der es auf seine Weise dem Ganzen dienen kann (1.Kor 14,26). Was dies für die heutige Gestalt des Gemeindelebens und besonders für die Frage des Verhältnisses von kirchlichem Amt und „allgemeinem Priestertum" bedeuten könnte, darüber wird im Zusammenhang der Ekklesiologie zu reden sein.

Als besonders auffallende Gabe des Geistes erscheint im Neuen Testament die ekstatische „Zungenrede", die unserem kirchlich geordneten Gemeindeleben weithin fremd geworden ist. Fremd ist uns auch geworden die Gabe, „Wunder zu tun", die Paulus 1.Kor 12,10 unter den besonderen Geistesgaben nennt, und fast ebenso fremd die Gabe der Gebetsheilung, die dort auch genannt wird. Spiritualistische Bewegungen sahen darin, daß in der bzw. den Großkirchen diese aus dem Rahmen des „Normalen" herausfallenden Erscheinungen und Kräfte verschwunden sind, oft ein Anzeichen von Geistverlassenheit. In der Pfingstbewegung unserer Zeit, aber auch in manchen innerkirchlichen Gruppen ist Zungenrede – ein Beten in Lauten, die keiner verstehbaren Sprache angehören – wieder erwacht und wird als Ausdruck überströmender Freude im Ergriffensein durch den Heiligen Geist empfunden. Auch Gebetsheilung wird wieder angestrebt und geübt.

Weil diese Erscheinungen unserer Erfahrung weitgehend fremd geworden sind, ist es schwierig, sie zu beurteilen. Daß sie im Leben der ältesten Christenheit tatsächlich erfahren wurden, ist aufgrund der biblischen Berichte nicht zu bezweifeln, und von daher wird man auch ihr Auftreten in neuen Bewegungen keineswegs en bloc als Suggestion abtun dürfen, die mit dem Geist Gottes nichts zu tun hat. Aber einer Behauptung, nur in ihnen zeige sich, wo in Wahrheit der Geist Gottes wirkt, steht, zumindest was die Zungenrede betrifft, das nüchterne Urteil des Paulus in 1.Kor 14 entgegen. Er stellt sie als Gabe des Geistes nicht in Abrede – auch ihm selbst ist sie gegeben. Aber er sieht in diesem ekstatischen Überströmen mehr Begleiterscheinung als Konstitutivum geistlichen Lebens und warnt gerade hier – offenbar aus in Korinth gegebenem Anlaß – vor elitärer Überheblichkeit. Wer in Zungen redet, erbaut sich selbst, das Wirken des Geistes zielt aber auf die Erbauung der Gemeinde – darum keine Zungenrede, ohne daß diese im Gottesdienst der Gemeinde auch in verstehbaren Worten ausgelegt wird. Die Gabe der „Prophetie", der geistgewirkten Verkündigung wertet Paulus höher als ein der Übersetzung in solche Verkündigung entbehrendes Reden in Zungen. Über alles aber stellt er die Liebe, die jeder Spaltung der Gemeinde in hervorragend und minder „Begabte" wehrt.

Folgt man dem inneren Gefälle dieser paulinischen Auseinandersetzung, so kann man in solchen außergewöhnlichen Erscheinungen jedenfalls nicht das entscheidende oder gar einzige Kriterium für das Wirken des Heiligen Geistes in der Gemeinde sehen. Sie wären zudem gar kein eindeutiges Kriterium; Phänomene wie Zungenrede, spontane Heilungen, okkulte Krafttaten kommen auch in andern religiösen Bewegungen vor. Es fragt sich, aus welchem Geist, in wessen Namen und Dienst solche Dinge geschehen. Wenn es ein Kriterium für das Wirken des Geistes Gottes gibt, dann ist es dies, daß, was da geschieht, im Namen Jesu geschieht, mit der Verkündigung, die Jesus als den Christus bezeugt, in fester Verbindung und Übereinstimmung steht und in der Gemeinde die Verbundenheit aller mit Christus und untereinander nicht in Frage stellt, sondern stärkt.

Es kann immerhin eine nachdenkenswerte Frage sein, was diese aus dem „Normalen" herausfallenden Begleiterscheinungen im Leben der ersten Gemeinde bedeuteten, und warum sie der späteren und heutigen Christenheit weitgehend so fremd geworden sind. Es wäre falsch, aus ihrem „Besitz" ein Gesetz zu machen, das erfüllt sein muß, damit Christen der wirksamen Gegenwart des Heiligen Geistes gewiß sein dürfen. Und sie künstlich hervorrufen zu wollen wäre ein fruchtloses, eigenmächtiges und darum gefährliches Unternehmen; man kann nicht „machen" wollen, was – wenn es etwas anderes sein soll als krampfhafte und seelisch krankmachende Suggestion – nur der Geist Gottes wirken kann. Daß er auch solche außerordentlichen Erscheinungen in den ersten Christusgemeinden in der Tat gewirkt hat, kann aber ein Hinweis darauf sein, wie stark in ihnen das *Neue* und die *Freude* des Lebens im Glauben an den auferstandenen Herrn erfahren wurde. Sind unserm kirchlichen Leben solche außerordentlichen Wirkungen auch darum so fremd geworden, weil es zu „bürgerlich" geworden, zu sehr der Normalität des Weltlaufs angepaßt, zu wenig von österlicher Freude und Hoffnung erfüllt ist? Eine neue Belebung dieser Freude und Hoffnung darf und soll vom Wirken des Geistes erwartet werden. Sie wird dann gewiß auch spontane Bekundung finden, was nicht heißen muß: in genau derselben Gestalt, die sie in den ekstatischen Erscheinungen des urchristlichen Gemeindelebens hatte.

3. Der Geist des Schöpfers und Erlösers

Im Anschluß an unsere Zusammenstellung biblischer Aussagen über den Geist Gottes und unter dem Eindruck der inhaltlichen Unterschiedenheit dieser Aussagen hatte sich die Frage aufgedrängt: Ist da überall mit demselben Wort auch dasselbe gemeint? Kann der „Geisthauch" Gottes, von dem im Alten Testament gesagt wird, durch ihn habe der Mensch, ja überhaupt alles Lebendige sein geschöpfliches Leben, gleichgesetzt werden mit dem Heiligen Geist des neutestamentlichen Zeugnisses, der von Jesus Christus ausgeht und durch den wir, mit ihm verbunden, ein *neues*, „geistliches" Leben empfangen? Nachdem wir in den vorangegangenen Abschnitten dieses § im Durchgang durch Altes und Neues Testament die verschiedenen Stadien und Aspekte biblischer Rede vom Heiligen Geist vergegenwärtigt haben, nehmen wir die Frage nochmals auf: Ist da ein innerer Zusammenhang zu erkennen?

In der protestantischen theologischen Tradition und z.T. auch in der Frömmigkeit ist die Tendenz bemerkbar, den Heiligen Geist ausschließlich als Kraft der Erlösung zu verstehen. Was er wirkt, ist das neue, andere Leben in *Abhebung* von dem „natürlichen" Leben dieser Welt und des Menschen als Glied dieser Welt. Die Zukunft des Reiches Gottes, der uns der Geist entgegenführt und als deren „Unterpfand" er uns gegeben ist, wird dann verstanden als *Aufhebung* und Vernichtung dieser natürlichen Welt. In der Frömmigkeit kann sich das auch mit gleichgültiger *Abwendung* von dieser ihrer Gottlosigkeit und ihrem Verderben zu überlassenden Welt verbinden. In dem Heiligen Geist Christi und seinem Wirken wäre dann etwas durchaus anderes zu sehen als in jenem „Geisthauch", durch den geschöpfliches Leben überhaupt gewirkt wird.

Neuere Ansätze einer Theologie des Heiligen Geistes kritisieren diese soteriologische Engführung, vor allem wenn sie noch zur individualistischen Verengung wird, in der der Geist nur als die Kraft der Heilszueignung erscheint, die den Einzelnen aus dieser Welt heraus zum ewigen Leben rettet. Demgegenüber wird gerade an den Bezug des Geisteswirkens auf die Schöpfung und damit auf das Ganze der Welt erinnert[5]. Manche Entwürfe tendieren geradezu zu einer Identifizierung des Geisteswirkens mit der inneren Triebkraft der Evolution, die dann – etwa im Sinn Teilhard de Chardins – theologisch gedeutet wird[6]. Da ist dann allerdings zu fragen, ob mit solchem Ineinssehen von Geisteswirken und Weltentwicklung nicht das dem Weltlauf und seinen Bindungen gegenüber Neue des Lebens in Christus und in der Kraft seines Geistes, damit auch der Kampf des Geistes gegen Sünde und „Fleisch", aus dem Blick gerät. Es würde auch die Spannung unverständlich, die schon innerhalb der alttestamentlichen Aussagen besteht: Einerseits der Geist Gottes die Schöpferkraft, der sich alles Leben stets aufs Neue verdankt – andererseits erscheint dieser Geist dann keineswegs als alle erfüllend, tritt vielmehr erst in der besonderen Geschichte, die Gott mit Israel beginnt, und hier vorerst nur in einzelnen Trägern und Ereignissen, neu und kritisch auf den Plan. Aber damit ist nicht gesagt, daß nach einem Zusammenhang zwischen der erlösenden Kraft des Geistes Christi und der Kraft des Geistes Gottes, geschöpfliches Leben überhaupt zu wirken und zu erhalten, nicht zu fragen wäre; oder daß unter jenem Schöpfergeist etwas durchaus anderes zu verstehen wäre als der Heilige Geist, von dem das Neue Testament spricht. Im Folgenden soll versucht werden, in Gestalt einiger Thesen ein mögliches Verständnis dieses Zusammenhangs zu artikulieren.

1. Die universale Aussage des *Ursprungs:* Alles geschöpfliche Leben verdankt sich dem Geist Gottes, und die universale Aussage der *Hoffnung:* Der Geist Gottes wirkt, das Verderben geschaffenen Lebens überwindend, *neues* Leben, begegnen sich darin, daß sie den Heiligen Geist als die Kraft Gottes zum *Leben* seines Geschöpfes benennen.

2. Die *Wahrheit* des Lebens ist in dem Menschen Jesus offenbar geworden, in dem Gott selbst mit uns wurde, um uns durch seinen Geist in dieses Leben einzuholen. Es ist das Leben in seiner Gemeinschaft und in der bewegenden Macht seiner Liebe. Die Leben schaffende Dynamis des Heiligen Geistes darf verstanden werden als die in

---

[5] So etwa von H. Berkhof, a.a.O., S. 107ff.
[6] Angaben dazu und Auseinandersetzung mit diesem Gedanken bei S. Daecke, Gott – Opfer oder Schöpfer der Evolution?, KuD 1982 S. 230ff., speziell S. 241ff. Vgl. dazu auch H.-J. Goertz, Geist und Leben, Überlegungen zur pneumatologischen Grundlegung der Theologie. KuD 1982 S. 278ff., speziell S. 296f.

Jesus Christus erschienene Macht der schöpferischen Liebe: Gottes eigene Macht, die aber in und durch Menschen wirken will.

3. Hat das „natürliche" Leben, in dem wir als Menschen mit der ganzen Kreatur verbunden sind, mit diesem in Christus offenbar gewordenen Leben nichts zu tun?

In Jesus Christus ist vielmehr der Wille offenbar, aus dem Gott überhaupt geschöpfliches Leben will. In ihm und durch ihn in uns wird dieses Leben verwirklicht in der Gestalt, in der es seiner Bestimmung durch den Schöpferwillen entspricht. Darum spricht das Neue Testament von einer Gegenwart Christi schon in der Schöpfung, darum nennt ihn das Johannesevangelium das „Wort", das im Anfang war und durch das alles geschaffen ist: „In ihm war das Leben, und das Leben war das Licht der Menschen" (Joh 1,4). Der Leben wirkende Geist des Schöpfers ist kein anderer als der in und durch Christus wirkende Geist des Erlösers.

4. Aber die faktische „Gestalt dieser Welt" (1.Kor 7,31) widerspricht dem Geist, durch den das Geschöpf sein Leben empfängt, und der Wahrheit seiner Bestimmung, zu der es in Christus befreit wird. Aus der Abkehrung des Menschen von Gott wirkt zerstörende Macht dem Lebenswillen Gottes entgegen. Im Bann dieser Macht kommt der Mensch mit seinem eigenen Leben in Zwiespalt; er „lebt" (gerade nicht „natürlich", sondern) *gegen* sein Leben, das ihm durch den Geist Gottes geschenkt und auch in seiner Abkehrung noch erhalten wird.

5. Darum wird gerade da, wo Gott den ihm abgekehrten Menschen „heimzusuchen" beginnt, exemplarisch in seiner Geschichte mit Israel, zunächst die Geist*entfremdung* dieses Menschen offenbar. Durch das Werkzeug besonders Berufener und oft in „befremdlichen" Geschehnissen greift Gottes Geist kritisch, zurechtweisend und richtend, aber auch Zukunft verheißend in diese Geistentfremdung ein. Daß in Christus *alle*, die an ihn glauben, von diesem Geist erfüllt und in die Wahrheit des Lebens eingeholt werden, ist die Frucht der Versöhnung, in der dieses „Heimsuchen" Gottes zu seinem Ziel kommt.

6. Auch über der Abkehrung des Menschen von Gott ist die Schöpfung nicht einfach vom Wirken seines Geistes verlassen. Darin, daß Gott das geschaffene Leben nicht preisgibt, sondern auf das Ziel seiner Heimholung in Christus hin erhält, geht sein Schöpferwillen beständig gegen die ihm entgegenwirkende Macht der Zerstörung an. In allem Guten, das er uns durch die Gaben der Schöpfung zukommen läßt, auch in aller Güte, die er durch Menschen trotz ihrer Abkehrung noch geschehen läßt, wirkt seine Treue, die Leben gegen seine Zerstörung erhält. So darf auch in solchem „natürlich" Guten ein – gleichsam

anonymes – Wirken seines Leben schenkenden Geistes gesehen werden. Werden wir durch diesen Geist zum Glauben an Christus erweckt, so werden wir durch ihn nicht zur Gleichgültigkeit gegenüber dem Geschick der noch glaubenslosen Welt bewegt, sondern zur Teilnahme an Gottes Willen, Leben zu erhalten, und zu tätiger Hilfe in allem, was dem dienen kann.

7. Vor allem aber werden Menschen, die zum Glauben an Jesus Christus erweckt wurden, durch den Geist dazu bewegt, in diese Welt hinein die Kraft der *Versöhnung* zu bezeugen, in der Gott auf einen neuen Weg des Lebens ruft. Und angesichts der in der Welt und in ihnen selbst noch gegenwärtigen Mächte der Zerstörung werden sie durch den Geist bewegt, ihre Hoffnung auf die *Erlösung* zu bezeugen, in der Gott über seiner ganzen Schöpfung das Reich seiner Gerechtigkeit und seines Friedens heraufführen wird, in der sein Lebens- und Liebeswille ganz geschehen und alles durchdringen wird. Nochmals: Der Geist des Schöpfers ist in seiner Macht, das Zerstörende zu überwinden, auch der Geist des Versöhners und Erlösers. Und der Geist des Versöhners und Erlösers ist kein anderer als der Geist des dem von ihm geschenkten Leben die Treue haltenden Schöpfers.

8. Was der Geist der Versöhnung wirkt, ist *neues* Leben. Aber das Neue dieses Lebens sollte nicht verstanden werden als die Negation des „natürlichen", geschaffenen Lebens, sondern als die Negation und das Abtun der *Zerstörung* dieses Lebens.

Die Erlösung, auf die der Geist die Hoffnung richtet, ist *Zukunft* – eine Zukunft, die zu verwirklichen in Gottes, nicht des Menschen Macht steht. Aber wir sollten sie nicht verstehen als Vernichtung der geschaffenen und ihre Ersetzung durch eine ganz andere Welt, sondern als die Zukunft, die Gott für *diese* seine Schöpfung bereit hat.

Wir sollten Erlösung auch nicht nur als das „Seelenheil" Einzelner verstehen, die aus einer ihrem Verderben überlassenen Welt herausgerettet werden, sondern im Bedenken dessen, was in Röm 8,19ff. vom „Seufzen der Kreatur" gesagt ist, als Gottes Heil für seine *ganze* Schöpfung.

Literatur

E. Schweizer, Heiliger Geist (1978) – O. Dilschneider, Geist als Vollender des Glaubens (1978) – I. D. G. Dunn, Jesus and the Spirit (2. Aufl. 1978) – Gegenwart des Geistes. Aspekte der Pneumatologie, Hg. W. Kasper (kath.,

1979, Sammelband) – Theologie des Geistes, Hg. O. DILSCHNEIDER (1980, Sammelband). – J. MOLTMANN, Der Geist des Lebens (1991) – M. WELKER, Gottes Geist (1992).
Dazu das in den Anmerkungen Genannte.

§ 14. Die Wirklichkeit Gottes des Heiligen Geistes

Wir nehmen die Frage auf: Was *ist* der Heilige Geist. Ist es sinnvoll, sie zu stellen, und möglich, sie zu beantworten? In der Bibel wird vom Wirken des Geistes gesprochen, sein „Wesen" wird nicht definiert. Was dazu gesagt wird, läßt sich im Fachwerk geläufiger ontologischer Kategorien nicht eindeutig orten. Und das Gleichniswort Christi Joh 3,8 „Der Wind weht, wo er will, und sein Sausen hörst du wohl, aber du weißt nicht, woher er kommt und wohin er fährt", im unmittelbaren Kontext auf das Wirken des Geistes bezogen, weist erst recht darauf hin, daß sein „Wesen" sich verstandesmäßiger Einordnung entzieht. Das Geheimnis dieses Wesens kann auch die dogmatische Reflexion nicht definitorisch auflösen, jedenfalls nicht im Sinn dessen, was wissenschaftstheoretisch eine Definition genannt werden kann. Dennoch kann sie nicht einfach vorübergehen an der Frage: Was eigentlich meint die Sprache der Bibel und des Glaubens mit diesem Wort „Heiliger Geist"? Was versteht sie unter dem *Subjekt* des Wirkens, von dem im Vorhergehenden in so vielfältiger Weise zu reden war?
Geht man zunächst von der sprachlichen Bezeichnung aus, so fällt auf, daß sowohl das deutsche Wort „Geist" wie die damit wiedergegebenen biblischen Worte „ruach" im Alten, „pneuma" im Neuen Testament auch als anthropologische Termini gebraucht werden. Sie bezeichnen dann etwas, was zum Wesen des *Menschen* gehört. Neutestamentliche Belege dafür sind etwa 1.Kor 2,11 „Wer kennt das Menschliche wenn nicht der Geist (pneuma) des Menschen, der in ihm ist", oder 1.Thess 5,23 „euer Geist (pneuma) ganz mit Seele und Leib möge bewahrt werden...". Wenn im neuzeitlichen deutschen Sprachgebrauch die Neigung besteht, unter „Geist" als anthropologischem Begriff vor allem das Intellektuelle, die Denkfähigkeit im Unterschied zu einer emotionalen Unterschicht im Menschen zu verstehen, so darf dies allerdings nicht unmittelbar auf den biblischen Sprachgebrauch übertragen werden. Ist dort vom „Geist" des Menschen die Rede, so ist Denkfähigkeit und ihr Einsatz wohl mit eingeschlossen, aber die Bedeutung ist umfassender: Motivation und Ausrichtung des Wollens, der ganzen Lebensbewegung. Man könnte das fast so umschreiben: Der Geist des Menschen, das ist sein Selbst.

Wird in der Bibel vom *Heiligen Geist* gesprochen, so ist damit nun aber nicht der Geist des Menschen gemeint; auch nicht der Geist des Menschen in einer besonderen Qualifikation, in der er „heilig" geworden wäre und nun so genannt werden dürfte. *Durch* den Heiligen Geist kann der ganze Mensch und sein Geist „geheiligt" werden; der Heilige Geist selbst aber ist nicht geheiligter, sondern heiligender Geist. Er gehört zur Wirklichkeit und zum Wirken Gottes, der *der* Heilige ist. Unverwischbar ist seine Unterschiedenheit vom Geist des Menschen darin bezeichnet, daß er auch der „Geist Gottes", der „Geist Christi" genannt wird. Als solcher „wohnt" er in den Christen (Röm 8,9), aber nicht wie etwas, was zu einem Bestandteil ihres Selbst oder mit diesem identisch geworden wäre, sondern so, daß er zu ihrem Selbst zugleich im Gegenüber bleibt: er „bezeugt" ihrem Geist, daß sie Kinder Gottes sind (Röm 8,16); er „nimmt sich ihrer Schwachheit an" (Röm 8,26); sie werden ermahnt, ihn nicht zu „betrüben" (Eph 4,30). Andererseits bleibt aber zu bedenken, daß und warum – sagen wir vorläufig: diese besondere Dimension der Wirklichkeit und Zuwendung Gottes nun dennoch gerade mit diesem Wort bezeichnet wird, das auch eine anthropologische, auf das menschliche Selbst bezogene Bedeutung hat. Das kann jedenfalls als Hinweis darauf verstanden werden, daß Gott als Heiliger Geist in besonderer Weise mit der Lebensbewegung des menschlichen Selbst sich verbindet, in sie eingeht und in ihr wirksam wird. Im Bedenken der biblischen Aussagen über das Wirken des Geistes haben wir das bereits angesprochen: er ist in uns die Kraft zu unserm geschöpflichen Leben, und in der Befreiung dieses Lebens aus seiner Abkehr von Gott zu seiner Wahrheit wird er, der Geist Christi, in uns die Kraft der göttlichen Liebe, die uns in ihre Bewegung einholt.

Die Beobachtungen des biblischen Sprachgebrauchs, von denen wir hier ausgingen, leiten zunächst zu der Frage an: Was ist der Heilige Geist innerhalb der Wirklichkeit Gottes, in seinem Verhältnis zu Gott dem Vater und zu Gott in Christus? Es stellt sich dann aber auch die Frage nach dem Verhältnis des Heiligen Geistes zum Selbst des Menschen, der ihn empfängt und in dem er wirkt.

1. Der Heilige Geist im Verhältnis zu Gott dem Vater und dem Sohn

Das trinitarische Dogma der Kirche spricht in seiner überlieferten Formulierung vom Heiligen Geist als der dritten „Person" der Trinität. Über die Bedeutung und Problematik des Personbegriffs im Zusammenhang der Trinitätslehre wird noch zu reden sein; hier stellen wir zunächst die Frage, ob und inwiefern gerade der Geist als eine personhafte Wirklichkeit verstanden werden kann. Es gibt biblische Aussagen, nach denen andere Kategorien zur Beantwortung der Frage nach dem Wesen des Heiligen Geistes näherliegend erscheinen. Sehr oft wird in diesen Aussagen der Geist mit dem Begriff *„Kraft"* verbunden – eine Durchsicht der Zusammenstellung biblischer Geistworte, die wir an den Anfang dieses Kapitels gestellt haben, kann davon überzeugen. Der Heilige Geist die Kraft, die von Gott ausgeht, von dem erhöhten Christus ausgeht und in Menschen Wirkungen hervorruft – eine unpersönliche Kraft? Vom Geist kann auch so gesprochen werden, daß sich das Bild eines *Raumes* nahelegt, in den Gott hereinholt: Christen „sind" und leben „im Geist", so wie auch gesagt werden kann, daß sie „in Christus" sind. Heiliger Geist der Lebensraum, das Kraft*feld*, in dem zu leben uns durch Gottes versöhnendes Kommen zum Menschen in Christus eröffnet ist – heißt das: *nur* dieser Raum, nicht „Person"? Oder es wird vom Geist gesprochen als der *Gabe*, die von oben, von Gott her auf die Menschen kommt, in sie hineingegeben wird, die Christus ihnen erbittet und vermittelt – *nur* die göttliche Gabe, die zur geistlichen „Begabung" des Menschen wird, nicht der Geber? Unübersehbar stehen daneben die anderen Worte, in denen vom Heiligen Geist, seinem Sein mit uns und unserm Verhältnis zu ihm in personhaften Beziehungsworten geredet wird: Er nimmt sich unser an, bezeugt, tritt für uns ein, ja „vertritt" uns in der Schwachheit unserer eigenen Gebetsworte (Röm 8,26f.). Besonders deutlich tritt diese personhafte Rede in den Worten der johanneischen Abschiedsreden von der Sendung des „Parakleten" hervor, auf die wir noch zurückkommen werden. Und keineswegs sind diese verschiedenen Weisen, vom Geist zu reden, etwa auf verschiedene Schichten und Schriften der neutestamentlichen Überlieferung zu verteilen, in denen je ein verschiedenes Verständnis sprechen würde. Alles, was genannt wurde: Kraft, Lebensraum, Gabe, personhafter „Beistand", ist in den Paulusbriefen ebenso bei- und miteinander ausgesagt wie im Johannesevangelium oder andern Schriften.

Das weist darauf hin, daß hier kein Entweder-Oder gesehen werden darf. Die Frage, ob der Heilige Geist personhafte Gegenwart *oder* „nur" von Gott ausgehende Kraft und Gabe, durch ihn gewährter Lebensraum ist, wäre unangemessen. Zunächst bedeutet das: In allem, was hier Kraft, Gabe, Lebensraum ist, haben wir es mit Gott selbst zu tun. Vom Heiligen Geist muß darum auch in personhafter Weise geredet werden, weil in dem, was von Gott ausgeht, was Gott gewährt, Gott selbst „in Person" gegenwärtig ist. Es gibt keine göttlichen Wirkungen, die gleichsam nur „sachliche" *Aus*wirkungen eines in Distanz bleibenden Gottes wären, so wie Kraftstrom auch in weiter Entfernung von dem ihn erzeugenden Kraftwerk wirksam ist. In seinen Wirkungen ist Gott selbst als der Wirkende. So kann man sagen: Heiliger Geist als Kraft – das ist Gott selbst als der zu dem Geschehen Kräftige, das diese Kraft an und in Menschen wirkt. Heiliger Geist als Gabe – in allen Geistesgaben ist *die* Gabe, in der sie ihren Grund und Ursprung haben, das Mit-uns-sein Gottes selbst, das uns in Jesus Christus geschenkt ist. Heiliger Geist als Lebensraum – der „Raum", in den wir eingeholt werden, ist das Zusammensein mit Gott selbst, die Vergemeinschaftung unseres menschlichen Lebens mit Jesus und in ihm mit dem Vater als die, die seine Söhne und Töchter heißen dürfen und darin auch miteinander geeint werden. So ist mit dem Geist immer auch der Vater und der Sohn gegenwärtig, so daß man geradezu sagen kann: Er *ist* die bei und in Menschen wirkende Gegenwart Gottes in Christus; das Geschehen, in dem Gott sich als unser Vater und Jesus als unser Herr fort und fort erweist und betätigt.

Damit stellt sich aber die Frage ein nach der *Besonderheit* des Heiligen Geistes im Verhältnis zu Gott dem Vater und Gott dem Sohn, Jesus Christus. Sie führt an das Thema des Bekenntnisses zu dem dreieinigen Gott heran, das erst im folgenden, den ersten Teil dieser Dogmatik abschließenden Kapitel behandelt werden soll. Wir können aber von der Wirklichkeit Gottes als Heiliger Geist nicht sprechen, ohne diese Frage schon hier zu berühren.

Die Aussagen des Neuen Testaments zeigen, gerade wo sie in personhafter Weise vom Geist reden, einen eigentümlichen Doppelaspekt. Der Geist wird vom Vater und dem Sohn *unterschieden*, aber zugleich mit Vater und Sohn *in eins gesehen;* und zwar auch hier keineswegs so, daß diese beiden Aspekte auf verschiedene Schriften und Autoren zu verteilen wären. Sie können in derselben Schrift desselben Autors in unmittelbarem Zusammenhang beieinanderstehen. So vor allem in den Worten, mit denen in den Abschiedsreden des Johannesevangeliums Christus den Seinen die Sendung des Geistes zusagt, der hier der „parakletos" (Beistand, Anwalt) genannt wird. „Ich werde den Vater bitten, und er wird euch einen *andern* Beistand geben, der mit euch sein wird, den Geist der Wahrheit" (Joh 14,16f.) – da wird der Geist von Jesus unterschieden, er wird an die Stelle seiner eigenen irdischen Gegenwart bei den Seinen treten. Er wird ebenso vom Vater unterschieden, wenn gesagt wird, daß dieser ihn senden wird. Aber unmittelbar darauf sagt Christus in bezug auf dieses selbe Geschehen, die

Sendung des Parakleten: „Ich werde euch nicht verwaist lassen, *ich* werde zu euch kommen" (14,18), und wenige Verse danach von dem, der Jesus liebt und sein Wort bewahrt: *„Wir* (der Vater und der Sohn) werden zu ihm kommen und Wohnung bei ihm machen" (14,23). Der Paraklet vertritt also nicht den *abwesenden* Christus (geschweige denn einen abwesenden Gott), er bezeichnet vielmehr eine neue Weise der *Gegenwart* Christi und des Vaters. Und doch wird er von beiden auch unterschieden. Diese Dialektik von Unterscheidung und Ineinssetzung ist aber ebenso, wenn auch nicht im unmittelbaren Zusammenhang einer einzigen Rede wie in Joh 14, bei Paulus zu beobachten. Wenn er vom Geist sagt, daß Gott ihn in unsere Herzen gesandt hat, so daß er, der Geist, in uns ruft: Abba, lieber Vater (Gal 4,6), so wird der Geist vom Vater unterschieden; ebenso, wenn etwa vom Geist gesagt wird, daß er vor Gott für uns eintritt „mit unaussprechlichem Seufzen" (Röm 8,26). „Niemand kann Jesus den Herrn nennen außer durch den Heiligen Geist" (1.Kor 12,3) – da wird der Geist, der im Menschen das Bekenntnis zu dem Herrn erweckt, auch von Jesus unterschieden. Aber Paulus kann auch gleichsetzen: „Der Herr *ist* der Geist" (2.Kor 5,17) – so wie es bei Johannes heißen kann: Gott *ist* pneuma (Joh 4,24).

Von unserem bisherigen Gedankengang her ist die Gleichsetzung des Geistes mit dem Vater und dem Sohn leichter zu verstehen als seine Besonderung. Wenn wir in der Frage, warum vom Geist überhaupt in personalen Wendungen gesprochen wird, zu der Formulierung gelangt waren: Der Geist ist die bei und in Menschen wirksame Gegenwart Gottes in Christus, er ist das Geschehen, in dem Gott selbst sich als unser Vater, Christus als unser Herr in unserm Leben wirksam erweist, so war damit diese Gleichsetzung ja schon ausgesprochen. Wie aber ist die Besonderung zu verstehen, in der nun gleichwohl der Geist von dem Vater und Christus auch unterschieden wird? Die folgende Überlegung dazu ist ein Versuch, der sich der Grenzen bewußt bleibt, die hier einem verstandesmäßigen Eindringen gezogen sind.

Wir hatten gesagt: Vom Heiligen Geist in seinem Verhältnis *zu uns* wird darum in personhaften Beziehungsworten gesprochen, weil wir es in ihm nicht nur mit göttlicher Auswirkung, sondern mit Gott selbst „in Person" zu tun haben. An dieser Stelle aber fragen wir, inwiefern *innerhalb* des Gottes, der als der Vater durch den Sohn im Geist in uns zu „wohnen" kommt, der Geist von Vater und Sohn zu unterscheiden ist. Ist auch in Bezug auf dieses *innergöttliche* Verhältnis das Unterscheidende darin zu sehen, daß der Heilige Geist im eigentlichen Sinn als eine „Person", ein anderes göttiches Subjekt, Gott dem Vater und Gott in Christus gegenüberstünde? Es dürfte eher zu verstehen sein als der besondere *Ort*, in dem Gott als Heiliger Geist gegenwärtig und wirksam wird. Dieser „Ort" ist die Person des Menschen, der den Geist empfängt. Gott, der als der Schöpfer vor und *über* uns und allem ist, und der in Jesus ganz unter und *zu* uns Menschen gekommen ist, wird als der Heilige Geist nun auch *im* Menschen, im Zentrum unserer eigenen Lebensbewegung wirksam gegenwärtig. Durch dieses sein Wirken *in* uns tritt er gleichsam seinem Kommen *zu* uns in Christus gegenüber, um uns in das Zusammensein mit ihm, das er uns in der Sendung des Sohnes aufgetan hat, selbst hineinzutragen und darin zu bewahren. Das Gegenüber des Geistes zu dem Vater und Christus versuchen wir also zu verstehen als das Gegenüber dieser beiden Bewegungen Gottes: Zu uns kommt er in Jesus Christus, in uns trägt er uns diesem seinem Kommen entgegen, holt uns ein in den „Raum" seines Mit-uns-seins in Christus. So ist der Heilige Geist die in unserm Selbst wirksame Gegenwart des in der Person des Sohnes mit uns gewordenen Gottes. Gott in unserm Selbst – was das für dieses Selbst bedeutet, darüber wird im folgenden Abschnitt noch zu reden sein. Es bedeutet jedenfalls dies: Das Christusgeschehen bleibt nicht ein bloßes Angebot Gottes, das „von außen" an uns herantritt und mit dem wir uns auseinanderzusetzen hätten aus der Distanz dessen, der nun von seiner Seite und aus seinen Voraussetzungen und Möglichkeiten zu sehen hätte, was er daraus „für sich machen kann". Sondern es dringt mit schöpferischer Macht in das *Innere* des Menschen, überwindet die Distanz, holt ihn selbst in sich hinein.

Wir haben hier die Frage, wie sich der Heilige Geist zu Gott dem Vater und dem Sohn verhält, zunächst im bezug darauf erörtert, was im „Heilsgeschehen", in der Einholung von Menschen in die Christusgemeinde geschieht. Damit bleibt noch offen, ob und wie dieses innergöttliche Verhältnis verstanden werden kann in bezug auf die Wirklichkeit Gottes überhaupt und auf sein Schöpferwirken. Hier bleiben wir zunächst noch bei dem Thema des die Glaubenden mit Christus verbindenden Geisteswirkens und fragen nun: wie verhält sich darin der Heilige Geist zu dem *menschlichen* Selbst, das wir als den „Ort" bezeichnet hatten, durch den er von Vater und Sohn in der Einheit zugleich unterschieden ist.

2. Der Heilige Geist im Verhältnis zum Selbst des Menschen

Vorweg sei bemerkt: Wenn in diesem wie schon in dem vorherigen Abschnitt von „dem Menschen" im Singular gesprochen wird, ist nicht das isolierte Individuum gemeint. Es ist nicht vergessen, daß der Heilige Geist den einzelnen Menschen gerade nicht „für sich" bleiben läßt, ihn vielmehr zum Glied der Gemeinde Christi macht. Wir reden hier von „dem Menschen" *als* Glied der Gemeinde. Aber Verbundenheit mit Christus und seiner Gemeinde bedeutet ja nicht die Auslöschung der Individualität, in der jeder Mensch er-selbst ist, sondern seine Einbeziehung, Teilhabe und Indienstnahme *als* er-selbst im Ganzen der Gemeinde. Insofern ist die Frage, die in der Überschrift dieses Abschnitts angesprochen ist, zwar nicht auf ein vereinzeltes Selbst, wohl aber auf das Selbst des Einzelnen bezogen: Was geschieht diesem Selbst, wenn ein Mensch durch den Heiligen Geist ergriffen, mit Christus verbunden und in seine Gemeinde hineingenommen wird? Man könnte diese Frage auch so formulieren: Was geschieht da mit dem Menschen als „Person", und wie verhält sich der Heilige Geist zum Menschen als Person?

Gott der Heilige Geist, das ist Gott selbst in unserm Selbst; Gott, sofern die Person des Menschen zum „Ort" seiner Gegenwart und seines Wirkens wird – so hatten wir formuliert. Wir hatten gesagt: Der Geist ist in uns selbst *Gottes* Kraft zu unserm Leben; der Geist Christi ist in uns selbst *Gottes* Liebesmacht zu unserm Lieben. Das könnte in der Tat so verstanden werden, als werde damit eine Aufhebung der Eigenheit des Menschen als Person behauptet. Der Personbegriff hat seine Geschichte und seine besonderen Probleme, die eingehender in der theologischen Anthropologie zu erörtern sind. Aber jedenfalls verbindet sich mit ihm weithin die Vorstellung, daß zum Wesen des Menschen Freiheit der Selbstbestimmung gehört, kraft deren er, grundsätzlich anders als das instinktgeleitete tierische Lebewesen, das „Subjekt" seines gesamten Lebensverhaltens ist. Wird durch jene Formulierungen, mit denen wir das Wirken des Heiligen Geistes im Menschen umschrieben haben, dem menschlichen Selbst seine Freiheit und Aktivität abgesprochen, so als werde nun der Geist *anstelle* dieses Selbst zum Subjekt seines Verhaltens?

Sehr zugespitzt hat Rud. *Bultmann* in der Schrift, in der er sein Programm einer „Entmythologisierung" der neutestamentlichen Verkündigung formulierte, dieses Problem angesprochen. „Der moderne Mensch... versteht sich als ein einheitliches Wesen, das sich selbst sein Empfinden, sein Denken und Wollen zuschreibt. ... Er schreibt sich die innere Einheit seiner Zustände und Handlungen zu und nennt einen Menschen, der diese Einheit durch den Eingriff dämonischer oder göttlicher Mächte gespalten wähnt, schizophren." Er „sieht nicht ein, daß überhaupt in das geschlossene Gefüge der natürlichen Kräfte ein übernatürliches Etwas, das pneuma, eindringen und in ihm wirksam sein könne."[1] Der „moderne Mensch" soll damit nicht kritisiert werden; vielmehr ist es Bultmanns Anliegen, das neutestamentliche Reden vom pneuma so zu interpretieren, daß dieses einheitliche Bewußtsein des Menschen, der „sich selbst sein Empfinden, Denken und Wollen", die „innere Einheit seiner Zustände und Handlungen zuschreibt", gewahrt bleibt. Nur die mythische *Sprache* des Neuen Testaments lasse das pneuma als ein „Etwas" erscheinen, das in das Innere des Menschen eingreift und dort Wirkungen hervorbringt, die nicht aus ihm selbst kommen. Was aber eigentlich gemeint ist, sei nicht eine solche Einwirkung von außen. Aus der Verschlüsselung in mythische Sprache herausgeholt zeige sich etwa bei Paulus, „daß er im Grunde ‚Geist' als die im Glauben erschlossene faktische Möglichkeit eines neuen Lebens versteht. Der ‚Geist' wirkt nicht als eine Naturkraft... sondern er ist die faktische Möglichkeit des Lebens, die im Entschluß ergriffen werden muß"[2]. Der Heilige Geist also, „entmythologisiert": Eine Möglichkeit neu zu leben, die der *Mensch* ergreift. Gewiß, das betont gerade Bultmann an andern Stellen sehr stark, eine Möglichkeit, die dem Menschen nicht an sich zur Verfügung steht, sondern allein da eröffnet wird, wo ihm das Wort des Kerygmas begegnet – aber er ist es, der sie ergreift. In dieser Interpretation bleibt dann allerdings das menschliche Selbst in geschlossener Einheit das Subjekt seines Verhaltens, auch seines „geistlichen" Verhaltens. Aber wenn „Heiliger Geist" nur als eine neue Möglichkeit menschlichen Verhaltens zu verstehen ist – ist dann nicht *er* als wirkendes Subjekt verschwunden? Die Behauptung, in der Sprache des Neuen Testaments erscheine das pneuma wie ein in den Menschen einbrechendes „Etwas", eine quasi-biologische „Naturkraft", legt es freilich nahe, da solches natürlich nicht gemeint sein kann, eine Interpretation entgegenzustellen, in der das pneuma zur bloßen Chiffre für eine Verhaltensmöglichkeit wird, die der Mensch selbst ergreift. Aber trifft jene Behauptung für die Sprache des Neuen Testaments wirklich zu?

Daß der Heilige Geist im Neuen Testament nicht nur als Kraft (schon gar nicht als „Naturkraft") angesprochen wird, sondern immer wieder auch in Wendungen, die ihn als Subjekt seines Wirkens im Menschen bezeichnen, wurde im vorhergehenden Abschnitt gezeigt. Wir hatten das so verstanden: In den Geisteswirkungen ist Gott selbst „in Person" der Wirkende; und zwar so, daß dieses Wirken dem Verhalten des Menschen nicht nur von außen begegnet, sondern es in seinem Innern verwirklicht. Ja in manchen Aussagen scheint der Geist in der Tat

---

[1] R. Bultmann, Neues Testament und Mythologie, in: Kerygma und Mythos, Hg. H. W. Bartsch, Bd. I (1. Aufl. 1948), S. 19.
[2] A.a.O., S. 33.

geradezu zum Stellvertreter des menschlichen Subjekts zu werden: „Wenn sie euch nun überantworten werden, so sorget nicht, wie oder was ihr reden sollt; es soll euch zu der Stunde gegeben werden, was ihr reden sollt. Denn ihr seid es nicht, die da reden, sondern eures Vaters Geist ist es, der durch euch redet" (Mt 10,19f.). Und: „Wir wissen nicht, was wir beten sollen, wie sichs gebührt; sondern der Geist selbst vertritt uns aufs beste mit unaussprechlichem Seufzen" (Röm 8,26).

Und doch ist deutlich, daß dieses Geisteswirken im Neuen Testament keineswegs als eine Aufhebung oder Ausschaltung des menschlichen Selbst gemeint sein kann, als würde der Mensch hier zum Objekt einer Art himmlischer Hypnose. Vielmehr wird sein „Herz", sein Wollen, Denken und Tun durch den Geist ja gerade zu eigenem Einsatz befreit, bewegt und in Anspruch genommen. Nicht „es" glaubt in uns, liebt, hofft, bekennt Jesus als den Herrn über unsern Kopf hinweg, an unserm Willen und Bewußtsein vorbei – man muß das einmal so aussprechen, um zu sehen, wie unmöglich diese Vorstellung wäre. Sondern *wir* glauben, lieben, hoffen, bekennen, wenn der Geist uns dazu bewegt. Er bewegt dazu, mit unserm Glauben, Lieben, Hoffen und Tun der Zusage und Liebe Gottes, die uns in Christus begegnet, zu *antworten*. Ein ausgeschaltetes Selbst antwortet nicht; zu solcher Antwort werden die Christen aber in der neutestamentlichen Parainese immer wieder *gerufen*. Und doch wird ihnen, wozu sie gerufen werden, zugleich *zugesprochen* als das, was zu tun ihnen durch das Wirken des Geistes *geschenkt* wird, wozu sie nicht aus sich selbst mächtig sind, wozu vielmehr er in ihnen mächtig ist. So wollen auch jene oben zitierten Aussagen vom Stellvertreten des Geistes nicht als Ausschaltung des Menschen verstanden sein, sondern als Zusage, daß er nicht dem überlassen bleibt, was er aus sich selbst vermag. „Nicht ihr seid es, die da reden", das heißt: Nicht *aus* euch selbst, euch selbst überlassen, müßt ihr da die rechten Worte finden. Aber indem der Geist ihnen diese Worte schenkt, werden es sehr wohl ihre Worte sein, ihr Zeugnis, zu dem sie bewegt werden: „Es soll euch gegeben werden, was *ihr* reden sollt." Auch das Eintreten des Geistes für den Beter, der aus sich selbst nicht die rechten Worte findet, bedeutet nicht seine Ablösung, so daß er nun aufhören sollte, selbst zu beten, sondern daß er in seinem Beten, auch wenn es zu Zeiten nur noch ein Stammeln und Seufzen sein kann, durch den Geist umfaßt, erhalten und getragen wird.

Mit einem Verständnis von „Person", das an dem Gedanken autarker Selbstbestimmung orientiert ist und die Freiheit des Menschen als seine Macht zu dieser autarken Selbstbestimmung versteht, ist das biblische Reden vom Geisteswirken allerdings nicht zu vereinbaren. Es ist aber ebensowenig zu vereinbaren mit der Vorstellung einer den Menschen knechtenden Fremdmacht. Die Alternative: Entweder Subjekt, das sich aus sich selbst zu dem bestimmt, was es ist und tut, oder bloßes Objekt von Fremdbestimmung, wird hier gesprengt. Aber einer solchen Alternative widerspricht auch eine nicht schon durch das biblische Wort bestimmte Selbsterfahrung. Gewiß können wir in selbständiger Wahl entscheiden, wie wir Sachprobleme regeln, etwa unser Haus einrichten oder unser Geld anlegen wollen – der Rat anderer, den wir eventuell dabei einholen, mag unsere Entscheidung beeinflussen, aber er bewirkt sie nicht. Die Vorstellung autarker Selbstbestimmung wird aber schon da problematisch, wo es sich um tiefere Lebensbeziehungen handelt, in denen wir mit unserer ganzen Existenz engagiert sind: etwa in Liebe für (oder Haß gegen) einen Menschen, oder durch berufliche, politische oder wie immer geartete Ziele, die den Lebenseinsatz bestimmen. Schon der Ausdruck „engagiert sein" weist darauf hin, daß hier etwas wirkt, das uns ergreift und „treibt" und aus dem erwächst, *warum* wir hier lieben, dort hassen, uns politisch oder in andern Bezügen so oder gerade anders engagieren, und dann auch entsprechende Sachentscheidungen treffen. Wie wir „eingestellt" sind und was wir tun, begibt sich im dynamischen Feld solches Ergriffenseins. Und doch sind wir darin nicht die willenlosen Objekte einer Fremdbestimmung, sondern durchaus im Selbsteinsatz; aber in einem Selbsteinsatz, der durch ergreifende Macht bewegt wird. Der Mensch, der frei von jeder bewegenden Macht, seiner selbst durchaus mächtig, sich aus sich selbst dazu bestimmt, wer er ist und wie er lebt, ist eine illusionäre Vorstellung. In Frage steht nicht, ob, sondern welche Macht unser Leben bewegt, unser Selbst für sich engagiert.

Nach dem biblischen Zeugnis ist das die Frage der Beziehung dieses Lebens zu dem Gott, der es gewollt und gegeben hat zum Zusammensein mit *Ihm* selbst. Daran erfährt alles Engagiertsein durch und für Menschen, Aufgaben und Ziele seine Rechtrichtung oder sein Gericht. In der Abkehrung von Gott bleibt die Stelle der das Leben bewegenden Macht nicht leer. Anderes wird die Macht ergreifen, in allem, wofür und wogegen wir uns engagieren, durchgreifen und unser Leben „treiben". Es kann viele Namen haben: Angst, Verlangen nach Sicherheit, Geltungsbedürfnis, Machtstreben, Besitzgier – im Grenzfall auch Verzweiflung, Zerstörungs- und Todestrieb. Da gerade wird der Mensch unfrei in einem tieferen Sinn als dem einer von außen kommenden Behinderung, zu tun was er will. Wenn das Wirken des Heiligen Geistes im Menschen selbst seine Abkehrung von Gott überwindet, so ist auch dies ein Ergriffen*werden*, nicht eine Lebensmöglichkeit, zu der er sich aus sich selbst bestimmt und entschließt. Aber sein eigenes Wollen und Tun wird darin nicht unterdrückt, sondern zur Teilhabe an Gottes Wollen und Tun bewegt und in Anspruch genommen. Wir können nicht *aus* uns selbst, wir dürfen aber *als* wir selbst in der bewegenden Macht der schöpferischen Liebe leben. Sie ist und bleibt Gottes eigene Macht, aber sie befreit zu tätiger Teilhabe an ihrer Bewegung. Eine Fremdbestimmung des Menschen ist das darum nicht, weil er so „heimgesucht" wird in das Zusammensein mit Gott, zu dem sein geschöpfliches Leben bestimmt ist, in dem er in Wahrheit „zu Hause" und so auch wahrhaft bei sich selbst sein soll.

„Wo der Geist des Herrn ist, da ist Freiheit". Freiheit heißt nicht: uns selbst überlassen unser Leben aus uns selbst heraus „können", und Unfreiheit nicht überhaupt: leben in einer bewegenden Macht. Freiheit heißt: leben in der Macht, die das Leben aus seinem Verderben befreit und zu seiner Wahrheit bringt.

Literatur

H. MÜHLEN, Der Heilige Geist als Person (kath., 4. Aufl. 1966). Im übrigen ist auf die zu § 13 genannte Literatur zu verweisen.

IV. Kapitel: § 15. Der dreieinige Gott

Die Trinitätslehre hatte in der alten Dogmatik ihren festen Platz innerhalb des locus De Deo, und zwar als dessen zweiter Teil „de Deo trino", nachdem zuerst „de Deo uno", d. h. über Gottes Wesen und Eigenschaften im allgemeinen gehandelt worden war. Damit war die „Theologia" im engeren Sinn der Lehre von Gott selbst abgeschlossen; die „Oeconomia", d. h. die Geschichte der Heilszuwendung Gottes in Christus und im Heiligen Geist wurde erst danach entfaltet. Aber gerade in ihr hat das christliche Bekenntnis zu dem dreieinigen Gott ja sachlich und geschichtlich seine Wurzel. Fragt man nach der theologischen Begründung und Notwendigkeit der Trinitätslehre, so bleibt ihre gleichsam fertige Vorwegnahme in einer der Entfaltung des Heilsgeschehens vorangestellten Gotteslehre unbefriedigend. Rationalistische Dogmenkritik hat freilich diese Frage gar nicht mehr gestellt; sie war bereit, die Trinitätslehre als spekulatives Hirngespinst überhaupt zu streichen und eine „vernünftige" Gotteslehre auf das Thema „de Deo uno" zu reduzieren. So schnellfertig wollte die Theologie der neueren Zeit aber im allgemeinen mit diesem Kernstück christlicher Überlieferung nicht umgehen. Auch wo man der Trinitätslehre in ihrer überlieferten Gestalt kritisch gegenüberstand, wollte man sie doch berücksichtigen und suchte ihr interpretierend einen Sinn abzugewinnen. Aber der Ort, an dem sie innerhalb des dogmatischen Systems zu behandeln ist, wurde nun unsicher. Manche stärker der Tradition verpflichteten Theologen verhandeln sie nach wie vor an der alten Stelle. Bei Schleiermacher erscheint sie dagegen, in erheblicher Umdeutung ihres überlieferten Inhalts, ganz am Ende seiner Glaubenslehre und wirkt hier fast wie ein Anhang, der von dem Duktus des Gesamtwerkes her auch hätte entbehrt werden können. Auch Paul Althaus stellt sie ans Ende seiner Dogmatik, aber inhaltlich in engerem Anschluß an die Tradition und mit stärkerer Gewichtung – sie erscheint hier als zusammenfassender Ausdruck christlichen Gotteszeugnisses. Andere Theologen behandeln sie innerhalb der Soteriologie in unmittelbarem Anschluß an die (oft etwas kurz wegkommende) Lehre vom Heiligen Geist. Solche Einordnungen an späterer Stelle könnten für sich geltend machen, daß sie es ermöglichen, den Sinn der Trinitätslehre von Gottes Selbsterweisung in Christus und im Geist her zu erhellen, ohne zu Vorwegnahmen der christologischen und pneumatologischen Thematik genötigt zu sein. Nachteilig ist aber, daß die Trinitätslehre nun als ein von der eigentlichen Gotteslehre weit entfernter Nachtrag zu ihr erscheint. Im Gegensatz dazu stellt Karl Barth sie an den Anfang seiner Kirchlichen Dogmatik. Er entfaltet sie bereits im Zusammenhang seiner Offenbarungslehre: Nur in Christus und nur durch den Heiligen Geist wird Gott erkannt – seine Selbstoffenbarung ist trinitarisches *Geschehen* und setzt also das dreieinige *Sein* des Gottes, der sich so und nicht anders erschließt, voraus. Die Trinitätslehre wird hier geradezu zur fundamentaltheologischen Grundlegung der Dogmatik und tritt damit an die Stelle der sonst üblichen Grundlegungen, die zunächst von einer Erwägung des Gottesgedankens an sich und im allgemeinen ausgehen. Das liegt bei Barth in der Konsequenz des exklusiv christologischen Ansatzes seiner Theologie. Aber die Explikation der Trinitätslehre schon im offenbarungstheologischen Ansatz führt zu erheblichen christologischen Vorwegnahmen; ja eine ganze Christologie in nuce wird hier schon im Eingangsteil der Dogmatik entfaltet. Sie wird dann (Barth folgt ja im ganzen der traditionellen Stoffanordnung) nach der Behandlung von Gotteslehre, Schöpfungslehre und Anthropologie an viel späterer Stelle der KD aufs neue und ausführlicher aufgenommen. Wir haben in dieser Dogmatik die traditionelle Anordnung verlassen und in ihrem ersten Teil unter dem Thema „Die Wirklichkeit Gottes" Christologie und Pneumatologie in die Gotteslehre integriert. Damit vermeiden wir das Dilemma, die Trinitätslehre entweder in der Gotteslehre selbst und dann unter Vorwegnahme ihrer christologischen und pneumatologischen Voraussetzungen oder nach deren Darlegung, dann aber in jener von der eigentlichen Gotteslehre weit entfernten Nachtragsstellung behandeln zu müssen. Sie gehört in den unmittelbaren Zusammenhang der Gotteslehre, und dies nicht nur als ein zweiter Teil, dem ein erster vorausginge, der eine allgemeine, auf das Bekenntnis zu dem dreieinigen Gott noch unbezogene Erkenntnis von Gottes Wesen zu vertreten hätte, sondern in zusammenfassendem Bezug auf das *Ganze* christlicher Erkenntnis der Wirklichkeit Gottes. Denn diese hat mit allem, was sie in sich schließt, auch den Aussagen des ersten Glaubensartikels, ihren Grund in Gottes Selbstzusage in Jesus Christus und seinem Glauben wirkenden Geist. Die Geschichte, in der Gott selbst sich uns erschließt, ist in der Tat trinitarisches Geschehen. Darin stimmt die hier vorgelegte Dogmatik mit Barths Ansatz überein. Im Unterschied zu Barth stellen wir aber die Besprechung der Trinitätslehre nicht an den Anfang der Dogmatik, sondern an den Abschluß der Gotteslehre. Abgesehen davon, daß nur so eine

Vorwegnahme christologischer und pneumatologischer Thematik vermieden werden kann, ist diese Stellung auch sachlich begründet. Sie entspricht dem Erkenntnisweg, auf dem die theologische Reflexion der Kirche zur Formulierung des trinitarischen Dogmas geführt wurde. Aus der Geschichte der Selbsterschließung Gottes in Christus und im Geist ist das Bekenntnis zu ihm als dem Dreieinigen erwachsen, und nur aus dieser Geschichte ist es zu verstehen.

Wir haben zunächst den Gehalt des trinitarischen Dogmas in seiner in der altkirchlichen Theologie ausgeformten Gestalt zu vergegenwärtigen. Dann ist in Umrissen die Geschichte der Trinitätslehre zu verfolgen bis hin zu den Auslegungen, die sie in neuerer Zeit erfahren hat. Danach soll ein eigener Auslegungsversuch vorgelegt werden.

1. Entstehung und Gestalt des trinitarischen Dogmas

1.1. Der Weg zur Trinitätslehre

Das Neue Testament ist Zeugnis des *Handelns* Gottes in Jesus Christus und im Geist. Es enthält keine ausdrückliche Aussage über das dreieinige *Sein* Gottes. Wohl aber finden sich in ihm Formulierungen, in denen die drei „Namen": Gott der Vater, Jesus der Herr, Gottes Geist, in hervorgehobener Weise zusammenstehen. Sie haben fast liturgischen Charakter, rufen die Fülle der Selbstzuwendung Gottes rühmend aus oder sprechen sie segnend zu. So 1.Kor 12,4ff.: „Es sind mancherlei Gaben, aber es ist *ein* Geist, mancherlei Dienste, aber *ein* Herr, mancherlei Kräfte, aber *ein* Gott, der da wirkt alles in allen." Ähnlich Eph 4,4ff.: „Ein Geist, ein Herr, ein Gott und Vater unser aller." Der 2. Korintherbrief (13,13) schließt mit dem Segenswunsch: „Die Gnade des Herrn Jesus Christus und die Liebe Gottes und die Gemeinschaft des Heiligen Geistes sei mit euch allen." Die drei Namen stehen auch in dem „Taufbefehl" des Auferstandenen Mt 28,19 zusammen. Die Taufe wurde sicher schon in sehr früher Zeit „im Namen des Vaters und des Sohnes und des Heiligen Geistes" vollzogen; und das Bekenntnis, das der Täufling ablegte, zeigt bereits in den ältesten Formen, in denen es bezeugt ist – lange bevor es eine formulierte Trinitätslehre gab –, die dreigliedrige Gestalt des späteren Credo. Dabei war man sich wohl immer, wenn auch zunächst noch unreflektiert, bewußt: Es ist der *eine* Gott, den wir glauben und zu dem wir beten. Aber die drei „Namen" gehören in seiner Zuwendung und unserer Anrufung zusammen.

Wie und inwiefern sie zusammengehören, das wird nun zum Gegenstand theologischer Reflexion. Das ist, wie immer man zu den einzelnen Begriffsbildungen der späteren Trinitätslehre stehen mag, grundsätzlich nicht als spekulative Überfremdung des biblischen Zeugnisses, sondern als ein notwendiger Vorgang zu verstehen; eine Aufgabe, die dem Nach-denken des Glaubens von diesem Zeugnis her sich stellen mußte. Sie mußte sich stellen im Blick auf die Praxis des Glaubens und Betens in der Gemeinde, auch der sich entwickelnden gottesdienstlichen Liturgie: Da wird im Namen Jesu zu Gott dem Vater gebetet, aber auch der Kyrios selbst wird angerufen, und in der Epiklese der Abendmahlsfeier der Heilige Geist. Inwiefern geschieht das zu Recht und bleibt es der eine Gott, der da angerufen wird? Die trinitarische Denkaufgabe mußte sich aber auch stellen in der Begegnung mit der geistigen und religiösen Umwelt, in die die Kirche nun hineinwuchs. Da gab es den Kult einer Mehrheit von Göttern, auch Vorstellungen quasigöttlicher, zwischen Gottheit und Welt vermittelnder Zwischenwesen. Da gab es aber auch einen philosophischen Monotheismus, der sich als Überwindung jener polytheistischen Mythologie verstand, und christliche Denker (Apologeten) meinten in ihm eine Nähe zu biblischem Glauben zu erkennen und versuchten an ihn anzuknüpfen – aber wie war dann das Verhältnis der drei „Namen" zu dem einen Gott zu verstehen und gegen polytheistisches Mißverständnis abzugrenzen?

Ein Weg war zu suchen zwischen mehreren Abwegen, die in theologischen Versuchen, das Problem zu bewältigen, innerhalb der Kirche auch konkrete Gestalt annahmen. Daß ein *Tritheismus* – die Vorstellung, Vater, Christus und Geist seien drei verschiedene Götter und nur durch die gemeinsame Teilhabe an göttlichem Wesen geeint – als Lösung nicht in Frage kommen konnte, war im ganzen von vornherein klar; nur vorübergehend und in Randgruppen tauchte derartiges auf. Näher lag ein *Subordinatianismus:* Der eine Gott im eigentlichen Sinn ist der Vater; Christus und der Geist sind, ob als übergeschöpfliche oder als ersterschaffene Wesenheiten zu verstehen, jedenfalls Gott untergeordnete Größen, die nur in einem sekundären Sinn an göttlichem Wesen teilhaben. Solcher Subordinatianismus wurde von starken Strömungen innerhalb der Kirche in verschiedenen Abwandlungen vertreten, am radikalsten von den Arianern des 4. Jhs. Aber führt nicht auch dies zu einem Quasi-Tritheismus: Der eigentliche Gott und zwei weniger eigentliche „Untergötter"? Haben wir es dann in Jesus und in dem Geist noch mit dem einen Gott in seiner *ganzen* Zuwendung und Gegenwart zu tun? Am sachlich entgegengesetzten Pol dieser Denkversuche bot sich der *Modalismus* als Lösung an: Gott in seinem Wesen ist unbedingte, unteilbare Einheit; Vater, Sohn und Geist sind nur verschiedene Erscheinungsweisen (modi), in denen der eine Gott zu verschiedenen Zeiten sich manifestiert hat. Der Eine, der zunächst in der Gestalt des Vaters erschien, nimmt danach die Gestalt des Sohnes und schließlich die des Geistes an. Oder: Er erscheint bald in dieser, bald in jener Gestalt. Dieses Denkangebot zur Lösung der trinitarischen Frage konnte sich empfehlen, weil hier ja die Einheit Gottes ebenso gewahrt schien wie seine ganze Gegenwart als Sohn und als Geist. In Rom konnte sich der Modalismus sogar eine Zeitlang als gültige Lehre durchsetzen. Aber durfte man wirklich die drei „Namen" lediglich als sukzessiv sich ablösende Erscheinungsweisen eines Gottes verstehen, der sich bald in der einen, bald in der andern zeigt? Stehen sie im Zeugnis der Schrift nicht *beieinander*, und so, daß mit dem Sohn auch der Vater gegenwärtig ist, daß der Geist uns mit dem gegenwärtigen Vater und dem gegenwärtigen Sohn verbindet? Auch der Modalismus mußte als Lösung des Problems letztlich ausscheiden.

Die Trinitätslehre in der Gestalt, in der sie schließlich allgemein als kirchliches Dogma rezipiert wurde, ist entstanden aus der Abwehr von Theorieangeboten, die so oder so als dem biblischen Gotteszeugnis nicht entsprechend erkannt wurden. Sie ist auch in sich, was noch zu zeigen sein wird, im Grunde mehr Ausgrenzung begrifflich „aufgehender" Theorien über Gottes Einheit in der Dreiheit von Vater, Sohn und Geist, als daß sie selbst eine solche Theorie wäre, die nun als die richtige anstelle der falschen tritt. Sie teilt diese Eigenart mit der christologischen Formel von Chalkedon, wie überhaupt das trinitarische Denken in engstem Zusammenhang mit der christologischen Problematik sich entwickelt hat. Die Phasen und vielverschlungenen Komplikationen dieser Entwicklung sollen hier nicht im einzelnen verfolgt, dafür kann auf dogmengeschichtliche Darstellungen verwiesen werden. Wir wenden uns dem Ergebnis zu, wie es seit dem Konzil von Konstantinopel 381 als kirchliche Lehre in Geltung trat.

1.2. Die trinitarische Grundaussage

Die trinitarische Formel, auf die man sich in der griechischen Theologie des Ostens einigte, lautet: Gott ist „mia ousia" in „treis hypostaseis". Im Westen entsprach dem die schon von Tertullian geprägte Formel: „una substantia, tres personae". Beide Formeln nehmen für das, was sie ausdrücken wollen, Begriffe antiker Philosophie in Gebrauch. Nimmt man diese Begriffe in der Bedeutung, die sie im philosophischen Kontext haben, so scheinen sich die Formeln nicht ohne weiteres zu decken. „Ousia" bedeutet im philosophischen Gebrauch zumeist die Wesensart, die vielen Individuen gemeinsam sein kann, „hypostasis" das konkrete Einzelwesen, das Träger solcher Wesensart ist[1]. Die griechische Formel scheint also zu besagen: Ein Wesen in drei Einheiten. Sollte das heißen: Eine Gattung und drei ihr zugehörige Individuen? Aber damit wäre die Formel tritheistisch verstanden. Wenn in der lateinischen Formel an der Stelle von „ousia" „substantia" steht, so entspricht dies eher dem, was griechisch durch „hypostasis" bezeichnet wird: die konkrete Einzelgröße. „Persona" aber meinte ursprünglich die Maske des Schauspielers, übertragen dann etwa: die Rolle oder Gestalt, in der jemand auftritt. Die lateinische Formel wäre dann zu übersetzen: Eine Einheit in drei Gestalten. Sollte das heißen: Ein Individuum in drei Rollen? Das wäre Modalismus. Zwischen der östlichen und der westlichen Trinitätstheologie bestand in der Tat eine relative Akzentverschiedenheit – der Westen betonte stärker die Einheit Gottes in der Unterschiedenheit der Personen, der Osten stärker die Unterschiedenheit der Personen in der Einheit Gottes. Aber weder war die östliche Formel tritheistisch noch war die westliche modalistisch gemeint, in der Abwehr sowohl des Tritheismus wie des Modalismus war man sich durchaus einig. Ein Wesen in drei Einheiten? Eine Einheit in drei Gestalten? Letztlich: eine Einheit in drei Einheiten – aber das wäre der Verzicht auf jede begriffliche Unterscheidung von Einheit und Dreiheit in Gott. Wollte man diese Unterscheidung aussagen, so konnte das nur in philosophischen Begriffen *ausgedrückt* werden; es konnte theologisch aber nur so *gemeint* sein, daß die Eindeutigkeit des rationalen Gehaltes dieser Begriffe und des logischen Verhältnisses, in dem sie im philosophischen Kontext zueinander stehen, gesprengt wurde. Daß Trinitätstheologie in Begriffen, die philosophisch eindeutig definiert und zugleich dem auszusagenden Geheimnis voll angemessen sind, nicht möglich ist, dessen waren sich die altkirchlichen Theologen bewußt und konnten in diesem Bewußtsein auch bei verschiedener Begrifflichkeit in der Sache sich einigen. Alle Begriffe konnten hier nur andeutende Hilfslinien sein.

---

[1] Diese Unterscheidung wurde allerdings nicht immer streng festgehalten; beide Begriffe konnten auch ineinander übergehen.

Im Westen konnte schließlich anstelle von „substantia" auch der dem griechischen „ousia" genauer entsprechende Terminus „essentia" eingesetzt werden: Gott ist „unus in essentia, trinus in personis". In dieser Terminologie erscheint die Trinitätsaussage im ersten Artikel der CA.

Daß die trinitarische Grundformel trotz der Mehrdeutigkeit der verwendeten Begriffe weder modalistisch noch tritheistisch verstanden werden darf, wurde im übrigen gesichert durch Näherbestimmungen, die hinzutraten und im Westen wie im Osten anerkannt wurden. Gegen den Modalismus wird die *reale differentia* der Personen festgehalten; sie sind eben nicht bloße „Rollen", in denen der eine Gott abwechselnd auftritt, sondern in Gott besteht ein wirkliches Gegenüber: Der Vater ist nicht der Sohn und umgekehrt, der Geist ist nicht der Vater und nicht der Sohn. Gegen das tritheistische oder auch subordinatianische Mißverständnis dieser Unterschiedenheit steht die Lehre von der *aequalitas* der drei Personen in Gott: Keine von ihnen ist weniger Gott selbst als die andere. In keiner von ihnen ist der eine Gott weniger er selbst als in der andern. Dazu tritt die Lehre von der *Perichôrêsis* bzw. wechselseitigen Immanenz der Personen: Sie sind, wiewohl zu unterscheiden, nicht gegeneinander abgeschlossen, sondern durchdringen einander, so daß in jeder von ihnen auch die andern gegenwärtig sind (Joh 17,21 „Du, Vater, in mir und ich in dir").

1.3. Die trinitarischen Distinktionen

Die Wurzel der Trinitätslehre liegt in der biblischen Bezeugung des Heilshandelns Gottes. Gott wird dreifach gegenwärtig in der „Oekonomie" seiner geschichtlichen Selbstschließung: als der Vater in der Sendung des Sohnes und in der Ausgießung des Geistes. Konnte das heißen: Zum Dreieinigen wird er oder entfaltet er sich erst und nur *in* diesem Geschehen? In modalistischen Strömungen konnte das so gedacht werden; man hatte dann eine „oekonomische" (auf die Abfolge verschiedener Erscheinungsformen des einen Gottes im Modus seiner Heilsoffenbarung begrenzte) Trinitätslehre. War zuvor und dahinter oder darüber dann ein nicht-trinitarisches Wesen Gottes zu denken?
Die kirchliche Theologie unterschied zwischen dem auf Gottes Offenbarung bezogenen und dem auf sein Wesen bezogenen Aspekt der Trinitätslehre. Sie erkannte an, daß allein im Heilsgeschehen, in der

Sendung des Sohnes und der Ausgießung des Geistes der Erkenntnisgrund, die Offenbarung der Dreieinigkeit Gottes für den Glauben gegeben ist. Insofern bejahte sie den oekonomischen *Aspekt* der Trinität. Sie wandte sich aber gegen die Einschränkung des Trinitätsverständnisses auf diesen Aspekt. Wie Gott in seinem Heilshandeln sich zeigt, das ist vielmehr als Offenbarung seines ewigen Seins in sich selbst zu verstehen. „Vor aller Zeit" ist Gott in sich selbst der Dreieinige. Nicht erst von seiner Menschwerdung an, sondern von Ewigkeit her ist mit dem Vater der Sohn; nicht erst von seiner Ausgießung an, sondern in Ewigkeit ist mit Vater und Sohn der Heilige Geist. Die Trinität darf nicht nur als *ökonomische*, sie muß als *Wesenstrinität* verstanden werden. (Man sagt dafür auch: „immanente", d. h. dem Wesen Gottes als solchem innewohnende Trinität). Wesenstrinität und oekonomisch-trinitarische Offenbarung konnten dann in der Unterscheidung so aufeinander bezogen werden, daß die Wesenstrinität als die quasi-ontologische Voraussetzung der trinitarischen Heilsoffenbarung verstanden wurde: Weil der Sohn in Ewigkeit bei dem Vater ist, darum konnte er in der Zeit gesendet und Mensch werden. Weil mit dem Vater und dem Sohn in Ewigkeit der Heilige Geist ist, darum konnte er in der Zeit ausgegossen werden. Nur weil Gott in sich der Dreieinige *ist*, konnte er sich zu uns her als der Dreieinige offenbaren.

In Entsprechung zu dieser Unterscheidung zwischen „oekonomisch"-trinitarischer Heilsoffenbarung und „immanent"-trinitarischem Wesen Gottes in sich selbst unterschied man nun auch opera trinitatis *ad extra* und *ad intra*.

Unter den *opera ad extra* ist das auf die Welt, den Menschen und sein Heil gerichtete Handeln des dreieinigen Gottes zu verstehen: Schöpfung, Versöhnung, Heiligung und Erlösung. Es kann zunächst überraschen, daß in bezug auf dieses nach außen gerichtete Handeln Gottes besonders in der abendländischen Trinitätstheologie der Grundsatz sich durchsetzte: Opera trinitatis ad extra sunt *indivisa* – in jedem dieser Werke handelt nicht jeweils eine Person, sondern der dreieinige Gott in ungeteiltem Miteinander von Vater, Sohn und Geist. Es könnte ja besonders von den drei Artikeln des Credo her naheliegen, die Schöpfung allein dem Vater, die Versöhnung dem Sohn, die Heiligung dem Heiligen Geist zuzuschreiben. Aber von den Voraussetzungen der trinitarischen Grundaussage her wird der Satz vom ungeteilten Wirken Gottes verständlich: Ist er in sich der Dreieinige in der Gemeinschaft und gegenseitigen Durchdringung der drei Personen, so kann kein Handeln Gottes einer der Personen so zugeschrieben werden, daß die andern dabei ausgeschlossen wären. Andererseits ist im biblischen Zeugnis die besondere Beziehung des Versöhnungsgeschehens auf die Sendung des Sohnes, der Heiligung auf das Wirken des Geistes nicht zu übersehen. Man trug dem Rechnung durch den Zusatz, „per appropriationem"[2] könne, was Werk der ganzen Gottheit ist, auch auf je eine der Personen im besonderen bezogen werden, die Schöpfung also auf den Vater, die Versöhnung auf den Sohn, die Heiligung auf den Geist; jedoch so, daß die jeweils anderen Personen darin als gegenwärtig und beteiligt gedacht werden. Der Begriff „opera Trinitatis ad intra" bezieht sich auf das Verhältnis der göttlichen Personen zueinander im Innern der Trinität. Es war ja festgestellt worden, daß die Personen in Gott real unterschieden sind (also nicht etwa nur modalistisch als alternierende Erscheinungsweisen verstanden werden dürfen). Die altkirchliche Theologie stellte sich nun die Frage, wodurch sie unterschieden sind. Sie sieht das Unterscheidende nicht in der heilsgeschichtlichen Funktion der Personen, sondern in der Relation des Ursprungs, in der sie innerhalb Gottes zueinander stehen bzw. auseinander hervorgehen. Gott als der Vater hat keinen Ursprung in einer andern Person der Trinität, ist vielmehr selbst deren Ursprung. Der Sohn aber wird vom Vater „gezeugt" (generatur) und ist eben dadurch von ihm unterschieden. Der Geist wird vom Vater (und dem Sohn[3]) „gehaucht" (spiratur) und ist dadurch von beiden unterschieden. Eben diese Akte, in denen die göttlichen Personen auseinander hervorgehen, werden als ihre opera ad intra verstanden, und von ihnen gilt: Sie sind divisa, d. h. Bestimmungen, die jeweils nur einer der Personen als solcher zukommen. Dabei ist festzuhalten, daß es sich um *überzeitliche*, ewig in Gott selbst sich vollziehende und beständig „in actu" bleibende Akte handelt – sein *Wesen* als der dreieinige Gott konstituiert sich ja in ihnen. Das „Gezeugt"werden des Sohnes ist also nicht etwa mit seiner in der Zeit geschehenen Inkarnation zu verwechseln; es ist als sein immerwährendes Hervorgehen aus dem Vater zu verstehen. Das „Gehaucht"werden des Geistes ist nicht mit dem heilsgeschichtlichen Ereignis seiner Ausgießung auf die Menschen gleichzusetzen; es ist sein immerwährendes Hervorgehen aus und in Gott selbst. Es handelt sich hier also

---

[2] Wörtlich = „durch Zueignung". Gemeint ist: unter dem Vorbehalt, daß diese Beziehung der opera auf je eine Person nicht in einem strikten, exklusiven Sinn zu verstehen ist.

[3] Hier eingeklammert, denn über das „Filioque" bestand kein Einverständnis. Näheres dazu im Folgenden unter 2.2.

nicht um eine Umschreibung der ökonomisch-trinitarischen Offenbarung Gottes, sondern um den Versuch, das innere Geschehen in seiner immanenten Wesenstrinität auszusagen.

Aus dieser Unterscheidung der Hervorgänge in Gott wurden sodann die *„notiones personales"* (Eigentümlichkeiten jeder Person in Relation zu den je anderen) entfaltet:

Dem Vater eignet
agennēsía („Ungewordenheit") in sich selbst,
generatio activa („Zeugen") in Relation zum Sohn,
spiratio activa („Hauchen") in Relation zum Geist.
Dem Sohn eignet
generatio passiva („Gezeugtwerden") in Relation zum Vater,
(spiratio activa in Relation zum Geist)[4].
Dem Geist eignet
spiratio passiva („Gehauchtwerden") in Relation zum Vater (und dem Sohn).

Mit diesen Begriffsentfaltungen gelangte die Trinitätslehre freilich an den Rand des verstehbar zu Sagenden, ja über diesen Rand hinaus. Begriffe wie „Zeugen" und „Hauchen" haben hier ja keinerlei Bezug mehr zu dem konkreten Gehalt dieser menschlichen Worte. Gewiß kann unser Reden von Gott immer nur ein „analoges" Reden sein, aber hier versagt jeder analoge Zusammenhang. Kann mit diesem Versuch, das seiner Offenbarung voraus- und zugrundeliegende Wesen der Dreieinigkeit Gottes in Begriffe gefaßt auszusagen, noch wirklich etwas gesagt werden?

2. Zur älteren und neueren Geschichte der Trinitätslehre

Über die Geschichte der Trinitätslehre, nachdem sie zum kirchlichen Dogma geworden war, soll hier nur in kürzester Fassung berichtet werden.

2.1. Im Westen wurde die Trinitätstheologie *Augustins* (De Trinitate) bestimmend. Ihr Lehrgehalt fand im sog. Symbolum Athanasianum[5] eine prägnante Zusammenfassung.

---

[4] Dazu vgl. Anm. 3.
[5] Es stammt nicht von Athanasius, sondern von einem unbekannten Theologen vermutlich des 5. Jhs. Nach seinen Anfangsworten „Quicumque vult salvus esse, ante omnia opus est ut teneat catholicam fidem" wird es auch Symbolum *Quicumque* genannt.

Näherungsweise suchte Augustin die Einheit der Personen in Gott und ihre gegenseitigen Relationen verstehbar zu machen durch den Vergleich mit der Einheit von memoria (hier etwa = Bewußtsein), intellectus und voluntas in der Seele des Menschen. Tiefer noch greift seine Deutung der immanenten Trinität als ewige Liebesbewegung Gottes in sich selbst: Vater, Sohn und Geist verhalten sich zueinander wie amans, amatus und deren mutuus amor.

„Vestigia trinitatis" versuchte man auch weiterhin in allerlei geschöpflichen Dreieinheiten aufzufinden (z.B. das eine Licht in Sonne, Strahl und Schein; das eine Wasser in Quelle, Fluß und Meer). Des inadäquaten Charakters solcher Vergleiche blieb man sich freilich bewußt.

2.2. Zum kontroverstheologischen Problem zwischen West- und Ostkirche wurde es, daß Augustin ausdrücklich das Hervorgehen des Heiligen Geistes aus dem Vater *und dem Sohn* gelehrt hatte. Die ostkirchliche Trinitätstheologie sprach wie vom Gezeugtwerden des Sohnes so auch vom Hervorgehen des Geistes allein aus dem Vater. Im Westen setzte sich die augustinische Auffassung durch, seit dem 6. Jh. erscheint hier im Text des Credo der in seiner 381 beschlossenen Gestalt noch fehlende Zusatz (Credo in Spiritum sanctum qui procedit ex patre) *filioque*. Das blieb im Osten zunächst unbeachtet. Als das „Filioque" in der karolingischen Zeit aber ausdrücklich dogmatisiert wurde, erhob die Ostkirche entschiedenen Einspruch. Dies führte im 9. Jh. zu einem vorübergehenden, 1054 zum endgültigen Schisma zwischen griechischer Ost- und römischer Westkirche. Andere, auch außertheologische Ursachen wirkten da mit, aber die Differenz über das Ausgehen des Geistes war – und ist bis heute – das wesentlichste *dogmatische* Problem zwischen beiden Kirchen[6]. Der ostkirchliche Einspruch gegen das Filioque hatte seinen Grund nicht nur in einem formalen Traditionalismus, dem jede Veränderung am Buchstaben des Bekenntnisses unerträglich schien. Er wurde und wird auch theologisch begründet: Die Behauptung des Hervorgehens des Geistes aus Vater *und* Sohn würde in Gott zwei Ursprünge setzen; Ursprung innerhalb der Gottheit kann aber allein der Vater sein.

2.3. Von dem Streit um das Filioque abgesehen, gab es über die Trinitätslehre bis in die neuere Zeit keine tiefgreifenden Differenzen. Sie blieb in der Gestalt, in der sie aus den Auseinandersetzungen der altkirchlichen Theologie hervorgegangen war, unangefochtenes Grunddogma der Kirche. Auch die Reformatoren erkannten sie an,

---

[6] Auch die protestantischen Bekenntnisse blieben hier im Gefolge der westkirchlichen Tradition.

nicht nur aus formaler Traditionstreue, sondern überzeugt von der in ihr ausgesprochenen Wahrheit – *Luthers* Gnaden- und Rechtfertigungsverständnis wäre undenkbar ohne seinen Glauben an die volle Gegenwart Gottes in Christus und im Geist. Die reformatorische Trinitätstheologie war allerdings besonders am Heilshandeln Gottes orientiert. An spekulativen Erörterungen über die innergöttlichen Relationen waren Luther wie auch Melanchthon und Calvin wenig interessiert, obwohl sie die immanente bzw. Wesenstrinität als solche keineswegs bestritten.

Die Bekenntnisse der Reformation rezipierten ausdrücklich das trinitarische ebenso wie das christologische Dogma. In das Corpus der lutherischen Bekenntnisschriften (Konkordienbuch) wurde mit den beiden altkirchlichen Glaubensbekenntnissen – Apostolicum und Nicaenum – auch das Symbolum Athanasianum übernommen.

2.4. Schon gleichzeitig mit der reformatorischen Bewegung trat aber, vom italienischen Humanismus ausgehend, eine antitrinitarische Strömung auf. Ihre Vertreter waren neben Servet und anderen vor allem Fausto und sein Neffe Lelio Sozzini. Durch die Wirksamkeit des letzteren in Polen konnte der *„Sozinianismus"* sich dort eine Zeitlang als besondere Konfession mit unitarischer Gotteslehre und eigenem Katechismus formieren, freilich auf die Dauer nicht halten. Zu unitarischen Gemeindebildungen kam es dann aber auch in England und später in den USA, wo die Unitarier unter den vielen dortigen Denominationen eine nicht unbedeutende Stellung einnehmen.

Blieben diese unitarischen Gruppen zunächst Randerscheinung, so kam es zwei Jahrhunderte später mit der Durchsetzung der Aufklärung zu einer viel allgemeineren Bestreitung der Trinitätslehre. Dem von England im 17. Jh. ausgehenden, sich dann vor allem im protestantischen Europa verbreitenden *Deismus* galt sie wie das kirchliche Dogma überhaupt als vernunftwidrige Spekulation. Er ersetzte sie durch eine rational verstandene Gotteslehre, verbunden mit einem (in Ansätzen übrigens schon im Sozinianismus bemerkbaren) ebenso rationalen Moralismus in der Frage nach dem Heil des Menschen. Das offizielle Bekenntnis der Großkirchen blieb das trinitarische, aber zwischen ihm und dem, was vor allem in der Bildungsschicht als Religion verstanden und praktiziert wurde, tat sich eine weite Kluft auf.

2.5. Dem Rationalismus der Aufklärung folgte in Deutschland die Philosophie des spekulativen Idealismus. Er setzte dem Abtun des kirchlichen Dogmas das Bemühen entgegen, seinen Sinn in philosophischer Interpretation wiederzugewinnen und so die Kluft zwischen Glauben und Vernunft zu überbrücken. Durch Schelling und vor allem durch *Hegel* wurde die Trinitätslehre wieder zu Ehren gebracht. Sie wurde aber nun gedeutet als mythologisch-religiöse Vorstellung, deren tiefere Wahrheit philosophisch zu begreifen ist als die dialektische Selbstbewegung des „Geistes", der das eigentliche Wesen alles Wirklichen ist: Der „absolute Geist" verharrt nicht in seinem Für-sich-Sein (als „Vater"), sondern tritt aus sich heraus und setzt sich um in sein Anderes: Welt, Natur, Mensch („Sohn"), um im menschlichen Erkennen und Verstehen dieser seiner Selbstbewegung („Hl. Geist") sich wiederzufinden und sich so in sich selbst zu vollenden. Damit konnte sich eine philosophische Interpretation des christologischen Dogmas verbinden, in der die Einheit von Gott und Mensch in dem einen Christus als mythologischer Ausdruck der Immanenz des Absoluten Geistes im menschlichen Geist überhaupt verstanden wurde (vgl. § 9, 5.1).

In dieser Übersetzung des Bekenntnisses zu dem dreieinigen Gott in die Dialektik eines idealistischen Wirklichkeitsverständnisses war freilich die Beziehung dieses Bekenntnisses auf die besondere Geschichte, in der Gott den ihm *abgekehrten* Menschen zu sich einholt, nicht wiederzuerkennen; ja das Gegenüber von Gott und Mensch kam hier überhaupt in eine letztlich schon immer waltende Identität hinein zum Verschwinden. In der Theologie konnte die idealistische Trinitätsdeutung nur vorübergehend und am Rande Einfluß gewinnen. Auch die philosophische Bewegung ging mit der Ablösung des Idealismus durch andere Strömungen über sie hinweg.

2.6. Ein die Trinitätslehre überhaupt ad acta legender Rationalismus blieb in der Theologie Episode. Aber ihre Gewichtung und Auslegung wurde bei den protestantischen Theologen des 19. und 20. Jh. sehr unterschiedlich. *Schleiermacher*[7] sprach anstelle der Rede des Dogmas von drei göttlichen „Personen" von der Gegenwart Gottes in sich selbst, im vollkommenen Gottesbewußtsein Jesu und in dem von ihm erweckten „Gemeingeist der christlichen Kirche"; eine Einheit und zugleich Dreiheit in Gott selbst zu denken war für ihn sinnloser Widerspruch. Viele Theologen sind ihm jedenfalls in der kritischen Beurteilung der traditionellen Gestalt des Dogmas gefolgt; in der Neuinterpretation seines Sinngehalts wurden verschiedene Wege beschritten. Zum Teil konstruierte man spekulativ aus dem Begriff Gottes als absolutes Selbstbewußtsein oder aus dem Wesen Gottes als Liebe eine diesem Wesen notwendig immanente dialektische Dreiheit, z. T. lehn-

---

[7] Der christliche Glaube, §§ 170–172.

te man die Beziehung auf die Wesenstrinität überhaupt als spekulativen Übergriff ab und verstand den Sinn der Trinitätsaussage nur als zusammenfassenden Ausdruck des Offenbarungsgeschehens. Bewußt am kirchlichen Bekenntnis orientierte Theologen gaben der Trinitätslehre stärkeres Gewicht und schlossen sich in ihrer Auslegung enger an das überlieferte Dogma an. Aber auch hier wurde die hinter das Offenbarungsgeschehen zurückgreifende Aussage der Wesenstrinität weithin nicht mehr zu einer begrifflichen Erörterung innergöttlicher Relationen ausgeweitet, sondern als letzte, nur zurückhaltend zu wagende Grenzaussage christlichen Glaubens gewertet[8].

2.7. Karl *Barth* urteilte anders. Es war schon darauf hingewiesen worden, daß er die Trinitätslehre unmittelbar mit seiner Offenbarungslehre verbindet: Gottes Selbstoffenbarung impliziert seine Dreieinigkeit. Denn aus menschlichen Voraussetzungen und Möglichkeiten ist Gott grundsätzlich nicht erkennbar. Er erschließt sich allein aus sich selbst, und dies so, daß er in dem Menschen Jesus die Gestalt annimmt, in der er von uns erkannt sein will, und daß wiederum er, der Heilige Geist, in uns das Erkennen seiner selbst in Jesus wirkt. Auch Barth geht also von dem trinitarischen Offenbarungsgeschehen aus. Er fragt aber nun weiter: Was müssen wir in der Erkenntnis dieses Offenbarungsgeschehens hinsichtlich des Seins Gottes in sich selbst voraussetzen, und antwortet: Trinitarische Offenbarung konnte darum *geschehen*, weil der Gott, der sich so offenbart, zuvor in sich selbst der Dreieinige *ist*. „Gott kann als ‚Vater Jesu' unser Vater sein, weil er schon zuvor, abgesehen davon, daß er sich uns als solcher offenbart ... in sich selber Vater ist, weil Vaterschaft eine ewige Seinsweise des göttlichen Lebens ist" (KD I/1, S. 411). Gott ist „der zu uns gekommene Sohn oder das uns gesagte Wort Gottes, weil er es als der Sohn oder das Wort Gottes des Vaters zuvor in sich selber ist" (ebda S. 419). Er ist „der Heilige Geist, durch dessen Empfang wir Kinder Gottes werden, weil er es als der Geist der Liebe Gottes des Vaters und Gottes des Sohnes zuvor in sich selber ist" (ebda S. 470). Barth nimmt also die Lehre der immanenten Trinität wieder auf, mit starker Betonung und keineswegs als letzte Grenzaussage, sondern als unabdingbares und sofort zu entfaltendes Implikat des in der Dogmatik zuerst zu Sagenden: daß Gott sich überhaupt offenbart. Das Verhältnis von immanenter und ökonomischer Trinität kann dann auf den Begriff der

---

[8] Einen guten Überblick über die verschiedenen Interpretationen der Trinitätslehre in der protestantischen Theologie des 19. Jhs. bietet der Art. „Trinität" (O. Kirn) in RE 3. Aufl., Bd. 20, bes. S. 120ff.

Selbstentsprechung Gottes gebracht werden: In seiner Selbstoffenbarung für uns in der Zeit „entspricht" Gott seinem ewig dreifachen Gegenüber in sich selbst. Wäre es nicht so, wäre Trinität *nur* eine Bestimmung des Offenbarungsgeschehens, wie würde dann in diesem Gott wirklich *offenbar* als der, der er *ist?*

2.8. Auch in einigen neueren dogmatischen Entwürfen zur Gotteslehre kommt die Trinitätslehre entscheidend zum Tragen. Der von Barth ausgegangene Impuls ist hier wirksam, ohne daß sein enger Anschluß an die altkirchliche Gestalt des Dogmas in allem unkritisch übernommen würde. Gemeinsam ist diesen Entwürfen, daß sie das dreieinige *Sein* Gottes ganz aus der Geschichte seines *Kommens* zum Menschen, ja als in der Bewegung dieses Kommens sich vollziehend verstehen. „Gottes Sein ist im Werden", formuliert Eberhard *Jüngel;* sein Sein ist die Bewegung der Liebe, die, selbstlos aus sich herausgehend, zum Menschen und gerade so zu sich selbst kommt[9]. Gott erweist sich so als der, der er ist, daß er in Jesus für den ihm nicht entsprechen könnenden Menschen eintretend „sich selbst entspricht", nun aber als Heiliger Geist (der das eigentliche „Subjekt" des Glaubens ist) uns in dieser seiner Selbstentsprechung „Raum gewährt" – so Friedr. *Mildenberger*[10]. Auch für Jürgen *Moltmann* vollzieht sich das dreieinige „Wesen" Gottes in der Geschichte, in der er sich von sich selbst unterscheidet, um als der gekreuzigte Sohn in den gottverlassenen Tod des Menschen einzugehen und als der Geist der Liebe Welt und Mensch in sein Leben einzuholen[11]. Erweist sich Gott nicht anders als in dieser Bewegung, so kann christliches Reden von Gott ihn nur gemäß dieser seiner Selbstunterscheidung als Vater, Sohn und Geist aussagen – gemeinsam ist diesen Entwürfen auch die Absage an alles „theistische" Reden von Gott im allgemeinen, von seinem Wesen an sich in metaphysischer Transzendenz und abgesehen von der Geschichte, in der er sein Kommen vollzieht. Das führt nun auch zur Infragestellung der von Barth betonten Unterscheidung von ökonomischer und immanenter Trinität, zumindest der Rede von Trinität als Wesen Gottes in sich selbst auch abgesehen von seiner Heilsoffenbarung. Mildenberger sieht in dem Rückschluß von der Offenbarungs- auf die immanente Trinität als deren ontologische Voraussetzung eine nicht mehr nachzu-

---

[9] Die trinitätstheologischen Entfaltungen Jüngels sind damit nur in sehr starker Verkürzung angedeutet. Vgl. bes. Kap. E seines Werkes „Gott als Geheimnis der Welt" (1977).

[10] Gotteslehre (1975), S. 117. Vgl. aber das ganze Kap. II.

[11] J. Moltmann, Der gekreuzigte Gott (1972), bes. Kap. VI. Ferner Ders., Trinität und Reich Gottes (1980).

vollziehende Grenzüberschreitung; wir können nur nach der Geschichte fragen, in der Gott sich zeigt, nicht danach, wie er in sich selbst beschaffen sein muß, damit diese Geschichte möglich wird. Jüngel möchte als das in der immanenten Trinitätslehre zu Recht Gemeinte festhalten: Gott ist ewige Liebesbewegung auch in sich selbst. Er versteht das aber kaum als ontologische Voraussetzung, die von Gottes Offenbarungsbewegung gedanklich abstrahiert und für sich bedacht werden könnte, sondern eher als das „Wesen" Gottes, aus dem seine Selbstbewegung zu Welt und Mensch unmittelbar entspringt und das er gerade in dieser Bewegung betätigt und vollzieht. So kann er auch Karl *Rahners* These zustimmen: „Die ökonomische Trinität ist die immanente Trinität und umgekehrt"[12].

3. *Das Bekenntnis zu dem dreieinigen Gott*

Die Trinitätslehre ist kein unmittelbarer Inhalt der Offenbarung und auch kein unmittelbarer Ausdruck des Glaubens. Sie ist in ihrer von der Tradition vorgegebenen Gestalt das hoch formalisierte Ergebnis einer theologischen Reflexion und in dieser Gestalt jedenfalls kein Gesetz, an dessen fraglose und vollinhaltliche Übernahme der Glaube oder gar das Heil des Menschen gebunden wäre. Aber sie ist auch keine glaubensfremde Spekulation, die mit der geschichtlichen Selbsterweisung Gottes nichts zu tun hätte. Sie kommt von dieser Selbsterweisung her, in der die drei „Namen": der Vater, Jesus der Sohn, der Heilige Geist, untrennbar zusammengehören. Sie hat ihre Veranlassung darin, daß der Glaube, der in dieser Selbsterweisung Gottes seinen Grund hat, nicht anders kann als ihn in diesen drei „Namen" zu bekennen und anzurufen. Die dreieinige *Erweisung* Gottes und das trinitarische *Bekenntnis* zu Gott geht der Trinitäts*lehre* vorher; sie ist zu verstehen als der Versuch, dieses Bekenntnis in Begriffe zu fassen, die der Frage antworten: Wer und wie ist der Gott, den wir als Christen glauben? Man kann an die historische Gestalt dieser Lehre kritische Anfragen haben; man kann versuchen, anstelle der Begriffe, die sie verwendet, andere zu finden; man kann fragen, ob hier eine Begriffsbildung überhaupt so weit vorgehen kann und soll wie es in den Entfaltungen der klassischen Trinitätslehre geschehen ist. Aber

---

[12] K. Rahner, Der dreifaltige Gott als transzendenter Urgrund der Heilsgeschichte, Mysterium Salutis, Hg. J. Feiner und M. Löhrer, Bd. 2 (1967), S. 328.

das *Thema*, auf das diese Lehre sich bezieht, kann christliche Theologie nicht zurückstellen, sie kann es auch nicht als ein nur beiläufig und am Rande zu behandelndes Thema ansehen. Denn wenn christlicher Glaube nicht in einem allgemeinen Gottesgedanken, sondern in der biblisch bezeugten Geschichte des Kommens Gottes zum Menschen begründet ist, dann kann eine Theologie, die diesen Glauben zu reflektieren hat, auf die Frage „Wer ist Gott" in der Tat nicht anders antworten als mit der Auslegung des Bekenntnisses zu ihm als dem Dreieinigen. Wir sind in der Besinnung auf die Wirklichkeit Gottes von dieser Geschichte ausgegangen und haben uns immer wieder auf sie bezogen. Es ist sachgemäß, wenn wir diese Besinnung abschließen und ihre einzelnen Schritte zusammenfassen mit dem Versuch einer solchen Auslegung. Sie soll zunächst positiv dargelegt werden. Danach wird zu fragen sein, wie sich solche Auslegung zu Begriffen und Positionen der trinitätstheologischen Lehrüberlieferung verhält.

3.1. Dem aus der Gottesferne der Völker herausgerufenen Israel hat Gott sich zugesprochen, und Jesus hat ihn bezeugt als den Schöpfer, durch den die Welt ihr Sein und der Mensch sein Leben hat. Alles ist *durch* ihn, und so ist er *vor* und *über* allem, auch über dem von ihm geschaffenen Menschen. Aber er bekundet sich als der Gott, der mit diesem Menschen *zusammensein* will, ihn zum Leben in seiner Gemeinschaft beansprucht. Das hat zunächst Israel exemplarisch erfahren; aber in der Geschichte, die dieser Gott mit ihm einging, mußte es ebenso exemplarisch den Konflikt zwischen dem Gemeinschaftswillen Gottes und der Abkehrung und Gottesferne des Menschen erleiden. Auch wenn Gottes trinitarische Selbsterweisung nicht als allein und erst durch die Sünde des Menschen *bedingt* verstanden werden sollte (s. u. S. 340 f.), so ist sie doch in der Gestalt, in der Gott sie faktisch vollzogen hat, auf den Bruch zwischen Mensch und Gott *bezogen:* sie ist Versöhnungsgeschehen. Für einen Gottesgedanken, der von der Voraussetzung ausgeht, zwischen Gott, Welt und Mensch bestehe grundsätzliche (allenfalls durch gelegentliche und korrigierbare Störungen unterbrochene) Harmonie, wird die trinitarische Selbstbewegung Gottes unverstehbar bleiben; er wird gut mit der monotheistischen Vorstellung einer Gottheit auskommen, die über dem Ganzen schwebt oder auch bruchlos das Ganze durchwaltet. Aber an dem Wort, mit dem Gott selbst sich in unsere Gottesgedanken hereinspricht, bricht der Zwiespalt auf: Gott, der den Menschen zum Leben in seiner Gemeinschaft und darum auch zur Bruderschaft mit seinem „Nächsten" beansprucht, und der Mensch, der diesem Gott nicht entspricht, der in sich und die Sorge um sein Selbst verschlossen bleibt und damit gegen den Gemeinschaftswillen Gottes und auf das Verderben seines Lebens hin lebt. Der Mensch, der sich und seine Welt auch nicht aus sich selbst dem Willen Gottes gerecht machen kann (und wollte er das, so wäre ja auch dies die Fortsetzung des Aus-sich-leben-wollens, die gerade der Widerspruch gegen den Gemeinschaftswillen Gottes ist).

Bliebe nun auch Gott in sich allein, so könnte freilich unitarisch von ihm geredet werden (wenn wir dann überhaupt von *diesem* Gott reden würden), aber das wäre die Versteinerung des unversöhnten Gegensatzes zwischen ihm und dem Menschen, der ihm nicht entspricht. Aber Gott bleibt nicht in sich verschlossen. Er verzichtet nicht auf den Menschen, und er wäre nicht der Gott, der er in Wahrheit ist, wenn er auf ihn verzichten würde. In der Sendung Jesu setzt er seinen Gemeinschaftswillen gegen die Verschlossenheit des Menschen durch. Er hört nicht auf, der Gott zu sein, der *über* uns und allem ist, auch über dem Menschen Jesus; aber in Jesus wird er zugleich *mit* uns; schließt sich selbst mit dem Menschen zusammen, der ihm nicht entspricht und dessen Leben er verwerfen müßte. Im Kommen Jesu zu den Gottlosen bis in die Gottverlassenheit seines Sterbens ist die Gottverlassenheit des Menschen aufgehoben, denn Jesus heißt: Gott mit uns – auch in unserm Tod und unter seinem Gericht. Und so umfassend nimmt Gott sich dieses in sich selbst verschlossenen Menschen an, daß er nicht nur in der Menschgestalt Jesu *mit* ihm wird, sondern auch, Gott der Heilige Geist, *in* ihm wirkt, was der Mensch aus sich selbst nicht sein und machen kann: den Glaubenden, der ihn in seiner Gegenwart in Jesus erkennt, sich von ihm annehmen läßt und so in das Leben eingeholt wird, das dem Gemeinschaftswillen Gottes antwortend entspricht. Und dies ganz und gar aus der zu uns ausgreifenden, in uns eingreifenden, uns umgreifenden und zu sich einholenden Selbstbewegung Gottes – nicht aus einer Selbstbewegung des Menschen zu Gott.

Gott wird uns von seiner Hoheit her, in der er der Schöpfer und Herr über allem ist und bleibt, in der Person Jesu so gegenwärtig, daß er uns in ihm als der uns unbedingt und trotz unser selbst Liebende *begegnet*, und er wird zugleich in unserm eigenen Selbst so gegenwärtig, daß er uns zum glaubenden Eingehen auf seine Gegenwart in Jesus, zum Leben in der Macht seiner Liebe *bewegt*.

Das trinitarische Gottesbekenntnis entspricht dieser Selbstbewegung Gottes. Es bekennt ihn als den Gott, der sich des gegen ihn verschlossenen Menschen so radikal und umfassend angenommen hat, daß er nicht nur *über* ihm bleibt, sondern *zu* ihm gekommen ist und *in* ihm seine Verschlossenheit überwindet. So verstanden ist dieses Bekenntnis keine glaubensfremde Theorie, sondern nichts anderes, nicht weniger als der in Gottesaussage übersetzte Ausdruck des *Evangeliums:* die theo-logische Übersetzung dessen, was soteriologisch als das Sola gratia der Rechtfertigung des Gottlosen geglaubt und bekannt werden darf – die Antwort auf die Frage: Wer ist der Gott, der so mit uns handelt? Es war kein traditionalistisches Relikt, sondern stand in innerem Zusammenhang mit ihrem Verständnis des Evangeliums, wenn die Reformatoren an dem trinitarischen Bekenntnis zu Gott ungebrochen festhielten. Und umgekehrt ist es kein Zufall, daß sich mit der Ablehnung der Trinitätslehre immer wieder die Tendenz verbunden hat, das Verhältnis des Menschen zu Gott moralistisch zu verstehen.

Zu fragen bleibt, wie das hier dargelegte Verständnis des trinitarischen Bekenntnisses sich zu den Aussagen der überlieferten Trinitätslehre verhält. Da dieses Verständnis ganz von der Geschichte der „ökonomischen" Selbstbewegung Gottes ausging, steht vor allem die Frage an, ob damit der „immanenten" Trinitätslehre eine Absage gegeben wird, oder ob und wie deren Anliegen auch in einem solchen Verständnis aufgenommen und bewahrt werden kann. Auf dieses Problem waren wir ja schon durch die trinitätstheologischen Entwürfe in der gegenwärtigen Theologie hingewiesen worden (2.8). Aber bevor wir uns ihm zuwenden, soll eine Überlegung zu dem durch die Überlieferung vorgegebenen Begriff der drei „Personen" in Gott eingeschaltet werden.

3.2. Der Personbegriff hat im neuzeitlichen Verständnis eine Bedeutung angenommen, die von dem, was die altkirchliche Trinitätstheologie unter „persona" bzw. „hypostasis" verstand, verschieden ist. Er wird weithin auf das individuelle Selbst und Selbstbewußtsein des Menschen bezogen, auf das Ich in seinem Gegenüber zu anderm Ich[13]. Unbesehen auf die Relation der „Personen" in Gott übertragen, müßte das zu einer tritheistischen Vorstellung führen. Dazu kommt, daß wir uns wohl das Verhältnis zwischen dem Vater und Jesus Christus in der Analogie eines Gegenüber von Person zu Person vorstellen können (der Menschgewordene ist ja in der Tat Person auch in der menschlichen Bedeutung dieses Wortes), daß diese Vorstellung aber

---

[13] Das gilt doch auch für ein dialogisches Personverständnis, für das der Mensch nicht als isoliertes Ich, sondern in seiner Begegnung mit anderem Ich, als seinem Du, „Person" wird.

für das Verhältnis des Heiligen Geistes zu dem Vater und dem Sohn versagt[14].

Die Problematik der trinitätstheologischen Verwendung des Personbegriffs wird in der neueren Theologie vielfach gesehen und angesprochen. Karl Barth schlug vor, ihn in die Rede von drei *Seinsweisen* Gottes zu übersetzen. Will man überhaupt nach einem Allgemeinbegriff suchen, der auf die drei „Namen" gleichmäßig beziehbar ist, so legt sich von der in 3.1 dargelegten Auslegung des trinitarischen Bekenntnisses her nahe, von drei *„Orten"* zu sprechen, in die Gott kommt, um seine Selbstbewegung zur Einholung des Menschen in das Zusammensein mit ihm zu vollziehen. Damit das nicht modalistisch im Sinn eines Alternierens göttlicher Erscheinungsweisen verstanden wird, ist sofort hinzuzufügen: Gott ist in jedem dieser Orte so gegenwärtig, daß er damit nicht aufhört, es auch an den je andern Orten zu sein. Die Selbstbewegung Gottes ist nicht als *Fort*bewegung von einem Ort zum andern zu verstehen, sondern als Bewegung des Ausgreifens, Umschließens und Einholens durch sich selbst zu sich selbst. Jesus Christus ist der „Ort", in dem Gott mit uns geworden ist (und dieser „Ort" ist in der Tat eine Person), ohne aufzuhören, als der Vater Christus gegenüber und über uns zu sein. Im Heiligen Geist macht Gott unser Selbst zu dem „Ort", in dem er ist und wirkt, ohne aufzuhören, in Christus mit uns und als der Vater über uns zu sein (würde er aufhören dies zu sein, so würde der Pneumaempfang zur Vergottung des Menschen).

Wir haben damit die Unterscheidung von Vater, Sohn und Geist „oekonomisch" auf die Bewegung Gottes zu uns, auf das Heilsgeschehen bezogen. Können wir sie auch als Unterscheidung innerhalb Gottes selbst, auf das innere Verhältnis von Vater, Sohn und Geist zueinander bezogen, erfassen?

Der christologische Versuch, die Gegenwart Gottes in dem Menschen Jesus als das Zugleich zweier Relationen zu verstehen (§ 10, 2.2), hatte zu der Aussage geführt: In seiner eigenen Relation zum Vater ist Jesus als *Mensch* unter Gott im Gegenüber des vollkommenen Gehorsams – in der Relation, die Gott in seiner Person zu uns eingegangen ist, ist er Gott-mit-uns und als solcher Gott der Sohn. Ist in ihm nun auch *Gott* als der Sohn sich selbst als dem Vater gegenüber (so daß

---

[14] Diese Schwierigkeit hat die Trinitätstheologie immer belastet. Sie zeigt sich etwa schon daran, daß Augustin in seiner Deutung der Trinität als innergöttliches Liebesgeschehen den Geist eben nur als den mutuus amor zwischen amans und amatus fassen kann.

man etwa mit Barth sagen kann: In Gott selbst „ereignet sich Gehorsam")?
In der Überlegung zur Wirklichkeit des Heiligen Geistes hatten wir uns dagegen gewehrt, diese Wirklichkeit unpersönlich, als bloße von Gott ausgehende Kraft zu verstehen. Denn es ist Gott selbst „in Person", der in unserm Selbst seine Kraft einsetzt – die Kraft Gottes ist von seiner Selbstgegenwart nicht zu trennen (§ 14, 1). Ist im Heiligen Geist nun auch Gott selbst sich selbst als dem Vater und dem Sohn gegenüber, und wie könnte das verstanden werden?
Wir werden die Selbstbewegung Gottes jedenfalls nicht so verstehen dürfen, als sei und bleibe Gott dabei in sich eine unterschiedslose Einheit ohne jedes Gegenüber. Sie ist auch Bewegung *in* Gott selbst, Bewegung, in der Gott eine Selbstunterscheidung vollzieht. Indem Gott als der Vater der Ursprung der Sendung des Sohnes ist und bleibt, unterscheidet er sich in seinem Sein über uns und allem von seinem Sein mit uns als der Sohn. Indem er der Ursprung der Spendung des Heiligen Geistes ist, unterscheidet er sich als der Vater von seiner wirksamen Gegenwart in uns als der Geist; und in seinem Wirken in uns unterscheidet er sich auch von seinem Sein mit uns als der Sohn, dem uns dieses Wirken entgegenträgt. Gott wird in je diesen „Orten" *verschieden* gegenwärtig und ist doch in jedem *ganz* gegenwärtig, in keinem von seiner Gegenwart in den je andern *geschieden*. Denn Gott unterscheidet sich nicht, um von sich wegzugehen, sondern um uns zu sich einzuholen. Und wenn es die Macht der unbedingten, nicht aufgebenden Liebe ist, als die Gott sich in dieser seiner Bewegung zum Menschen hin erweist, so darf diese Liebe auch als das Geheimnis dessen verstanden werden, was im innergöttlichen Gegenüber und Miteinander waltet.
Soviel darf und muß zu der Frage nach dem Verhältnis von Vater, Sohn und Heiligem Geist in Gott selbst gesagt werden; vor einem darüber hinausgehenden gedanklichen Eindringen in das Wie dieses innergöttlichen Verhältnisses steht der theologischen Reflexion Zurückhaltung an[15].

---

[15] Diese Zurückhaltung soll hier auch in bezug auf die zwischen ost- und westkirchlicher Tradition kontroverse Frage geübt werden, ob vom Hervorgang des Heiligen Geistes nur aus dem Vater oder aus dem Vater und dem Sohn zu reden ist. In bezug auf das Heilsgeschehen kann gesagt werden: Der Geist wird uns gegeben vom Vater *durch* den Sohn, und dieser Formulierung stimmen auch ostkirchliche Theologen zu. Aber die Streitfrage des Filioque bezieht sich nicht auf das Heilsgeschehen, sondern auf die überzeitlichen Hervorgänge in Gott selbst.

3.3. Das führt weiter zu der Frage des Verhältnisses von Offenbarungs- und Wesenstrinität. Daß Gott als der Dreieinige nur aus dem Geschehen seiner Selbsterschließung in Christus und im Geist erkannt werden kann und die Trinitätslehre also vom trinitarischen Offenbarungsgeschehen *ausgeht*, wurde und wird von niemand bestritten. Aber in ihrer zum kirchlichen Dogma gewordenen Gestalt geht sie reflektierend hinter dieses Geschehen *zurück:* Gott der Dreieinige in sich selbst auch „vor" und abgesehen von seiner Offenbarung. Das Dogma spricht von den ewigen innergöttlichen Akten der „Zeugung" des Sohnes und der „Hauchung" des Geistes, und es *unterscheidet* diese innergöttlichen Hervorgänge und Relationen von der Selbsterschließung Gottes für uns in der Menschwerdung des Sohnes und der Spendung des Geistes. Wurde und wird in der neueren Theologie diese Unterscheidung von Wesenstrinität und trinitarischer Offenbarung vielfach in Frage gestellt, so hat Karl Barth sie nochmals ausdrücklich aufgenommen, wenn er sagt: „Gott kann als ‚Vater Jesu' unser Vater sein, weil er schon zuvor, abgesehen davon, daß er sich uns als solcher offenbart... in sich selber Vater ist, weil Vaterschaft eine ewige Seinsweise des göttlichen Lebens ist" – Entsprechendes gilt für ihn dann auch von den ewigen Seinsweisen Gottes als Sohn und Heiliger Geist (vgl. 2.7).

Daß es theologisch notwendig ist, von der Offenbarungstrinität in die ihr vorausgegebene immanente Trinität zurückzudenken, wird dann etwa durch folgende Erwägung begründet: Gottes Offenbarung ist die Tat seiner Freiheit. Sie darf also nicht so verstanden werden, als ob Gott durch sie erst zu dem *würde*, der er ist. Vielmehr kommt er in ihr von sich selbst schon her. Gott ist seiner Offenbarung vorausgehend der, der er ist, in sich selbst. Wäre er aber in sich selbst *anders* als der er sich offenbart, so wäre Offenbarung nicht Offenbarung, er würde sich in ihr nicht wirklich *erzeigen* als der, der er in Wahrheit ist. Darum darf und muß man folgern: Hat Gott sich dreieinig offenbart, dann ist er auch in sich selbst der Dreieinige. In seiner Offenbarung *entspricht* Gott sich so, wie er „zuvor" in sich selber ist.

Dem, wovon diese Argumentation ausgeht und was zu wahren ihr Anliegen ist, ist nicht zu widersprechen. Gott offenbart sich als der, der er in Wahrheit ist – dahinter ist nicht ein Wesen verborgen, in dem er anders oder ein anderer wäre. Und er *wird* nicht erst durch seine Offenbarung, sondern in seiner Selbstbewegung zum Menschen kommt er von sich selbst schon her, *erweist* sich in ihr als der, der er ist. Aber zu fragen bleibt, ob die theologische Reflexion, um dies festzuhalten, wirklich zu einem Zurückdenken hinter diese Selbsterweisung

Gottes, zu begrifflichen Aussagen über das Wie des innergöttlichen Lebens auch vor oder sogar abgesehen von seiner Offenbarung genötigt ist. Ist es der Sinn der Offenbarung, daß Gott uns durch sie ein „Bild", ein in Begriffe zu fassendes Wissen davon vermittelt, wie er in diesem „Zuvor" in sich selber ist? Geht es Gott in seiner Offenbarung nicht vielmehr darum, daß wir ihn erkennen *im* Geschehen seiner Selbstbewegung zu uns? *Müssen* wir die gleichsam gottesontologische Frage stellen, welche Beschaffenheit Gottes in sich selbst zu denken ist als *Voraussetzung* dessen, daß er sich so offenbaren konnte, wie er es in diesem Geschehen tat? Und ist die Abstraktheit der Begriffe innergöttlicher Relationen, in die das Zurückdenken hinter dieses Geschehen gerät – sie sind ja im Grunde nur tautologische Abstraktionen aus den konkreten „Namen" Vater, Sohn, Geist –, nicht ein Hinweis darauf, daß die theologische Reflexion mit diesem Zurückdenken in der Tat ins Unsagbare gerät?

Dem könnte entgegengehalten werden: Das Neue Testament spricht von der Präsenz des Sohnes nicht erst in seiner Menschwerdung, sondern schon im Schöpferhandeln Gottes (Joh 1,1ff.; Kol 1,15ff); es spricht von der Menschwerdung als dem Herabsteigen des Sohnes aus seinem Sein bei Gott in die Niedrigkeit des Menschen (Phil 2,6ff.). Aber werden wir durch solche Aussagen angewiesen, zurückzudenken in das Wie des Seins des Sohnes bei dem Vater auch abgesehen von seinem Kommen ins „Fleisch"? Davon reden sie ja gerade nicht, sondern sind nach *vorwärts* auf die Bestimmung der Schöpfung und in ihr des Menschen gerichtet: In seinem Schöpferhandeln ist bei Gott der Sohn – der Sohn, der *Jesus* heißen wird, nicht ein Sohn, der gedacht werden könnte, auch wenn Jesus nie gekommen wäre oder Gott überhaupt keine Welt geschaffen hätte. Denn Gott bestimmt sich selbst und seine Schöpfung dazu, in diesem Sohn sein Zusammensein mit dem Menschen zu verwirklichen. Und wenn der alttestamentliche Schöpfungsbericht von dem Geist Gottes spricht, der vor dem Anheben des Schöpfungswerkes „über den Wassern" schwebt, so gibt auch diese (ohnehin schwer zu deutende) Aussage gewiß keine Anleitung, auf das Wesen des Geistes in Gott vor und abgesehen von der Schöpfung zurückzureflektieren. Sehen wir nach vorwärts gewandt in das biblische Zeugnis vom *Wirken* des Geistes hinein, so darf gesagt werden: Sein „Wesen" ist der Wille und die Selbstbestimmung Gottes, in seinen Geschöpfen die Kraft zu ihrem Leben und im Menschen die Kraft seines Lebens in der Gemeinschaft mit ihm selbst zu werden.

Folgt man diesen Überlegungen, so wird man davon Abstand nehmen, das dreieinige Wesen Gottes in sich selbst zu einem seiner dreieinigen Selbsterweisung gegenüber besonderen Thema theologischer Reflexion zu machen und in besonderen Begriffen zu entfalten. *Wenn* die Frage gestellt wird, von woher und unter welchen in seinem Wesen gegebenen Voraussetzungen Gott sich uns als der Dreieinige offenbaren konnte (aber muß man eine solche Frage überhaupt stellen?) – darf da nicht die Antwort genügen: Er konnte es, weil er dies wollte; weil er nicht anders Gott sein will und darum nicht anders Gott ist als so, daß er diese seine Selbstbewegung vollzieht, in Jesus als der Sohn mit uns zu werden und in uns selbst als der Geist uns in sein Sein mit uns in Jesus einzubringen, ohne aufzuhören, als der Vater über uns und allem zu sein? Das heißt dann allerdings: In dieser seiner Selbstbewegung erweist Gott sich uns als der, der er in Wahrheit ist, also wirklich in seinem „Wesen"; er hält kein Anderssein dahinter verborgen. In *diesem* Sinn ist es sicher berechtigt und notwendig, nicht nur von Offenbarungs-, sondern damit zugleich von Wesenstrinität zu sprechen. Das meint dann aber nicht Wesenstrinität auch abgesehen von, sondern gerade *in* Gottes dreieiniger Selbsterweisung.

Wenn die Einsicht, daß in Gottes Offenbarung nicht weniger als sein innerstes Wesen sich erschließt, nicht dazu auffordert, in dieses Wesen „vor" seiner Offenbarung zurückzudenken, so hat sie aber entscheidende Bedeutung für das Verständnis dieser Offenbarung selbst; und darauf werden wir allerdings durch die biblischen Aussagen der Gegenwart des Sohnes und Geistes schon in Gottes Schöpferwillen, hingewiesen. Wir können dann Gottes Kommen zum Menschen in Jesus Christus und im Heiligen Geist nicht als eine Notmaßnahme verstehen, die Gott erst und nur durch die Sünde abgenötigt wäre – als ob in seiner ursprünglichen Absicht der Mensch anders, „selbständiger" vor ihm hätte leben sollen als aus diesem gänzlichen Umfaßtwerden durch Gott selbst. Wohl begegnet Gott darin konkret nun dem von ihm abgekehrten Menschen; daran wird seine uns zu ihm einholende Selbstbewegung zum Geschehen unserer *Versöhnung* mit Gott durch ihn selbst. Daran wird die Sendung des Sohnes zu seiner Sendung in den Tod am Kreuz; und wir können nicht ausdenken, wie Gott sie vollzogen hätte, wenn die Sünde des Menschen nicht wäre. Aber das bedeutet nicht, daß Gott dann anders als in dieser seiner uns ganz umgreifenden Selbstbewegung er selbst gewesen wäre. Nicht nachträglich, sondern von sich selbst her und in seinem Schöpferwillen ist er Gott, der so zum Menschen kommen will, daß er im Sohn *mit* uns wird und durch den Heiligen Geist *in* uns die Kraft zu unserm wahren Leben in seiner Gemeinschaft wird: sola gratia. Dieses Sola gratia, als dessen Lobpreis wir das Bekenntnis zu dem dreieinigen Gott verstanden haben, ist kein nachträglicher Behelf; es ist Gottes erster und letzter Wille mit dem Menschen. Es gilt nicht nur um der Wirklichkeit der Sünde willen. Es gilt um der Wirklichkeit Gottes willen.

Literatur

Den in den Anmerkungen zu Abschnitt 2 dieses § angegebenen Werken ist hinzuzufügen:
K. RAHNER (kath.), Bemerkungen zum dogmatischen Traktat „De Trinitate", Schriften zur Theologie Bd. IV (5. Aufl. 1967), S. 103 ff. – E. JÜNGEL, Gottes Sein ist im Werden (2. Aufl. 1967) – Leo SCHEFFCZYK (kath.), Der eine und dreifaltige Gott (1968).

Wilfried Joest · **Dogmatik**
Band 2: Der Weg Gottes mit dem Menschen
(UTB 1413). 4. Auflage 1995. XII, 355 Seiten, kartoniert.
ISBN 3-8252-1413-3

Dieser zweite, abschließende Band des Dogmatiklehrbuches von Wilfried Joest behandelt zunächst die Anthropologie, auch unter dem Gesichtspunkt moderner Infragestellungen. Dieser Teil schließt mit der Wirklichkeit des Menschen unter Gesetz und Evangelium. Unter der Überschrift »Die Verwirklichung der Menschheit Gottes« folgen die Ekklesiologie mit Kirchenordnung und Amtsbegriff, Taufe, Abendmahl und Dienst in der Welt sowie die Eschatologie mit ihren Umformungen in der neueren Theologie und mit den Fragen nach der Zukunft der Schöpfung, der Zukunft der Sterbenden und nach Gottes Gnadenwahl. Bibelstellen-, Personen- und Sachregister zu beiden Bänden erleichtern die Arbeit mit dem Werk.

Wilfried Joest · **Ontologie der Person bei Luther**
1967. 449 Seiten, Leinen. ISBN 3-525-55313-7

Jörg Baur · **Einsicht und Glaube**
Band 1: Aufsätze. 1978. 294 Seiten, kartoniert. ISBN 3-525-56149-0

„Baur gibt mit seinen thematisch zusammengefaßten Aufsätzen Einblick in den Prozeß seines theologischen Denkens. Der Spannungsbogen seiner detaillierten und engagierten Stellungnahmen reicht von der griechischen Philosophie über die Reformationszeit bis hin zu Fragen gegenwärtiger Kirchenstrukturen. Der erste Themenkreis befaßt sich mit christlichen Grundaussagen im Lichte der platonischen Theologie. ... Eine Sammlung eindringlicher theologischer Denkanstöße."
Nachrichten der Evangelisch-Lutherischen Kirche in Bayern

Band 2: Aufsätze. 1994. 219 Seiten, kartoniert. ISBN 3-525-56187-3

Der Verfasser zeigt in seinen Studien auf, daß die Neubestimmung Gottes und des Menschen, die in Luthers Christologie und Rechtfertigungslehre zur Sprache kommt, die entscheidende Einsicht der Reformation ist, die ein neues Licht auf gegenwärtige theologische und ethische Fragestellungen wirft.

WOLFHART PANNENBERG

Systematische Theologie
Band 1: 1988. 515 Seiten, Leinen. ISBN 3-525-52184-7
Kartonierte Studienausgabe. ISBN 3-525-52185-5

Band 2: 1991. 564 Seiten, Leinen. ISBN 3-525-52186-3
Kartonierte Studienausgabe. ISBN 3-525-52187-1

Band 3: 1993. 767 Seiten, Leinen. ISBN 3-525-52189-8
Kartonierte Studienausgabe. ISBN 3-525-52190-1

Im abschließenden Band dieses bedeutenden Werkes geht es um die Ekklesiologie einschließlich der Sakramenten- und Amtslehre, um die christliche Existenz des Einzelnen und um die Eschatologie.

„... what is likely to prove the greatest systematic theology of his generation."
John B. Cobb, Jr.

Anthropologie
in theologischer Perspektive. 1984. 540 Seiten, Leinen.
ISBN 3-525-56164-4
Kartonierte Studienausgabe. ISBN 3-525-56163-6

Metaphysik und Gottesgedanke
(Kleine Vandenhoeck-Reihe 1532). 1988. 100 Seiten, kartoniert.
ISBN 3-525-33541-5

Was ist der Mensch?
Die Anthropologie der Gegenwart im Lichte der Theologie. (Kleine Vandenhoeck-Reihe 1139). 8. Auflage 1995. 114 Seiten, kartoniert.
ISBN 3-525-33187-8